焕新：兩漢之際的變革和轉型

汪文学学术作品集

汪文学 著

贵州出版集团
贵州人民出版社

图书在版编目（CIP）数据

焕新 : 两汉之际的变革和转型 / 汪文学著. -- 贵阳 : 贵州人民出版社, 2024.1
ISBN 978-7-221-17861-9

Ⅰ. ①焕… Ⅱ. ①汪… Ⅲ. ①政治制度－研究－中国－汉代②文化史－研究－中国－汉代 Ⅳ. ①D691.21 ②K234.03

中国国家版本馆CIP数据核字（2023）第163581号

HUANXIN：LIANGHANZHIJI DE BIANGE HE ZHUANXING

焕新：两汉之际的变革和转型

汪文学 / 著

出 版 人： 朱文迅
策划编辑： 刘泽海
责任编辑： 陈丽梅
装帧设计： 严 兴
责任印制： 尹晓蓓
出版发行： 贵州出版集团 贵州人民出版社
地　　址： 贵阳市观山湖区中天会展城会展东路SOHO公寓A座
印　　刷： 深圳市新联美术印刷有限公司
版　　次： 2024年1月第1版
印　　次： 2024年1月第1次印刷
开　　本： 787毫米×1092毫米 1/16
印　　张： 34.75
字　　数： 415千字
书　　号： ISBN 978-7-221-17861-9
定　　价： 113.00元

作者简介

汪文学，男，1970年生，苗族，贵州思南人，文学博士，教授。现任贵州省安顺市人民政府副市长，贵州省政协委员。曾任贵州民族大学图书馆副馆长、文学院院长、教务处处长，九三学社贵州省委副主委，贵州省旅游发展委员会副主任，贵州省文化和旅游厅副厅长，全国青联第十、十一届委员。曾获得“全国各族青年团结进步优秀奖”“贵州青年五四奖章”，获得“国务院全国民族团结模范个人”“贵州省甲秀文化人才”称号，被评为贵州省高校哲学社会科学学术带头人、贵州省教学名师。主讲的“中国人的精神传统”被评为国家级中国大学精品视频公开课，获得贵州省哲学社会科学优秀成果奖、贵州省文艺奖、贵州省高校人文社科优秀成果奖、贵州省高校教学成果奖多项。主要从事中国古代文化与文学、贵州地域文化与文学研究，独立主持国家社科基金课题研究2项，发表学术论文60余篇，出版学术著述10余种，即《正统论——发现东方政治智慧》（2002）、《汉晋文化思潮变迁研究》（2003）、《传统人伦关系的现代诠释》（2004）、《汉唐文化与文学论集》（2008）、《贵州古近代文学理论辑释》（2009）、《诗性风月——中国古典文学中的情爱》（2011）、《中国古代性别与诗学研究》（2012）、《中国人的精神传统》（2012）、《道真契约文书汇编》（2014）、《边省地域与文学生产》（2016）、《扬雄与六朝之学》（2019）、《蟫香馆使黔日记（点校）》（2019）、《贵州地域文化精神研究》（2020）、《贵州地域形象史研究》（2020）、《温柔敦厚：中国古典诗学理想》（2020）等，主编大型地域文献丛书《中国乌江流域民国档案丛刊》《贵州古近代名人日记丛刊》《中国西南布依族抄本文献丛刊》等数种。

“汪文学学术作品集”序

在《边省地域与文学生产》一书的“后记”中，我曾写下这样一段话：“人到中年，经营一些大的课题，常感力不从心。但此生已无改行的可能，学问之路还得继续走下去，只能勉力为之。孤灯夜伴，展玩书卷，摆弄文字，后半生的日子大概只能这样去过了。”（《边省地域与文学生产——文学地理学视野下黔中古近代文学生产和传播研究》，上海古籍出版社2016年版）。提笔写下这段文字的时候，我的内心是真诚的，绝无半点矫情。可大大出乎意料的是，在我写下这段文字之后不到三个月，不可能的事情竟然发生了，我真的改行了，从工作了二十三年的大学教师岗位，调到政府部门做公务员，从事行政管理工作。说实在的，这个变动完全出乎我的意料，真的是人世变幻，沧海桑田，人在江湖，身不由己。二十多年的学术生涯，几乎占去了一个人可以正常工作时间的三分之二，剩下三分之一的时间得从头开始去做一件完全陌生的工作，心中十分忐忑。从专业的学术研究者转身为职业的行政工作者，师友间戏称为“学而优则仕”，或者称之为“华丽转身”。这个“转身”能否称作“华丽”，真是一言难尽，亦很难断言。

在这样一个人生与学术之重要转折时期，对既往的学术工作进行总结，对未来的业余学术研究进行规划，当是一件很有意义的事情。因此，编辑个人学术作品集的计划便提上议事日程，并得到出版界朋友的积极支持和大力襄助。

在过去近三十年的学术经历中，我先后出版专题研究著述十一种（《正统论——发现东方政治智慧》《汉晋文化思潮变迁研究——以尚通意趣为中心》《传统人伦关系的现代诠释》《诗性风月——中国古典文学中的情爱》《边省地域与文学生产——文学地理学视野下的黔中古近代文学生产和传播研究》《扬雄与六朝之学》《温柔敦厚：中国古典诗学理想》《贵州地域形象史研究》《贵州地域文化精神研究》《读顾随札记》《焕新：两汉之际的变革和转型》），学术论文集二种（《汉唐文化与文学论集》《中国古代性别与诗学研究》），文献整理著述三种（《贵州古近代文学理论辑释》《道真契约文书汇编》《蟫香馆使黔日记》），主编地域文献丛刊四种（《贵州古近代名人日记丛刊》《中国乌江流域民国档案丛刊》《中国西南布依族抄本文献丛刊》《安顺文库》），等等。

如今编选个人学术作品集，并非对个人学术作品的汇编，而是选择其中自认为比较重要，有出版、再版之价值，围绕某问题进行专题研究并提出核心观点且能自圆其说的专题学术著述。经过慎重选择，共得十一种：《正统论——中国古代政治权力合法性理论研究》《汉晋文化思潮变迁研究——以尚通意趣为中心》《中国传统人伦关系的现代诠释》《诗性风月之光华——传统中国语境中的情爱精神研究》《中国人的精神传统》《边省地域与文学生产——文学地理学视野下的黔中古近代文学生产和传播研究》《扬雄与六朝之学》《温柔敦厚：中国古典诗学理想》《贵州地域形象史研究》《贵州地域文化精神研究》《焕新：两汉之际的变革和转型》。以下，略述各书要旨，以便读者选择阅读。

《正统论——中国古代政治权力合法性理论研究》。此书于2002年由陕西人民出版社首次出版，原名为《正统论——发现东方政治智慧》，这是当时应出版社的要求改定，现更名为《正统论——中国古代政治权力合法性理论研究》，如此，与书稿本身的内容更加吻合。与传统学者仅仅将正统论视为一种史学观念不同，本书认为，作为一种观念或理论，正统论既属于史学范畴，又属于政治学范畴。准确地说，它首先是一种政治观念，然后才是一种史学观念。虽然古代中国的正统之争多以史书为载体，通过史家的褒贬书法表现出来。但是，史学上的正统之争是政治上的正统之争的一种手段，并且不是唯一的手段。所以，正统论，本质上是一种政治理论；正统之争，本质上是一种政治权力的合法与非法之争；正统论是具有古代中国特色的权力合法性理论。本书分析其产生的社会根源，探讨其本身的理论结构及其对中国古代政治文化的影响，辨析其与西方权力合法性理论之异同。通过这项研究，一方面试图对中国历史上遗留下来的一些聚讼不已的政治、文化问题提供一种可能的解释，另一方面是借此发掘出中国古代的政治智慧，为当代中国的政治文化建设提供一些可资借鉴的制度文化资源。本书是我的第一本学术著作，写作于二十年前，虽然文字表述不免稚嫩，但其基本观点至今仍然坚持。本次再版，仅做部分文字上的修订和润饰，基本内容和框架结构未做大的改动。

《汉晋文化思潮变迁研究——以尚通意趣为中心》。此书于

2003年由贵州人民出版社首次出版。本书研究汉晋文化思潮之变迁，以汉末魏初为转折点，以汉朝四百年为一阶段，以魏晋六朝四百年为一整体。汉晋文化思潮发生根本性的改变，是在东汉末年，与当时盛行的人物品鉴和尚通意趣有密切关系。或者说，魏晋之学始于汉末，始于汉末之人物品鉴，起于汉末知识界盛行的尚通意趣。本书力图从汉末魏晋六朝知识界广泛盛行的尚通意趣之角度，对汉魏晋南北朝八百年间文化思潮之变迁做总体的考察，探讨其变迁之“内在理路”，揭示出在汉末魏晋六朝知识界广泛盛行而又被现当代学术界普遍忽略的尚通意趣，分析这种具有时代精神特点的尚通意趣对其间人物品鉴、士风、学风和文风的影响。本书的目的在于，通过尚通意趣这个独特视角，对汉晋文化思想史上的若干分歧问题，对汉晋文化思潮变迁之“内在理路”问题，增加一个理解的层面，提供一种可能的诠释。此次再版，在引用的材料上做了部分增减和再次核实，在文字上做了一些润饰和调整，但基本观点未做任何变动。

《中国传统人伦关系的现代诠释》。此书于2004年由贵州民族出版社首次出版，原名为《传统人伦关系的现代诠释》，现更名为《中国传统人伦关系的现代诠释》。本书研究传统中国社会的人伦关系，以儒家五伦（君臣、父子、夫妇、兄弟、朋友）为基础，旁及由父子伦理衍生而来的祖父、母子、父女、师徒伦理，援用现代社会心理学、民俗学的理论，对其伦理现状形成之原因，从历史、文化、心理、习俗等方面，进行追本溯源的诠释。尤其是对传统民间社会诸多隐而不显的人伦现状，或者是被道德家有意掩饰的人伦关系的真面目，进行充分地揭示和深入地阐释，从而展示传统中国民间社会秩序的真实状态。真实地展现传统人伦关系的本来面目，并用现代观点予以充分诠释，是本书的宗旨。本次再版，在章节题目上做了较大的变动，使之更为醒目；删去部分略显枝蔓的文字，使之更为紧凑；在文字表述上做了一些润饰，使之更为简练；在材料上做了部分补充，使之更为充实。至于基本观点，则未做任何改动。

《诗性风月之光华——传统中国语境中的情爱精神研究》。此书于2011年由中央编译出版社首次出版，原名为《诗性风月——中国古典文学中的情爱》，这是当时应出版社的要求改定，现更名为《诗性风月之光华——传统中国语境中的情爱精神研究》。本书综论传统中国社会两性情爱关系之现状，研究传统中国人情爱生活的理想追求与现实现状的反差，讨论传统中国人诗意化、审美化的人生态度，探讨华夏民族文化心理中的诗性精神。传统中国人的诗性精神，在其情爱生活中得到最充分的体现。研究华夏族人的文化心理和诗性精神在其情爱生活中的具体呈现，是本书的主要目的。我们认为：诗性精神是传统中国社会情爱生活的基本特征，古典艺术作品是传统中国人诗性精神的直接体现，传统情爱生活是古代中国人诗性精神的间接展现。研究传统中国人的诗性精神，艺术作品是文本依据，情爱生活是鲜活证据。本次再版，在不影响整体阅读的情况下，删去了与《中国传统人伦关系的现代诠释》雷同的部分，增补了部分材料，在文字表述上做了一些修改。

《中国人的精神传统》。此书于2012年由武汉大学出版社首次出版。本书非专题研究著作，而是将自己过去从事的几项专题研究成果中，比较适合大众接受的十二个专题（中国人的盛世精神、家国观念、地域意识、乡土情怀、山水情怀、逐鹿策略、经典意识、诗学理想、诗教传统、英雄崇拜、师道传统、父子伦理），以通俗易懂、生动有趣的形式呈现给读者。本书介于专业研究与学术普及之间，论题的专业性与表述的通俗化，是我的工作目标和努力方向。因此，本书虽非专题学术著作，但论题的专业性是可以保证的，论题之观点亦非常识介绍，而是基于个人独立的学术见解。在表述上亦非原文照抄，而是做了尽量的通俗化和趣味性处理。本书曾作为大学文科学生通识课教材，部分内容被录制成教学视频，发布在教育部“爱课程”“网易公开课”等网站，被评为“中国大学精品视频公开课”。所以，作为“作品集”中的一种单独出版，亦有一定的价值。

《边省地域与文学生产——文学地理学视野下的黔中古近代文学生产和传播研究》。此书是2012年度立项的国家社科基金课题“边省地域对文学生产和传播的影响研究”的研究报告，于2016年由上海古籍出版社首次出版。本书以黔中古近代文学为例，依据文学地理学的理论和方法，研究边省地域空间对文学活动的影响，探讨边省地理环境、地域区位和地域文化对文学生产和传播的影响。认为以多山多石之黔中地理特征和不边不内之黔中地域区位为特点的黔中大山地理，孕育了多姿多彩、五方杂处、和而不同的黔中大山文化。在黔中大山地理和大山文化之影响下产生的黔中大山文学，不仅它的传播受到大山地理和大山文化之影响和制约，它的生产亦深深地打上了大山地理和大山文化的烙印。黔中大山地理和大山文化赋予黔中大山文学的创新精神和边缘活力，制约了黔中大山文学的文体选择，影响了大山文学的题材取舍，铸就了大山文学的大山风格。本次再版，在引用的资料上做了再次核实，在文字表述上稍做修改，其他则未做大的改动。

《扬雄与六朝之学》。本书是我的博士论文，其研究之论域有二：

一是关于扬雄学术思想文化及其影响的研究，二是关于六朝之学之渊源的研究。简言之，就是关于扬雄与六朝之学之渊源影响关系的研究。通过对扬雄的生平经历、家族背景、师友网络、人生哲学、性情好尚等方面的研究，揭示其影响六朝之学的可能性；通过对其学术渊源、思想背景、学术观念、学术方法、学术思想、文学创作和文学理论等方面的研究，揭示其对六朝之学的具体影响。其最终目的，就是证成“六朝之学始于扬雄”这个学术“假说”。本书是在《汉晋文化思潮变迁研究——以尚通意趣为中心》一书之基础上，在尚通意趣这个大背景下，对汉晋文化思潮变迁的持续研究，其基本观点亦有进一步的深化和修正（即从“魏晋之学始于汉末”发展至“六朝之学始于扬雄”）。

《温柔敦厚：中国古典诗学理想》。本书在区分中国古代诗学的古典美和现代性之基础上，力图呈现中国古典诗学之理想品格——温柔敦厚——产生的理论基础、思想背景，分析其基本内涵和在诗歌创作中的体现，探讨其对中国文化特质之形成和中国人的精神传统之涵养所发生的影响，以及对当代国民教育的借鉴意义，对当代精神文化建设的现代价值。中国古典诗学以均衡、和谐为主要特征，以雅、厚、和为最高追求，以温柔敦厚为理想品格。本书即是从温柔敦厚这个理想品格的角度，讨论中国古典诗学的一般性特征，包括审美特征和教化功能。彰显“温柔敦厚”说的现实意义，消除长期以来积压在温柔敦厚之上的偏见和误解，还“诗教”说以本来面目，阐释“诗教”说的社会价值，是本书的主要目的。

《贵州地域形象史研究》。本书从对地域研究现状的反思和相关概念的界定入手，讨论地域意识之发生和地域形象的建构，分析地域形象建构之主体（谁在建构）、路径（如何建构）和目的（为何建构）。

在此基础上，研究贵州地域形象的建构、解构和重构的历史过程；在地域历史的语境中，讨论作为地域称谓、地域空间、地域族群、地域文化和地域经济的“贵州”，回答“何谓贵州？何以贵州？”的问题。分析历代中央王朝对贵州的态度，呈现历代国家视野下的贵州形象。研究“他者”对贵州的异域感和“畏黔”心理，及其在述异心态下对贵州的异化描写；“我者”的“去黔”心理和“向化”追求，及其在“向化”追求的影响下对贵州地域文献的整理和地域文脉之建构。讨论在新时期建构“多彩贵州”地域新形象的方法和路径，建构贵州形象、贵州精神和贵州文化三位一体的当代贵州精神文化体系的必要性和可能性。

《贵州地域文化精神研究》。本书通过对贵州地域文化及其所体现的文化精神的研究，呈现贵州地域文化精神的基本特质，揭示贵州地域文化精神形成的地理成因和文化背景，彰显贵州地域文化精神的现代价值，为建构新时代贵州精神提供文化资源，为建构贵州形象、贵州精神和贵州文化三位一体的当代贵州精神文化体系提供理论支撑。概括地说，贵州地域文化精神，可名之为“大山精神”。“大山精神”是一种傲岸质直的精神，是一种包容创新的精神，是一种诗性浪漫的精神，是一种忠烈勇武的精神，是一种天人合一的精神。具体而言，多山多石的地理环境培育了贵州人的傲岸质直性格，不边不内的通道区位涵育了贵州人的包容创新精神，以阳明心学为核心的地域人文传统培育了贵州人的求真贵新精神，以游戏、情爱、歌舞为代表的民间文化传统培养了贵州人的浪漫精神和诗性气质，普遍流行的黑神崇拜培植了贵州人的忠烈勇武性格，广泛存在的生态民俗涵养了贵州人的天人合一精神。

《焕新：两汉之际的变革和转型》。本书是2017年度立项的国家社科基金课题“两汉之际政治和文化的综合研究”的研究报告，以两汉之际王莽政治、刘歆学术、扬雄思想和文学为研究对象，通过对王莽篡汉立新和托古改制、刘歆知识秩序构建、扬雄“玄思大义”和古典美构建等重要政治事件和文化事项，所发生的背景、内容、意义和影响的深度阐释和综合研究，揭示其间政治和文化的互动影响和相互关联，呈现两汉之际在中国古代史上的意义和影响。因为两汉之际中国政治、学术、文化、思想和文学皆发生剧烈变化，所以其是中国古代史上的重大转折时刻。在中国古代史上，两汉之际是可以与殷周之际、唐宋之际相提的三大重要转折时刻；在中国中古史上，两汉之际是可以与秦汉之际、汉魏之际并论的三大历史转折点。两汉之际的社会剧变，由王莽、刘歆和扬雄的联袂登场共同导演完成。王莽的政治秩序、刘歆的知识秩序和扬雄的思想秩序，是在西汉中后期以来儒术独尊的学术环境中，在儒家政治理想主义和礼制改革主义精神的影响下，针对共同面临的社会问题，提出的政治、学术和思想方面的解决方案。王莽的政治、刘歆的学术、扬雄的思想和文学共同构成了中国历史上的“两汉之际”。王莽、刘歆与扬雄在政治、学术、思想和文学上的互动关联，促成两汉之际的社会剧变及历史转折。本书的目的，通过对两汉之际、秦汉之际、汉魏之际这三个中国中古史上的重大转折时刻，在政治、文化思想史上的价值评估，确认两汉之际在中国中古史上的意义和影响。通过对两汉之际、殷周之际、唐宋之际这三个中国古代史上的重大转折时刻，在政治、文化思想史上的价值评估，确认两汉之际在中国古代史上的意义和影响，证成在中国古代史上两汉之际可与殷周之际、唐宋之际相提并论的学术假说。

从事学术研究，尤其是从事博大精深、积淀深厚的中国传统文化的研究，学术积累是一个长期的过程，传统经典文本和学者研究著述，堪称汗牛充栋，需要大量的时间去理解、消化和思考。所以，在这个学科领域，“晚成”是必然的。在一般情况下，“不惑”之年方可“登堂”，“知天命”之年才算“入室”，“耳顺”之年才渐入佳境。而我在步入“知天命”之年，就着手治学反思和学术总结，并编辑出版个人学术作品集，我深知这种做法有欠妥当，但亦是不得已而为之。在个人学术经历由“专业”转身“业余”之际，反思过往，展望未来，编选作品集，于自己是一个总结，亦是一个纪念；于长期以来关心、鼓励和支持我的师友，亦是一个交代。

汪文学
二〇一八年五月二十日
二〇二三年十二月一日补订

目 录

绪论

在中国古代史上，两汉之际是可以与殷周之际、唐宋之际相提的三大重要转折时刻；在中国中古史上，两汉之际是可以与秦汉之际、汉魏之际并论的三大历史转折点，其历史意义，或可超过秦汉之际和汉魏之际。两汉之际的政治共同体是王莽“新政”。王莽“新政”的建立和败亡，不仅是一个政治事件，具有政治史意义，亦是一个思想和学术事件，具有思想史和学术史意义。比较而言，我们认为，王莽“新政”，无论是它的骤然建立，还是它的迅速灭亡，更主要是一个思想事件或学术事件，具有特别重要的学术思想史价值。或者说，它的学术思想史意义，及其在中国历史上的影响，远远超过它的政治史意义。

本书以“焕新：两汉之际的变革和转型”为题，以王莽、刘歆、扬雄等政治或文化个体为个案，通过对两汉之际政治、学术、思想和文学的综合研究，揭示其间政治和文化的互动影响，彰显集政治、学术、思想于一体的王莽“新政”的政治史、思想史和学术史价值，呈现两汉之际在中国古代史上的意义和影响。

一、选题缘起

选择以“焕新：两汉之际的变革和转型”为题展开专题研究，于我来说，并非一时兴起或者灵感突发而拓展的一个学术研究领域。实际上，我在汉魏晋南北朝文化与文学研究领域的耕耘，已有二十余年时间，发表过系列研究论文，出版过两种学术著述，亦算是这个研究领域的长期守望者和耕耘者。

回顾过去近三十年的学术生涯，我主要是打阵地战，即以一两个学术问题为中心向周边延展，或者以一两个学术问题为起点向前延伸。归纳起来，近三十年里，我主要在三个学术阵地上经营：一是以“正统论”研究为起点的学术阵地；二是以地域文化、文献和文学为中心的地域学研究阵地；三是以汉晋文化、文学和学术为研究内容的学术阵地。我至今依然保持着对这三个学术阵地的浓厚兴趣，以为还有足够的学术空间可以持续耕耘，相关的研究计划和研究课题不断涌现并逐步实施。“焕新：两汉之际的变革和转型”就是在第三个学术阵地上延展出来的新课题。

追溯我对汉魏晋南北朝八百年间文化、文学和学术研究的关注，首先还是因为教学工作的需要。我为本科生讲授的课程是“汉魏晋南北朝文学”，为研究生讲授的课程是“汉晋文化思潮变迁研究”。作为教师，我不想做人云亦云的教材宣讲者，总想结合前沿的学术动态和个人的读书体会、研究心得，向学生传授一些新东西，培养他们的想象力和创造力，激发他们的学习兴趣和研究冲动。于是，在教学工作之余，我前后撰写了《论汉晋间之尚通意趣与学风转移》《论汉晋间之尚通意趣与士风变迁》《论汉晋间之尚通意趣与文风嬗变》《从〈人物志〉论汉晋学风之变迁》《说“文秀而质羸”——钟嵘〈诗品〉王粲条疏证》《说“直致”——关于钟嵘〈诗品〉中的一个诗学概念的诠释》等十余篇论文，除少数几篇先后在《文史哲》《齐鲁学刊》《中州学刊》《中国诗歌研究》等刊物上发表外，其他篇章皆是尚未来得及修订和发表的初稿。此后，在前述论文之基础上，我用了两年多时间撰写完成《汉晋文化思潮变迁研究——以尚通意趣为中心》一书，由贵州人民出版社于2003年出版。

在《汉晋文化思潮变迁研究》一书中，我认为：汉晋时期，是古代中国历史上的一个重要变革时期，以汉魏之际为转折点的前后两个时期，无论是政治、经济，还是文化、思想，皆呈现出明显的差别。这种差别，在文化思想领域表现得尤其显著。概言之，这种差别，表现在士风上，是由汉代的经明行修发展为晋宋的简易通脱；体现在学风上，是由汉代的渊综广博转移为晋宋的清通简要；表现在文风上，是由汉代的错彩镂金嬗变为晋宋的清水芙蓉。在这项研究中，我试图从一个新的视角，即盛行于汉末魏晋时期知识界的尚通意趣的角度，分析导致汉晋文化思潮变迁的内在原因，揭示汉晋文化思潮变迁的“内在理路”，对汉晋文化思潮变迁诸问题做通盘诠释。我的结论是：尚通意趣是汉晋文化思潮变迁的根本原因，在尚通意趣影响下产生的魏晋之学，始于汉末，起于汉末人物品鉴。

魏晋之学始于汉末，汉魏之际是汉魏晋南北朝八百年间文化思潮变迁之转捩点，这是我十七八年前的学术观点。近十年来，我一直持续关注汉晋文化思潮变迁的研究，随着阅读的拓展和思考的深入，逐渐对过去认同并作为研究出发点的“魏晋之学始于汉末”的观点发生了质疑。或者说，对魏晋之学的源头，更向前推进一步，初步形成“六朝之学始于西汉末年，起于扬雄”的观点，认为六朝之学的源头不是汉魏之际，而是两汉之际。基于这个认识，我用了约两年时间撰写完成《扬雄与六朝之学》一书，由贵州人民出版社于2019年出版。

在《扬雄与六朝之学》一书中，我的核心观点是：六朝之学始于西汉末年，起于扬雄。讨论六朝之学的渊源，或有起于东汉末年即汉魏之际的说法，或有始于西汉末年即两汉之际的观点。实际上，这两种观点并不矛盾，仅有泛论与确论之别，或者说有远源与近源之分。以为六朝之学始于东汉末年即汉魏之际，此就六朝之学的近源立论；以为六朝之学起于西汉末年即两汉之际，此就六朝之学的远源立论。就汉魏之际和两汉之际在中国历史上发生影响的程度及其侧重点而言，我认为：汉魏之际在中国历史上的转折意义，主要侧重于政治格局；两汉之际在中国历史上的转折意义，则主要侧重在文化思想。或者说，两汉之际涌现出来的文化思想新变化，恰逢汉魏之际政治格局的大变动而得以全面彰显。换言之，产生于两汉之际的文化思想新风尚，在东汉是暗流涌动，至汉魏之际，则因遭遇政治格局新变动而由暗流变为明流，所以引人注目。总之，“六朝之学起于西汉末年，始于扬雄”，是我关于汉晋文化思潮变迁的最近观点。

从《汉晋文化思潮变迁研究》到《扬雄与六朝之学》，时间跨度虽有十五六年之久，关注的问题却是一致的，即皆集中探讨汉晋文化思潮变迁，揭示六朝之学的渊源。从提出“魏晋之学始于东汉末年”，发展到提出“六朝之学起于西汉末年”，从重视汉魏之际在中古文化思想史上的转折意义，到强调两汉之际在中古文化思想史上的源头价值，这是学术认识的渐趋深入和学术研究的逐步深化。

六朝之学起于西汉末年，始于两汉之际的扬雄。在《扬雄与六朝之学》一书中，我从汉晋时期学术文化思想发展变迁之大势及其历史必然性，集中探讨扬雄影响六朝之学的可能性，重点研究扬雄对六朝名士风范的影响，扬雄的学术方法和学术思想对六朝之学的影响，扬雄的文学创作和文学理论对六朝文学和文论的影响。其实，在写作此书的过程中，在稍后的阅读思考中，有两个问题逐渐在我头脑中明晰起来：

一是扬雄的思想和文学固然体现了两汉之际的新风尚，对六朝之学的发生和发展产生了直接影响，但是，代表两汉之际新风尚，并对六朝之学发生影响的，非仅扬雄其人其学。王莽的托古改制、刘歆的知识秩序构建，与扬雄的思想和文学一起，共同构成两汉之际政治、文化、学术、思想和文学的新变局。因此，研究两汉之际政治和文化的新格局，及其对六朝之学的影响，全面呈现两汉之际在中古文化思想史上的意义和价值，仅仅以扬雄为个案是不够的，必须对王莽的政治、刘歆的学术、扬雄的思想和文学进行综合研究，两汉之际的价值才能全面显现。开展“焕新：两汉之际的变革和转型”研究的想法，在撰写《扬雄与六朝之学》那段时期就已经萌生。

二是仅仅呈现两汉之际在中古文化思想史上的起点意义是不够的，或者说，仅仅局限于中古时代讨论两汉之际的学术思想史价值，或者认为两汉之际是中古时代的起点，或者认为六朝之学始于两汉之际，皆未能充分呈显两汉之际的意义和影响。换言之，两汉之际的影响不仅仅局限于中古时代，而是延展到整个中国古代。只有在整体中国古代史的大框架下审视两汉之际，才能够确定它的价值，呈现它的意义。所以，不仅要从中国中古史的角度，将两汉之际与秦汉之际、汉魏之际相提，更要从中国古代史的整体视角，将两汉之际与殷周之际、唐宋之际并论。在比较的视野下，呈现两汉之际在中国古代史上的转折性意义，亦成为我在写作《扬雄与六朝之学》那段时期特别感兴趣的学术课题。于是，在完成《扬雄与六朝之学》的写作并交付出版后，开展“焕新：两汉之际的变革和转型”课题研究便提上工作日程。

总之，从《汉晋文化思潮变迁研究》到《扬雄与六朝之学》到《焕新：两汉之际的变革和转型》，是我在汉魏晋南北朝八百年间政治、学术、思想和文学研究领域持续耕耘的结果，亦是我在该研究领域的学术认识渐趋深入和学术研究逐步深化后的必然选择。

二、研究现状

两汉之际是中国古代政治、学术、思想和文学史上的重要转折时刻，王莽在政治上的托古改制，刘歆在学术上构建的知识秩序，扬雄在思想上引发的“玄思大义”和在文学上开启的古典美构建，是其主要表现。正是在王莽、刘歆、扬雄等人的共同作为和相互影响下，在政治和文化的互动作用下，两汉之际才呈现出在中国古代政治史和文化思想史上罕见的大变局和影响深远的大转折。

长期以来，学术界对两汉之际这个重大转折时刻在中国古代政治、学术、思想和文学上的重要影响，有一定的认识和初步的揭示；对王莽托古改制的背景、内容及其失败的原因和影响，有比较深入的研究；对刘歆《七略》的学术史意义和知识史价值，以及因争立《左传》博士而引发的经今古文之争，及其与王莽“新政”的关系，有比较深度的阐释；对扬雄以“太玄”为中心的学术思想和以“明道”“神思”为主要内容的文学理论，有比较具体的探讨。应该说，对两汉之际政治、学术、思想和文学等方面的内容，学术界均有涉及，虽然没有达到题无剩义的程度，但总体上看，各方面研究都还比较深入。

我们以为，学术研究要在前人和当代学者研究成果基础上有所突破和创新，大致有两个渠道：一是新材料的发现，二是新视角或新方法的选择和运用。古今中外的学术进步和研究创新，概莫能外。对于两汉之际政治和文化的综合研究，两汉之际的变革和转型的研究目前确有一些新材料被发现，如部分汉简的发现，就为研究王莽“新政”提供了一些新材料。但其数量相当有限，仅能为个别具体问题之考证所用。成批量或成规模新材料的发现虽有可能，但不可预期。因此，寻求两汉之际研究的突破和创新，新视角或新方法的采用，是目前唯一的选择。

当我们从一个新视角或者更广的视野来审视学术界关于两汉之际的研究，便会发现其不足之处比较明显，具体表现在以下三个方面。

第一，学者已经意识到两汉之际在中国古代史上的重要转折意义，但大多语焉不详，或者论而不深，未能对其转折之过程和涉及的内容做深入探讨，因而对其重要影响和重大意义亦估计不足。例如，在政治上，唐代以来的文人就普遍将东汉、魏、晋、周、隋视为一个整体，认为东汉开启了魏、晋、周、隋这个乱世，以为两汉之际是中国古代政治史上的重要转折点。[1] 但是，少有学者对两汉之际的政治史意义进行深度阐释。在文化思想上，如吕思勉说："中国之文化，有一大转变，在乎两汉之间。自西汉以前，言治者多对社会政治，竭力攻击。东汉以后，此等议论，渐不复闻。"[2] 以为两汉之际是中国文化大转折时期，但仅此片言，未有充分论证。胡适以为西汉以前的一千年是中国本土思想的原生时期，东汉以后直到宋代理学的出现，是一个以佛教为代表的中古宗教时期，认为两汉之际是中国古代思想史的重要转折点。[3] 侯外庐认为两汉之际的扬雄开启了魏晋玄学的先河。[4] 葛兆

[1] 唐代史家普遍认为："魏、晋已降，事不师古"，"魏、晋渺小，齐、隋龌龊"，魏、晋至于周、隋，"咸非正统"，"皆五行之沴气"，国家应当革"魏、晋、周、隋之弊，承夏、殷、周、汉之业"，应当把它们划在五德终始循环之外，亦应该把这四百年的历史划在正统之外。为了论证当代政权的合法性，他们认为，唐朝应当"越恶承善"，跨越魏、晋、周、隋这段乱世，直承汉朝，加入黄帝、禹、汤、周、汉这个得天下之正而无愧于正统的统系，这体现了唐人不屑与乱世偏国和短命王朝为伍的历史意识。（参见拙著《正统论——中国古代政治权力合法性理论研究》，贵州人民出版社 2019 年版，第 246 页）唐人承继汉统，在唐代社会形成一种普遍的慕学汉人风范的历史文化心态。唐人慕学汉人，但是，他们对西汉和东汉持有不同态度，他们慕学的主要是西汉人，而对东汉则普遍持批评态度，认为东汉开启了魏、晋、周、隋，亦是一个乱世。如在文化学术方面，柳宗元说："殷、周之前，其文简而野；魏、晋已降，则荡而靡。得其中者汉氏，汉氏之东，则既衰矣。"（《柳宗直〈西汉文类〉序》）李汉亦说："文者，贯道之器也。秦汉已前，其气浑然，迨至司马相如、董生、扬雄、刘向之徒，尤所谓杰然者也。至后汉、曹魏，气象萎尔，司马氏以来，规范荡悉。"（《昌黎先生集序》）韩愈《论佛骨表》批评东汉人接受西土之佛教，导致国家"乱亡相继，运祚不长"。（参见拙文《"唐承汉统"说的理论意义和实践意义》，见《汉唐文化与文学论集》，贵州大学出版社 2008 年版）

[2] 吕思勉：《秦汉史》，上海古籍出版社 2006 年版，第 174 页。

[3] 胡适：《中国中古思想史长编》，华东师范大学出版社 1996 年版。

[4] 侯外庐《中国思想通史》第二卷《两汉思想》说："他（扬雄）在玄学的研究上，一方面开启魏晋玄学作风的先河，另一方面在两汉之际也有其独立的贡献。"（人民出版社 1957 年版，第 211 页）

光认为东汉思想界和学术界的知识主义风气暗示了时代思想和学术兴趣的变化，[1] 等等，这些观点很有见地，但都没有展开深入阐释。在文学创作方面，苏轼以为韩愈“文起八代之衰”，此“八代”，是指东汉至隋这八个朝代，是以两汉之际为文风转移之关键。刘咸炘说：“东汉之儒谓之文儒而已。西汉儒者犹有质行之意，能持宗旨，无骛于文者，骛文自扬雄始。”[2] 亦认为两汉之际是文人风尚的转折点。傅斯年以为两汉之际是中国文学史上“古代文学”与“古典文学”的分界点，扬雄是其中的转折性人物。[3] 陆侃如《中古文学系年》以扬雄为起点，亦暗示扬雄在中古文学史上的转折性意义。[4] 上述这些观点，确为真知灼见，但同样缺乏深度阐释。我们认为：只有将两汉之际在政治、学术、思想和文学上的重要转折进行深度阐释，才能充分彰显两汉之际在中国古代史上的意义和影响。

第二，学者研究两汉之际的政治、学术、思想和文学，往往是分而论之，或者专门研究王莽其人其政，讨论王莽的身世、性格、学术与政治的关系，阐释王莽托古改制的理论背景和利弊得失，分析王莽“新政”失败的原因和影响。或者专门研究刘歆争立《左传》博士的经学史意义，考论《左传》和《周官》的真伪及其与王莽“新政”的关系，研究《七略》在文献整理和知识秩序构建上的意义和价值。或者专门研究扬雄的生平经历，讨论扬雄模仿《论语》著《法言》之动机，

[1] 葛兆光：《七世纪前中国的知识、思想与信仰世界——中国思想史》（第一卷），复旦大学出版社 1998 年版，第 426 ~ 430 页。

[2] 刘咸炘：《刘咸炘学术论集·子学编（上）》，广西师范大学出版社 2007 年版，第 162 页。

[3] 傅斯年：《中国文学史讲义》，时代文艺出版社 2009 年版。

[4] 陆侃如：《中古文学系年》，人民文学出版社 1985 年版。

模仿《周易》著《太玄》的目的，阐释其“玄思大义”对魏晋玄学的影响，探讨其文学理论的新见解和文学创作的新风尚，及其对刘勰《文心雕龙》和后世文学创作的影响。总之，大体皆是分别研究王莽政治、刘歆学术、扬雄思想和文学的转折性意义与影响，缺乏综合性思考及整体性研究。虽然我们亦常常看到学者通过《剧秦美新》讨论扬雄对王莽“新政”的态度，探讨《太玄》与王莽“新政”的关系，或者讨论刘歆与王莽的关系，辨析《左传》和《周官》的真伪，及其与王莽“新政”托古改制的关联，等等，但对两汉之际的综合性和整体性研究的欠缺，确是显而易见。

因此，总体言，学术界基本未能将发生在同一时空背景下的三个人物（王莽、刘歆、扬雄）的四个方面内容（政治、学术、思想和文学）进行综合研究和一体讨论，研究他们（或它们）之间的互动影响关系，彰显其整体性意义和综合性影响，因而亦在一定程度上淡化或者削弱了两汉之际在中国历史演进中的意义和影响。

我们认为：考虑到王莽、刘歆、扬雄三人生活在同一时空背景下，且过从甚密，皆是在当时社会有重要影响的头面人物，其间的互动影响不可避免，亦必然发生。两汉之际的政治和文化在中国历史上的影响，应当是在三者之间的互动影响下发生的。两汉之际的意义和价值，亦必须通过对三者的综合研究才能充分呈现。

单就王莽“新政”的建立与败亡言，它仅仅是中国历史上一个外戚辅政、擅权、篡权到败亡的极其平常的政治事件，事件本身并不新鲜，意义本身亦不特别，因为这样的事情，在中国历史上太普通、太平常。但是，放在当时的学术史、思想史背景下考察，“新政”的建立与败亡，就不仅是一个普通的政治事件，而且是一个思想史事件，是一个学术史事件，甚至其学术史和思想史意义远远大于其政治史价值。或者说，王莽“新政”因刘歆学术和扬雄思想而具有重大意义，刘歆学术和扬雄思想因王莽“新政”而具有特别意义。进一步说，王莽“新政”加上刘歆学术和扬雄思想，构成了在中国古代政治和文化思想史上具有重大意义的“两汉之际”。因此，为充分彰显两汉之际在中国历史上的重大转折意义，必须对王莽“新政”、刘歆学术、扬雄思想和文学开展综合研究。

第三，学者研究两汉之际，对它在中国古代史上的意义和影响，评估不足，甚至认识有偏差。如前文所述，虽然近代以来的学者，如吕思勉、刘咸炘、胡适、陆侃如、侯外庐、傅斯年、葛兆光等，认识到两汉之际在中国古代史上的转折性意义，但是，这仅仅是部分学者的直观感觉，并且多是语焉不详，或者论而不深，没有深度阐释其本身的意义和影响，因而亦未能获得学术界的高度重视。因此，在中古史研究上，学者往往比较重视秦汉之际和汉魏之际的转折，而忽略两汉之际，对两汉之际的意义估计不足。

中古史上的三次重要转折，即秦汉之际、汉魏之际和两汉之际，其意义和价值，可能各有侧重。如吕思勉说：

> 自来治史学者，莫不以周、秦之间为史事之一大界，此特就政治言之耳。若就社会组织言，实当以新、汉之间为大界。……以民族关系论，两汉、魏、晋之间，亦当画为一大界。[1]

吕氏此说，是否确论，尚需研究。但他对这三个转折之际的意义和影响各有侧重的立论，值得重视。我们认为：学者习惯将西汉、东汉

[1] 吕思勉：《秦汉史》，上海古籍出版社 2006 年版，第 1 ~ 3 页。

四百年视为一个整体历史单元，秦汉之际、汉魏之际正是把汉朝四百年视为一个整体单元的划分，而两汉之际却把这个整体历史单元拦腰截断，故其转折性意义常常被忽略。或者说，两汉之际的转折性意义被掩盖在汉朝四百年的整体历史单元中。如果说在秦汉之际和汉魏之际，因其政权易主而呈现出来的主要是政治意义，那么，两汉之际不仅因为政权变更而呈现出政治意义（其政治意义因东汉刘氏的复兴而被消解），更为重要的，则是因为“新政”的建立和败亡裹挟着儒家学说而发生，因而具有特别突出的思想史意义和学术史意义。学者关于这个层面的意义和价值，明显估计不足。还有，学者一般强调王莽“新政”建立的意义，包括开启禅位篡权先例的政治史意义和儒家理想主义精神大获全胜的意义，而于“新政”败亡所导致的儒家政治理想主义精神和礼制改革主义理念的破产，以及由此发生的学术思想格局之变动和儒者精神世界的变迁所呈现出来的思想史意义和学术史意义，则普遍忽略。

另外，学者比较重视两汉之际在中古史上的影响，而对它在整个中国古代史上的意义，则估计不足。我们认为，两汉之际在中国古代政治史、学术史、思想史、制度史和文学史上的意义，似可与殷周之际、唐宋之际相提并论。关于殷周之际的历史变局，王国维《殷周制度论》有详细探讨，其结论已为学者普遍接受。关于唐宋之际的政治、文化、思想变迁及其在中国历史上的影响，经过以内藤湖南、宫崎市定为代表的日本京都学派史学家的研究和阐释，已引起国内外学者的普遍关注，并最终成为京都学派最具代表性的学术观点。亦就是说，关于殷周之际和唐宋之际在中国古代史上的重大转折意义，已经获得学者的充分阐释，并得到学术界的普遍认可。而两汉之际在中国古代史上的重大转折意义，虽然偶有学者论及，如吕思勉、陈启云等，但其重视程度远远不够，阐释亦很不充分，故其影响亦相对有限。

总之，关于两汉之际的研究成果，可谓丰富厚实，但缺陷亦显而易见。即多半是就两汉之际的政治、学术、思想和文学等事象分而论之，是就事论事，普遍未将王莽政治、刘歆学术、扬雄思想和文学联合起来开展综合研究，亦未将具体政治、文化事件放置在两汉之际这个大背景下考察。因此，具体政治、文化事件的重大意义未能彰显，两汉之际这个重大转折时刻在中国中古史乃至整个中国古代史上的意义，亦未能充分呈现。或者仅凭直觉注意到两汉之际在中国古代史上的意义，但多半是论而不深、语焉不详。或者认识到两汉之际在中国中古史上的影响，而于它在整个中国古代史上的意义，则估计不足。概言之，这个被古今学者耕耘了千余年的学术领域，尚有进一步拓展的空间和发掘的余地。

三、研究目标

本书的研究，就是针对上述三个方面的不足展开。或者说，本书以“焕新：两汉之际的变革和转型”为题，其关键词有五个：两汉之际、政治、文化、变革、转型。即超越学术界关于政治事件和文化现象分而论之、就事论事的研究现状，在政治事件和文化现象互为背景的前提下，力图在文化现象中阐释政治事件，在政治背景下解读文化现象，开展政治事件和文化现象的综合研究，呈现政治事件与文化现象之间的互动影响关系，从而充分彰显两汉之际在中国古代史上的意义和影响。

所谓“两汉之际”，作为一个历史时间概念，是指西汉末年至东汉前期这个以王莽“新政”为标志的历史时期。这个在中国古代史上具有重要转折意义的时段，正值西历纪元前后之转折时期，颇有象征意义。关于两汉之际的具体时限，学者有不同界定。如孙少华研究“桓谭与两汉之际阐释思想的定型”，把两汉之际的时段界定为“以王莽新朝（8～23）为中心，上限在汉成帝薨年之绥和二年（前7），下限在汉光武帝幸鲁祠孔之建武五年（29），大致两汉之交的三十余年时间段内”[1]。曲利丽研究“两汉之际文化精神的演变”，则把两汉之际界定为“从西汉初元元年（前48）到东汉和帝元兴元年（105）之间的这段历史时期”[2]。亦许是研究对象有差异，孙少华、曲利丽对两汉之际时段的界定相差甚远，他们亦均未说明如此划分时段的原因。

对于本书的研究，王莽“新政”（8～23）无疑是一个中心，就其上限言，汉元帝即位当是一个标志性事件，“乱我家者，太子也”，宣帝一语成谶，元、成之后发生的政治、学术、思想事件，乃至王莽篡汉立新和托古改制，源头皆在元帝朝。所以，以元帝即位之年即初元元年（前48）作为本书研究的上限，符合实际。政治事件本身的时段是短暂的，可以明确界定，但酝酿政治事件的前奏则需要较长一段时间，因此很难确定其起点，本书研究以元帝即位为起点，亦是相对而言。其事后之影响更是深远，因而亦很难确定其终点。而文化思想事件的酝酿、发生和发展，及其事后影响，所需时间则更长，因此，

[1] 孙少华：《文本秩序：桓谭与两汉之际阐释思想的定型》，中华书局2019年版，第2页。

[2] 曲利丽：《两汉之际文化精神的演变》，中华书局2017年版，第1页。

其起讫时限则更难确认。况且王莽“新政”不同于一般政治事件，它具有明显的学术史意义和思想史价值，其影响深远而漫长，因而很难准确指定其下限。所以，本书关于两汉之际的时段界定，以王莽“新政”为中心，是毫无疑问的；以元帝即位这个标志性事件为发端，是有依据的。至于精准的起讫时间的确定，则是不必要的，亦是不可能的。

关于两汉之际的政治，王莽“新政”是核心，包括“新政”的建立和败亡两个方面。“新政”的建立具有重要的政治史意义，“新政”的败亡具有重要的思想史影响。或者说，王莽“新政”具有政治史意义和思想史意义双重价值。在两汉之际，王莽是“新政”的执行者，刘歆是“新政”的参与者，扬雄是“新政”的旁观者，桓谭是“新政”的批评者，他们涉入“新政”的关系，有或深或浅、或远或近之别。但是，他们皆处在同一时空中，都是当时社会有影响力的头面人物，且过从甚密，还相互“辨析疑异”，其相互影响，彼此呼应，毋庸置疑，无法且亦不可能将他们分而论之。[1] 相互影响是一种影响，如王莽与刘歆；相互疏离亦是一种影响，如王莽与扬雄；相互排斥还是一种影响，如王莽与桓谭。所以，要充分阐释他们的渊源、影响及其意义，必须展开综合研究。必须将政治事件与学术思想事件互为背景，在学术思想背景下诠释政治事件，在政治背景下阐释学术思想事件，如此对双方的解释才有效。因此，必须开展政治和文化的综合研究，才能充分阐释和完全彰显两汉之际在中国古代史上的意义和影响。

---

[1] 孙少华说：“从某种意义上说，自汉成帝以降，直至王莽新朝的学术思想的发展，刘向、刘歆、扬雄、王莽、桓谭等人起到了非常重要的作用。尤其是后四者，直接参与、制定了两汉之际的学术规范，确立了规范后世的思想秩序。要了解西汉末年至东汉初立这段时间内，甚至东汉建立之后整个中国古代学术思想的发展情况，绝对绕不开对这四个人政治、学术活动的关注。”（《文本秩序：桓谭与两汉之际阐释思想的定型》，中华书局 2019 年版，第 35 页）

总之，本书以两汉之际王莽政治、刘歆学术、扬雄思想和文学为研究对象，通过对发生在同一个时空背景下的王莽篡汉立新和托古改制、刘歆知识秩序构建、扬雄“玄思大义”和古典美构建等重要政治事件和文化事项，所发生的背景、内容、意义和影响的深度阐释和综合研究，实现如下四个目标：

一、呈显两汉之际王莽篡汉立新和托古改制、刘歆知识秩序构建、扬雄“玄思大义”和古典美构建的基本内容，及其意义和价值。

二、呈显两汉之际政治与文化的互动影响，彰显当时政治、学术、思想和文学艺术共谋的时代剧变。

三、呈显两汉之际在中国中古史上的意义。在比较的视角下，通过对两汉之际、秦汉之际、汉魏之际这三个中国中古史上的重要转折时刻在政治、文化思想史上的价值评估，确认两汉之际在中国中古史上的意义和影响。

四、呈显两汉之际在中国古代史上的意义。在比较的视角下，通过对两汉之际、殷周之际、唐宋之际这三个中国古代史上的重大转折时刻在政治、文化思想史上的价值评估，确认两汉之际在中国古代史上的意义和影响，证成在中国古代史上两汉之际可与殷周之际、唐宋之际相提并论的学术假说。

四、全书提要

本书以两汉之际王莽的篡汉立新和托古改制、刘歆的“文本秩序”构建和“知识秩序”确立、扬雄的“玄思大义”和古典美构建为个案，通过对王莽的政治秩序、刘歆的知识秩序和扬雄的思想秩序的研究，揭示两汉之际以政治、学术、思想和文学为核心的社会剧变，呈现两汉之际在中国古代史上的重大转折意义。

两汉之际，因王莽篡汉立新和托古改制，导致社会政治发生剧变；因刘歆构建“文本秩序”和确立“知识秩序”，导致学术文化思想发生剧变；因扬雄“玄思大义”和古典美构建，导致思想和文学发生剧变。本书第一章“两汉之际政治和文化剧变及其意义之被忽略与被遮掩”，概述唐宋以来学者关于两汉之际社会剧变的言说。学者普遍以为两汉之际是中国古代政治文化史上的分水岭，例如，或以为中国社会组织在两汉之际发生重大转折，如吕思勉。或以为两汉之际是古代中国政治由“公天下”到“家天下”的转折时刻，如钱穆。或以为两汉之际是中国古代士大夫政治演生史上的重要转折，如阎步克。或以为两汉之际是古代中国由“圣王”理想向“王圣”理想发展的转折点，如曲利丽。或以为中国古代政治的基本形态奠定于两汉之际，如内藤湖南。或以为儒学国教化始于两汉之际的王莽，如宫崎市定。或以为中国古代国家的基本制度奠定于两汉之际的“新政”，如西嶋定生。一般认为两汉之际是中国古代学术文化思想的重要转折时期，例如，或以为在两汉之际中国文化有一大转变，如吕思勉。或以为中国人言哲学始于西汉末年，如章太炎。或以为由汉学向玄学的变迁始于两汉之际，如汤用彤。或以为“东汉之学顿与晚周异术”，如蒙文通。或以为两汉之际是中国中古时代之起始，如陈启云。或以为两汉之际创造了流传于汉代以后的“永久性遗产”，如鲁惟一。或以为两汉之际的思想学术决定了中国古代学术的大致走向，如郑杰文。或以为两汉之际对此前学术有总结性意义，对此后学术有典范性意义，如孙少华。大都认为两汉之际中国文学艺术发生显著变化，例如，或以为古代中国文风之衰败始于东汉，如柳宗元、苏轼。或以为儒者骛文自扬雄始，如刘咸炘。或认为两汉之际是中国文学由“古代文学”发展至“古典文学”的转折时期，如傅斯年。或认为两汉之际是中古文学的起点，如陆侃如。或以为两汉之际是中国人的文学鉴赏力得到大幅提升的时期，如内藤湖南。或以为中国古代绘画艺术在两汉之际发生了由纹样艺术向状物艺术的转折，如缪哲。总之，两汉之际中国政治、学术、思想和文学皆发生剧烈变化，两汉之际是中国古代史上的重大转折时刻，自唐宋以来，已成学术共识。但是，长期以来，两汉之际的社会剧变和历史转折的重大意义未能得到充分阐释，甚至还被有意忽略或者无意遮掩和误解。本章在概述两汉之际社会剧变一般情况之基础上，引述历代学者关于两汉之际社会剧变和历史转折的言说，分析两汉之际社会剧变的历史意义被忽略、被遮掩和被误解的原因。

两汉之际的社会剧变，有其深厚的社会政治基础和思想文化背景。第二章“两汉之际社会剧变的社会政治基础和思想文化背景”，在概论社会剧变与历史转折一般规律的基础上，综论两汉之际社会剧变和历史转折的社会政治基础和思想文化背景。两汉之际的历史转折，是一个包括政治、经济、学术、思想和文化在内的综合性事件，是在广泛的社会基础上发生的一场历史性剧变。两汉之际的社会剧变有其特定的社会背景、政治基础、经济基础、群众基础和思想背景。社会矛盾的加剧，政治危机的加深，社会上普遍存在着一种“世纪末风气”，此为两汉之际社会剧变的社会背景。昭、宣以来逐渐形成的“汉室将亡，贱人将兴”的社会舆论，以及儒家政治理想主义精神和礼制改革主义理念的广泛流行，是两汉之际社会剧变的政治基础。西汉中期以后由于土地兼并引发的农村经济的破产，通过土地改革以恤民生，缓解社会矛盾，解决经济问题，是两汉之际社会剧变的经济基础。西汉中期以来儒者势力崛起，形成引人注目的“经学士族”，成为左右西汉中后期社会发展方向的中坚力量，他们是两汉之际社会剧变的群众基础。两汉之际的社会剧变，是一场以儒学思想为文化背景的社会剧变，两汉之际的兴衰治乱系于儒，儒学思想的得与失，决定这场社会剧变的发展方向，儒学思想影响下的政治理想主义精神和礼制改革主义理念，是这场社会剧变的文化基础和思想背景。

两汉之际的社会剧变，核心事件是王莽的篡汉立新和托古改制。第三章“作为理想主义者和改革主义者的王莽”，在概述古今学者关于王莽的种种评价之基础上，讨论重新评价王莽及其“新政”的可能性与必要性，以为王莽的思想性格关乎“新政”成败甚巨，“新政”的得失关乎两汉之际的社会剧变甚巨。为客观评价“新政”的历史影响，评估两汉之际的历史转折意义，必须客观评价王莽其人，抛开道德性的价值判断，把他置于两汉之际这个特别的政治环境和思想背景中，考察他的思想性格及其推行的种种改革和结果。概言之，王莽是一位典型的理想主义者，又是一位十足的改革主义者，是极端的理想主义精神支撑着他狂热的改革主义热情，推动着史无前例的“根本变革”。他勤身博学、折节恭俭、行甚敕备、勇于作为，是一位充满学者情怀、道德自律、政治激情和改革理念却又不具备实际政治运作能力的理想主义者和改革主义者。他既是一名臭名昭著的外戚，亦是一位声名籍甚的儒者；既是一名有悲情色彩的理想主义者，亦是一位身败名裂的改革主义者。

王莽的作为，包括篡汉立新和托古改制两方面。王莽在中国历史上的影响，主要在于他的托古改制。第四章“政治剧变：王莽‘新政’

的改革与败亡”，讨论王莽改制的主要内容及其影响，研究王莽“新政”败亡的原因。王莽改制，通过“奉天法古”实现“立名改制”和“敬德保民”，主要有两方面内容：一是关于礼制的改革，二是基于民生的改革。其基于民生的改革，虽用意甚善，但大体失败；其关于礼制的改革，奠定了古代中国礼制国家和礼教政治的基础，推动儒学国教化进程的完成。历史上关于王莽“新政”败亡的原因，有人心思汉论、士族反动论、黄河水患论、改革失败论、匈奴反叛论等说法。我们认为，一个庞大政治体的轰然倒塌，绝不是某个单方面的因素能决定的，而是由诸多因素综合作用造成。具体言，导致王莽“新政”败亡的直接原因，是“盗贼”蜂起。促使“盗贼”蜂起的直接原因，是灾害频繁、军师放纵、吏治废弛和政令繁苛。而吏治废弛、行政无序、官僚无为和治术拙劣，又是其根本原因。

两汉之际的社会剧变，由王莽政治、刘歆学术、扬雄思想和文学构成，刘歆构建的“知识秩序”是其中的重要组成部分。第五章“作为宗室和国师的刘歆”，在概述学者对刘歆其人的一般性评价之基础上，讨论客观评价刘歆其人的可能性和必要性。客观评价刘歆其人，对于认识和理解他的学术成就和文化价值有重要意义，对于彰显两汉之际在中国古代学术史上的地位和影响至关重要。作为宗室的刘歆，对汉室很绝望，但依然保持浓厚的宗族情感。在个人情感和宗族利益上，他对王氏家族怀有宿怨，对王莽的赐锡居摄和篡汉立新不认同不支持，“非复欲令莽居摄”是他的基本政治立场。作为经师和国师的刘歆，从儒家理想主义角度出发，“以革新政教相翼”，其是王莽托古改制的支持者，是“新政”的参与者。他构建的“知识秩序”，推动着两汉之际学术文化的重大变革。总之，“非复欲令莽居摄”是他的政治立场，“以革新政教相翼”是他在两汉之际的主要贡献。

在中国历史上，两汉之际的历史转折意义之所以长期被遮掩，就是因为东汉以来的学者对王莽及其“新政”全盘否定，对刘歆学术轻视和忽略。第六章“知识秩序的整合与构建：刘歆在两汉之际的学术史意义”，论证刘歆的学术贡献和价值，评估其在中国古代学术史上的意义和影响。刘歆《七略》，通过“辨章学术”，对知识进行类型划分、对学术进行派别区分、对学术知识进行等级论定；通过“考镜源流”，对知识学术进行推源溯流，提出“诸子出于王官”说、诸子是“六经之支与流裔”说，构建起以知识分类、学派划分、等级论定和推源溯流为主要内容的知识秩序，编织成一张包括文本秩序和知识秩序的知识学术的“意义之网”，由此奠定中国知识学术发展的基础和方向。《周官》非刘歆伪造，乃秦汉“古文旧书”，刘歆发现《周官》、表彰《周官》、以《周官》为“经”、立《周官》为博士、改《周官》为《周礼》，是他在儒家政治理想主义和礼制改革主义的影响下，对儒家政治愿景的理想化表达，体现他企图把知识秩序和政治秩序一体化的学术追求。《左传》乃先秦旧书，刘歆发现《左传》、推扬《左传》、研治《左传》、争立《左传》博士，目的是“广道术”，整理历史知识系统，建立历史知识秩序。刘歆撰著《世经》，在历史知识秩序之基础上，通过改造邹衍五行相胜五德终始旧说，构建五行相生五德终始新说，建立起集天文、人文、政治、历史于一体的天道历史秩序。在构建学术知识秩序和历史知识秩序之基础上，实现学术知识秩序与政治秩序的一体化，以历史知识秩序为基础构建天道历史秩序，是刘歆的学术贡献，亦是他在两汉之际的学术史意义。

两汉之际的扬雄，因为有“投阁之悲”和“美新之诟”而成为备受争议的人物，在思想史和文学史上的意义和价值亦长期被忽略。第七章“玄思大义：扬雄在两汉之际的思想史意义”，在概述历代学者对扬雄评价的基础上，重估扬雄在两汉思想史上的“异端”特质和创新价值。在汉代知识群体里，无论从个人追求和人生形态看，还是就人生行事和性情好尚说，抑或是就治学方法和学术旨趣言，扬雄皆是一个“另类”人物。在个人追求上，他不与世事，是“新政”的旁观者。在人生形态上，他与一般汉儒的“道德地政治形态”或“政治地道德形态”不同，他是“知识型人生形态”。在人生行事上，他“简易佚荡”，与汉儒的经明行修、动如节度不同，与六朝名士风尚颇为接近。在性情好尚上，他“一往情深”，与六朝名士的风流媚趣近似。在学术旨趣上，他追求“玄思大义”，与汉儒的章句训诂之风迥异。在学术方法上，他“不述而作”，追求“约卓简要”，与汉儒的述而不作、拘泥繁琐不同。他在思想史上的主要贡献，有“尚智论”“太玄论”“品藻论”等，其中最具代表性，对六朝思想产生直接影响的是他在“玄思大义”之基础上构建的“太玄论”。

第八章“古典美构建：扬雄在两汉之际的文学史意义”，讨论扬雄构建的中国文学古典美在两汉之际的意义和在中国文学史上的影响。中国文学古典美，有一个从自然呈现到自觉构建到理论阐释的发展过程，还有一个从建构到解构到重构的演绎过程。中国文学古典美的构建，两汉之际是一个重要转捩点，扬雄是其中的关键人物。具体言，两汉之际以前是中国文学古典美的自然呈现时期，《诗经》的古典美是自然的呈现。两汉之际是古典美的构建和实践时期，扬雄是其中的承上启下人物。中国文学古典美，建构于扬雄、阐释于刘勰、解构于韩愈、重构于顾随。扬雄在两汉文学史上的转折意义和中国文学史上的开创意义，其标志性呈现，就是他对“文”的偏好，对“文”的重视，以及有意为“文”之态度，及其文士与儒士合二为一的“文儒”身份。扬雄对中国文学古典美的构建，主要体现在他对文学语言的“雅”和文学内容的“正”的自觉追求上，即以形式上的“雅”和内容上的“正”构建起以“雅正”为核心的中国文学古典美的理想品格。

两汉之际的社会剧变，由王莽、刘歆和扬雄的联袂登场共同导演完成，是王莽、刘歆和扬雄在政治、学术、思想和文学上的互动关联，促成当时的社会剧变和历史转折，是王莽的政治、刘歆的学术、扬雄的思想和文学共同构成了中国历史上的“两汉之际”。第九章“王莽、刘歆和扬雄关系述论”，讨论王莽、刘歆和扬雄三者的关系，包括两个层面：一是三者的个人交接往来，二是三者的学术文化互动关联。大体言，在为安汉公前，王莽对刘歆很器重，尤其推崇刘歆的才学，在他两任大司马时，皆鼎力推举刘歆。刘歆亦因此而“贵幸”，两人关系比较亲近。在为安汉公后，王莽萌发篡汉之心，对作为宗室的刘歆的态度便有了变化，刘歆亦最终走上反叛道路。“非复欲令莽居摄”是刘歆的基本政治立场，“以革新政教相翼”是刘歆在“新政”期间的主要贡献。扬雄对政治是冷漠疏离，他不仅疏离“新政”，亦疏离“汉政”，他对政治根本没有兴趣，他的兴趣在学术。他是“新政”的旁观者，虽然他亦受时代风气感染，对王莽寄予厚望，以为王莽是解决社会危机的最佳人选。刘歆的知识秩序、扬雄的思想秩序和王莽的政治秩序，并非简单的服务与被服务、利用与被利用的关系，而是在西汉中后期以来儒术独尊的学术环境中，在儒家政治理想主义精神和礼制改革主义理念的影响下，针对共同面临的社会问题，提出的政治、学术和思想方面的解决方案。王莽的政治秩序、刘歆的知识秩序和扬雄的思想秩序，三者之间彼此关联，相互呼应，共同构成了中国历史上的“两汉之际”。

由王莽的政治秩序、刘歆的知识秩序和扬雄的思想秩序构成的“两汉之际”，在中国历史上有重要转折意义。第十章“两汉之际在中国历史上的转折意义”，综论两汉之际的社会剧变和历史转折所蕴含的历史意义。王莽“新政”裹挟着儒家学说发生发展，它的建立和败亡，既是一个社会政治事件，亦是一个文化思想事件，而且更主要是一个文化思想事件。两汉之际围绕王莽“新政”发生的社会剧变和历史转折，既有社会政治史意义，亦有文化思想史意义；其文化思想史意义大于其社会政治史意义。王莽“新政”的历史意义，在于推动儒学国教化进程的完成，促成礼制国家和礼教政治的形成，标志着中国王朝基本制度的定型。它的建立与败亡，导致儒家理想主义精神从政治理想主义向道德理想主义转折，促使儒家知识群体即“经学士族”内部发生分化，致使儒家精神从浪漫激情向理性批判发展，导致儒家理想君王形象从“圣王”理想向“王圣”理想发展，促成中国士大夫政治形态的形成。两汉之际经由刘歆、扬雄构建的知识秩序和思想秩序，呈显出一统知识、学术、思想和文化的时代性特征，标志着中国古代知识、学术和思想的自觉化发展和纯粹化特点，对周秦学术思想有总结性意义，对汉魏以后学术思想的发展有典范性价值。比较而言，中国中古时代的三个重要转折时刻——秦汉之际、两汉之际、汉魏之际，其社会影响和历史意义各有侧重。但就社会全局的整体转折言，尤其是从文化发展和文明演变的角度看，两汉之际的社会影响和历史意义，远远大于秦汉之际和汉魏之际。在中国历史进程中，两汉之际是上古与中古的分界点，是与殷周之际、唐宋之际鼎足而三的重大转折时刻，这三大转折时刻，是中国史之上古、中古和近世的三大分界点。

总之，两汉之际在政治、学术、思想和文学等方面均发生了剧烈的变革，两汉之际是中国历史上的重要转折时刻，是中国古代政治、文化发展的分水岭。王莽的政治、刘歆的学术、扬雄的思想和文学构成了中国历史上的“两汉之际”。王莽构建的政治秩序、刘歆构建的知识秩序和扬雄构建的思想秩序，标志着两汉之际的社会剧变和历史转折。从文化发展和文明演变的角度看，两汉之际作为中国中古史的起点，其历史意义超过秦汉之际和汉魏之际；两汉之际作为中国古代史上的重大转折时刻，其历史价值可与殷周之际、唐宋之际相提并论。

第一章 两汉之际政治和文化剧变及其意义之被忽略与被遮掩

两汉之际是中国古代政治和文化发展的重要转折时刻，具体表现是：王莽托古改制所引起的古代中国政治格局之变迁，刘歆《七略》构建的知识秩序对古代中国学术发展之影响，扬雄“玄思大义”所引发的中国古代哲学方法论及其思想史的变迁，以及扬雄构建的古典美对中国文学发展的深刻影响。关于两汉之际政治和文化的剧变，唐宋以来的学者即有指出，近现代学人亦有标示。本章在综述唐宋以来学者关于两汉之际社会剧变的论断之基础上，概述两汉之际王莽托古改制、刘歆知识秩序构建、扬雄“玄思大义”和古典美构建的基本内容，揭示这场社会剧变和历史转折的文化思想史意义被忽略与被遮掩的原因。

一、学者关于两汉之际社会剧变的言说

在中国历史上，易代之际常常成为学者关注的焦点。如王国维《殷周制度论》关于殷周之际的研究，以内藤湖南为代表的日本学者关于

唐宋之际的研究，以赵园为代表的当代学者关于明清之际的研究，最受重视；其他关于秦汉之际、汉魏之际、隋唐之际等易代之际的研究，亦是长期以来形成的学术热点。易代之际之所以被学者特别关注，成为学术研究的热点，是因为它往往是天崩地裂的时代，常常是社会紧张、秩序混乱的时代。政治上的天崩地裂，导致社会秩序的紧张动荡，促成意识形态领域的混乱和文化思想秩序的失衡。所以，易代之际不仅是政治革命的时代，亦是意识混乱的时代，更是思想争鸣的时代。两汉之际正是这样一个革命、混乱和争鸣的时代，因而亦是一个需要高度重视、值得特别关注的时代。

1. 学者关于两汉之际社会政治剧变的言说

作为易代之际的两汉之际，自唐宋以来就受到学者的特别关注；特别是近现代以来，两汉之际的社会政治剧变，及其在中国中古史和中国古代史上的重要转折意义，受到史学界的重视。关注的焦点涉及社会组织、政治文化和制度文化等方面。

在社会组织方面。如吕思勉认为，中国古代的社会组织，在两汉之际发生重要变化。他说：

> 自来治史学者，莫不以周、秦之间为史事之一大界，此特就政治言之耳。若就社会组织言，实当以新、汉之间为大界。[1]

在社会组织的变迁方面，两汉之际的重要性远远大于秦汉之际。他认为：自晚周以来，社会上占主导地位的是“封建势力”和“资本势力”。他说：

[1] 吕思勉：《秦汉史》，上海古籍出版社 2006 年版，第 1 页。

封建之暴，尤甚于资本，故人必先求去之。晚周以来，盖封建势力日微，而资本势力方兴之会。封建势力，如死灰之不可复然矣，而或不知其不可然而欲然之；资本势力，如洪水之不可遽湮也，而或不知其不可湮而欲湮之；此为晚周至先汉扰攘之由，至新室亡，人咸知其局之不易变，或且以为不可变，言治者但务去泰去甚，以求苟安，不敢作根本变革之想矣。故曰：以社会组织论，实当以新、汉之间为大界也。

东汉以后……故以社会演进之道言之，自东汉至今二千年，可谓误入歧途，亦可谓停滞不进也。[1]

吕思勉所谓两汉之际社会组织的变迁，就是指“封建势力”之衰微和“资本势力”的膨胀。因此，就社会组织之变迁言，他认为，两汉之际是中国古代社会政治的重要转折点。

在政治文化方面。如钱穆指出：两汉之际是古代中国政治由“公天下”到“家天下”的重要转折时刻。他说：

王莽失败后，变法禅贤的政治理论，从此消失，渐变为帝王万世一统的思想。政治只求保王室之安全，亦绝少注意到一般的平民生活。这不是王莽个人的失败，是中国史演进过程中的一个大失败。[2]

即在中国政治文化史上，“帝王万世一统的思想”（“家天下”）取代“变法禅贤的政治理论”（“公天下”），两汉之际是一个重要转折点。

阎步克认为，两汉之际是中国古代士大夫政治形态的重要转折时刻。他在《士大夫政治演生史稿》里说：

[1] 吕思勉：《秦汉史》，上海古籍出版社 2006 年版，第 2、174 页。

[2] 钱穆：《国史大纲》（修订本），商务印书馆 1996 年版，第 153 页。

极可注意的是，王莽是以“变法”“改制”作为夺权号召和施政纲领的，他发动了一场规模巨大、轰轰烈烈的“奉天法古”的改革运动，这一事件，放在整个中华帝国的历史上看就显得分外突出了，并使得我们不能等量齐观，以一般的王朝覆灭来看待西汉末年的历史。这一事件所包含的政治文化意义，是超出了一般的王朝覆灭之外的。

因此，他认为：

近代之学者，已有人把东西汉之交，视为政治文化史上的分水岭之一。在我们看来，王莽变法事件标志着中国古代士大夫政治演生史上的又一个阶段，它的结束则导致了一个新阶段的开始。[1]

两汉之际之所以成为中国古代政治文化发展史的分水岭，是因为中国政治以此为界进入到“士大夫政治”时代。

曲利丽认为，两汉之际是古代中国政治由“圣王”到“王圣”的重要转折时刻。她发现，两汉的断与续之际，文化精神发生了重大的变化。她提出“圣王”和“王圣”两个概念，概括西汉和东汉的文化精神。认为西汉儒者坚持以圣为王的理念来期望和匡正人间帝王，富于道德理想主义热忱，是为“圣王”观念；东汉儒者则以帝王为圣人，导致学者不再试图改造现实，转而努力适应现实，是为“王圣”观念。从“圣王”到“王圣”文化精神的转变，发生在两汉之际，转变的契机是因为凝聚儒者“圣王”理想的王莽“新政”的惨败。她的基本观点是：

[1] 阎步克：《士大政治演生史稿》，北京大学出版社 1996 年版，第 360 ~ 361 页。

> 两汉之际的文化精神从“圣王”转向“王圣”，标志着中国历史的发展被权力绳索又扣紧了一环。[1]

即中国古代政治的理想君王，由“圣王”发展至“王圣”，是发生在两汉之际。

内藤湖南更注意到两汉之际在整个东亚史上的意义，他发现：在西汉，“看不到各蛮夷考虑到自己的由来、觉悟到自己是一个独立的种族”，但是，“王莽虐待各蛮夷的做法，却是刺激它，促使它自觉的起因，到《后汉书》中，都记载了各蛮夷种族起源的说法。从《后汉书》开始，形成一种现象，即东洋的历史不仅是由中国汉族构成的，而是由种种不同种族构成的”。[2] 他认为：

> 王莽在统驭蛮夷上的错误政策，对东亚整个形势产生了明显的影响。可以说，中国的历史之所以形成为东洋史，就是由王莽失败造成的。到此时为止，亦即文明起源以来至汉末为止，是中国文化向四方扩展的历史。其他各种族受中国的影响而趋于中国化。过去与中国的言语、风俗不同的蛮夷也中国化，有很多地方通行中国的言语与风俗。然而，王莽的失败，使得由于接受中国文化而逐步觉悟的各蛮夷认识到，抵抗中国并不困难。……从这时开始，东亚的历史成为各种族共同的历史，不只是中国文化向四方扩展、统一其他各种族的历史，而是产生了由于各种族的反作用，使得中国本部趋于动摇的巨大变化。而对于王莽来说，这则是个失败，

---

[1] 曲利丽：《两汉之际文化精神的演变》，中华书局 2017 年版，第 1、7 页。

[2] 〔日〕内藤湖南：《中国史通论》，夏应元、钱婉约等译，九州出版社 2018 年版，第 251 ~ 252 页。

对于中国来说也是个失败，这是历史上一个有趣的现象。[1]

即中国史形成为东洋史，是发生在两汉之际。

在制度文化方面。日本学者特别注意两汉之际在政治制度文化上的变迁。如在官制方面，据内藤湖南说：

> 汉代的官制在前汉与后汉还有若干不同。在前汉，大体上是根据秦时的官制。自从王莽时开始采用《周礼》的制度；到后汉时，则大部采用了王莽的制度。也就是说，在后汉时，混合采用了前汉与王莽时的制度。[2]

在政治礼制方面，如西嶋定生说：

> 从元帝时期起，儒家官僚跻身并活跃于政界，而且引起了改革论的最终诞生，然而真正将这些改革成果作为国家制度固定下来，并使之成为中国历代王朝所承袭的基本国家礼仪的历史人物则是因篡夺汉王朝政权而恶名昭著的王莽。[3]

在他看来，中国历代王朝所承袭的国家基本礼制形成于两汉之际的王莽“新政”时期。宫崎市定亦说：

---

[1] 〔日〕内藤湖南：《中国史通论》，夏应元、钱婉约等译，九州出版社 2018 年版，第 251 ~ 252 页。

[2] 〔日〕内藤湖南：《中国史通论》，夏应元、钱婉约等译，九州出版社 2018 年版，第 254 页。

[3] 〔日〕西嶋定生：《秦汉帝国——中国古代帝国之兴亡》，顾姗姗译，社会科学文献出版社 2017 年版，第 356 ~ 357 页。

由王莽首先实施的基于儒教主义的政治，也在接下来的后汉时代被继承为王朝的基本方针。可以说，将儒教公开定为国教始于王莽。[1]

儒术独尊始于西汉武帝时代，但是，“将儒教公开定为国教始于王莽”，以儒学为国教成为此后古代中国历经二千余年无根本变化的政治制度，此亦可证两汉之际在中国古代政治制度史上的意义和影响。内藤湖南说：

在前汉末年，中国的政治上、经济上的自然发展几乎达到了极限，可以说，什么事情都大致确定下来了，其后的政治，只是有何处不够周到，何处有毛病等类的事情而已。[2]

亦就是说，中国古代的政治形态，基本上就是奠定于两汉之际。

总之，中国古代政治文化在两汉之际发生重要转折。或以为两汉之际是中国社会组织发展之重大转折，如吕思勉。或以为两汉之际是古代中国政治由“公天下”到“家天下”的重要转折时刻，如钱穆。或以为两汉之际是中国古代士大夫政治演生史上的一个重要转折，是中国古代政治文化史上的分水岭，如阎步克。或以为两汉之际是古代中国由“圣王”理想向“王圣”理想发展的转折点，如曲利丽。或以为两汉之际是中国史发展为东洋史的转折时刻，中国古代政治的基本形态奠定于两汉之际，如内藤湖南。或以为将儒教定为国教，始于两

[1] 〔日〕宫崎市定：《中国史》，焦堃、瞿柘如译，商务印书馆（香港）有限公司2018年版，第158页。

[2] 〔日〕内藤湖南：《中国史通论》，夏应元、钱婉约等译，九州出版社2018年版，第258页。

汉之际的王莽，如宫崎市定。或以为中国古代国家的基本礼制奠定于两汉之际的王莽“新政”，如西嶋定生。以上是就社会政治层面的言说。

2. 学者关于两汉之际文化思想剧变的言说

从学术思想变迁看，先秦西汉和东汉六朝是两个有思想连续性的文化整体，两汉之际是中国古代学术文化思想之重要转折时期。这种看法，自唐代以来，就逐渐成为学者的共识。

比如，佛教自东汉明帝时传入中国，因此，唐代的辟佛人士就常常批评东汉时期开启了六朝颓风。如韩愈《论佛骨表》说：

> 佛者夷狄之一法耳，自后汉时流入中国，上古未尝有也。昔者，黄帝在位百年，年百一十岁……帝舜及禹年皆百岁，此时天下太平，百姓安乐寿考，然而中国未有佛也。……周文王年九十七岁，武王年九十三岁，穆王在位百年，此时佛法，亦未入中国，非因事佛而致然也。汉明帝时，始有佛法，明帝在位才十八年耳，其后乱亡相继，运祚不长，宋、齐、梁、陈、元魏已下，事佛渐谨，年代尤促。……由此观之，佛不足事，亦可知矣。[1]

他把东汉明帝以来“乱亡相继，运祚不长”的原因，归结到君王的敬事佛法，此论虽然未必确切，但它确实体现了部分唐人对西汉和东汉的不同态度。[2]

经唐人揭示出来的两汉之际在中国文化思想史上的重要转折意义，在近现代以来，引起学者的普遍关注，并有进一步的发明和阐释。

[1] 韩愈：《韩昌黎全集》卷三十九《表状》二，中国书店 1991 年据 1935 年世界书局本影印，第 456 ~ 457 页。

[2] 参见本书“绪论”之“二、研究现状”注［1］。

比如，在学术思想上，章太炎以为：扬雄是汉晋学术文化思想变迁之转折点，扬雄总结了汉学，开启了六朝之学。他在《论中古哲学》一文中说：

> 所谓中古者，指汉至隋言。西京之言哲学者甚少，盖公之流专意于治术，杨王孙唯见裸葬一事，虽本之黄老，其实至浅。若黄生与辕固争汤武革命事，乃似法家言，其于哲学，亦不相涉。西京儒者，仲舒、更生之伦为著。仲舒即谶纬之先驱；更生所长乃在目录，若《新序》、《说苑》诸书，特一时纪录，亦于哲学无与。此事造端，定在西京之末。《法言》、《新论》，亦是常言，惟《法言》屏绝巫史，《新论》文质论核，廓清氛障，二家之功；然未能自持一说。[1]

章太炎对扬雄的评价有所保留，甚至说扬雄“未能自持一说”。但是，他注意到：西汉学者“专意于治术”，而“言哲学者甚少”，“于哲学无与”，“真以哲学著见者，当自魏氏始”。然而，他发现：两汉之际学者已经开启言论哲学玄理之风，这种由具体（“治术”）到抽象（“哲学”）的学术风尚之转变，其造端“定在西京之末”，在两汉之际。之所以如此，是因为其时有扬雄、桓谭等学者，通过“屏绝巫史”和“文质论核”的方式，为新学之发生“廓清氛障”。因此，他认为：即使扬雄、桓谭等人在学术上“未能自持一说”，然其“廓清氛障”之功劳，亦不可磨灭。

继章太炎之后，讨论两汉之际学术文化风尚之转移者，是吕思勉和蒙文通。如吕思勉《秦汉史》说：

---

[1] 傅杰编校：《章太炎学术史论集》，中国社会科学出版社 1997 年版，第 262 页。

> 中国之文化，有一大转变，在乎两汉之间。自西汉以前，言治者多对社会政治，竭力攻击。东汉以后，此等议论，渐不复闻。汉、魏之间，玄学起，继以佛学，乃专求所以适合社会者，而不复思改革社会矣。[1]

他以为：在中国古代史上，两汉之际（“新、汉之间”）的重要性远远大于秦汉之际（“周、秦之间”），两汉之际在社会组织和政治态度方面有重要转变，它不仅是汉晋学术文化思想的转折点，甚至是整个中国文化史上的“一大转变”。吕氏此论颇有启发性，但尚有进一步申论的空间。又如蒙文通说：

> 西汉之儒家为直承晚周之绪……逮莽之纷更烦扰而天下不安，新室倾覆，儒者亦嗒焉丧其所主，宏义高论不为世重，而古文家因之以兴，刊落精要，反于索寞，惟以训诂考证为学，然后孔氏之学于以大晦。道之弊，东京以来之过也，贾、马、二郑之俦之责也，是东京之学不为放言高论，谨固之风起而恢宏之致衰，士趋于笃行而减于精思理想。党锢君子之行，斯其著者，而说经之家固其次也。故董、贾之书犹近孟、荀之迹，而东汉之学顿与晚周异术。[2]

他认为：“西汉之儒家为直承晚周之绪”，“东汉之学顿与晚周异术”。即西汉学术近于晚周，东汉学术近于六朝，两汉之际是中国古代学术思想之重要转折点。在学术风尚上的具体表现，就是从放言高论到谨固笃行，从精思理想到训诂考证。

日本学者内藤湖南对两汉之际学术思想之转折亦有重要论述。他

[1] 吕思勉：《秦汉史》，上海古籍出版社 2006 年版，第 174 页。

[2] 蒙文通：《论经学三篇》，《中国文化》1991 年第 4 期。

认为：两汉之际，是学问从实用学问向纯粹学问发展的转折点。他说：

> 古文的书籍一经出现，就成为学问从实用走向纯粹学术的阶梯。……当时学问之所以成为像样的学术，是因为出了古文。以刘向、刘歆为主，调查了这些书。当时，由于兵书、方术等属于特别的学问，故皆以对该方面精通之人任之。这些就是中国的学问之所以成为像样的学问的开端。在此之前，一般不过考虑学问究竟在政治上、社会上如何起作用的问题。可是，那些深层次的学问只有少数人研究，一般人需要其他的知识。[1]

他还认为：两汉之际的学术思想，呈现出学问与思想的分裂，从思想产物的学问发展到有历史内容的学问。他说：

> 校勘之学在前汉末期就已出现。成帝时，刘向校勘天子的秘籍，是其开端。……这表明，这时的学问和过去有所不同。过去是单纯地把学问作为思想的产物，书籍和学派都是随着新思想的产生而产生的。而现在则是进入了一个对已有的学问做出各种思考，并通过复杂的程序进行研究的时期。……学问开始带有校勘学、考古学的性质。它已不单纯是思想的产物，而变成了附有历史内容的学问，这是后汉学问的一个显著的倾向。[2]

他亦认为：两汉之际的学问，还有从做官的学问向道德的学问发展的趋势。他说：

[1] 〔日〕内藤湖南：《中国史通论》，夏应元、钱婉约等译，九州出版社 2018 年版，第 259 ~ 260 页。

[2] 〔日〕内藤湖南：《中国史通论》，夏应元、钱婉约等译，九州出版社 2018 年版，第 316 页。

若从当时（西汉）学术发展的程度来说，可以说，当时的弊病是学问过分集中于官学。……他们所培养的博士、弟子等，都学的是如何做官的学问。因而，正像今天学法律的人，只学充当官吏的学问，而不培养其道德心，通过学博士之学，不能培养其个人道德。……到了后汉末，学问移到民间，产生了与此相反的结果。到这时，学问流行于民间，发展了真正的道德，这固然成为争乱之源，但对于培养个人的人格而言，是有好处的。而前汉末年还未发展到如此程度。[1]

后汉中期，学问普及，学术流行于民间，“这是自从上古以来所培养起来的中国文化的力量普及到一般人中的时代”，于是形成尚名节的道德风尚，“从文化上看，可以说，中国自从上古以来所继续下来的文化，到这里告一段落，中国上古史到此时可以宣告终结”。[2] 实际上，内藤湖南指出的中国文化思想上的这个变化，是发生在两汉之际（详后）。

内藤湖南还发现：两汉之际是中国向周边的扩张从政治扩张向文化扩张的转折时期。他说：

后汉时对外国，不像前汉那样，主要考虑汉朝如何从政治上统御外国，而是文化自然向周边扩散的时代。……前汉是把政治上的权力扩展及于周围各国的时期，而后汉则是在文化上普及于各国的时代。文化普及的结果，同时促进了各种族的觉悟。这是中国自上古以来，把文化从

[1] 〔日〕内藤湖南：《中国史通论》，夏应元、钱婉约等译，九州出版社 2018 年版，第 249 ~ 250 页。

[2] 〔日〕内藤湖南：《中国史通论》，夏应元、钱婉约等译，九州出版社 2018 年版，第 249 ~ 250 页。

> 中央扩展到四方，可以告一段落的时代。[1]

内藤湖南论两汉之际，特别重视其间学术文化思想的转折，他指出两汉之际中国学问从实用的学问向纯粹的学问发展、从思想产物的学问向有历史内容的学问转折、从做官的学问向道德的学问演绎，中国向周边的扩张从政治扩张向文化扩张转移，实在是很有价值的学术见解，值得进一步探究和阐释。

其他学者对两汉之际文化学术思想的变革，亦有高度关注和重要论说。如陈启云说：

> 前汉朝廷所树立的官方儒学和后汉时期由儒者自动发起对这“官学”的怀疑批判之间的紧张情况……标志了从前汉到后汉总体思想趋势上的重要变化。[2]
>
> 魏晋政风、士风、思潮、学风及其他各种文化变化，很多在东汉时已经开始。除了王室仍是刘姓一点，东汉和西汉之间的差异，有很多地方比东汉和魏晋之间的差异还大。所以主张把中古时代的开始提早到东汉，公元 1 世纪中。[3]

在他看来，由于王莽“新政”的败亡，导致了“前汉到后汉总体思想趋势上的重要变化”，这个重要变化，使“东汉和西汉之间的差异，有很多地方比东汉和魏晋之间的差异还大”。所以，他亦认为两汉之

---

[1] 〔日〕内藤湖南：《中国史通论》，夏应元、钱婉约等译，九州出版社 2018 年版，第 271 页。

[2] 陈启云：《中国古代思想文化的历史论析》，北京大学出版社 2001 年版，第 181 页。

[3] 陈启云：《儒学与汉代历史文化：陈启云文集二》，广西师范大学出版社 2007 年版，第 53 页。

际是中国古代文化思想史上的重要转折时期。另外，鲁惟一亦说：

> （秦汉时期）宗教仪式、知识面貌和政治思想等方面的重大发展是不断积累的过程的结果。但是使它们取得力量的关键性的成形的决定是在公元前 30 年至公元 20 年这半个世纪作出的。正是在王朝虚弱和发生内战的那些年中，汉朝传给以后王朝的永久性的遗产形成了。
>
> 汉代把一个长达两千年基本上保持原状的帝国理想和概念传给了中国。在汉之前，帝国政府是试验性的，并且名声不佳；在汉以后，它已被接受为组织人的正统的规范形式。……秦代皇帝和汉初诸政治家们满足于从物质的角度，如版图和武功，来为他们行使的权力辩解，但汉代诸帝很快就从神意的角度寻求道德和智能上的根据以使他们的统治合法化。……到王莽时代（公元 9—23 年）和后汉（公元 25—320 年），这个追求的过程已经成功地完成。[1]

他认为：汉王朝“把一个长达两千年基本上保持原状的帝国理想和概念传给了中国”，完成了“从神意的角度寻求道德和智能上的根据以使他们的统治合法化”的理念。这是汉王朝“传给以后王朝的永久性的遗产”，这种文化遗产的形成，是在公元前 30 年至公元 20 年这半个世纪，即两汉之际。

当代中国学者亦特别重视两汉之际在中国文化思想史上的转折意义。如郑杰文在《文本秩序：桓谭与两汉之际阐释思想的定型》一书的“序”里说：

[1] 〔英〕崔瑞德、鲁惟一编：《剑桥中国秦汉史》，杨品泉等译，中国社会科学出版社 1992 年版，第 17、98 页。

> 两汉之际是一个文化大融合的特殊时期，古文经学所代表的传统学术与今文学所代表的孔子“变新学术”之争，以“纬书”的形式将谶纬、符应所代表的“南方文化”与五经典籍所承载的“北方文化”初步融合起来。……东汉以后对先秦、西汉的理解，基本上是在扬雄、刘歆、桓谭等人确立的阐释思想基础上展开的。从某种意义上说，了解两汉之际的思想学术，基本上就把握了中国古代学术的大致走向。……两汉之际诸多思想与学术，都成为后世思想与学术的先导。[1]

他认为：“两汉之际是一个文化大融合的特殊时期”，两汉之际的学术和思想是对先秦、西汉的总结和综合，决定了中国古代学术的大致走向，是后世学术和思想的先导。孙少华《文本秩序：桓谭与两汉之际阐释思想的定型》亦说：

> 两汉之际，是中国传统学术、文化的大裂变、大发展时期。中国古代各门学科，都得到了极大发展与演进：……在这种背景下，扬雄、刘歆、桓谭、王充等人的一系列学说，都是对此前文化的大反思。一个迥异于先秦、汉初的崭新的学术思想体系，逐步建立起来，奠定了后来中国封建社会发展的基本方向。……汉代自刘向、刘歆、扬雄、桓谭之流的学者开始，他们对此前学术、文学认识，具有总结性意义；对此后如何认识学术、文学，具有一定的典范意义。甚至可以说，自此以后，我们对西汉以前学术与文学的认识，就处于这种“秩序”的控制之下，很少超越司马迁、刘向等人划定的“文本认识藩篱”。[2]

---

[1] 郑杰文：《文本秩序：桓谭与两汉之际阐释思想的定型·序》，见孙少华《文本秩序：桓谭与两汉之际阐释思想的定型》，中华书局 2019 年版，《序》第 1 页。

[2] 孙少华：《文本秩序：桓谭与两汉之际阐释思想的定型》，中华书局 2019 年版，第 2 ~ 3 页。

在他看来，两汉之际学者通过对先秦、西汉学术思想的反思和总结，构建起“一个迥异于先秦、汉初的崭新的学术思想体系”，并“奠定了后来中国封建社会发展的基本方向”。

笔者关于汉晋文化思想变迁的认识，亦有一个从汉魏之际到两汉之际的深化过程。在《汉晋文化思潮变迁研究》一书中，从尚通意趣角度对汉魏晋南北朝八百年间的文化思潮进行通盘诠释，以为在尚通意趣影响下，汉晋文化思潮发生重要变化，提出魏晋之学始于汉末、起于汉末人物品鉴的观点，确认汉魏之际是汉晋文化思潮变迁的重要转折时刻。[1] 在《扬雄与六朝之学》一书中，则进一步认为汉魏之际是六朝之学的近源，两汉之际是六朝之学的远源，六朝之学起于两汉之际，始于扬雄，以为两汉之际才是汉晋文化思想史上的重要转折时刻。[2]

总之，中国古代学术思想在两汉之际发生重要转折。或以为中国人言哲学始于“西京之末”，如章太炎。或以为由汉学向玄学的变迁始于两汉之际，如汤用彤。或以为中国文化在两汉之际有一大转变，如吕思勉。或以为“道之弊，东京以来之过也”，“东汉之学顿与晚周异术”，如蒙文通。或以为两汉之际中国学问从实用的学问向纯粹的学问发展、从思想产物的学问向有历史内容的学问转折、从做官的学问向道德的学问演绎，中国向周边的扩张从政治扩张向文化扩张转移，如内藤湖南。或以为两汉之际是中国中古时代之起始，如陈启云。或以为两汉之际创造了流传于汉代以后的“永久性遗产”，如鲁惟一。

[1] 汪文学：《汉晋文化思潮变迁研究——以尚通意趣为中心》，贵州人民出版社 2003 年版。

[2] 汪文学：《扬雄与六朝之学》，贵州人民出版社 2019 年版。

或以为两汉之际的思想学术决定了中国古代学术的大致走向，如郑杰文。或以为两汉之际对此前学术有总结性意义，对此后学术有典范性意义，如孙少华。以上是就学术思想层面的言说。

3. 学者关于两汉之际文学艺术剧变的言说

两汉之际中国文学艺术发生的显著变化，自唐代以来，便受到学者的普遍关注。大体言，西汉之文质朴近古，东汉之文则渐趋骈体，有绮靡化倾向，开六朝文风之先河。如柳宗元《柳宗直〈西汉文类〉序》说：

> 殷周之前，其文简而野；魏晋以降，则荡而靡；得其中者汉氏。汉氏之东，则既衰矣。

柳宗元以为“文之近古而尤壮丽，莫若汉之西京”[1]。肯定西汉文章“近古而尤壮丽”，认为文风之“荡而靡”自魏晋始，而东汉时则“既衰矣”。近似的观点，有李汉《昌黎先生集序》，他说：

> 秦汉已前，其气浑然。迨乎司马迁、相如、董生、扬雄、刘向之徒，尤所谓杰然者也。至后汉、曹魏，气象萎尔。司马氏已来，规范荡悉。[2]

他亦认为，东汉文章“气象萎尔”，走向衰败之路。韩愈《答刘正夫书》说：“汉朝人莫不能为文，独司马相如、太史公、刘向、扬

[1] 柳宗元：《柳河东全集》卷二十一《题序》，中国书店1991年据1935年世界书局本影印，第249～250页。

[2] 韩愈：《韩昌黎全集》卷首，中国书店1991年据1935年世界书局本影印。

雄为之最。”[1]《送孟东野序》说：“汉之时，司马迁、相如、扬雄，最其善鸣者也。”[2] 韩愈称说汉人之能为文章者，只说到西汉扬雄，不提东汉文人的创作。在他看来，自东汉起，文章之道便渐趋衰落。苏轼称韩愈“文起八代之衰”，所谓“八代”，据范文澜说，就是从“东汉至隋”这八代，[3] 岑仲勉亦以为“东汉、魏、晋、宋、齐、梁、陈、隋为八代”。[4]

在两汉之际，扬雄以文学著称。学者以为，扬雄的文学理论和文学创作影响东汉文学，开启六朝文风之先河。在文学理论方面，如朱东润说：

> 东汉一代，文学论者，首推桓谭、班固，其后则有王充。谭、固皆盛称子云，充之论出于君山，故谓东汉文论，全出于扬雄可也。[5]

此确为不刊之论。其实，非仅东汉文论，乃至整个六朝文论，甚至刘勰《文心雕龙》的很多重要见解，皆可追溯到扬雄这里。在文学创作方面，近代学者刘咸炘特别注意扬雄在汉晋文风转移上的意义，他说：

> 章学诚曰：东汉儒者通专门而趣博览，著述收子、史而开文集。此

[1] 韩愈：《韩昌黎全集》卷十八《书》五，中国书店 1991 年据 1935 年世界书局本影印，第 264 页。

[2] 韩愈：《韩昌黎全集》卷六《序》一，中国书店 1991 年据 1935 年世界书局本影印，第 277 页。

[3] 范文澜：《中国通史简编》（修订本）第三编第二册，人民出版社 1964 年版，第 720 页。

[4] 岑仲勉：《隋唐史》卷下第十七节“文字由骈俪变为散体”，中华书局 1982 年版。

[5] 朱东润：《中国文学批评史大纲》，古典文学出版社 1957 年版，第 16 页。

说至精，故东汉之儒谓之文儒而已。西汉儒者犹有质行之意，能持宗旨，无骛于文者，骛文自扬雄始，桓谭继之，王充极称雄、谭，几拟之孔、孟，品第儒士，以文儒为高。[1]

子云著书非无所为，然词义陈泛实际，罕所发明，徒为品藻，下启桓谭诸人杂论博考之体，混列儒家而无宗要可持，故子云者，实儒之衰而文儒之祖也。自汉至北宋之儒家，大氐文人杂论，故皆称誉子云，以并荀、杨，至程、朱然后窥其底里焉。[2]

刘氏批评扬雄“陈泛实际，罕所发明”，是否符合实际，暂且不论。但是，他认为儒者“骛文自扬雄始”，扬雄开启“博考之体”，他断言“大氐宋儒未出以前，儒者醇谨多文者皆扬雄之流”[3]。他说：

东汉以后，儒者大抵荀、扬之流。徐干、王通未出此域，唐世儒者如韩愈、李翱、刘轲、刘蜕、林慎思、皮日休，多名尊孟，实兼推荀、扬，愈文士也，其学全同于扬，但不主黄、老耳。北宋儒者如司马光、刘敞、李觏、王开祖、曾巩之伦，虽学之大小不同，皆极推扬，时时非孟子。至周、程、朱、陆乃排荀、扬而尊孟，亦兼采庄、荀。[4]

此说实为确论。尤其需要引起我们重视的，是他特别强调扬雄在古代

[1] 刘咸炘：《刘咸炘学术论集·子学编（上）》，广西师范大学出版社 2007 年版年，第 162 页。

[2] 刘咸炘：《刘咸炘学术论集·子学编（下）》，广西师范大学出版社 2007 年版，第 427 页。

[3] 刘咸炘：《刘咸炘学术论集·子学编（上）》，广西师范大学出版社 2007 年版，第 157 页。

[4] 刘咸炘：《刘咸炘学术论集·子学编（上）》，广西师范大学出版社 2007 年版，第 162 页。

他认为：“伴随着模仿产生的欣赏能力，基本上是辞赋的特点。”“从辞赋中逐渐地培养出文学鉴赏力，到了后汉，这种鉴赏力已经逐渐普及。”[1]或者说，中国文学史上真正意义的文学欣赏精神发生在两汉之际。

另外，孙康宜、宇文所安主编的《剑桥中国文学史》，认为中国文学史“传统按照朝代分期的做法有着根本的缺陷”，“朝代分期法并不能准确代表文化史和文学史的主要变化”。因此，他们“尝试了一些不同的分期方法，并且以不同的方式去追踪不同时期思想所造成的结果和影响”[2]。该书第一章题名为“早期中国文学：开端至西汉”，即以两汉之际为“早期中国文学”的下限。这样的分期是有深意的。遗憾的是，通读此章，并未发现作者对如此分期有具体说明；除特别强调两汉之际“经典的地位”的提升，亦未对当时文学风尚的变迁做深入阐释。

两汉之际还是中国绘画艺术发展史上的一个重要转折时刻，即从纹样艺术向状物艺术的转变。缪哲说：

> 综合考古与文献记载，可知由纹样向状物的转折——或中国绘画传统的确立，乃是西汉中后叶始告完成的。这一新的传统，是战国以来所积蓄的再现动量与此时期政治、社会需求相趋同的结果。[3]

[1] 〔日〕内藤湖南：《中国史通论》，夏应元、钱婉约等译，九州出版社 2018 年版，第 319 ~ 321 页。

[2] 〔美〕孙康宜、宇文所安编：《剑桥中国文学史·中文版序言·上卷导言》，生活·读书·新知三联书店 2013 年版。

[3] 缪哲：《从灵光殿到武梁祠——两汉之交帝国艺术的遗影》，生活·读书·新知三联书店 2021 年版，第 10 页。

据缪哲说：纹样是自我秩序的艺术，不意图与现实匹配，近似西方的表现艺术；状物旨在与现实匹配，近似西方的再现艺术。由纹样向状物的转折，虽始于战国初，但至迟到西汉中叶，或因社会情境的约束，状物与纹样始终相互纠结，或是状物的纹样化，或是纹样的状物化。创作的动机总是摇摆在纹样与状物之间。至西汉中后期，尤其是在王莽时期，因政治、社会的需要，尤其是意识形态构建、呈现和推广的需要，状物绘画艺术便迅速发展起来。[1] 缪哲认为：王莽是古代世界最致力于物质兴作的君主之一，他兴作的礼仪建筑与设施，竟多达一千七百余所，其规模与精美程度，可方驾他的同时代人罗马皇帝奥古斯都。因为他们都同样面临政权合法性这个经典难题，他们致力于物质兴作，就是要令人信服其篡位之合法性。他说：

> 从王莽至明帝近一个世纪间，中国经历了秦皇汉武之后、隋唐统一之前最大的建筑兴作浪潮。可想见的是，为凸显、强化或清晰地表述寓于建筑中的政治与意识形态信息，其中的重要兴作，当必伴以大规模的装饰与绘画；武帝以来的绘画，亦必应当时礼制与意识形态之需，被改造、整合并系统化。或许从这一刻开始，汉代始获得了与其伟大相匹配的艺术，

[1] 缪哲说：“汉代意识形态的构建，原非一日之功。概略地说，这构建始于武帝（前141 ~前87），加速于元（帝）成（帝）（前49 ~前7），完成于王莽（前1 ~ 23），并为东汉诸帝所继承。根据意识形态的‘利益’（interests theory）与‘张力’说（strain theory），武帝的努力近于前者，即以意识形态为武器，确立汉家统治的神圣，并有效推行其内外政策。元成的构建近于后者，即纠正武宣以来因过度‘有为’所蓄积的社会—心理的失衡。王莽的构建，则近于二者之杂糅，即一面释放因篡位所导致的社会—心理之紧张，一面推进其篡位事业。……以‘则天—稽古’为中心的经学意识形态，以及作为其体现的礼仪与制度，便悉完成于王莽之手。”（《从灵光殿到武梁祠 —— 两汉之交帝国艺术的遗影》，生活·读书·新知三联书店 2021 年版，第 12 页）

中国也因此确立了其状物性的绘画传统。[1]

应政治和意识形态之需，两汉之际产生了大规模建筑兴作的浪潮。应礼制之需，这些大规模兴作的建筑，伴以大量的装饰和绘画，并因此导致中国绘画传统由纹样艺术向状物艺术的转折，这当是中国绘画史上划时代的大事件。

总之，中国古代文学艺术在两汉之际发生重要转折。或以为古代中国文风之衰败始于东汉，如韩愈、柳宗元、苏轼。或以为儒者骛文自两汉之际的扬雄始，如刘咸炘。或认为两汉之际是中国文学由“古代文学”发展至“古典文学”的转折时期，如傅斯年。或认为两汉之际是中古文学的起点，如陆侃如。或以为两汉之际是中国人的文学鉴赏力得到大幅提升的时期，如内藤湖南。或以为两汉之际是早期中国文学的下限，如孙康宜。或以为中国古代绘画艺术在两汉之际发生由纹样艺术向状物艺术的转折，如缪哲。以上是就文学艺术层面的言说。

综上，我们从社会政治、学术思想和文学艺术三个方面，综述古今中外学者对两汉之际转折意义的观察、认识和言说。其实，两汉之际的转折远不止此。据内藤湖南揭示，至少还有以下几个方面：

一、西汉时期奢侈之风十分严重，而东汉时期开始用学问道德来掩饰，不大搞无缘由的奢侈。西汉高祖刘邦基本上是个文盲，而东汉光武帝，却是中国历代天子中最有学问的人之一。并不是西汉天子中没有人研习过学问，但是东汉天子大都是做学问的人。与西汉初期高祖朝中的大臣“武夫天性，不便文学”不同，东汉光武帝的大臣中有

[1] 缪哲：《从灵光殿到武梁祠——两汉之交帝国艺术的遗影》，生活·读书·新知三联书店 2021 年版，第 13 页。

不少是做学问的人。西汉的将相出身布衣者居多，东汉的功臣中有许多人却近似儒士。西汉皇室的生活比较随便，东汉皇室家族谨慎节制，而一般士大夫家族亦跟着谨慎节制起来。

二、西汉和东汉天子立后的情形亦不同。西汉许多皇后出身微贱，东汉的皇后多是名家之女。与西汉女性文化修养不高迥异，东汉女子做学问的风气很盛行。东汉的许多皇后不仅有学问，还擅长书法。东汉的皇后出身名门，他们的订婚仪式很讲究。西汉时期关于礼仪的规定比较简单，没有严格的礼制，缺乏贵族的风格。在西汉，以礼正身的原则尚未深入人心。在东汉，礼学的真意已在社会上普及。

三、把汉高祖奉为尧的子孙，是西汉后期的事情。东汉举荐人才，考虑阀阅，注重门第。东汉有关氏族的著作大量产生，门阀世族初具势力，六朝至唐代的大姓是从东汉继承下来的。[1]

总之，虽然西汉与东汉统称为汉，同属刘家天下，但它们在政治、文化、思想和文学方面的显著区别，已为古今学者所洞察。无论是社会政治、学术思想，还是文学艺术，在两汉之际皆发生了显著变化。因此，以两汉之际为中国古代历史上的重要转折点，自唐代以来，特别是在近现代，已基本成为部分学者的共识。

二、两汉之际政治和文化剧变概说

两汉之际的“新政”，王莽是执行者，刘歆是参与者，扬雄是旁观者。王莽以执政者身份统领政治、经济变革，刘歆以参与者身份构建知识秩序，扬雄以旁观者身份构建思想秩序和审美理想。两汉之际政治和

[1] 〔日〕内藤湖南：《中国史通论》，夏应元、钱婉约等译，九州出版社 2018 年版。

文化的历史剧变与重大转折，主要体现在王莽的篡汉立新和托古改制、刘歆的学术知识秩序和历史知识秩序构建、扬雄在思想上的“玄思大义”和艺术上的古典美构建四个方面，以下分别概述其一般情况。

1. 王莽的托古改制——两汉之际社会政治的剧变

两汉之际政治和文化的重大变革，皆围绕王莽“新政”展开。大体言，王莽“新政”，包括篡汉立新和托古改制两个层面的内容。王莽改制，在形式上是托古改制，在内容上是奉天法古，具体表现在重礼制、尊天意、恤民生等几个方面。

秉承“奉天法古”的《春秋》之道参政议政，是西汉中后期一代儒者的政治理想和言说习惯。[1]“奉天”者喜言灾异，“法古”者乐言礼制。故一时儒者之作风，或者好言灾异，或者好言礼制。钱穆说：

> 时学者可分两派：一好言灾异，一好言礼制。言灾异，本之天意。言礼制，揆之民生。京房、翼奉、刘向、谷永、李寻之徒言灾异，贡禹、韦玄成、匡衡、翟方进、何武之徒言礼制。[2]

当时儒者，如刘向、眭弘、盖宽饶、谷永等人，持“奉天”之论而言符瑞和灾异，“既言符瑞，则自及灾异，既言受命，则自及禅让”。[3]“奉天”派成为当时言论经邦治国者之主流，这正为王莽受命禅让和篡汉立新制造了舆论氛围，营建了社会基础。当时儒者，如王吉、贡禹、韦玄成、匡衡之流，持“法古”之论而言改制和革命，力图通过复古

[1] 董仲舒《春秋繁露》卷一《楚庄王第一》说：“《春秋》之道，奉天而法古。”（苏舆：《春秋繁露义证》，中华书局1992年版，第14页）

[2] 钱穆：《两汉经学今古文平议》，商务印书馆2001年版，第65页。

[3] 钱穆：《秦汉史》，生活·读书·新知三联书店2005年版，第244页。

改制实现恤民生的目的。所以，到西汉后期，复古改制成为一时人心所向。王莽推行“新政”，就是在这种文化背景下展开的。

王莽在武帝以来营造的社会氛围和文化背景下，秉持“奉天法古”理念推行的“新政”，在政治、文化上最重要的表现，就是力图实现周代以来具有鲜明理想主义特色的儒家政治理想。具体表现，主要有以下几个方面：

一是确立儒学的国教地位。儒家思想发端于孔、孟，发展于周、秦。但是，在先秦，它虽为当时之显学，但亦仅是诸子百家中的一家，并未取得独尊地位。儒学独尊始于武帝时代，但武帝之独尊儒学，仅为“缘饰”政治，并未真正按照儒学理想运作政治。真正按照儒学理想运作政治，使儒学与政治发生高度契合关系，乃至成为国家意识形态，作为国家宗教，对中国古代政治文化发生深刻影响，则是在两汉之际的王莽“新政”时期。宫崎市定说：“将儒教公开定为国教始于王莽。”[1]西嶋定生说：“王莽才是儒学国教化的完成者。”[2]

二是确立国家信仰的天道系统。古代中国的国家信仰，从祖先崇拜发展到天道崇拜，是在两汉之际。古代中国以天命论证政权合法性，亦是奠定于两汉之际。[3]春秋战国时期，诸侯纷争，百家争鸣，诸侯王越名分而祭天，进而造成对天命的质疑，乃至祭天仪式的失传。在汉代，董仲舒重建解释自然与历史之宇宙法则的天人感应学说。昭、

[1] 〔日〕宫崎市定：《中国史》，焦堃、瞿柘如译，商务印书馆（香港）有限公司2018年版，第158页。

[2] 〔日〕西嶋定生：《秦汉帝国——中国古代帝国之兴亡》，顾姗姗译，社会科学文献出版社2017年版，第443页。

[3] 参见汪文学：《正统论——中国古代政治权力合法性理论研究》，贵州人民出版社2019年版。

宣以后，儒者依据董仲舒构建的天人感应学说言灾异和符应。刘歆本着天命观念，改造邹衍五行相胜五德终始旧说，构建五行相生五德终始新说。王莽在此基础上，重建明堂、封禅和郊祀等礼制，把祭天仪式以礼制形式固定下来。鲁惟一说：

> 约在公元前31年以后，帝国崇拜发生了一次重大的变化，当时这些祭祀被祭天的仪式所代替。……这个变化伴随着元帝（公元前49—前33年在位）和成帝（公元前33—前7年在位）两朝的其他重大发展而出现。……但是，皇帝的崇敬从五帝、后土和泰一转移到天的过程在公元前31年决没有完全或最后完成。转移的决定几次引起讨论，结果转移和恢复交替发生。最后，在王莽的影响下，才坚决决定应该祭天，祭祀应在京都附近的地点举行。从那时（公元5年）起直到帝制时代结束，中国的皇帝首先以祭天为己任。[1]

他认为："西汉的成就之一是产生了一个可以兼收并蓄各种新思想的新的知识结构。大师们的伦理理想与皇权的实施及宇宙受五行总的循环控制的解释同时并存。"这个新知识结构的创建者是董仲舒，其主要内容是把天当作国家崇拜的对象。这个新知识结构被社会普遍接受，并传承于整个中国帝制时代，是从王莽"新政"和后汉最初的几十年

[1] 〔英〕崔瑞德、鲁惟一编：《剑桥中国秦汉史》，杨品泉等译，中国社会科学出版社1992年版，第632 ~ 633页。同样的意见，亦见于陆威仪《早期中华帝国：秦与汉》，他认为：古代中国国家信仰的变化，从商周时期的祖先崇拜发展到西汉后期的天道崇拜，"对'天'的崇拜直到王莽当政时期才被确立为国家主要的宗教……强调皇帝作为天子的地位，而皇帝祖先的力量的重要性降低了"（王兴亮译，中信出版社2016年版，第192页）。所以，他说："王莽统治时期出现的最大的宇宙崇拜是祭天仪式……标志着帝国本性在仪式上的实现。"（同上，第102页）

开始的。[1] 所以，“后世的朝代如果不乞灵于在王莽时代已明显地表现出来的这类宗教的和文化的支持，便无法宣告自己有权进行统治”。[2]

三是依据“法古”理念开展基于民生的改制。王莽改制的理念是“法古”，依据周公“致太平之迹”的《周官》进行政治、经济和文化方面的系列改革。包括改革币制，发行新面值的货币；改组官僚机构和地方组织，采用新官衔，更改郡县名称；开展土地改革，实施王田制度；禁止奴隶买卖；实施五均六筦等经济政策；发展教育，兴修学校，复兴学术；等等。概言之，即均贫富、兴教化、改官制、修庶政、兴学术等数端。简言之，就是生计和教化两个方面。这些改制措施，关涉到社会民生之全部。陆威仪称之为“中央经济统制论”[3]，吕思勉称之为“根本改革”[4]。此种以“中央经济统制论”为特点的“根本变革”，是先秦以来儒者梦寐以求的政治理想，最终通过王莽“新政”得以实现。所以，吕思勉说：“新室之所为，非王巨君等一二人之私

[1] 〔英〕崔瑞德、鲁惟一编：《剑桥中国秦汉史》，杨品泉等译，中国社会科学出版社 1992 年版，第 675 ~ 676 页。

[2] 〔英〕崔瑞德、鲁惟一编：《剑桥中国秦汉史》，杨品泉等译，中国社会科学出版社 1992 年版，第 708 页。

[3] 〔美〕陆威仪说：“王莽终生出入宫廷，痴迷于对《周礼》一书中的中央经济统制论调，以及其他一些儒家经典；他狂热地致力于恢复被早期的诸多学者所提及的、想象中的周代制度——所有土地由国家没收，再统一分配，同时废除奴隶和佃农。”（《早期中华帝国：秦与汉》，王兴亮译，中信出版社 2016 年版，第 24 页）

[4] 吕思勉认为：自晚周以来，社会上占主导地位的是“封建势力”和“资本势力”，“封建之暴，尤甚于资本，故人必先求去之。晚周以来，盖封建势力日微，而资本势力方兴之会。封建势力，如死灰之不可复然矣，而或不知其不可然而欲然之；资本势力，如洪水之不可遽湮也，而或不知其不可湮而欲湮之；此为晚周至先汉扰攘之由，至新室亡，人咸知其局之不易变，或且以为不可变，言治者但务去泰去甚，以求苟安，不敢作根本变革之想矣。故曰：以社会组织论，实当以新、汉之间为大界也”。（《秦汉史》，上海古籍出版社 2006 年版，第 2 页）

见，而其时有志于治平者之公言也。”[1]“新政”败亡后，无人敢言，亦无人愿听这种“根本改革”之计。因此，学者认为，两汉之际是中国政治文化的一大转变，是中国古代政治史上的分水岭。

2. 刘歆的知识秩序构建——两汉之际学术文化的剧变

两汉之际，刘歆以“新政”参与者身份推动和引领当时学术文化发展，其主要表现，就是构建知识秩序。具体有两个方面：一是通过编撰《七略》构建学术知识秩序，二是通过表彰《左传》和撰著《世经》构建历史知识秩序和天道历史系统。

承春秋、战国百家争鸣和秦朝“焚书坑儒”之后，梳理古代中国的知识体系和构建古代中国的知识秩序，是摆在汉代学者面前的一项时代性课题。战国后期的庄子、荀子等人，在梳理知识体系方面做过一些尝试性工作，但他们主要还是立足本学派的立场发言。汉初司马谈《论六家要旨》，虽然仍是基于道家立场立论，但其弥纶百家，整顿知识秩序的努力初步彰显。昭、宣以后，这项工作在官方部署下全面开展起来。成帝河平三年（前 26）开始大规模地、有组织地在全国范围搜集典籍，刘向、刘歆父子相继领衔整理图书，刘向编撰《别录》，刘歆在此基础上编撰《七略》，班固以《七略》为基础著成《汉书·艺文志》。两汉之际通过整理“文本秩序”构建学术知识秩序的工作，由此大体完成。其学术史意义主要表现在以下两个方面：

第一，以《六艺略》居首，赋予经学在整个知识体系中的核心地位，提出诸子乃“六经之支与流裔”的观点，这与武帝朝以来“独尊儒术”的学术理念相吻合，与扬雄明道、征圣、宗经的思想相呼应，显示出

[1] 吕思勉：《秦汉史》，上海古籍出版社 2006 年版，第 3 页。

两汉之际的学者在意识形态构建上的努力，并对后世学术文化的变迁、儒学思想的发展和国家意识形态的构建发生了深远影响。

第二，厘定诸子为九流十家，提出“诸子出于王官”的观点。司马谈《论六家要旨》厘定诸子为六家，《七略》则增加纵横家、杂家、农家、小说家四家，合为九流十家，并提出“诸子出于王官”和诸子乃“六经之支与流裔”的观点。这两个重要观点，毋论它是否是历史事实，或者是出于替汉制寻求历史依据的现实需要，皆体现了刘歆通过“总百家之绪”构建统一知识秩序的努力，“反映出学术权威和政治权威的平衡，也反映出将破裂的世界修复为一个整体的理想”[1]。

刘歆在知识秩序构建上的另一项重要贡献，就是通过表彰《左传》和撰著《世经》以构建历史知识秩序和天道历史系统。刘歆与《左传》的关系最为复杂，虽然关于刘歆伪造《左传》以助王莽篡汉立新的说法已不再为学者采信，以及刘歆争立《左传》博士而引发经今古文之争亦不一定符合事实，但刘歆确实是《左传》的发现者和表彰者。刘歆表彰《左传》的动机或许有多面，但通过表彰《左传》以整理历史知识体系，构建历史知识秩序，则是其重要目的之一。刘歆在《左传》基础上，撰著《三统历》（或称《世经》），构建起太昊伏羲氏、炎帝神农氏、黄帝轩辕氏、少昊金天氏、颛顼高阳氏、帝喾高辛氏、帝尧陶唐氏、帝舜有虞氏、伯禹夏后氏、夏、商、周、汉这样一个一脉相承的古史系统，即所谓的历史知识秩序。通过改造邹衍五行相胜五德终始旧说，构建起五行相生五德终始新说，并用五德终始新说解释这个一脉相承的古史系统，诠释历史知识秩序，构建起所谓的天道历

[1] 〔美〕陆威仪：《早期中华帝国：秦与汉》，王兴亮译，中信出版社 2016 年版，第 227 页。

史系统。

总之，在两汉之际，刘歆的作为，是在“文本秩序”基础上构建知识秩序，包括学术知识秩序和历史知识秩序，在历史知识秩序之基础上构建起天道历史系统。作为王莽“新政”的参与者，刘歆的贡献就在此。所以，钱穆说：“莽之篡汉，歆、舜之徒以革新政教相翼，而愚人争言符命，则甘、夏之流也。”[1]

3. 扬雄的“玄思大义”和古典美构建——两汉之际思想和文学的剧变

对于王莽“新政”，相较于刘歆这位“以革新政教相翼”的参与者来说，扬雄虽然亦有《剧秦美新》颂美“新政”，但他主要还是以“新政”旁观者的身份出现。他在两汉之际的作为或贡献，主要有两方面：一是通过“玄思大义”开创思想史的新秩序和新格局，二是通过创作实践和理论探讨构建中国文学古典美。

首先，扬雄通过“玄思大义”引领学术研究新方向，构建学术思想新秩序，开创学术思想新格局，在中国学术思想发展史上有转折性意义。

在汉代学术思想史上，扬雄是一个“例外”，是“异端”。他既非今文家，亦与古文家不同，而是兼采今古文；他主张明道、征圣、宗经，而又大讲“因革”论、“损益”论、“新敝”说。正是这种“异端”特质和“例外”倾向，体现了扬雄在汉代思想史上的转折意义和中国文化史上的创新精神。概括地说，扬雄在学术观念和学术方法上的创新，主要体现在“不述而作”的创新意识上，“约卓简要”的博

[1] 钱穆：《两汉经学今古文平议》，商务印书馆2001年版，第87页。

通取径上，“玄思大义”的思辨精神上。在中古学术思想史上，由“述”而“作”，以及由此导致东汉学术风尚之变迁和六朝文化思想之新变，扬雄是其中重要的转折性人物。扬雄引领“约卓简要”的学风，倡导博通儒道、兼采诸子的学术取径，采用崇尚简要、追求大义的学术方法，暗示了时代思想和学术兴趣的新变化，对六朝学者执一统万、以少总多、以简驭繁的治学方法有重要影响。在两汉知识界，扬雄是较早“企慕玄远”的思想家。他因“企慕玄远”而在学术上显现出由实而虚的超越性追求，进而提倡“玄思大义”的学术思维，成为两汉时期最具抽象思辨能力的学者之一，以及引领六朝玄远之风的早期代表。

六朝之学始于两汉之际的扬雄。具体说，扬雄的尚智论，启发了六朝文人的理性精神；扬雄的太玄论，特别是他的“玄思大义”，对六朝玄学有重要影响；扬雄的品藻论，于六朝时期普遍开展的人物品鉴有直接影响。扬雄的乡土意识和地域观念，于六朝时期自觉地域观念之形成有重要影响；扬雄简易佚荡与一往情深的人生行事和性情好尚，明哲保身与俟时而动的人生哲学和处世观念，对六朝时期以通脱、雅远和旷达为特征的名士风范亦有直接启示。[1] 所以，因为产生了扬雄这位具有“异端”特质和创造精神的思想家，两汉之际在中古思想史乃至整个中国古代文化史上具有特别重要的转折性意义。

其次，扬雄在两汉之际文化思想史上的重要意义，还在于他对中国文学古典美的构建。

扬雄在中古文学史上的重要转折意义，前贤时彦均有注意。如陆侃如《中古文学系年》以扬雄开篇，注意到扬雄在中古文学史上的开创意义。如刘咸炘认为“儒者骛文自扬雄始”。傅斯年以为扬雄是从

[1] 参见汪文学：《扬雄与六朝之学》，贵州人民出版社 2019 年版。

中国“古代文学”到“古典文学”的转折性人物，在中国古代文学语言从“语言”到“文言”到“古文”之演进过程中有着重要的推动作用。扬雄在两汉文学史上的转折意义，在中古文学史上的开创意义，在中国古代文学史上的重要意义，就在于他对文的偏好，对文的重视，有意为文的态度，以及其文士与儒士合二为一之“文儒”身份，和他在时代性复古思潮之影响下，在明道、征圣、宗经文学观念之主导下，构建起以温柔敦厚为内涵的中国文学古典美。

扬雄开启了“斟酌经辞”“因书立功”“引书助文”“以学为文”的创作新风尚，构建起以“雅”为特质的中国文学古典美在形式上的新范式；扬雄以明道为中心，建立起以明道、征圣、宗经三位一体的文学思想体系，构建起以“正”为特质的中国文学古典美在内容上的新范式。雅正是中国文学古典美的基本特征，扬雄是中国文学古典美的构建者。中国文学古典美建构于扬雄，理论阐释于刘勰，解构于韩愈，重构于顾随。[1] 扬雄在中国文学史上的地位和贡献，大体由此确定。

综上所述，在两汉之际短短三四十年间，在中央政权两易其手的政治环境中，在“篡汉”与“复汉”这个特别紧张的时代背景下，在儒家政治理想主义精神和礼制改革主义理念之影响下，王莽依据“奉天法古”理念开展系列改制活动，导致政治和文化发生剧烈变化，包括通过恢复古代礼制而确立儒学的国教地位，通过祭天仪式的确立而确定国家信仰崇拜，推行以恤民生和兴教化为主要内容的“根本变革”。为回应时代政治和文化的急剧变革，作为“新政”参与者的刘歆，通过编撰《七略》，构建学术知识秩序；通过表彰《左传》和撰著《世经》，构建历史知识秩序，建立天道历史系统。置身历史剧变的时代氛围而

[1] 参见汪文学：《温柔敦厚：中国古典诗学理想》，贵州人民出版社 2020 年版。

又是作为“新政”旁观者的扬雄，以“异端”身份，通过“玄思大义”构建文化思想新秩序，开创学术思想新格局，依据复古、宗经观念构建以温柔敦厚为特质的中国文学古典美。总之，在这个政治局面、社会环境和文化氛围天翻地覆的大时代，政治、经济、学术、思想和文学皆发生剧烈变革，并对中国历史和文化发展走向产生极为深远的影响。

三、两汉之际政治和文化剧变意义之被忽略与被遮掩

如前所述，自唐代以来，尤其是在近现代，众多学者都注意到两汉之际在社会政治、文化思想和文学艺术等方面的显著变化，但大多语焉不详，或者论而不深，或者略而不论。因此，两汉之际在中国古代史上的重大转折意义，未能得到充分彰显，或者说是在有意与无意间被忽略，甚至被遮蔽和被误解。

1. 两汉之际王莽“新政”之被忽略

魏晋以来，学者基于传统王朝断代史观的惯例，视两汉四百年为一个历史整体，为一个统一王朝，而普遍忽略两汉之际的新朝。两汉四百年与新朝十五年，时间上的长短悬殊，致使学者对此十五年往往忽略不计。虽然因为有“新政”这个历史“插曲”，而导致两汉四百年有西汉与东汉之分，但是，王莽“新政”后期的反抗运动，据说都

是以“人心思汉”的面貌呈现。[1] 光武帝刘秀亦是打着“复兴汉室”的旗号，参与逐鹿战争，还自称是刘氏宗室后裔，建立的国号仍以“汉”为名。所以，在汉代以后一般学者心目中，两汉是一个整体，“新政”十五年仅仅是汉朝四百年历史中的一小段“插曲”。因此，在一般学者的发言中，往往“秦汉”并称，或者“汉魏”并提，基本忽略“新政”十五年的历史。在汉魏以后的五德终始循环中，学者亦通常是将“新政”划在历史系统之外。所以，在汉魏以后的历史叙事中，“新政”不仅被忽略，而且失去了合法性。“新政”之被忽略，两汉之际在中国古代史上的重要转折意义，亦就相应地被遮掩。

当然，在历史上，亦有学者将“新政”与“秦政”“隋政”相提并论，进行比较研究。就历史本相言，这三个时代确有诸多相似之处，如政权时长大体相当，都是二十年左右时间；影响力大体相近，皆处于历史转折时期，对此后的政治、文化产生深刻影响；皆是有大动作、大变革的时代，皆是异军突起、剧烈变革、迅速消亡的政治体。但是，相对于“秦政”“隋政”之被后世史家普遍关注，并有“汉承秦制”“唐承隋制”之说，“新政”所受的关注，远远不及“秦政”和“隋政”。其所以如此，还是因为它处在两汉四百年的夹缝中，被两汉四百年的汉家天下所淹没或遮掩。秦、隋政权的存续时间，虽然亦如“新政”一样短暂，但是，因为它们所处时段与“新政”不同，是在一个数百年的乱世与大一统的盛世之间，其历史意义容易受到关注和重视，因而得以充分彰显。

[1] “新政”后期的“人心思汉”现象，或为后世史家所构建，实际情况可能并不如此。如吕思勉说：“案莽之败，为之尽节者不少，视汉末无一人死难者，相去远矣。知谓人心思汉者，乃班氏父子之私言，非天下之公言也。”（《秦汉史》，上海古籍出版社 2006 年版，第 202 页）

2. 两汉之际历史意义之被遮掩

汉代以后，对王莽及其“新政”的普遍负面评价，影响了学者对两汉之际历史意义的客观认识。在两汉之际，王莽以多重身份呈现，包括外戚、篡权者、学者、政治家、改革家、阴谋家等。虽然亦有学者称他为“为民请命”的“一代之大革命者”，如吕思勉；[1]或者称之为“空想型的社会主义者”和“狂热妄想者”，如胡适。[2]但是，在大多数情况下，特别是在古代社会，学者基于忠君观念和正统意识，一般皆将王莽定位为外戚身份的篡权者和阴谋家，因而对其人其政基本持否定性评价。这种否定性评价，完全忽略王莽其人其政的历史意义，进而遮掩两汉之际在中国古代史上的政治意义和文化价值。

一是基于对王莽作为外戚身份的篡权者和阴谋家的否定性评价，忽略了“新政”的历史影响，遮掩了“新政”在中国古代政治史上的重要意义。

王莽“新政”固然是一场失败的政治变革，但是，这场失败的政治变革，其消极意义和积极意义是并存的；其在中国古代政治文化史上的影响，包括消极影响和积极影响，亦是深刻的。同时，王莽“新政”的建立与失败，及其所发动的变革，不仅有深远的政治意义，还有重要的文化思想意义。其在文化思想史上，亦是消极意义与积极意义并存，亦有深刻的消极影响和积极影响。因此，基于对王莽作为外戚身份的篡权者和阴谋家的否定性评价，不仅忽略了“新政”的政治意义和价值，亦忽视了“新政”的文化思想意义和价值，同时亦遮蔽了两汉之际在中国古代政治史和文化思想史上的转折性意义。

[1] 吕思勉：《秦汉史》，上海古籍出版社 2006 年版，第 202 页。

[2] 胡适：《王莽》，见《胡适文存二集》卷一，黄山书社 1996 年版。

二是基于对王莽作为外戚身份的篡权者和阴谋家的否定性评价，影响到对刘歆和扬雄人品的评价，影响到对刘歆学术和扬雄思想与文学的评价，从而亦遮掩了两汉之际在中国学术思想史上的转折意义。

王莽、刘歆和扬雄是两汉之际的标志性人物。如果说在中国古代史上两汉之际确实有重大转折意义，那么，这项转折性工作，就是在王莽、刘歆和扬雄的引领下完成的。因此，如何评价王莽、刘歆和扬雄的政治、学术、思想和文学，实际上关系到对两汉之际政治和文化意义的评价。两汉之际的“新政”，王莽是执行者，刘歆是参与者，扬雄是旁观者。刘歆作为“新政”的“国师”，基本全程参与了王莽的政治改革，尤其是在礼制改革和教化实施方面贡献最多。扬雄虽然只是“新政”的旁观者，但他写过《剧秦美新》颂扬“新政”，在《法言》中亦美化过“新政”。古代中国人历来习惯以人论政、因人评文，人品决定政治，人品决定文品。所以，宋元以来，因把王莽定位为外戚身份的篡权者和阴谋家，刘歆和扬雄自然就成为逆子贰臣，而遭到普遍的否定性评价。[1]因否定其人而忽略其学术和思想，遮蔽其在学术、思想和文学上的贡献，埋没其学术知识和文化思想的价值，进而遮掩两汉之际在中国学术文化思想史上的转折意义。

因此，我们认为：正确评价两汉之际在学术文化思想史上的意义之前提，是客观评价刘歆和扬雄其人；客观评价刘歆和扬雄其人的前提，是公正评价王莽“新政”；公正评价王莽“新政”的前提，是客观评价王莽其人。反过来说，只有客观评价王莽其人，才能公正评价王莽“新政”；只有公正评价王莽“新政”，才能正确评价刘歆、扬雄

[1] 刘敏说：“对刘歆的批评指责，是基于对王莽、王莽代汉、王莽改制的批判否定。”（《汉新禅代中的刘歆》，《史学月刊》2003 年第 7 期）

其人其学术其思想其文学；只有正确评价王莽政治、刘歆学术、扬雄思想和文学，才能准确评估两汉之际在中国古代政治史和学术文化思想史上的意义和价值。由此，两汉之际在中国古代史上的转折意义，才能得到客观评价和充分彰显。

3. 两汉之际历史意义之被误解

在中国古代学术思想史上，学者或者仅仅把王莽“新政”视为一个政治事件，而忽略其思想意义；或者重视王莽“新政”建立的影响，而忽略其败亡的意义；或者重视王莽“新政”在两汉之际的影响，而忽略其在中国古代史上的意义。可以说，学术视野的拘狭，制约了学者对王莽“新政”的认识，对两汉之际的历史影响和文化意义的理解。

首先，学者研究王莽“新政”，大多侧重其政治意义，而忽略其文化思想意义。当然，王莽“新政”首先是一个政治事件，主要是一场政治变革，从社会政治角度揭示其社会影响和政治意义，是理所当然，是题中应有之义。但是，我们认为，和与它近似的“秦政”“隋政”相比，王莽“新政”最突出的特点，就是它的文化思想意义。或者说，王莽“新政”不仅是一个政治事件，更主要是一个文化思想事件；不仅是一场轰轰烈烈的政治变革，更是一场影响深远的文化思想革新。与其他政治事件或政治变革不同，王莽“新政”是在武帝“独尊儒术”以后，在西汉中后期儒学国教化运动逐渐开展的文化思想背景下展开的政治变革。王莽“新政”，本质上就是一场儒学国教化运动；王莽“托古改制”，本质上就是一场儒学国教化变革。其文化思想事件的性质大于其政治事件的属性，其文化思想意义大于其社会政治意义。因此，我们更加倾向认为：王莽“新政”是中国古代史上一个有重大影响和深远意义的文化思想事件。正是因为它的重要文化思想意义，两汉之际才在中国古代学术思想史上具有重大转折性意义。

其次，学者研究王莽“新政”，一般比较重视“新政”建立的意义，而忽略“新政”败亡的影响。我们认为：“新政”精神，就是儒家的政治理想主义精神。“新政”的建立，标志着自孔、孟以来逐渐发生，自元、成以后逐渐高涨的儒家政治理想主义精神的全面胜利；“新政”的败亡，则标志着儒家政治理想主义精神的彻底破产。客观地说，“新政”建立的意义和败亡的影响同等重要，儒家政治理想主义精神的高涨和沉寂，具有同等重要的文化思想史价值。因此，重视“新政”建立的意义和儒家政治理想主义精神高涨的价值，而忽略“新政”败亡的影响和儒家政治理想主义精神沉寂的意义，则不能全面、客观、公正、科学地评价两汉之际在中国古代文化思想史上的意义和价值，其转折性意义亦就不能全面彰显。更进一步，我们甚至认为：“新政”败亡所导致的儒家政治理想主义精神的沉寂这一事件，所蕴含的思想史意义，及其在中国古代文化思想史上的影响，可能要大于“新政”的建立及其所导致的儒家政治理想主义精神的全面胜利。因为前者的影响是长久的，是深远的；后者的影响是暂时的，是表浅的。所以，为了全面呈现两汉之际在中国古代文化思想史上的转折性意义，必须兼顾二者，同时重点关注后者。

第三，学者研究王莽“新政”，比较重视“新政”在两汉之际的意义，而忽略“新政”在中国中古史和中国古代史上的意义。环绕王莽“新政”发生的政治、文化变革，在两汉之际确有特别重要的影响和意义。但是，如果仅仅局限于王莽个人的荣辱升沉，似乎不能彰显王莽“新政”的意义；如果仅仅局限于两汉之际这个时段，似乎不能彰显王莽“新政”在中国中古史上的意义；如果仅仅局限于中国中古史这个时段，似乎不能彰显王莽“新政”在中国古代史上的意义。将王莽及其“新政”以及环绕“新政”发生的政治、文化、思想、文学变革，放在更大的时空背景下考察，用比较的视角来阐释，其影响和意义才能充分体现。比如，将两汉之际放在中国中古史这个中时段的历史时空中考察，在比较的视角中，研究两汉之际与中古史上另外两个重要转折时刻——秦汉之际和汉魏之际的异同，则更能彰显两汉之际的政治影响和思想意义。更进一步，将两汉之际放在整个中国古代史这个长时段的历史时空中考察，在比较的视角中，研究两汉之际与中国古代史上另外两个重要转折时刻——殷周之际和唐宋之际的异同，则更能彰显两汉之际在中国古代史上的影响和意义。所以，“新政”虽然是王莽个人的政治行为，是两汉之际重要的政治事件，若就王莽个人的荣辱升沉看“新政”，则不能呈现“新政”的影响；若仅仅将“新政”视为一个政治事件，则不能完全凸显“新政”的意义；若仅仅局限于两汉之际这个短时段论“新政”，则不能充分显现“新政”在中国中古史上的意义；若仅仅局限于中国中古史这个中时段论“新政”，则不能完全展现“新政”在整个中国古代史上的影响。

总之，在中国古代史上，两汉之际社会、政治、经济、文化、学术、思想、文学等方面的重大变革，自唐代以来，尤其是近现代以来，已被部分学者关注和重视。两汉之际的重大历史转折，不仅体现在王莽“新政”的政治变革上，亦表现在刘歆的学术知识秩序和天道历史系统的构建上，还体现在扬雄“玄思大义”的思想创造和文学古典美的构建上。两汉之际的重大历史转折产生的影响和呈现的价值，不仅体现在政治史意义上，还体现在学术史、思想史和文学史意义上。

王莽“新政”，不仅是一个政治事件，而且是一个学术思想事件，甚至其学术思想史意义大于其政治史意义。在中国中古史上，两汉之际是与秦汉之际、汉魏之际鼎足而三的重要历史时刻，是中国中古史的起点。在中国古代史上，两汉之际是与殷周之际、唐宋之际相提并论的重大转折时刻。然而，长期以来，两汉之际的重大转折，虽然引起部分学者的关注，两汉之际的历史意义，虽然得到部分学者的重视，但是，大体上皆是语焉不详，或者略而不论，或者论而不深，其重大历史转折意义不仅未能得到充分彰显，甚至还被有意忽略或者无意遮掩。其原因，或者是将两汉四百年视为一个历史整体，一个王朝时代，一个历史单元，而把置身其间约十五年的“新政”忽略了；或者基于对王莽作为外戚身份的篡权者和阴谋家的否定性评价，遮掩王莽及其“新政”的意义和价值，进而影响对刘歆学术、扬雄思想和文学的客观评价；或者局限于对王莽“新政”作为一个政治事件的评价，而忽略它的文化思想意义。总之，把两汉之际看成一个独立的历史单元，摆脱政治事件的拘泥，搁置因外戚身份的篡逆者的负面评价，在大历史、长时段的文化思想背景下，在与中国中古史上的秦汉之际、汉魏之际和中国古代史上的殷周之际、唐宋之际的比较视角中，公正评价两汉之际的历史变革，客观揭示两汉之际的政治史、学术史、思想史和文学史意义，充分彰显两汉之际在中国历史上的重大转折意义，是一项重要的学术课题。

第二章 两汉之际社会剧变的社会政治基础和思想文化背景

一、社会剧变与历史转折

1. 社会剧变与历史转折的一般规律

社会剧变与历史转折是互为因果的关系。一般地说，社会剧变导致历史转折，一个重大政治事件的发生，必然导致社会的剧烈变革，包括政治、经济、文化和思想方面的变革，致使此历史阶段呈现出与此前历史时期的较大差异，并对此后历史时期的发展产生深远影响，此历史阶段亦因此而呈现出转折性的意义。反过来说，在重大历史转折时期，社会各方面亦必然发生剧烈变化。简言之，就是社会剧变导致历史转折，历史转折促进社会剧变。

从表面看，社会剧变往往具有突发性。一般地说，社会的剧烈变化通常由政治事件引发，而政治事件的发生往往具有突发性，即便是有长期的预谋，但亦常常是以突发的形式产生。所以，政治事件的突发性导致社会变化的剧烈性和不可预测性。当然，在大多数情况下，突发的政治事件只是引发社会剧烈变化的导火索。甚至没有突发的政治事件，社会的剧烈变化迟早亦要发生。所以，我们认为，历史发展到一定时期，在各种因素的综合作用下，社会的剧烈变化必然要发生，具有重大转折意义的历史阶段必然要出现。表面看，社会剧变是突发的，实际上它不是偶然的，它必定有一个长期酝酿的过程。因此，考察历史上的社会剧变和历史转折，应当持发展的眼光。

一般言，社会剧变导致历史转折，而社会剧变往往是由突发的政治事件所引发。相对于军事事件、经济事件、文化思想事件，政治事件的震撼力和影响力是最大的，因为它最有可能导致社会剧变。政治事件有大有小，其影响力有强有弱。最大的政治事件，影响最深刻的政治事件，莫过于通过逐鹿战争或者宫廷政变发生的改朝换代。值得注意的是，在几千年的中国历史上，通过逐鹿战争或者宫廷政变发生改朝换代的政治事件，频繁发生，层出不穷。但是，并非所有政治事件都会导致社会剧变，如南朝宋、齐、梁、陈时期，通过宫廷政变发生的改朝换代，对社会产生的影响确实很小，一般官员摇身一变从旧朝过渡到新朝，而一般老百姓甚至根本就不知晓或者不理睬这种变局。这样的政治事件，对社会的影响确实有限，因而不可能造成社会剧变，更不可能发生历史转折。通过逐鹿战争进行改朝换代的政治事件，对社会秩序的破坏和影响当然要大得多，因而可能造成社会剧变。但是，并非所有社会剧变都必然造成历史转折。中国历史上通过逐鹿战争而导致改朝换代的政治事件，确实为数不少；但具有重大历史意义，造成重大历史转折的，却为数不多，不过是殷周之际、秦汉之际、汉魏之际、唐宋之际、明清之际等几个历史时刻。

历史转折的意义是多层次、多角度的，因政治事件而导致的社会剧变，仅仅是历史转折的一个层面，虽然是重要的层面，但不是主要的层面，更不是唯一的层面。历史转折的意义，除了政治层面的意义，还有思想、文化、学术和文学层面的意义，后者才是更持久、更深入、更有影响的意义。或者说，社会剧变是由政治事件引发的社会综合性变化，历史转折是由政治事件引发的综合性转折，历史转折的意义是综合性的意义。因此，一个时代可否称为历史转折时代，取决于这个时代的变化是否综合性的变化，取决于这个时代对后世的影响是否综合性的影响。或者说，呈现或者揭示一个时代的历史转折性意义，不能仅仅拘泥于作为导火索的政治事件，而应该全面揭示这个时代在政治、经济、文化、思想、文学等方面的综合变革和对后世的全面影响。所以，研究历史转折时期的社会变革，应当持综合性的视角。

总之，由政治事件导致的社会剧变和引发的历史转折，从表面看，是突发的，是单一性的。而事实上，这绝非偶然，它有一个长期的酝酿过程；它亦不可能是单纯的政治事件，它一定是各种因素综合造成的。因此，研究历史转折时期的社会剧变，研究社会剧变造成的历史转折，应当持发展的观点和综合的视角。

2. 两汉之际的社会剧变与历史转折

两汉之际是一个社会剧变的时代，亦是一个历史转折的阶段。王莽的篡汉立新，是导致其间经济社会、学术知识和文化思想产生剧烈变革的重大政治事件。这个重大政治事件的发生，及其引起的社会各方面的剧烈变革，使此阶段的政治、社会和文化等呈现出与此前历史时期的重大差异，并对此后历史发生重要影响，因而使两汉之际成为中国历史上的重要转折时期。

王莽篡汉立新是一个突发性政治事件，但是，这个突发的政治事件，并非无缘无故，亦非自天而降，而是渊源有自。它发生的根源，是以儒家政治理想主义精神和礼制改革主义理念的高涨为基础，以西汉中后期儒学国教化运动为背景。如果孤立地观察王莽"新政"的建立和败亡，则其所呈现的历史意义相当有限，其历史转折意义亦将掩而不彰。只有将王莽"新政"置于长时段历史语境中，以发展的观点，在孔、孟以来儒家政治理想主义精神和礼制改革主义理念的发生、发展、高涨和消歇的过程中，在汉武帝"独尊儒术"以来儒学国教化的进程中，"新政"的历史意义才能充分彰显，两汉之际的历史转折意义才能完全呈现。所以，我们必须在长时段的历史时空中，以发展的眼光和综合的视角，研究王莽"托古改制"之依据，"新政"的由来，在偶然性中寻求必然性，揭示当时社会剧变之表象下所潜伏的那个追求理想和改制的暗流，追寻两汉之际社会剧变和历史转折的来龙去脉。

王莽的篡汉立新，通过宫廷政变的方式实现，以政权禅让的方式完成，并未引起较大规模的社会动荡，其情形与南朝宋、齐、梁、陈的改朝换代，并无太大区别。刘秀推翻王莽"新政"，建立东汉王朝，以逐鹿战争的方式完成。但是，就其逐鹿战争规模之大小和持续时间之久暂，以及对社会秩序造成破坏之程度言，在中国历史上，它算不上是最突出的，最多只能算是中等程度的动乱。因此，如果就事论事，就"新政"而论"新政"，就王莽外戚身份而论"新政"，就王莽篡夺者角色而论"新政"，就"人心思汉"而论两汉之际的逐鹿战争，可以呈显两汉之际的社会剧变，而不能彰显两汉之际的历史转折意义。所以，研究两汉之际的社会剧变和历史转折，应当持综合的视角。

两汉之际的社会剧变首先体现在王莽“新政”这个政治事件上。但是，王莽“新政”不仅仅是一个政治事件，它同时亦是，甚至更主要是一个文化思想事件。因此，两汉之际的社会剧变，不仅具有政治史意义，更具有学术史、思想史和文学史价值。全面呈现两汉之际的历史转折意义，应当以发展的观点和综合的视角，全面考察孔、孟以来儒家文化思想的发展进程，汉武帝以来社会政治经济的发展现状和学术文化思想的流变过程，甚至包括两汉之际以后社会政治、学术知识、文化思想的发展方向。

坚持以发展的观点和综合的视角考察两汉之际的社会剧变和历史转折，还需兼顾历史发展的必然性和个人推动的可能性两个方面。两汉之际的社会剧变和历史转折，首先根植于此前历史发展进程中形成的社会基础，包括政治局势的变迁、经济形势的变化、学术文化的迁转、思想艺术的演绎、士人角色和意识的流变等因素，在两汉之际形成一股洪流，最终导致社会剧变和历史转折。我们认为，社会剧变和历史转折的发生，除了依赖长期积淀而成的社会基础，还需要一位或者一批关键性人物的推动和促成，此即所谓时代英雄的历史引领。虽然我们并不是简单的英雄主义者，但是，英雄创造历史、英雄推动历史的功绩，亦不能完全忽略。或者说，这种必然发生的社会剧变和历史转折，必须有一个或一批时代人物的引领和推动，才能保证这种社会剧变和历史转折发生在此时而非彼时，是此方向而非彼方向。所以，在历史发展的必然性趋势中，亦存在着机缘时势的偶然性问题。因此，研究两汉之际的社会剧变和历史转折，既要探讨西汉中后期以来政治、经济、文化方面的发展趋势和变革方向，亦要重视两汉之际以王莽、刘歆、扬雄为代表的时代人物的引领和推动，如此方能对其剧变和转折做出周全合理的解释。

两汉之际的社会剧变以王莽“新政”的建立和败亡为中心展开。但是，“新政”这个政治事件本身并不足以构成两汉之际的重要历史转折意义，况且“新政”本身并不仅仅是一个政治事件，它同时亦是一个文化思想事件，甚至它的文化思想意义大于其政治意义。因此，讨论时代人物对两汉之际社会剧变和历史转折的引领和推动，政治人物王莽是核心，但不是唯一。学术人物刘歆和思想、文学人物扬雄亦参与其中，亦起到积极的引领和推动作用。两汉之际的社会剧变是政治剧变、学术剧变、思想剧变和文学剧变，两汉之际的历史转折意义有政治史意义、学术史意义、思想史意义和文学史意义，促成两汉之际社会剧变和历史转折的时代人物有政治人物王莽、学术人物刘歆、思想和文学人物扬雄。因此，研究两汉之际的时代人物对社会剧变和历史转折的引领和推动，“经学士族”是其群众基础，王莽、刘歆和扬雄是其核心人物。

两汉之际的社会剧变和历史转折以“新政”为中心，涉及政治、学术、思想和文学领域。由于“新政”本身的文化思想属性，两汉之际政治、学术、思想和文学的发展，并非呈现独立发展的状态，而是相互促进、彼此渗透、共同推进的趋势。所以，在其时代核心人物王莽、刘歆和扬雄三者之间，亦构成一种互动影响关系。事实上，他们三人之间亦有过比较密切的交接往来，亦发生过利害关系。在时代变革的大背景下，通过三人之间的互动影响，促进两汉之际的社会剧变和历史转折。因此，研究他们之间的互动影响，是揭示两汉之际社会剧变和历史转折的一个重要途径。

尝试假设，如果在两汉之际没有王莽，“新政”是否可能？没有刘歆，知识秩序的构建是否可能？没有扬雄，思想新秩序的引领和古典美的构建是否可能？历史汇聚的洪流，必将在某一历史时期从量变到质变，但不一定发生在两汉之际。正因为历史汇聚的洪流在两汉之际遭遇了政治家王莽、学者刘歆、思想家和文学家扬雄，才促成这场社会剧变和历史转折的发生。或者说，两汉之际这场社会剧变和历史转折的发生，是必然的，亦是偶然的，是由必然性与偶然性的统一促成。

尝试进一步假设，在历史洪流蓄势待发和社会变革基础充分具备的两汉之际，如果只遭遇王莽，或者刘歆，或者扬雄，即三位时代英雄单独出场，这场剧变和转折，可能就是另一番面目，其影响和意义，可能就是另一种结果。我们认为，在社会基础和历史洪流充分具备的条件下，是王莽、刘歆和扬雄这三位时代英雄联袂登场，共同导演了这场社会剧变和历史转折。

所以，研究两汉之际的社会剧变和历史转折，既要坚持发展的观点，在历史进程中审视其变革和转折的必然性；亦要坚持综合的视角，在政治、经济、文化、学术、思想、文学的“大历史”视野下阐释其剧变和转折的意义。既要研判发生转折的社会基础，亦要呈现推动变革的个人力量，尤其是王莽政治、刘歆学术、扬雄思想和文学三者之间的互动影响关系。唯有如此，两汉之际的社会剧变和历史转折，才能获得合理解释，其意义和价值才能得到充分彰显。

二、两汉之际社会剧变的社会政治基础

两汉之际的社会剧变和历史转折，是在长期的历史发展进程中社会各方面因素的综合作用下发生的。或者说，两汉之际的社会剧变不

是瞬间突变，亦不是由某个单一事件促成，而是在长久的历史积淀下形成的社会基础（包括社会背景、政治基础、经济基础、思想基础和群众基础）之上发生的一个综合性事件，包括政治事件、经济事件、学术事件和思想事件；是在广泛的社会基础上发生的综合事件的作用下引起的一场社会剧变和历史转折。

1. 两汉之际社会剧变的社会背景

在西汉后期，随着社会矛盾的加剧，社会危机的加深，社会上普遍呈现出一种“世纪之末的风气”。这个时代的社会精神状态，主要有三种情况：一是有的人受到世纪末日气氛的压抑，要求王朝振兴力量，摆脱危机；二是部分人怀念武帝朝鼎盛时期的实力和昭、宣繁荣时期的辉煌；三是有的人敏锐地注意到自然异数中的变化或灾难的征兆，预感王道微绝，汉室将亡。[1] 在当时，整个社会处于一种“惊恐”状态，王莽“新政”就是在这样的社会背景下展开的。

在这种状态下，儒生对朝廷失政、百姓生活难以为继的批评不绝如缕。如哀帝时鲍宣上书，指出当时社会有“七亡”和“七死”。他说：

> 凡民有七亡：阴阳不和，水旱为灾，一亡也；县官重责更赋租税，二亡也；贪吏并公，受取不已，三亡也；豪强大姓蚕食亡厌，四亡也；苛吏徭役，失农桑时，五亡也；部落鼓鸣，男女遮迣，六亡也；盗贼劫略，取民财物，七亡也。七亡尚可，又有七死：酷吏殴杀，一死也；治狱深刻，二死也；冤陷亡辜，三死也；盗贼横发，四死也；怨仇相残，五死也；岁恶饥饿，六死也；时气疾疫，七死也。民有七亡而无一得，欲望国安，

[1] 〔英〕崔瑞德、鲁惟一编：《剑桥中国秦汉史》，杨品泉等译，中国社会科学出版社 1992 年版，第 202 页。

诚难；民有七死而无一生，欲望刑措，诚难。[1]

百姓陷入如此“七亡”“七死”境况，政治社会之危机状态，可以想见。西汉后期，在“世纪之末的风气”笼罩下，整个社会的惊恐状态，以下两例可以证明。

一是汉成帝建始三年（前30年）秋，关内发生洪灾，少女陈持弓耳闻洪水将至，呼喊着闯入长安横城门，穿过尚方掖门，直入未央宫钩盾中。听到陈持弓的呼喊，官员和平民纷纷受到惊吓，涌上城墙，长安城陷入恐慌状态。成帝下诏安抚百姓说：

乃者郡国被水灾，流杀人民，多至千数。京师无故讹言大水至，吏民惊恐，奔走乘城。殆苛暴深刻之吏未息，元元冤失职者众。遣谏大夫林等循行天下。[2]

或曰：少女陈持弓是王莽将入主未央宫的预言。又云：少女持弓姓陈，或与哀帝更号“陈至圣太平皇帝”有关联。无论如何，造成吏民惊恐是事实。因为一“无故讹言”和少女的呼喊，而造成吏民惊恐，以致皇帝下诏安抚，遣大夫循行天下，可见事态之严重和当时社会的恐慌状态。

二是哀帝建平四年（前3）发生的“行筹诏”民变。据《汉书·五行志》载：

哀帝建平四年正月，民惊走，持稿或棷一枚，传相付与，曰行诏筹。

[1] 班固：《汉书·鲍宣传》，见《汉书》，中华书局1962年版，第3088页。

[2] 班固：《汉书·成帝纪》，见《汉书》，中华书局1962年版，第306～307页。

道中相过逢多至千数，或被发徒践，或夜折关，或逾墙入，或乘车骑奔驰，以置驿传行，经历郡国二十六，至京师。其夏，京师郡国民聚会里巷仟佰，设张博具，歌舞祠西王母。又传书曰：母告百姓，佩此书者不死。不信我言，视门枢下，当有白发。至秋止。[1]

这场因集体性恐慌所导致的民众骚动，持续了大半年时间。其原因，杜邺以为是傅太后的骄奢和皇后丁氏一族的专权。或者以为是应王政君和王莽而生。无论如何，这场民变，比陈持弓事件的影响还大，“经历郡国二十六”，涉及范围广；从正月至秋天，持续大半年，经历时间长。数千人或“被发徒践，或夜折关，或逾墙入，或乘车骑奔驰”，或“聚会里巷仟佰”，确有骚乱或民变性质。东晋次说：

当时的民众似乎一方面本能地感受到一个时代即将终结，于是渴望被西王母的神力救赎，而另一方面，他们的内心深处似乎也在期待一位现实世界的救世主的出现。[2]

缪哲亦说：

假如从更大的历史脉络着眼，哀帝中的民祠西王母事件，又或与当时的末世思潮有关。盖元、成、哀三朝，是以多灾害为特点的；如水旱、大火与地震，即不绝三帝之纪。据天人感应说，灾害乃天意。既是天意，便不止灾害一端。故凡事有异常，不拘小大，便皆被焦急地观察，密集

[1] 班固：《汉书》，中华书局1962年版，第1476页。

[2] 〔日〕东晋次：《王莽——儒家理想的信徒》，李天蛟、臧鲁宁译，四川人民出版社2021年版，第81页。

> 地记录。……其所体现的，乃是社会心理的焦虑与紧张。……这样朝野的心理，便由焦虑而紧张，由紧张而错乱；错乱之余，便寻求人外之拯救。……这样在民众的想象中，西王母或便承担了社会拯救者的角色。总之，倘我们置身元、成、哀三朝的历史情境，便会理解哀帝朝的这一民变，必是元帝以来不断郁结、持续强化的社会焦虑的一次总释放。[1]

我们有理由相信，这种持续发生的、大面积的、长时间的民变事件，实际上是由民众的不安全感引发的社会心理的焦虑和紧张的释放。这种焦虑和紧张，确是所谓的“世纪之末的风气”。这种末世思潮，预示着一个时代即将结束。

2. 两汉之际社会剧变的政治基础

两汉之际的社会剧变，以王莽篡汉立新和实施“新政”为中心展开。王莽篡汉立新，托古改制，是顺应时代潮流而为之，有着广泛的舆论支持和政治基础。

首先，王莽篡汉立新，并非仅是他个人野心膨胀，逆历史潮流而动，而是顺应时代潮流而为之。王莽之所以能够顺利地篡汉立新，非仅是他的政治手段高明，而主要是有普遍的社会基础，有广泛的舆论支持。因为西汉中后期以来，社会舆论对当代政权的批判，宣称汉家气数已尽，企望改朝换代、贤人践祚的呼声，可谓不绝如缕。

[1] 缪哲：《从灵光殿到武梁祠——两汉之交帝国艺术的遗影》，生活·读书·新知三联书店2021年版，第121页。缪哲认为：建平四年（前3）的民祠西王母事件，在西王母观念的演变史上，可谓一次革命性的转折，之前的西王母是“个人的赐福者”形象，之后则是“社会的拯救者”形象，“标志着西王母崇拜由个人方术向集体性宗教的转变，并为数年后王莽对王政君身世的构建，提供了可资利用的社会土壤”。（同上，第122页）

据现存史料，最早言汉家气数已尽者，是昭帝时的眭弘。据《汉书·眭弘传》载：元凤三年（前78），眭弘因泰山巨石自立、枯社木复生和上林苑僵柳自立等异常事件，于是曰：

孟推《春秋》之意，以为“石柳皆阴类，下民之象，泰山者岱宗之岳，王者易姓告代之处。今大石自立，僵柳复起，非人力所为，此当有从匹夫为天子者。枯社木复生，故废之家公孙氏当复兴者也”。孟意亦不知其所在，即说曰：“先师董仲舒有言：虽有继体守文之君，不害圣人之受命。汉家尧后，有传国之运。汉帝宜谁差天下，求索贤人，禅以帝位，而退自封百里，如殷周二王后，以承顺天命。”

虽然眭弘因“妖言惑众，大逆不道”罪伏诛，[1]但他提出的“汉家尧后”说，以及据灾异言汉家气数已尽的观点，却是影响深远。如王先谦《汉书补注》引齐召南说：“以汉为尧后，始见此文。……其后刘向父子申明其义，而新莽亦因以为篡窃之本。”钱穆亦说：“后莽自引为虞帝裔，以篡汉拟唐、虞，此已远启其先矣。”[2]“汉家尧后”说起于眭弘，此后成为王莽论证“新政”合法性的主要史事凭借和理论依据。眭弘依据“汉家尧后”说建议汉家“求索贤人，禅以帝位”，是提议汉帝禅位的始作俑者。

继眭弘之后言汉家气数已尽者，是盖宽饶。他在宣帝神爵二年（前60）上书言事说：“方今圣道浸废，儒术不行，以刑余为周召，以法律为《诗》《书》。”他引《韩氏易传》言：“五帝官天下，三王家天下，

[1] 班固：《汉书》，中华书局1962年版，第3153～3154页。

[2] 钱穆：《两汉经学今古文平议》，商务印书馆2001年版，第11页。

家以传子，官以传贤，若四时之运，功成者去，不得其人则不居其位。”[1]盖宽饶因此犯“大逆不道”罪而自刎于北阙下。另外，汉成帝时齐人甘忠可诈造《天官历》《包元太平经》，亦称“汉家逢天地之大终，当更受命于天”，创造出一种新学说——汉再受命说，结果亦因“罔上惑下”罪下狱。[2]谷永亦认为“王道微绝”，“贱人将兴”。他在元延元年（前12）上书说：

> 臣闻天生蒸民，不能相治，为立王者以统理之，方制海内非为天子，列土封疆非为诸侯，皆以为民也。垂三统，列三正，去无道，开有德，不私一姓，明天下乃天下之天下，非一人之天下也。……陛下承八世之功业，当阳数之标季，涉三七之节纪，遭《无妄》之卦运，直百六之灾厄。三难异科，杂焉同会。建始元年以来二十载间，群灾大异，交错锋起，多于《春秋》所书。……隆德积善，惧不克济。[3]

在如此广泛的政治舆论背景下，“汉室将亡，贱人将兴”，几乎成为社会各阶层的共识。所以，钱穆说：“当时据灾异言占应，多持此说，宜莽之乘机而起也。……可见当时汉运中衰说之入人之深。”“甘忠可、夏贺良之徒方以推运数见诛，而永言又如此，此自元、成以来一时学者意见，鼓荡蕴积，遂召莽篡。”[4]顾颉刚亦有近似意见，他说：

> 自武帝好大喜功，弄得四海困穷之后，人民已不愿汉家再居天位。

[1] 班固：《汉书·盖宽饶传》，见《汉书》，中华书局1962年版，第3247页。

[2] 班固：《汉书·李寻传》，见《汉书》，中华书局1962版，第3192页。

[3] 班固：《汉书·谷永传》，见《汉书》，中华书局1962年版，第3466～3468页。

[4] 钱穆：《两汉经学今古文平议》，商务印书馆2001年版，第41、55页。

> 眭弘、盖宽饶提出禅位贤人的办法，汉帝大怒，他们都被杀了。灾异说者从历数上指出汉家的大厄运，又把一切稍变常态的物事都说成了汉运衰微的征象，甚而至于说汉已无望，想去吓倒汉帝。……“汉室将亡，贱人将兴”，在武帝后九十年中，自庶人以至于天子，已成了公同的信念了，但老不实现。进既不可，退又不能，大家悉在此僵局之下徘徊观望。[1]

总之，自西汉昭、宣以来，坚持“公天下”理想，认为“汉室将亡，贱人将兴”，希望汉家“求索贤人，禅以帝位”，是当时据灾异言占应者之共识。这种意见虽然屡遭打击，提议者或以“妖言惑众”罪伏诛，或以“大逆不道”罪自刎，或因“罔上惑下”罪下狱，但依然不断有人站出来冒死申说。所以，王莽能够顺利篡汉立新，非仅是他的政治手段高明，主要还是由于昭、宣以来逐渐形成的这种社会舆论基础。

其次，王莽能够在一定范围内实施“新政”，非仅由于他有推行“新政”的强力手段，主要还因为他有自先秦孔、孟以来，尤其是自汉元、成以来基于儒家政治理想主义精神和礼制改革主义理念奠定的政治基础。如钱穆说：

> 莽之创制立法，亦皆远有端绪，当自元、成以下汉廷诸儒议论意态推迹之，不得谓由歆伪诸经，乃有新莽一朝之制度也。[2]

亦就是说，王莽推行“新政”，不是他个人别出心裁的政治意图，而是渊源有自，远有端绪，是为实现先秦以来儒家“天下为公”的政治

[1] 顾颉刚：《五德终始说下的政治和历史》，见顾颉刚编著《古史辨》（五），上海古籍出版社 1982 年版，第 481 页。

[2] 钱穆：《两汉经学今古文平议》，商务印书馆 2001 年版，第 70 页。

理想。又如吕思勉说：

> 秦、汉之世，先秦诸子之言，流风未沬，士盖无不欲以其所学，移易天下者。新室之所为，非王巨君等一二人之私见，而其时有志于治平者之公言也。
>
> 先秦之世，仁人志士，以其时之社会组织为不善，而思改正之者甚多。……此种见解，旁薄郁积，汇为洪流，至汉而其势尤盛。……此等思想，虽因种种阻碍，未之能行，然既旁薄郁积如此，终必有起而行之者，则新莽其人也。新莽之所行，盖先秦以来志士仁人之公意，其成其败，其责皆当由抱此等见解者共负之，非莽一人所能尸其功罪也。[1]

即王莽推行的“新政”，并非他个人的私见，而是自先秦以来“有志于治平者之公言”，是“先秦以来志士仁人之公意”。这种政治理想，不仅体现在先秦孔、孟等儒家学者的思想言论中，亦是“自元、成以下汉廷诸儒议论”之重点。所以，鲁惟一说：

> 王莽不是一个标新立异者。除了土地改革和限制奴隶制的短命的尝试外，他的重大政策是前汉实践的直接继续。[2]

陈启云说：

> 到了元帝时期，儒士的地位和影响力大大地提升，因此其改革理想亦大为提升；改革的目标是要把汉政从适度儒化提升至极端儒化，从小

[1] 吕思勉：《秦汉史》，上海古籍出版社2006年版，第3、174页。

[2] 〔英〕崔瑞德、鲁惟一编：《剑桥中国秦汉史》，杨品泉等译，中国社会科学出版社1992年版，第216页。

康达至大同，由据乱世、升平世而达至太平世，以实现“大道之行也，天下为公”的理想。……王莽取代汉室，是这思潮的极致；新莽的失败，是这理想的幻灭。[1]

钱穆《刘向歆父子年谱》，对王莽“新政”的具体改制措施做了追本溯源的考证，发现其中绝大部分改制事项，皆可溯源到先秦或者汉代中期。因此，可以断言，王莽“新政”的实施，并非王莽的标新立异，而是自先秦以来，尤其是武帝“独尊儒术”以后，儒家学者一以贯之的政治改革理想，是“先秦以来志士仁人之公意”，是“其时有志于治平者之公言”。此乃王莽实施“新政”的政治基础。

王莽推行“新政”，路径是“奉天法古”，目标是“去秦之成法而复诗书六艺所称之上世”，具体内容是恤民生和修礼制，主要参与者和推动者，是儒家士人和以儒学为知识背景的士族官僚。可以说，西汉中后期以来，儒生参政议政及其推动的“王政”理想，是王莽“新政”之先声，为王莽“新政”的实施奠定了政治基础。如阎步克说：

西汉儒生们高悬了一个往古太平盛世以绳“汉政”，并把其政治文化理想贯注于其中；相对于这个太平极境，“汉政”就充分地显露了它的不完美。因此他们不但连代表了西汉帝国事业顶峰的武帝与宣帝，都常常敢于报以否定态度，甚至在对“汉政”的整体评价上都颇作保留。……特别是在元帝以后，对一种更纯正的“王道”的追求，鼓动着日盛一日要求“改制”“变法”的政治浪潮，这最终就导致了王莽“新政”

[1] 陈启云：《儒学与汉代历史文化：陈启云文集二》，广西师范大学出版社2007年版，第103页。

之出场。[1]

王莽“新政”关于恤民生和修礼制的种种改制措施，或以为是依据《周官》。其实，据钱穆《刘向歆父子年谱》考证，大部分改制措施在“新政”之前都被提了出来并部分实施过。王莽“新政”之改制措施并非王莽所独创，亦非照搬《周官》，而是对此前儒生提出的或者部分实施过的改制措施进行集中推动和落实。

总之，作为两汉之际社会剧变的标志性事件——“新政”，无论是王莽的篡汉立新，还是“新政”在恤民生和修礼制方面的改制措施，都绝非王莽个人的发明或创造，而是由于具有昭、宣以来逐渐形成的“汉室将亡，贱人将兴”社会舆论背景，以及昭、宣以来儒者或者儒家官僚，在“奉天法古”理念指导下提出来甚至实践过的政治理想。所以，我们认为，两汉之际的社会剧变，有其广泛的舆论背景和深厚的政治基础。王莽“新政”是在昭、宣以来儒家理想主义文化背景和改制主义政治背景下开展起来的。

3. 两汉之际社会剧变的经济基础

经济基础决定上层建筑，经济基础的矛盾、破坏和变革，是引发上层建筑改革和推动经济社会发展的根本原因。西汉中后期面临的最大经济问题，就是土地兼并及由其引发的农村经济破产。土地兼并在各个朝代均有发生，但是，在西汉中后期尤其严重，引发的社会问题特别突出。土地兼并引发的经济问题，是导致西汉政权灭亡的主要原因，是致使王莽顺利篡汉立新的重要原因，亦是引起“新政”败亡的

[1] 阎步克：《士大夫政治演生史稿》，北京大学出版社 1996 年版，第 371 ~ 372 页。

主要原因。

在西汉武帝时期，经过汉初几十年的休养生息，国家从战争的创伤中恢复过来，综合国力日渐强大，社会财富渐趋厚实。但是，汉武帝对内大兴土木，对外投入巨大财力和物力进行反攻匈奴的战争和大范围的军事扩张，耗费了汉初几十年休养生息积累的社会财富。因此，以桑弘羊为代表的财政大臣发起系列财经政策改革，企图化解当时相当紧张的财政危机。其中最重要的改革有两项：

一是以现钱抽取人头税即田赋，即改实物税为货币税。这种税制改革，虽然在一定程度上缓解了政府的财政危机，却摧毁了农业，导致农村经济破产。因为自给自足的生活方式，当时的农民无法获得足够的货币缴税。于是，通过变卖土地获取货币以缴税，成为农民普遍采用的方式。因此，以土地为根本的农民，为缴纳货币税，不得不变卖土地。变卖土地的农民，失去了赖以生存的土地资源，变成流民，成为社会不安定的重要因素。所以，陆威仪说："货币税最终摧毁了农业，它也是地主势力崛起的一个主要因素。"[1]

二是实施"算缗""告缗"政策，即征收财产税。这种政策的实施，虽然增加了政府的财税收入，但却给富商以沉重打击，是武帝朝为摆脱财政危机的无奈之举。这种"算缗"政策的实施，导致的直接后果有二：首先，商人不再存钱。他们认为，与其被政府高额征税，不如及时消费，于是富商阶层养成了及时行乐、铺张浪费、大吃大喝的风尚，从而助长了社会上的奢靡之风。其次，因为"算缗"政策仅是对财产的征税，不涉及土地，土地税仍然维持比较低的三十税一。商人财产

[1] 〔美〕陆威仪：《早期中华帝国：秦与汉》，王兴亮译，中信出版社 2016 年版，第 67 页。

税是土地税的两倍。因此，保住财产的唯一办法，就是舍弃财产而购置土地。于是，富商纷纷弃商做地主，投资购买土地，回避政府高额的“缗钱”征收。富商摇身一变成为地主，保住了自己的财富。但是，另一方面，却是大批农民失去土地，变成流民。

所以，无论是针对农民采取的改实物税为货币税的税制改革，还是针对商人实施的“算缗”财产税制改革，其引发出来的重大社会问题，就是土地兼并。农民无货币缴人头税，只有变卖土地获取货币完税；商人回避高额财产税转而投资购买土地。这样，本为农民安身立命之根本的土地，便迅速集中在商人手里。造成的直接后果，就是农民失去土地，失去生产生活的根基，变成流离失所、无家可归、无业可依的流民。其情形就是“富者田连阡陌，贫者无立锥之地”。或如陆威仪所言：

> 在汉帝国投入财力物力进行军事扩张的同时，对帝国统治构成真正威胁的是地主势力的逐步膨胀。在汉武帝统治期间，朝廷官员们从致力于在政府中谋得一官半职以获得暂时的财富转化为对土地长期的占有。大土地拥有者和贫困农民之间不断扩大的差距引起了社会文人的关注。[1]

于是，通过改革土地制度以抑制土地兼并，缓解社会矛盾，便成为西汉中后期儒家政治改革理想的核心内容之一。

西汉中期昭帝时的盐铁会议，是在代表儒者理想的贤良文学与代表朝廷利益的桑弘羊等执政大臣之间，围绕如何解决当时重大政治经济问题展开的讨论，其中，土地问题是贤良文学和执政大臣讨论的核

[1] 〔美〕陆威仪：《早期中华帝国：秦与汉》，王兴亮译，中信出版社 2016 年版，第 22 页。

心话题。“前者（贤良文学）将国家看作保证民生安定的机构，而后者（桑弘羊）则认为国家是防御外敌的保卫机构。前者主张理念性的政策，后者主张具有现实意义的政策。前者表现出的是儒家的思维模式，后者则反映了法家的思维方式”。[1] 相应地，前者主张访询民情，救济贫民，实施井田制；后者主张富国强兵，强化国家财政管理，实施屯田制。在当时，代表儒家理想的贤良文学，因获得霍光的支持而在舆论界占据主导地位。[2] 所以，在西汉中后期，以恤民生为目的而倡议通过土地改革以实现经济政策改革，是儒家政治理想主义的重要策略之一。

王莽推行的“新政”，其在政治经济方面的改革，吕思勉称为“根本变革”，陆威仪称为“中央经济统制论”。其核心内容就是实施王田制度，推行土地国有政策，通过没收地主土地，重新分配给农民，回到理想中的井田制时代，从而解决土地兼并，缓解社会危机。均贫富是“新政”之根本，恤民生是“新政”的目标。所以，我们认为：以“新政”为标志的两汉之际的社会剧变，其重要经济基础，就是要解决汉武帝以来因土地兼并导致的经济问题。

4. 两汉之际社会剧变的群众基础

如果说，儒学是两汉之际社会剧变的文化思想基础，那么，儒者

[1] 〔日〕西嶋定生：《秦汉帝国——中国古代帝国之兴亡》，顾珊珊译，社会科学文献出版社 2017 年版，第 300 页。

[2] 〔日〕西嶋定生说：站在盐铁会议上高调发言的贤良文学，“他们背后存在一位与桑弘羊势均力敌的当政者。而当时拥有如此权势的人，除了霍光就别无他人”，“这场会议可以说是在上述内朝与外朝的对立关系最终表面化的情况下，由内朝发动的对外朝的首次攻击”。（《秦汉帝国——中国古代帝国之兴亡》，顾珊珊译，社会科学文献出版社 2017 年版，第 301、302 页）

则是两汉之际社会剧变的群众基础。或者说，儒者是王莽“新政”的主要支持者，两汉之际的社会剧变，是在儒者和以儒学为知识背景的儒家官僚的直接推动下开展起来的。

在汉代，儒者的社会地位和社会影响，随着汉武帝“独尊儒术”而逐渐提升和不断放大。汉初，高祖不喜儒者，以为天下或政权是“乃公居马上得之，安事《诗》《书》”。因此，他宁愿会见高阳酒徒，也不愿接见称引《诗》《书》的儒者，甚至还撒尿在儒者的帽子里，以示对儒者的轻贱。其时将相，如周勃、灌婴等人，亦是“武夫天性，不便文学”。陆贾、贾谊、叔孙通等人虽然颇受重视，但亦不完全是因为他们所持的儒家学说。窦太后好黄老之学，喜老子之书，于儒者亦不待见。所以，赵绾、王臧因鼓动儒学而被杀，辕固生因鼓吹儒学、轻侮老子而险些丧命。至汉武帝，独尊儒术，拔公孙弘于平民之中，拜相封侯，是儒者进入权力中心之起始。然而武帝非真好儒术，亦非特重儒者，仅是以儒术缘饰吏治而已。如吕思勉说：

> 中国自汉以后，儒术盛行，其事实始于武帝，此人人能言之。然武帝非真知儒术之人也。武帝之侈宫室，乐巡游，事四夷，无一不与儒家之道相背。其封禅及起明堂，则惑于神仙家言耳，非行儒家之学也。然儒术卒以武帝之提倡而盛行，何哉？则所谓风气既成，受其鼓动而不自知也。[1]

儒者高调登场，引起社会普遍关注，是在昭帝时的盐铁会议上。盐铁会议是由杜延年提议，经霍光推动举办的一场围绕盐铁专卖问题的政

[1] 吕思勉：《秦汉史》，上海古籍出版社 2006 年版，第 87 ~ 88 页。

府会议。会议采取论辩方式展开，论辩双方分别是以财政大臣桑弘羊为代表的政府官员和来自全国各地以儒者为代表的贤良文学。在这场有官办性质的政府会议上，儒者“心卑卿相，志小万乘”，不畏权势，横斥公卿。他们纵论时政，慷慨激昂，声色俱厉，毫无顾忌地批评和嘲讽当权丞相和大夫。“辨讼公门之下，讻讻不可胜听”[1]，这种做派，对西汉中后期儒者参政议政作风产生直接影响。赵翼《廿二史劄记》卷二专论汉人“上书无忌讳”，以为汉儒上书多“狂悖无忌讳之语，故以下所难堪，而二帝受之，不加谴怒，且叹赏之，可谓盛德矣”[2]。说的正是西汉中后期儒者的这种作风。

以儒者为代表的贤良文学，在盐铁会议上放言高论，横斥公卿，颇显恢宏之致，极富理想主义激情。吕思勉说：

> 中国之文化，有一大转变，在乎两汉之间。自西汉以前，言治者多对社会政治，竭力攻击。东汉以后，此等议论，渐不复闻。[3]

蒙文通亦说：

> 西汉之儒家为直承晚周之绪者。……东京之学不为放言高论，谨固之风起而恢宏之致衰，士趋于笃行而减于精思理想。[4]

西汉中后期儒者这种对社会政治竭力攻击的作风，这种极显恢宏之致

[1] 桓宽：《盐铁论·利议》，见马非百《盐铁论简注》，中华书局 1984 年版，第 202 页。

[2] 王树民：《廿二史劄记校证》（上），中华书局 2013 年版，第 49 页。

[3] 吕思勉：《秦汉史》，上海古籍出版社 2006 年版，第 174 页。

[4] 蒙文通：《论经学三篇》，《中国文化》1991 年第 4 期。

的放言高论，这种富于理想主义激情的论政风范，对当时政治产生了重要影响，如陈启云说：

> 儒学在昭、宣、元、成诸帝时获得全面胜利以后，儒生们无须再在法吏乃至君王权势之战战兢兢，谨慎务实，而是变得意气风发。但儒生们获得全胜之后，并不因为要维护已得之利益而变得保守反动，反而是更理想主义化，认为太平可致，而更不满于现实了。……终于他们拥立了他们认为可以和儒家心目中的至圣“周公”比美的王莽，建立新朝，完成了革命易代的理想。[1]

所以，学者认为：“盐铁会议贤良文学的发言，可以说是整个汉代中后期社会政治批评的滥觞，反映出整个社会政治批判思潮的路标与趋向。”[2]

西汉中后期儒者势力的崛起，是一个引人注目的现象。据《汉书·鲍宣传》载：

> （哀帝时，鲍宣因事）下廷尉狱。博士弟子济南王咸举幡太学下，曰：欲救鲍司隶者会此下。诸生会者千余人。朝日，遮丞相孔光自言，丞相车不得行，又守阙上书。上遂抵宣罪减死一等，髡钳。[3]

数千儒生聚集，遮丞相车上言，又守阙上书，干预朝廷行政，并取得

[1] 陈启云：《儒学与汉代历史文化：陈启云文集二》，广西师范大学出版社 2007 年版，第 29 页。

[2] 金春峰：《汉代思想史》，中国社会科学出版社 2006 年版，第 265 页。

[3] 班固：《汉书》，中华书局 1962 年版，第 3093 ~ 3094 页。

最终胜利，这是中国历史上最早的学生运动，开启东汉后期太学生干预朝政的先河。又据《汉书·儒林传》载：

（许）商善为算，著《五行论历》，四至九卿，号其门人沛唐林子高为德行，平陵吴章伟君为言语，重泉王吉少音为政事，齐炔钦幼卿为文学。王莽时，林、吉为九卿，自表上师冢，大夫、博士、郎吏为许氏学者，各从门人，会车数百两，儒者荣之。钦、章皆为博士，徒众尤盛。[1]

儒者门徒“自表上师冢”，“各从门人”聚会，颇有结党嫌疑，与东汉后期的党人风气近似。

儒者是两汉之际社会剧变的群众基础，以儒者为主体形成的“经学士族”则是其中坚力量。陆威仪认为西汉社会秩序有三大转变，其中最关键的一种转变是：“出现了一种新形式的社会精英阶层，他们既能致力于对帝国事务的奉献，也具有建立在土地和社会关系网络之上的地方权势。……他们新形成的家族学术传统以及杰出的道德操守，都是他们进入仕途的保证。”[2] 这种“新形式的社会精英阶层”，就是金春峰所说的“经学士族”，他认为：

“尊儒”使豪强逐渐和经学、知识相联系，产生了“士族”。正是“士族”这种特定力量决定了汉代中后期思想领域的变化和政权组成的变化；决定了经学在永平时期享受空前的荣誉；又决定了它必然和皇权发生尖锐矛盾而遭受打击，从而使皇权和士族的联盟破裂，东汉皇朝灭亡，由

[1] 班固：《汉书》，中华书局 1962 年版，第 3604 ~ 3605 页。

[2] 〔美〕陆威仪：《早期中华帝国：秦与汉》，王兴亮译，中信出版社 2016 年版，第 69 ~ 70 页。

新的士族取而代之。

经学之士成为新的士族与巨大社会政治力量。巨大的土地资产、政治权势、门生故吏结成的经学帮派，及经学知识的垄断权，使这一群人成为社会之政治、经济、思想三位一体的中坚力量，新的社会主要基础。这种皇权与经学士族相互依存结合的情况，左右了西汉后期的政治变化。[1]

金春峰特别强调“经学士族”与一般豪族的区别，认为“经学士族”不同于一般豪族，就是因为他们具有经学知识的垄断权，他说：“停留于一般的豪族概念，就会看不清汉代政权和社会阶级的变化，就不能阐明汉代经学及其思想的发展、没落和演变。”[2]

对西汉中后期历史进程发生决定性影响的“经学士族”势力，在汉昭帝时的盐铁会议上就有初步表现。据西嶋定生说：“贤良文学是在儒家思想的粉饰下为地方豪族的利益敲锣打鼓。这意味着贤良文学论争的幕后不仅有内朝当权者霍光的存在，同时还获得了来自各自出生地的豪族阶层的支持。”甚至“贤良文学本身就极可能出身于地方豪族阶层”。[3] 因此，在宣、元时期，“儒家思想以地方豪族阶层的发展为背景，正稳步地渗入官僚阶层，这也是令国家无法忽视的一个倾向”。[4] 这种由经学与豪族组合成的“经学士族”，在元、成以后逐渐发展，最终成为左右西汉后期社会发展方向的中坚力量。

[1] 金春峰：《汉代思想史》，中国社会科学出版社 2006 年版，第 16 ~ 17、7 ~ 8 页。

[2] 金春峰：《汉代思想史》，中国社会科学出版社 2006 年版，第 17 页。

[3] 〔日〕西嶋定生：《秦汉帝国 —— 中国古代帝国之兴亡》，顾珊珊译，社会科学文献出版社 2017 年版，第 302 ~ 303 页。

[4] 〔日〕西嶋定生：《秦汉帝国 —— 中国古代帝国之兴亡》，顾珊珊译，社会科学文献出版社 2017 年版，第 340 页。

西汉中后期发展起来的“经学士族”，是两汉之际历史剧变的群众基础和中坚力量。王莽能够顺利篡汉立新，实施“新政”，是“经学士族”鼎力相助的结果。[1] 王莽“新政”的败亡，与“经学士族”的关系，尚须说明。具体言，王莽“新政”之败亡，是否由于“经学士族”的集体反对？于此问题，有两种完全相反的意见。如金春峰认为：“王莽，由士族拥戴而登位，又由士族的离心而垮台。”[2] 即王莽“新政”之建立是因为“经学士族”的集体支持，其败亡亦是由于“经学士族”的集体背离。陈启云和余英时关于两汉之际政治文化的研究，主要分歧亦在这个问题上。他们皆认为西汉中后期的确存在一个左右社会发展方向和时代进程的“经学士族”阶层，虽然在他们之间存在着“儒生法吏化”（余英时）和“法吏儒生化”（陈启云）的区别。他们的根本分歧在于：余英时认为王莽“新政”伤害了“经学士族”的利益，引起他们的背叛和反对，因此提出“王莽亡于士族反抗论”和“光武中兴由于士族大姓集团的支持论”。而陈启云则认为真正有理想的儒者不会反对新莽，亦不会支持和配合光武，他说：

(A)汉儒的改革乃至革命理念理想是王莽兴起的很重要的因素；(B)秉持此理想的汉儒并不反对王莽，他们一部分在新莽覆亡时与王莽共同身殉；未丧生者或则公开表示“不食周（汉）粟”成为隐逸独行中人，或则对天下大同理想感到幻灭，退而求其次（小康理想），注重宗亲、

[1] 钱穆认为“当时名儒达才仕莽者甚众”，他说：“新朝网罗贤才，固非不力，而儒生学士，亦并无万世一姓之见，后人于刘歆、扬雄独过为贬抑，非持平之论也。”（《两汉经学今古文平议》，商务印书馆 2001 年版，第 160、166 页）

[2] 金春峰：《汉代思想史》，中国社会科学出版社 2006 年版，第 8 页。

乡党之和好，而成为六朝士族的远祖。[1]

于此针锋相对的两个观点，从其提供证据的坚实程度看，笔者倾向认同陈启云的看法。因为据现存史料，在“新政”后期的反抗运动中，我们并没有看到更多的“经学士族”参与到反抗和推翻“新政”的革命运动中。

我们认为：“新政”之建立与败亡，是两汉之际社会剧变的核心事件。两汉之际在古代中国政治和文化思想史上的转折意义，既体现在“新政”建立的意义上，亦体现在“新政”败亡的意义上。西汉中后期以来形成的“经学士族”，无论是作为“新政”支持者，或者是作为反对者，是他们左右着西汉中后期政治、文化的基本格局和发展方向。他们就是两汉之际历史剧变的群众基础和中坚力量。

综上所述，两汉之际的社会剧变，是由西汉中后期社会发展中多方面因素之综合作用促成。具体言，两汉之际的历史剧变，有其特别的社会背景、深厚的政治基础、重要的经济基础、广泛的群众基础和深远的思想背景。因此，两汉之际的社会剧变，不是偶然突发的、意义单纯的政治事件，它有一个从量变到质变的过程，是综合性的时代变革，是政治文化综合性事件。概括地说，它的发生，不是偶然的，而是必然的；它的意义，不是单纯的，而是综合的。

[1] 陈启云：《儒学与汉代历史文化：陈启云文集二》，广西师范大学出版社 2007 年版，第 38 页。

三、两汉之际社会剧变的思想文化背景

以上，我们讨论两汉之际社会剧变的社会基础，分别概述其社会背景、政治基础、经济基础和群众基础。两汉之际的社会剧变以王莽“新政”为中心。从表面看，王莽“新政”是中国历史上时有发生的外戚篡权的政治事件。但是，就事件本身的性质及其影响看，它不仅是一个政治事件，同时亦是一个文化思想事件，甚至其文化思想意义大于其社会政治意义。因此，两汉之际社会剧变的社会背景，最堪重视的是其思想文化基础。

1. 两汉之际社会剧变的思想文化基础

一个稍显极端的说法是：秦朝亡于法，西汉亡于儒。法家思想因为秦朝的迅速灭亡而在思想史上一直扮演着不光彩的角色。或者说，秦朝法家改革的伤痛经历，导致法家思想之不被信任，成为中国古代思想史上一个显而易见的事实。如陈启云说：

> 这对于中国思想在随后的发展具有深远的意义。……从长远的观点来看，秦法家所造成的灾难不但毁灭了法家，甚至损害了中国思想中所有的哲学思想体系。……秦朝之后的法家人物不能再公开从事法家思想的研究，也不能再公开倡导法家的理论。可是，在新的帝国政府中，在处理政治事务的专门技能和管理国家的实际知识方面，法家却仍旧发挥着他们的作用。[1]

[1] 陈启云：《中国古代思想文化的历史论析》，北京大学出版社 2001 年版，第 264 ~ 265 页。

与此近似，西汉中后期以王莽“新政”为中心的社会剧变，是在儒家思想的直接影响下发生的。西汉中后期政治格局的极端恶化和王莽“新政”的迅速败亡，似乎可以支持“西汉亡于儒”的观点。因此，秦亡于法的说法，有一定依据。西汉亡于儒的观点，亦有一定道理。特别是元帝以后，儒家思想渗透到政治生活的方方面面，宣帝有“乱我家者太子也”的预言。就宣帝预言的实质言，与其说“乱我家者”为太子，毋如说“乱我家者”是儒学。同时，西汉中后期政治格局的恶化和“新政”的迅速败亡，导致儒家思想发生结构性变化。这个变化，是“新政”败亡后通过儒者的反省来完成的。虽然“新政”并未像“秦政”毁灭法家那样毁灭儒家，亦未完全导致儒学思想的不被信任。“新政”后的儒者仍然可以公开倡导儒学理论和开展儒学思想研究。但是，它因此而发生的结构性变化，即从政治理想主义向道德理想主义的演变（详后），亦显而易见，不可忽略。这就是两汉之际在“新政”这个政治事件背后所隐含的文化思想意义所在。

儒学思想是西汉中后期政治活动的指导思想，是两汉之际社会剧变的思想文化基础。学者认为：“在西汉时期，儒学主要是一场复兴和改革秦朝灭亡后的帝国政治体制的运动。”[1]亦就是说，在西汉时期，儒学发展史不仅是一场思想学说的演化史，更是一场帝国政治和文化体制的改革史；王莽“新政”不仅是一场政治改革运动，更是一场儒学的复兴与反省运动。政治与学术的相互交织、彼此渗透，政治事件具有学术史意义，学术思想具有政治史意义，在中国历史上，亦许找不到第二个时期，像两汉之际这样引人注目。所以，阎步克说：“‘新政’直承汉末思潮而远承先秦儒家。以单纯的外戚篡权视之，则是只

[1] 陈启云：《中国古代思想文化的历史论析》，北京大学出版社 2001 年版，第 267 页。

见树木，不见森林。”王莽“新政”是“直接地承袭了西汉儒生一向汲汲以求者，并且大为变本加厉。那些湮晦已久、在汉也迟迟不得充分贯彻之‘礼’，在王莽主持之下居然一一化为现实。……自孔子创立儒学至此，儒术终于得到了一个彻底贯彻之机会；一个全新的世界，似乎业已降临”。[1]

所以，武帝时代的儒术独尊，元、成以后儒者登上政治舞台，基于儒家政治理想参政议政，为王莽的登台唱戏奠定了基础，隐含着古代中国政治与文化即将发生相互交织、彼此渗透的根本性变革。陆威仪认为西汉时期有三大历史转变，[2] 其中之一，就是在政治与文化的相互交织、彼此渗透过程中，政府赞助学术和学术服务政治，“政府日益寻求一种中华文明代言人的身份来对国家进行统治”，“国家及其政府所致力的对文化遗产的捍卫和扩张，成为国家事业的核心内容”。[3]

在西汉儒学发展史上，在儒学渗透政治的进程中，昭帝时的盐铁会议是一个重要节点，它是儒者登上政治舞台，实践他们的政治理想高调发言的起始。在元、成、哀、平时期，儒家政治理想左右政治形

[1] 阎步克：《士大夫政治演生史稿》，北京大学出版社 1996 年版，第 388 ~ 389 页。

[2] 〔美〕陆威仪认为西汉时期有三大历史转变，一是摒弃普遍义务兵役制，二是政府组织和赞助文学和艺术，三是出现了一种新形式的社会精英阶层。（《早期中华帝国：秦与汉》，王兴亮译，中信出版社 2016 年版，第 67 ~ 69 页）

[3] 〔美〕陆威仪说：“公元前 154 年之后发生的政府组织和赞助的文学和艺术。战国时期的诸国政治是战争的发动机，主导列国政策和统治合法性的信条是‘富国强兵’。随着公元前 154 年分封国的消失，通过军事力量维护旧政权的合法性被淡化了。取而代之的是，政府日益寻求以一种中华文明代言人的身份来对国家进行统治，这种文明体现在信条、帝国学术以及经典美德上。于是，国家及其政府所致力的对文化遗产的捍卫和扩张，成为国家事业的核心内容。”（《早期中华帝国：秦与汉》，王兴亮译，中信出版社 2016 年版，第 69 页）

势的发展，其时为相者，皆是一时大儒。[1] 正如西嶋定生所说："在此我们窥见了时代的转变，汉朝已经进入了一个不得不采用儒家官僚政治提案的时代了。"[2]

自元帝时始，一时大儒在元帝的支持下纷纷参政议政，进入权力中心，一时宰相，多为儒者身份。宣帝有"乱我家者太子"的预言，《后汉书·崔寔传》称元帝"基祸为主"。元帝之所以是"基祸为主"，之所以成为"乱我家"之祸首，就是因为他重用"纯儒"，实实在在地推动儒学思想指导政治运作，非如武帝朝虽然"独尊儒术"而实则是以儒术饰吏事。王莽正是在这种政治背景和文化氛围中，逐渐走向权力中心，登上政治舞台。他的"新政"，就是元帝以来儒家理想政治的延续，他就是要依据儒家政治理想拯救当时的社会危机。所以，蒙文通说："近世每称王莽所为为社会改革，岂知王莽所用，一一皆数百年之经说哉！"[3] 许倬云亦认为：西汉儒生"确实地以为他们可以用知识的力量改变政治的权力"，"中国过去的历史上，只有西汉有这种以自然法则的信仰向政治直接挑战的个例"。[4]

儒者进入权力中心，儒学渗透到权力运作中，是西汉后期显明的政治现象。但是，意味深长的是，儒者的登场，不仅未能振兴汉代政治，反而导致政治衰乱和朝纲废弛。班固《汉书·匡张孔马传》说：

[1] 据《汉书·元帝纪》称：在元帝时，"征用儒生，委之以政，贡、薛、韦、匡迭为宰相"。（《汉书》，中华书局 1962 年版，第 298 ~ 299 页）

[2] 〔日〕西嶋定生：《秦汉帝国——中国古代帝国之兴亡》，顾姗姗译，社会科学文献出版社 2017 年版，第 346 页。

[3] 蒙文通：《儒家政治思想之发展》，见《古学甄微》，巴蜀书社 1987 年版，第 179 页。

[4] 许倬云：《秦汉知识分子》，见《中国文化与世界文化》，贵州人民出版社 1991 年版，第 162 页。

> 自孝武兴学，公孙弘以儒相，其后蔡义、韦贤、玄成、匡衡、张禹、翟方进、孔光、平当、马宫及当子晏咸以儒宗居宰相位，服儒衣冠，传先王语，其醖藉可也。然皆持禄保位，被阿谀之讥。彼以古人之迹见绳，乌能胜其任乎？[1]

此外，一时儒者还有刘向、周堪、张猛、贡禹、师丹、鲍宣、杜钦、谷永等人，亦先后进入权力中心。正如徐复观所说，这些儒宗的“言论风骨，求之异代，盖百千年而难遇其一二。而在西汉末季，却一时并出。若不绳以过高之论，实亦无愧于得人之盛；然终无救于西汉之亡，这是很不易解释的”[2]。班固说这些儒宗“皆持禄保位”，倒亦未必如此，但说他们“以古人之迹见绳”，不能胜任治国理政的重任，却是实情。因为儒者一般皆有“不达时宜，是古非今”的特点。

所以，西汉中后期的政治现状表明，儒者的知识改变了政治权力，同时亦在一定程度上摧毁了政治权力。如钱穆说：

> 汉武、宣用儒生，及重文学，事粉饰。……汉自元、成以下，乃纯用儒术，与武、宣之政不同。不达时宜，是古非今，其风至于莽、歆而极，正是篡汉自败之本。宣帝时学者已有此风，故能预言之如此。[3]

“纯用儒术”是王莽“篡汉自败之本”。细言之，“纯用儒术”既是王莽篡汉之本，亦是王莽自败之本。因此，说西汉亡于儒，“新政”成于儒，“新政”亦败于儒，虽然稍显极端，但亦不乏依据。如

[1] 班固：《汉书》，中华书局 1962 年版，第 3366 页。

[2] 徐复观：《两汉思想史》（二），九州出版社 2014 年版，第 416 页。

[3] 钱穆：《刘向歆父子年谱》，见《两汉经学今古文平议》，商务印书馆 2001 年版。

吕思勉说：

> 汉室盛衰，当以宣、元为界。自宣帝以前，一切根本之计，实未尝行。……自元帝以后，则颇行之矣。然汉转以衰乱者，则宣帝以前，朝纲较为整饬，元帝以后，则较废弛也。[1]

在吕思勉看来，“纯用儒术”而实施“根本之计”，非但未能振兴汉代政治，反而导致政治衰乱和朝纲废弛。内藤湖南亦认为，王莽之成与败，皆在于当时的学问。王莽之所以得到当时人的拥戴，并取得篡位之成功，是由于他在刘歆的帮助下，成功地利用了当时的学问。[2]“新政”之所以失败，亦在于当时的学问，或者说，是“过度利用文化”所致。他指出：“王莽自信以学问治国，他到死时也不明白自己灭亡的原因。”[3] 在他看来，王莽之败亡，就是过度利用了学问，受了学问的毒害，是学问导致“新政”的灭亡。[4] 他说：

> 中国文化的发展，使得汉武帝以后，或则其后一部分时间内，造成

[1] 吕思勉：《秦汉史》，上海古籍出版社 2006 年版，第 152 页。

[2] 〔日〕内藤湖南说：“王莽之所以得人望，是由于利用当时新近兴起的学问。”“王莽的做法是一切都以学问为根据。其夺取汉室天下固不必论，其政治行为也都如此。”“此时（哀帝时），学术遍及各个领域，朝廷的政治、礼仪等均以经学为准绳。王莽的篡位阴谋也以当时盛行的学问为基础。……当时经学对于王莽得势颇为有利。”“从学术上使王莽行动附予合理性根据的是刘歆。”“王莽篡位在学问上所玩弄的手法，大部分都是出自刘歆之手。”（《中国史通论》，夏应元、钱婉约等译，九州出版社 2018 年版，第 245 ~ 248 页）

[3] 〔日〕内藤湖南：《中国史通论》，夏应元、钱婉约等译，九州出版社 2018 年版，第 251 页。

[4] 〔日〕内藤湖南说：“王莽之乱是天下学术繁盛，而产生的一种毒害现象。”（《中国史通论》，夏应元、钱婉约等译，九州出版社 2018 年版，第 291 页）

学问超过实际生活需要的进步。由于它的中毒的作用，搅乱了社会，出了其代表者王莽。在中国文化的发展史上，这时是个有趣的时代。当然，无论王莽，无论刘歆，并未觉悟到这一点。他们认为，自己越努力推动学问的进步，越会有好结果。这就是在历史上致力于学问，往往不会产生预期效果的证据。[1]

洋溢着理想主义激情的儒者，过度热心参与政治，“造成学问超过实际生活需要的进步”，乃至“搅乱了社会”，最终导致西汉政治的崩溃和王莽“新政”的败亡。内藤湖南的意思就是，西汉亡于儒，“新政”败于儒。而这亦印证了汉宣帝“乱我家者太子”的预言。所以，我们的结论是：王莽之所以能够顺利地篡汉立新，是因为儒；王莽“新政”之所以迅速败亡，亦是因为儒。讨论两汉之际的社会剧变和历史转折，儒家政治理想和文化思想的广泛流行，儒者对政治的积极参与，是不能忽略的重要思想文化背景。

总之，两汉之际的社会剧变，是一场以儒学思想为文化背景的政治社会剧变。儒学思想是两汉之际政治社会剧变的思想文化基础。先秦儒学是其远源，亦是这场剧变力求达到的目标。昭、宣以后儒家理想主义精神的高涨和“奉天法古”观念之流行，是这场剧变的文化基础和思想背景。离开先秦以来儒学文化思想基础和昭、宣以下儒者理想化的政治实践，这场社会政治剧变不会发生；即便发生，亦不会是我们今天见到的面目。

[1] 〔日〕内藤湖南：《中国史通论》，夏应元、钱婉约等译，九州出版社 2018 年版，第 252 页。

2. 西汉中后期儒家理想主义精神的发展

在“独尊儒术”的时代背景下，儒者是汉代知识社会的主流群体。基于儒者在社会政治生活中的不同表现，汉代学者对他们的身份做了类型划分。汉代关于儒者类型划分的名目较多，“俗儒”“纯儒”“通儒”是其中最重要的几种类型。[1] 但其分类依据及其身份界定，往往因人而异，未有共识。

大体言，在先秦两汉儒学发展史上，儒者呈现出由“纯儒”而“俗儒”的发展过程。具体说，孔、孟儒学是原始儒学，是“纯儒”；荀子、董仲舒以及叔孙通、公孙弘等人因时立制、随机应变的儒学，是新儒学，是“俗儒”。元、成以后，高扬孔、孟儒学，坚守理想精神，并参与政治革新、排斥法家文吏的儒者，是“纯儒”；东汉以后，习文法吏事而又不失儒学传统的儒者，可称为“俗儒”。概括言，所谓“纯儒”，是指在学术思想、立身行事、家国理想等方面，皆恪守先秦孔、

[1] 如扬雄说：“通天地人曰儒，通天地而不通人曰伎。”（《法言·君子》）扬雄以“通”释儒，其所谓之儒，当是指“通儒”。汉宣帝说：“俗儒不达时宜，好是古非今，使人眩于名实，不知所守，何足委任。”（《汉书·元帝纪》，见《汉书》，中华书局 1962 年版，第 277 页）史称桓谭“性嗜倡乐，简易不修威仪，而喜非毁俗儒，由是多见排抵”（《后汉书·桓谭传》，见《后汉书》，中华书局 1965 年版，第 955 页）。可知“俗儒”是当时儒者的一个类型。应劭《风俗通义》说：“儒者，区也，言其区别古今。居则玩圣哲之词，动则行典籍之道，稽先王之制，立当时之事，纲纪国体，原本要化，此通儒也。若能纳而不能出，能言而不能行，讲诵而已，无能往来，此俗儒也。”（王利器：《风俗通义校注·佚文·徽称》，中华书局 1981 年版，第 619 页）应劭以“区别古今”界定儒者，将其分为“通儒”和“俗儒”两种类型。扬雄笔下虽然没有“俗儒”“纯儒”之类的名目，但他在《法言》中批评汉朝不用真儒而用俗儒。史称郑玄“质于辞训，通人颇讥其繁，至于经传洽熟，为纯儒”（《后汉书·郑玄传》，中华书局 1965 年版）。王充在《论衡》中将天下人从低到高依次分为俗人、儒生、通人、文人和鸿儒五类，是将儒者分为“儒生”和“鸿儒”两类。

孟传统的儒者；所谓“俗儒”，是指在大体遵循儒学思想的前提下，在现实社会中因时因事而与时俱进、随机应变的儒者。一般言，“纯儒”是理想主义者或者浪漫主义者，“俗儒”是现实主义者或者理性主义者。从“纯儒”到“俗儒”的变迁过程，就是从理想主义到现实主义的发展过程。在这里，“纯儒”“俗儒”并非褒贬称号，而是基于理想主义与现实主义的占比成分而做出的一个大体区分。

作为中国古代政治文化意识形态之儒学，奠基于孔、孟，孔、孟是历代儒者心中的“纯儒”，是儒家道统的源头，或者称为“原始儒学”。“原始儒学”的核心内容是礼与仁，儒家文化就是礼仁文化。如果说礼学是外在的社会规范，仁学则是个体内心的自觉。儒者以仁释礼，以礼辅仁，就是力图将个体对外在社会规范的遵守转化为内心的自觉，以此实现治国平天下的宏大愿景。如果说仁是内圣之学，礼则是外王之学，儒者以仁释礼，以礼辅仁，就是力图以内圣开出外王，实现一统天下的目的。

儒家以礼仁文化积极入世，企图通过正心、诚意、修身、齐家以实现治国、平天下的目的。但是，与法家、墨家等其他诸子相比，儒家体现出鲜明的理想主义色彩。因此，在先秦时期即遭到迂阔的贬评。如孔子，他周游列国，宣讲礼仁治国理念，结果困于陈国，面有菜色，惶惶如丧家之犬。孟子在孔子礼仁文化基础上，着重发挥孔子仁学思想，构建起“仁政”理想。他周游列国，游说诸侯实践“仁政”理想，亦因其不切合实际而未获采纳，不得已退而与万章之徒著书立说。总之，面对诸侯争霸、列国称雄的社会政治局面，孔、孟礼仁治国的政治理想呈显出浓厚的理想主义精神。可以说，理想主义精神就是原始儒学的底色，是孔、孟思想的特质，是儒家道统的坚守。后世儒者以“致君尧舜上，再使风俗淳”为目标，以“为天地立心，为生民立命，为往圣继绝学，为万世开太平”为职志，皆是这种理想主义精神的传承。

比较而言，同为先秦儒学三大家的孔、孟、荀三人，孔、孟是理想主义者，荀子是现实主义者。或者说，先秦儒学由理想主义发展到现实主义的转折性人物是荀子。就思想元素之构成和传承言，如果说孔子是礼、仁并重，孟子则是着重于仁学并建立起“仁政”理想，荀子则是着重于礼学并建立起“法政”理想。“仁政”是理想主义或浪漫主义的，“法政”是现实主义或理性主义的。荀子的“法政”，基于列国争雄的现实背景立论，故而切于实际，得到韩非、李斯的发扬并运用于政治实践。在荀子思想中，我们已经隐约看到东汉时期儒生与文吏融合成长的端倪。所以，相对于孔、孟原始儒学而言，荀子儒学是新儒学，是法家化的儒学。如果说孔、孟是“纯儒”，那么荀子则可称为“俗儒”。事实上，我们从扬雄、韩愈以及宋儒构建的道统中，已经看到儒者对孔、孟儒学和荀子儒学的明显区别。自扬雄以来，儒学道统论者历数道统传承——尧、舜、禹、汤、文、武、周公、孔子、孟子，普遍认为孟子以后，道统中断。如扬雄以承继孟子道统自居，韩愈认为儒家道统“轲死不得其传”，宋儒亦基本持这种观点。我们认为，儒者对道统的传承，实际上就是对儒家理想主义精神的坚守。

儒家理想主义精神在孟子“仁政”理想中得到充分展现，孟子以后，“仁政”理想被悬置起来，荀子为了适应诸侯割据、列国纷争的社会现实，逐步从理想主义走向理性主义，从浪漫主义走向现实主义，逐渐吸取法家思想而呈现出实用主义特点。这种学术取向，虽然遭到儒家理想主义者的批评，但因其切于实际而在秦和汉初普遍流行。所以，学者认为：汉初儒学是一种实用主义儒学，荀子思想在汉初思想界有广泛影响，包括陆贾、贾谊等人的儒学，皆是荀子化儒学，有法家化倾向。包括董仲舒、叔孙通、公孙弘等人的儒学，亦具有世俗化倾向和实用主义特征。汉初儒学理性主义和实用主义精神的呈现，必然导致孔、孟原始儒学理想主义特征的逐渐丧失。因此，在秉持理想主义精神的儒者看来，追求理性主义和实用主义的儒者，就是“俗儒”。如汉元帝建议宣帝重用“纯儒”和排斥“俗儒”。如扬雄认为汉家的衰败，就是因为“俗儒”当朝和“纯儒”旁落。

西汉中期，“随着儒家注重实效的手段的成功，儒家学说渐渐离开其务实的主张而倾向于理想主义”[1]。我们认为：汉代儒学由实用主义向理想主义回归，昭帝时的盐铁会议是一个转折点。具体言，盐铁会议前的汉代儒者，如陆贾、贾谊、董仲舒、叔孙通、公孙弘等人，皆有实用主义、理性主义精神和世俗化倾向。在盐铁会议上以及盐铁会议后的儒者，皆高扬理想主义精神参政议政。他们敢于在政府组织召开的会议上，毫不顾忌地嘲讽和批判当权大臣，其慷慨激昂、声色俱厉之态度，正体现了他们的理想主义精神和浪漫主义色彩；其提出的一些不切实际的政治主张，如感化匈奴、撤除边备、实施井田制、废除盐铁官营等，亦体现了他们的政治理想主义精神。实际上，在盐铁会议上，以桑弘羊为代表的政府官员和以贤良文学为代表的儒者之间的论争，就是实用主义或理性主义与理想主义或浪漫主义之间的论争。以贤良文学为代表的儒生，在盐铁会议上高调登台，慷慨陈词，正昭示着儒家理想主义精神的卷土重来。金春峰发现盐铁会议是“思想上终止汉初儒、法合流，重新恢复先秦孔孟思想传统的历史契机”[2]。

[1] 陈启云：《中国古代思想文化论析》，北京大学出版社 2001 年版，第 184 页。

[2] 金春峰：《汉代思想史》，中国社会科学出版社 2006 年版，第 245 页。

他说：

> 盐铁会议成为一个分界线。会议以前，儒法两家思想的关系是既相互斗争，又相互融合，而以融合为主；儒家思想甚至以外儒内法兼收并蓄的形式出现。会议以后，则儒家思想对法家思想以排斥为主，更自觉地在消除法家的过程中向前发展。会议以前，荀子思想的影响在汉代儒学中居于优势，会议以后，则孟子的思想不断扩大影响。盐铁会议是这种变化的标志。[1]

相较而言，先秦儒学三大家，孟子的理想主义精神最为突出，这种精神，不仅体现在他的儒者身份的自觉上，即以“帝王师”的身份高自标持，亦体现在他的“民为贵”的民本思想上，还体现在他的“仁政”理想上。荀子虽然未曾完全放弃儒家的道义立场，但亦明显表现出理性主义精神和世俗化立场，而逐渐与法家思想合流。所以，汉初儒学大体是在荀子儒学影响下发展起来的。盐铁会议是一个转折，标志着儒家理想主义的高调登场，彰扬儒家理想主义精神的孟子，亦就成为盐铁会议上贤良文学的精神支撑和思想资源。所以，在盐铁会议上，贤良文学征引立论之依据，以孟子言论最多。贤良文学之立论，大体是孟子“仁政”理想的发挥。孟子取代荀子而成为汉代儒者之宗师，这是汉代儒学发展史上值得注意的现象。西汉后期的扬雄摒弃荀子，尊奉孟子，以孟子道统的传承人自居，充分发挥孟子的心性之学，其思想根源亦在这里。[2]

正是在盐铁会议上儒者高调登场的大背景下，汉元帝才建议宣帝

[1] 金春峰：《汉代思想史》，中国社会科学出版社 2006 年版，第 249 ~ 250 页。

[2] 参见汪文学：《扬雄与六朝之学》，贵州人民出版社 2020 年版，第 157、193 页。

用“纯儒”。据《汉书·元帝纪》载：

> （太子）柔仁好儒。见宣帝所用多文法吏，以刑名绳下，大臣杨恽、盖宽饶等坐刺讥辞语为罪而诛，尝侍燕从容言：陛下持刑太深，宜用儒生。宣帝作色曰：汉家自有制度，本以霸王道杂之，奈何纯任德教，用周政乎！且俗儒不达时宜，好是古非今，使人眩于名实，不知所守，何足委任！乃叹曰：乱我家者，太子也！由是疏太子而爱淮阳王，曰：淮阳王明察好法，宜为吾子。[1]

元帝即位后，“征用儒生，委之以政，贡、薛、韦、匡迭为宰相”[2]，开启“纯用儒术”的政治新时代。所谓“纯用儒术”，就是重用“纯儒”而排斥“俗儒”。陈启云说：

> 在武帝时期（公元前 141 ～前 87 年），儒家的这种理想主义只是用作对改革的一般呼吁，和对皇帝所作所为的各种措施的一种论评。到了元帝（公元前 49 ～前 33 年在位）时代，这种理想主义在许多著名的、地位崇高的儒家人士的思想中，变得根深蒂固。因此，在前汉后期的儒家学说中，理想主义逐渐压倒了实用主义。[3]

“纯用儒术”或者重用“纯儒”的直接结果，就是导致儒者理想主义精神的泛滥。儒家理想主义精神是西汉中后期知识界的主旋律，普遍倾向孟子的“仁政”理念，着力政治社会的全面改革。概括地说，西

[1] 班固：《汉书》，中华书局 1962 年版，第 277 页。

[2] 班固：《汉书·元帝纪》，见《汉书》，中华书局 1962 年版，第 299 页。

[3] 陈启云：《中国古代思想文化论析》，北京大学出版社 2001 年版，第 187 页。

汉中后期儒者的政治理想主义精神，主要表现在他们的发言态度和改革内容两个方面。

其一，在发言态度上，西汉中后期的儒者针对现实政治，放言无忌，竭力攻击，体现出他们的理想主义浪漫激情。

一般言，大凡理想主义者，往往都充满激情，喜欢放言高论，元、成以后的儒者就有这种特点。如吕思勉说："中国之文化，有一大转变，在乎两汉之间。自西汉以前，言治者多对社会政治，竭力攻击。东汉以后，此等议论，渐不复闻。"[1]蒙文通发现王莽"新政"败亡后，"儒者亦嗒焉丧其所主，宏义高论不为世重"，认为"东京之学不为放言高论，谨固之风起而恢宏之致衰"。[2]亦就是说，在王莽"新政"败亡前，儒者有"恢宏之致"，往往"放言高论"，喜发"宏义高论"。钱穆亦说："西汉诸儒之荒诞拘泥，后世虽稍免，而西汉诸儒之高论，后世亦渐少见。"他认为，西汉以后，"帝王万世一家之思想，遂以复活，五德三统让贤禅国之高调，遂不复唱。"[3]亦以"高论""高唱"指称西汉儒者的言论特点。

西汉儒者的放言高论，表现在他们发言态度的无所顾忌上。他们以三代之政为理想典范，竭力攻击当代政治，否定当代君王。此种言论风气，开启于昭帝时盐铁会议上的贤良文学，此后夏侯胜、王吉、贡禹、刘向、谷永等人便承此风。另外，盖宽饶、眭弘、京房、甘忠可、夏贺良等人，本着"公天下"理念发表"汉室将亡，贱人将兴"之"高论"，提出汉室再受命之新说，亦是这种精神的体现。追本溯源，儒者这种

[1] 吕思勉：《秦汉史》，上海古籍出版社 2006 年版，第 174 页。

[2] 蒙文通：《论经学三篇》，《中国文化》1991 年第 4 期。

[3] 钱穆：《秦汉史》，生活·读书·新知三联书店 2005 年版，第 328 页。

放言高论的理想主义激情，发端于孟子，复兴于盐铁会议上的贤良文学，而高涨于西汉中后期的儒者群体，最后集中体现在王莽身上。[1]

西汉中后期儒者这种充满理想主义浪漫激情的放言高论，实际上就是一种强烈的社会批判精神。东汉中后期亦兴起过一股以王充、王符、仲长统、崔寔等人为代表的社会批判思潮。在比较中我们发现，其社会批判精神相通，出发点一致，但其发言之态度和据以批判之基础则不同。如果说东汉中后期的社会批判思潮，是对社会政治做出的现实主义的理性批判，那么，西汉中后期的社会批判思潮，则是对现实政治做出的理想主义的浪漫批评。两者之间，有理想主义与现实主义之别，有激情与理性之分。

其二，在改革内容上，西汉中后期儒者以“奉天法古”为准则，以“敬德保民”为核心，发表对当代政治的批判，体现了他们的理想主义政治愿景。

“敬德保民”是周人特有的思想观念，亦是周代为政的基本理念。周人提出“敬德保民”，把它与殷商以来的天命论结合，以“敬德保民”论证天命的予夺。他们认为：天命无常，关键在德，有德者有之，无德者失之；天命难以捉摸，民心是天命的镜子，得民心者得之，失民心者失之。他们深信“皇天无亲，惟德是辅”，“民之所欲，天必从之”。所以，周人以“敬德保民”为核心内容的天命论，以天为最高

[1] 王莽亦是一位“好大言”“好空言”之人。《汉书·王莽传》称：“莽好空言，慕古法，多封爵人。”（《汉书》，中华书局1962年版，第4150页）又“令匈奴却塞于漠北，责单于马万匹，牛三万头，羊十万头，及稍所略边民生口在者皆还之”，于此，班固评曰：“莽好为大言如此。”（同上，第4140页）

存在，以德为中介和中心，以保民为直接目的，以享天命为最终归宿。[1] 西汉中后期的儒者放言高论，以“周政”为理想典范，企图通过政治改革实现“敬德保民”的理想目标。

为实现“敬德保民”政治理想，西汉中后期儒者遵循“奉天法古”原则，主张“天下为公”，表现出对“王道”“仁政”“礼治”的执着追求。他们企图通过“奉天法古”实现“敬德保民”，通过“敬德”以“奉天”，通过“法古”以“保民”。在当时，“奉天”者言灾异，灾异之依据是“敬德”；“法古”者言礼制，礼制之根本在“保民”。钱穆说：

> 时学者可分两派，一好言灾异，一好言礼制。言灾异，本之天意；言礼制，揆之民生。[2]

通过“奉天法古”实现“敬德保民”，实现“王道”或“仁政”，这种变革，被吕思勉称为“根本变革”。这种极富理想主义色彩的“根本变革”，在“资本势力”日趋强大的时代，其失败不可避免。即在时与势均发生重大变化的西汉中后期，儒者企图推行以“奉天法古”为依据的“敬德保民”政治理想，实在是有空想主义或理想主义的特点。因为治国理政需要理性的务实精神，而当时的儒臣只有政治理想主义精神和历史理想主义理念，他们沉醉在大而无当的原则讨论中，专注于“美风俗”“移教化”的理想政治蓝图，忽略政治运作中的具体技术，或者说，他们根本不愿掌握解决政治问题的具体技术。对于现实

[1] 参见汪文学：《正统论——中国古代政治权力合法性理论研究》，贵州人民出版社 2019 年版，第 59 页。

[2] 钱穆：《两汉经学今古文平议》，商务印书馆 2001 年版，第 65 页。

政治中的具体问题，他们不屑讨论，亦不能有所作为。他们热衷的礼乐教化与当时迫切需要解决的社会问题不相干。如宣帝时丙吉为相，据史载：

(丙)吉又尝出，逢清道群斗者，死伤横道，吉过之不问，掾吏独怪之。吉前行，逢人逐牛，牛喘吐舌。吉止驻，使骑吏问：逐牛行几里矣？掾吏独谓丞相前后失问，或以讥吉，吉曰：民斗相杀伤，长安令、京兆尹职所当禁备追捕，岁竟丞相课其殿最，奏行赏罚而已。宰相不亲小事，非所当于道路问也。方春少阳用事，未可大热，恐牛近行，用暑故喘，此时气失节，恐有所伤害也。三公典调和阴阳，职当忧，是以问之。掾史乃服，以吉知大体。[1]

又如宣帝时王吉上言：

陛下躬圣质，总万方，帝王图籍日陈于前，惟思世务，将兴太平。诏书每下，民欣然若更生。臣伏而思之，可谓至恩，未可谓本务也。欲治之主不世出，公卿幸得遭遇其时，言听谏从，然未有建万世之长策，举明主于三代之隆者也。其务在于期会簿书，断狱听讼而已，此非太平之基也。……孔子曰：安上治民，莫善于礼。非空言也。王者未制礼之时，引先王礼宜于今者而用之。臣愿陛下承天心……述旧礼，明王制，驱一世之民济之仁寿之域，则俗何以不若成康，寿何以不若高宗？

[1] 班固：《汉书·丙吉传》，见《汉书》，中华书局 1962 年版，第 3147 页。宣帝时魏相亦说："明王谨于尊天，慎于养人，故立羲和之官以乘四时，节授民事。……臣愚以为阴阳者，王事之本，群生之命，自古圣贤未有不由者也。"（《汉书·魏相传》，见《汉书》，第 3139 页）元帝诏曰："盖闻安民之道，本由阴阳。……有司勉之，毋犯四时之禁。丞相御史举天下明阴阳灾异者各三人。"于是言事者众，或进擢召见，人人自以得上意。（《汉书·元帝纪》，见《汉书》，第 284 页）

据说宣帝“以其言迂阔，不甚宠异”[1]。这两则史料充分说明，当时儒者热衷“述旧礼，明王制”和“调和阴阳”这些宏大政事，对“期会簿书，断狱听讼”这些日常政务则不屑一顾，其迂阔，显而易见。

所以，这些所谓“纯儒”，虽有理想主义激情，却难以担当治国理政的政治责任。因此，阎步克说：“西汉儒生理性精神之薄弱，其复古化、神道化的倾向，造成了王莽企图以上古模式、经典教条和谶纬神学来构建理想乌托邦的尝试，其结果是反而损害了儒生初始所持的道义信念。”[2]陈启云亦说：“汉代中晚期的儒士的缺点是对大同理念过度理想化；王莽及其支持者如此，后汉的独行、清议、党锢中人也是如此；这极端理想化的理念导致王莽败亡，更导致东汉覆灭。”[3]

3. 西汉中后期儒家改革主义精神的发展

本书所谓“改革”，包括改制和革命两层涵义。所谓“改制”，是指在维护现存政权的前提下，进行政治、经济、文化方面的变革。所谓“革命”，则是推翻现存政权，通过改朝换代以实现政治、经济和文化方面的变革。王莽“新政”当有此两层涵义，即既是“改制”，亦是“革命”。

依据“奉天法古”实现“敬德保民”，是西汉中后期儒者及以儒学为知识背景的士族官僚，在政治理想主义精神鼓动下，发出的改革呼声。在“天下为公”理念支持下，通过禅让以改朝换代，是当时部分儒者在历史理想主义精神鼓动下，提出的政治愿景。王莽“新政”

[1] 班固：《汉书·王吉传》，见《汉书》，中华书局 1962 年版，第 3062 ~ 3063 页。

[2] 阎步克：《士大夫政治演生史稿》，北京大学出版社 2001 年版，第 422 页。

[3] 陈启云：《儒学与汉代历史文化：陈启云文集二》，广西师范大学出版社 2007 年版，第 46 页。

就是在这种社会环境和思想背景下展开的。

大体言，儒家对当下政权的革命态度和现实政治的改制精神有阶段性特征，而此阶段性特征的转折点，是在两汉之际。一般言，两汉之际前，儒家不仅有改制精神，亦有革命精神；两汉之际后，儒家失去了革命精神，但改制精神却传承久远。两汉之际后，中国人的革命精神，主要受道家以及道教思想的影响而发生。[1] 两汉之际前的儒家，虽然不像道家那样偏激，但因为对社会现实不满，基于理想主义精神，通过改革社会现状以实现社会理想，还是比较富有革命精神和改制理想。尤其是在西汉中后期的儒者身上，这种改革主义精神表现得尤其突出，具体体现在以下两个方面：

---

[1] 笔者在《中国人的精神传统》一书中指出：在两汉之际后，对当时政治秩序，儒家是建设性的，道家是破坏性的。虽然儒、道两家都以上古三代为理想社会的范型，但是，儒家是力图通过对现存政治秩序的建设和改造实现这种社会理想。而道家则是企图以革命手段推翻现存政治秩序以回复到这种理想社会。特别是汉代以后意识形态化后的儒家，放弃了早期的革命精神，他们总是小心翼翼地维持现存的政治秩序，努力维护君主的权威性。虽然他们亦常常对现实政治不满，往往是牢骚满腹，但他们从来不敢或者压根儿就没想过要推倒重来，只是努力去修复它，弥补它的缺陷，使它慢慢好起来。对君王亦是这样，意识形态化后的儒家把“宣上德”视为对君王尽忠孝之心。对君王歌功颂德，是维护君王的权威性。君王具备绝对的权威性，才能君临天下，号令民众，才能够维持现有统治秩序。所以，对于君王，即便再差劲的君王，再荒淫无道的君王，意识形态化后的儒家都不会想到去推翻他，而是尽心尽力去感化他，说服他，教育他，使他醒悟过来。因此，儒家特别是意识形态化后的儒家，其思想是建设性的，他们不会搞革命，革命精神亦不会从他们那里来。道家就不一样，一个个都是愤世嫉俗的样子，对现实秩序，总是持批判态度，甚至是破坏态度。所以，对于当下的政治秩序，与儒家的建设性不同，道家是破坏性的；对于当下的君王，与儒家“宣上德以尽忠孝”不同，道家是批判性的，甚至是否定性的。儒家从来不会想到推倒重来，道家想的就是推倒重来。正是在这个意义上，我们认为，道家是有革命精神的。当意识形态化后的儒家丧失了早期的革命精神后，道家的这种精神便成为古代中国人的革命精神的源泉。（贵州人民出版社 2020 年版，第 148 ~ 149 页）

一是革汉室之命。即部分儒者基于“天下为公”理念，认为汉家气数已尽，建议汉室禅位贤人，通过改朝换代解决社会政治危机。

西汉时期的儒者，在一定程度上还保持先秦遗风，多持“天下为公”理念。如董仲舒《春秋繁露·尧舜不擅移汤武不专杀》说：

> 且天之生民，非为王也。而天立王以为民也。故其德足以安乐民者，天予之；其恶足以贼害民者，天夺之。……夏无道而殷伐之，殷无道而周伐之，周无道而秦伐之，秦无道而汉伐之。有道伐无道，此天理也，所从来久矣。[1]

所谓“天立王以为民”和“有道伐无道”，就是“公天下”观念。这种观念，在西汉中后期的知识群体中仍然普遍存在，如昭帝元凤三年（前78），眭弘以灾异言事，以为泰山大石自立、上林苑僵柳复起，“当有从匹夫为天子者”，建议“汉帝宜谁差天下，求索贤人，禅以帝位，而退自封百里，如殷周二王后，以承顺天命”。[2] 宣帝神爵二年（前60）盖宽饶上封事，以为“五帝官天下，三王家天下。家以传子，官以传贤，若四时之运，功成者去，不得其人则不居其位”[3]。成帝时齐人甘忠可上书，以为“汉家逢天地之大终，当更受命于天”[4]。刘向在《谏起延陵书》中亦说：“王者必通三统，明天命所授者博，非独一姓也。”以为“自古及今，未有不亡之国。”[5] 元延元年（前12）

[1] 苏舆：《春秋繁露义证》，中华书局1992年版，第220页。

[2] 班固：《汉书·眭弘传》，见《汉书》，中华书局1962年版，第3154页。

[3] 班固：《汉书·盖宽饶传》，见《汉书》，中华书局1962年版，第3247页。

[4] 班固：《汉书·李寻传》，见《汉书》，中华书局1962年版，第3192页。

[5] 班固：《汉书·刘向传》，见《汉书》，中华书局1962年版，第1950～1951页。

谷永上言，亦认为“天下乃天下之天下，非一人之天下也”[1]。

其实，西汉前期帝王在天下之公与私的属性问题上，亦是模棱两可的。如汉文帝，他在群臣请立太子时下诏说：

> 朕既不德，上帝神明未歆享也，天下人民未有慊志。今纵不能博求天下贤圣有德之人而禅天下焉，而曰豫建太子，是重吾不德也。谓天下何？其安之。[2]

据此可知，在汉文帝时，皇帝亦还有“天下为公”的理念。另外，据《史记·儒林传》载：

> 清河王太傅辕固生……与黄生争论景帝前。黄生曰：“汤武非受命，乃弑也。”辕固生曰：“不然。夫桀纣虐乱，天下之心皆归汤武，汤武与天下之心而诛桀纣，桀纣之民不为之使而归汤武，汤武不得已而立，非受命为何？”黄生曰：“冠虽敝，必加于首；履虽新，必关于足。何者？上下之分也。今桀纣虽失道，然君上也；汤武虽圣，臣下也。夫主有失行，臣下不能正言匡过以尊天子，反因过而诛之，代立践南面，非弑而何也？”辕固生曰：“必若所云，是高帝代秦即天子之位，非邪？”于是景帝曰：“食肉不食马肝，不为不知味；言学者无言汤武受命，不为愚。”遂罢。是后学者莫敢明受命放杀者。[3]

黄生代表的是家天下观念，辕固生代表的是公天下观念。两人在汉景帝

[1] 班固：《汉书·谷永传》，见《汉书》，中华书局1962年版，第3467页。

[2] 班固：《汉书·文帝纪》，见《汉书》，中华书局1962年版，第111页。

[3] 司马迁：《史记·儒林传》，见《史记》，中华书局1982年版，第3122～3123页。

面前争论孰是孰非，虽然景帝最终叫停了这场讨论，但对这两种天下观念并未有明显的袒护和褒贬，其态度可谓模棱两可。西汉前期帝王这种两可态度，为儒者议论“革命”话题提供了相对宽松的话语空间。所以，吕思勉说：“今观汉世，儒家之昌言革易，无所忌惮如此，知此义犹未湮晦也。”[1] 钱穆亦说：

> 自元凤三年，眭弘以论禅让诛，至是不二十年，当时学者敢于依古以违时政如是。又深信阴阳之运，五德转移，本不抱后世帝王万世一姓之见。莽之代汉，硕学通儒多颂功德劝进，虽云觊宠竞媚，亦一时学风趋向，不独一刘歆。
>
> 甘忠可、夏贺良之徒方以推运数见诛，而（谷）永言又如此，此自元、成以来一时学者意见，鼓荡蕴积，遂召莽篡。歆、雄之徒，后世所讥为“贰臣”“莽大夫”者，彼固自有其见解。谷永之言，虽涉荒诞，而发明天意不私一姓，其义深切著明，固非后世拘儒所与知也。[2]

王莽能够顺利篡汉立新，改朝换代，在当时并未引起更多人士反对，说明“天下为公”观念有一定的存在空间，革命理论在儒家知识群体中还有较多信徒。

二是革汉政之命。西汉中后期的儒者，秉持政治理想主义精神，对当时政治、经济、文化、思想和礼仪制度多持否定态度。他们在“周政”与“汉政”的比较中，追慕“周政”而否定“汉政”；在“文景之政”与“武宣之政”的比较中，追慕“文景之政”而否定“武宣之

[1] 吕思勉：《吕思勉读史札记》（增订本），上海古籍出版社 2006 年版，第 718 ~ 719 页。

[2] 钱穆：《两汉经学今古文平议》，商务印书馆 2001 年版，第 18、55 页。

政”。他们力图通过“奉天法古”路径，改革现实政治和文化，实现以“敬德保民”为核心的政治理想。因此，改革当代政治和文化的呼声，自盐铁会议上以儒者为代表的贤良文学高调登台后，便成为西汉中后期儒者的集体呼声和共同愿景。[1]王莽能够获得儒者的普遍支持，能够顺利篡汉立新，能够全面推行“新政”，就是因为他的所作所为顺应了西汉中后期儒者普遍持有的革新“汉政”的呼声和追复三代理想政治的愿景。

在改革主义精神的鼓动下，西汉中后期儒者的改革路径，主要体现在以下几个方面。

一是奉天法古。在历史理想主义精神浓厚的古代中国，通过托古以改制，通过复古以创新，是比较普遍的做法。所以，在古代中国，政治、经济、文化和文学方面的改革，一般都是在“托古”或者“复古”的号召下开展起来的。相对其他诸子，儒家的复古精神更强烈，由儒家倡导的改革，一般都是“托古改制”。西汉中后期的儒者，无论是革汉室之命，还是革汉政之命，其依据是“奉天”，其立足点是“法古”。他们参政议政，臧否时事，皆以“奉天”为依据，以“法古”为准绳，以三代为理想目标。所以，他们的发言，言必称天道，言必称三代，言必称“周政”，普遍呼吁国家“举秦汉以来二百年相沿之成法，一变而返于《诗》《书》六艺所称之上世”。在“奉天”旗帜下，刻意“法古”，是西汉中后期儒者的时代精神。

[1] 阎步克说：“西汉儒生们高悬了一个往古太平盛世以绳‘汉政’，并把其政治文化理想贯注于其中；相对于这个太平极境，‘汉政’就充分地显露了它的不完美。因此他们不但连代表了西汉帝国事业顶峰的武帝与宣帝，都常常敢于报以否定态度，甚至在对‘汉政’的整体评价上都颇作保留。”（《士大夫政治演生史稿》，北京大学出版社 2001 年版，第 371 ~ 372 页）

二是保民而王。如果说“奉天法古”是儒者改制的依据，那么，“保民而王”则是儒者改制的目标。“敬德保民”是“周政”的核心要义，是周公理政的基本方略和政治纲领。王莽改制，就是通过“奉天法古”途径，恢复周代“敬德保民”之政。所谓“敬德保民”，即通过“保民”以“敬德”，“保民”是根本，“敬德”是前提。“敬德”是其政治纲领的理论依据，“保民”是其政治纲领的实践表达。“敬德”是为敬天，因为“皇天无亲，惟德是辅”；“保民”亦是为保天，因为“民之所欲，天必从之”。“保民”即以民为本，“保民而王”是儒家一贯的政治追求，故孟子有“民为贵，社稷次之，君为轻”的名言。在西汉昭帝时的盐铁会议上，以儒者为代表的贤良文学，在与以桑弘羊为代表的执政大臣的辩论中，依据的就是周代“敬德保民”治国理念和孟子“保民而王”政治思想。西汉中后期的儒者参政议政，更是以“恤民生”为核心要义，王莽“新政”亦是以“恤民生”为基本内容。

三是兴礼致化。通过兴礼以致化，是儒者实现政治理想的首选路径。因此，制礼作乐便是儒者参政议政之首务。儒家文化就是礼乐文化，或称礼仁文化。儒家所谓“礼”，近似法家所谓“法”，即引导民众进入良性社会秩序的规范和准则。儒家与法家的根本区别，在于如何引导民众遵循社会规范以维持稳定的社会秩序。如果说法家是以国家机器为后盾，强制民众遵守社会规范和遵循社会秩序，那么，儒家则是将民众对社会规范的遵守转化为个体内心的自觉。如何培育这种内心自觉观念，儒家寄望于乐和仁，即通过乐的教育和感化，培育人的仁心，使之由乐致仁，因仁守礼。西汉中后期儒者依据这种传统思想，在参政议政中，以兴礼致化为首务。如刘向关于兴建辟雍的建议，就很具代表性。他说：

宜兴辟雍，设庠序，陈礼乐，隆雅颂之声，盛揖让之容，以风化天下。如此而不治者，未之有也。或曰：不能具礼。礼以养人为本，如有过差，是过而养人也。刑罚之过，或至死伤。今之刑，非皋陶之法也，而有司请定法，削则削，笔则笔，救时务也。至于礼乐，则曰不敢，是敢于杀人不敢于养人也。……夫教化之比于刑法，刑法轻，是舍所重而急所轻也。且教化，所恃以为治也，刑法所以助治也。今废所恃而独立其所助，非所以致太平也。……夫承千岁之衰周，继暴秦之余敝，民渐渍恶俗，贪饕险诐，不闲义理，不示以大化，而独殴以刑罚，终已不改。[1]

这种意见，在西汉中后期的儒者中具有普遍性，而兴学校、制礼乐、崇教化，亦成为一时学者论议的热点问题。如陈启云认为：西汉儒家理想主义的基础，是关于人的重要理念。通过教育，成就个人在道德、政治、社会方面的上进。通过教育改变人的本性，并进而彻底改造社会和国家。[2] 他们构建起“关于道德、社会—政治和宇宙秩序统归于一的理想”，他们相信：“当人学会了改进自身，达到既善良又有效能的境界，他们就不仅能把自己，而且能把社会和文化，提升到更优良的水平上。”[3] 因此，他们企望通过兴礼致教、兴学致化，通过礼与学以“养人”，通过对人的改造，进而实现改革社会和国家的目的。把人的道德的提升作为政治改革的基础和前提，这是一种典型的道德理想主义精神。这种精神，在王莽身上表现得尤其充分（详后）。

[1] 班固：《汉书·礼乐志》，见《汉书》，中华书局 1962 年版，第 1033 ~ 1034 页。

[2] 陈启云：《中国古代思想文化的历史论析》，北京大学出版社 2001 年版，第 186 ~ 187 页。

[3] 陈启云：《中国古代思想文化的历史论析》，北京大学出版社 2001 年版，第 269 页。

总之，西汉中后期以来的儒者的由理想主义激情支撑起来的改革主义精神的具体内容，包括革汉室之命和革汉政之命两方面。其革汉政之命的基本内容，有“奉天法古”、“保民而王”和“兴礼致化”三方面。如果说“奉天法古”是改制的方式和路径，那么，“保民而王”和“兴礼致化”则是改制的核心内容。这种改制理念弥漫于西汉中后期的儒者群体中，王莽“新政”就是在这样的时代背景下开展起来的。

4. 以“王道”取代“霸道”——西汉中后期儒家的理想政治

在“奉天法古”观念的影响下，西汉中后期儒者的理想政治，就是三代的圣人之政，就是“王道”。他们基于理想主义精神和改革主义理念发动的这场政治变革，就是要革新法家的“霸道”政治，通过“礼治”推行“仁政”，实现理想的“王道”政治。具体言，就是以“循吏”取代“酷吏”，最终实现以“王道”取代“霸道”。

重循吏而轻酷吏，是西汉中后期舆论界的普遍倾向。“循吏”一名，最早见于《史记·循吏列传》，此后，从《汉书》到《清史稿》，皆沿袭《史记》著《循吏传》。[1] 所谓“循吏”，据《汉书·循吏传》之“序论”说：

> 至于文、景，遂移风易俗。是时循吏如河南守吴公，蜀守文翁之属，皆谨身帅先，居以廉平，不至于严，而民从化。孝武之世……时少能以

[1] 据余英时考察，《史记》所谓“循吏”，与《汉书》以下之“循吏”有明显区别，他认为：“司马迁心中的循吏是汉初文、景之世黄老无为式的治民之官。”《汉书》关于“循吏”的界定，才是《汉书》以下历代正史《循吏传》之所本。（《士与中国文化》，上海人民出版社 2003 年版，第 136 页）

> 化治称者，惟江都相董仲舒、内史公孙弘、儿宽，居官可纪。三人皆儒者，通于世务，明习文法，以经术润饰吏事，天子器之。……及至孝宣，由仄陋而登至尊，兴于闾阎，知民事之艰难。……常称曰：庶民所以安其田里而亡叹息愁恨之心者，政平讼理也。与我共此者，其唯良二千石乎！以为太守，吏民之本也，数变易则下不安，民知其将久，不可欺罔，乃服从其教化。故二千石有治理效，辄以玺书勉厉，增秩赐金，或爵至关内侯，公卿缺则选诸所表以次用之。是故汉世良吏，于是为盛，称中兴焉。若赵广汉、韩延寿、尹翁归、严延年、张敞之属，皆称其位，然任刑罚，或抵罪诛。王成、黄霸、朱邑、龚遂、郑弘、召信臣等，所居民富，所去见思，生有荣号，死见奉祀，此廪廪庶几德让君子之遗风矣。[1]

据此，循吏的特征是“谨身帅先，居以廉平，不至于严，而民从化”，其为政是“所居民富，所去见思”，其为人有“君子之遗风”。与酷吏之“严”不同，亦与酷吏之“任刑罚”“抵罪诛”迥异。循吏虽“不至于严”，但亦能使“民从化”。循吏使“民从化”，“以化治称”。武帝时“少能以化治称者”，故多酷吏。“以化治称”的循吏，多在宣帝及其以后的朝代。如《汉书·循吏传》列六人，除文翁（景、武时人）外，其他皆是宣、元时人。其中王成、黄霸、朱邑、龚遂是宣帝时人，召信臣是元帝时人。故西嶋定生说：“假如武帝时期的代表官吏是酷吏的话，那么代表宣帝时期的官吏则是循吏。”[2] 这个判断大体符合实际。

“酷吏”之名，亦始见于《史记》之《酷吏传》，其“序论”说：

[1] 班固：《汉书》，中华书局 1962 年版，第 3623 ~ 3624 页。

[2] 〔日〕西嶋定生：《秦汉帝国——中国古代帝国之兴亡》，顾珊珊译，社会科学文献出版社 2017 年版，第 331 页。

> 孔子曰："导之以政，齐之以刑，民免而无耻。导之以德，齐之以礼，有耻且格。"老氏称："上德不德，是以有德；下德不失德，是以无德。法令滋章，盗贼多有。"太史公曰："信哉是言也！法令者治之具，而非制治清浊之源也。"[1]

据此，与循吏治民之"导之以德，齐之以礼"不同，酷吏是"导之以政，齐之以刑"。与循吏治民之重教化不同，酷吏是"任刑罚""抵罪诛"，法令是其制治工具，故其为政，以"威严"著称，有"刻深"之特点。大体言，司马迁对酷吏之"威严""刻深"，是反感的，所以，他说："奉职循理，亦可以为治，何必威严哉！"

关于循吏与酷吏之区别，余英时有一个平实的判断："从思想源流的大体言之，循吏代表了儒家的德治，酷吏代表了法家的刑政。"[2]循吏是"先富后教"型官吏，是"教化"型官吏，具有政治和文化的双重功能。他说：

> 循吏具有"吏"和"师"的双重身份。"吏"的身份要求他执行朝廷的法令，"师儒"的身份则要求他以"仁爱"化民。但这两重身份发生抵触时，他往往舍"法令"而取"仁爱"。这是汉代循吏的特征。[3]

或者说，循吏既维护政治秩序，亦维护文化秩序，力图在文化秩序基础上构建政治秩序。

[1] 司马迁：《史记·酷吏列传》，见《史记》，中华书局 1982 年版，第 3131 页。

[2] 余英时：《士与中国文化》，上海人民出版社 2003 年版，第 139 页。

[3] 余英时：《士与中国文化》，上海人民出版社 2003 年版，第 143 页。

无论是循吏还是酷吏，皆不乏良吏。在政治运作中，循吏和酷吏，各有优长，各有特点。但是，在儒者的舆论中，则普遍有重循吏而轻酷吏的取向。余英时说："通西汉一代，名臣奏议凡涉及吏治的问题几乎无不持儒家教化之说。对于只知奉行朝廷法令以控制人民的地方长吏，议者一概斥之为'俗吏'。"[1]这种意见，在昭帝时的盐铁会议上，贤良文学就有明确表达：

> 法能刑人而不能使人廉，能杀人而不能使人仁。……所贵良吏者，贵其绝恶于未萌，使之不为非，非贵其拘之囹圄而刑杀之也。今之所谓良吏者，文察则以祸其民，强力则以厉其下，不本法之所由生，而专己之残心。文诛假法，以陷不辜，累无罪，以子及父，以弟及兄。一人有罪，州里惊骇，十家奔亡。[2]

贤良文学批评的就是酷吏。在当时儒者看来，酷吏是"俗吏"，虽然酷吏中亦不乏良吏。因为以"教化"代替"刑杀"，"务德教而省刑罚"，是儒者的一贯主张。如匡衡就呼吁君王"任温良之人，退刻薄之吏"。谷永亦说："夫违天害德，为上取怨于下，莫甚乎残贼之吏。诚放退残贼酷暴之吏锢废勿用，益选温良上德之士以亲万姓，平刑释冤以理民命。……未有德厚吏良而民畔者也。"[3]这应该是当时儒者的普遍呼声。元帝永光元年（前43）二月，"诏丞相、御史举质朴敦厚逊让有行者，光禄岁以此科第郎、从官"[4]。选举科名从重茂才异等、

[1] 余英时：《士与中国文化》，上海人民出版社2003年版，第153页。

[2] 桓宽：《盐铁论·申韩》，见马非百《盐铁论简注》，中华书局1984年版，第401页。

[3] 班固：《汉书·谷永传》，见《汉书》，中华书局1962年版，第3449页。

[4] 班固：《汉书·元帝纪》，见《汉书》，中华书局1962年版，第287页。

直言极谏、贤良方正，一变而为重质朴、敦厚、逊让、有行，即从重骨鲠刚直之能臣转向重温良恭让之长者。这项用人政策的变化，反映了当时儒者官僚有见于酷吏之暴恶，而欲以宽仁之循吏代之的取向。[1]王夫之说：

> 元帝诏四科取士，即以此第郎官之殿最，一曰质朴，二曰敦厚，三曰逊让，四曰有行。盖孱主佞臣惩萧（望之）、周（堪）、张（猛）、刘（向）之骨鲠，而以柔愞销天下之气节也。自是以后，汉无刚正之士，遂举社稷以奉人，而自诩其敦厚朴让之多福。宣帝曰：乱我国家者，必太子也。其言验矣。[2]

以温良恭让之长者，取代骨鲠刚直之能臣，就是“以柔愞销天下之气节”，而这可能是汉王朝走向衰败的原因之一。

西汉中后期，循吏成为对地方行政长官的最高礼赞，秉持政治理想主义的儒者官僚皆主张以循吏取代酷吏或俗吏。据《汉书·严延年传》载：“后左冯翊缺，上欲征延年，符已发，为其名酷复止。”[3]余英时据此指出：“酷吏究竟是见不得人的。”[4]又如，人荐张敞为傅以辅太子，萧望之持反对态度，他认为：“敞能吏，任治烦治，材轻非师傅之器”[5]。“任治烦治”之“能吏”，就是酷吏，其为人“材轻”，故而非“师傅之器”。据此可知酷吏在当时儒者心中的地位。

[1] 曲利丽：《两汉之际文化精神的演变》，中华书局 2017 年版，第 18 页。

[2] 王夫之：《读通鉴论》卷四，见《船山遗书》第九册，中国书店 2016 年版，第 74 页。

[3] 班固：《汉书》，中华书局 1962 年版，第 3670 页。

[4] 余英时：《士与中国文化》，上海人民出版社 2003 年版，第 183 页。

[5] 班固：《汉书·张敞传》，见《汉书》，中华书局 1962 年版，第 3226 页。

从史实看，在汉元帝时，朝官中有两派：一派以萧望之、周堪、刘更生、张猛、韦玄成等人为代表，其为政以“古制”为权衡，主张君王节俭，“宜少放古以自节”，代表的是循吏一派。一派以弘恭、石显等人为代表，他们久典枢机，“明习文法”，代表的是酷吏一派。两派之间有尖锐斗争，在当时，石显一派明显占上风。但是，当时舆论的支持却在代表儒者的循吏一派。据史载：

（石）显闻众人匈匈，言己杀前将军萧望之。望之当世名儒，显恐天下学士姗己，病之。是时，明经著节士琅邪贡禹为谏大夫，显使人致意，深自结纳。显因荐禹天子，历位九卿，至御史大夫，礼事之甚备。议者于是称显，以为不妒谮望之矣。[1]

石显排挤萧望之而导致其自杀，但却惧怕“学士姗己”，于是“深自结纳”名儒贡禹，以缓解社会舆论的压力。这个例子说明，社会舆论的力量明显是在作为儒者的循吏一派。

在西汉中后期儒者势力高涨、政治理想主义改革呼声强烈的社会背景下，在社会舆论普遍重循吏而轻酷吏的时代氛围中，儒家的政治理想主义在哀帝时却遭遇挫折。《汉书·朱博传》载：

（朱）博尤不爱诸生，所至郡辄罢去议曹，曰：岂可复置谋曹耶！文学儒吏时有奏记称说云云，博见谓曰：如太守汉吏，奉三尺律令以从事耳，亡奈生所言圣人道何也？且持此道归，尧舜君出，为陈说之。其折逆人如此。[2]

[1] 班固：《汉书·石显传》，见《汉书》，中华书局 1962 年版，第 3729 页。

[2] 班固：《汉书》，中华书局 1962 年版，第 3400 页。

很显然，与循吏以“圣人道”治理天下不同，朱博以“三尺律令”治理国家，其所代表的是酷吏。鲁惟一说：

> 在政治方面，以朱博为代表的时新派态度在短时期脱颖而出。朱博出身寒微，没有当时许多担任公职的人受过学术熏陶的有利条件。他具有一个习武者的而不是一个致力于文艺修养的文官的观点。当他升任公职时，他设法把现实主义的精神输入行政实践之中，他认为施政受到约束，既已过时，又误入了歧途。他觉察到，治理中国不必着眼于传统，而必须注意当前天下的需要。

鲁惟一认为：“对其他人想从意识形态方面搞一次王朝复兴的企图来说，他（朱博）担任高官的短暂时期是引人注目的。”[1] 在西汉中后期的政坛上，朱博之所以引人注目，就是因为他排斥“文学儒吏”，拒绝“圣人道”，主张以“三尺律令”治理国家，明显与当时社会重循吏而轻酷吏的舆论导向相违背。

哀帝朝朱博一派之得势，儒家理想主义改革派之失势，与哀帝执政、王莽就国的政治形势有直接关系。史称哀帝“睹孝成世禄去王室，权柄外移，是故临朝娄诛大臣，欲强主威，以则武、宣”[2]。在当时，王莽避帝外家，隐退就国，暂时中断他的改制行动。哀帝性格中本有喜欢法律的一面，其性格亦接近宣帝，是一位忠实于汉王朝传统统治方略的皇帝。从当时一系列官制改革中，“可以看到哀帝试图推翻成帝朝由儒者官僚主导的制度改革，恢复秦朝以来的传统制度的强烈愿

[1] 〔英〕崔瑞德、鲁惟一编：《剑桥中国秦汉史》，杨品泉等译，中国社会科学出版社 1992 年版，第 202、203 页。

[2] 班固：《汉书·哀帝纪》，见《汉书》，中华书局 1962 年版，第 345 页。

望。而这样做的目的，就是为了收回被王氏一族夺走的王权”，甚至在当时围绕宗庙问题展开的争论，亦是“支持宣、哀帝法家统治方针的朱博一派与信奉儒家思想的师丹王莽一派的思想对立”。[1]但是，这种形势，随着哀帝去世和王莽重掌朝政，立即发生了变化。

与重循吏而轻酷吏相关，西汉中后期儒者的政治理想，有弃霸道而崇王道的特点。大体言，儒家行仁政，尊圣王，重循吏，故其政治理想可称为“王道”；法家以法为教，以吏为师，以国家机器作为政治统治的支撑，故其政治理想可称为“霸道”。循吏行王道，酷吏行霸道。王道与霸道之分，就是儒、法两家政治理想之别。

自先秦以来，儒家以三代之政为理想，以周公为楷模，提倡和宣扬王道理想。如孟子对梁惠王说：“仲尼之徒，无道桓文之事。”显示的就是坚持王道理想的儒家对霸道的排斥。孟子的政治理想是“仁政”，故主张王道。据说是他首立王、霸之别，[2]如《孟子·告子下》说：“五霸者，三王之罪人也。”将“三王”与“五霸”对立看待。《孟子·公孙丑上》说：“以人假仁者霸，霸必有大国；以德行仁者王，王不待大。”以“以人假仁”定义“霸道”，以“以德行仁”定义“王道”。自孟子以后，主张王道而反对霸道，是儒家的一贯传统。如董仲舒《春秋繁露·对胶西王越大夫不得为仁》说：“仲尼之门，

[1] 〔日〕东晋次：《王莽——儒家理想的信徒》，李天蛟、臧鲁宁译，四川人民出版社2021年版，第49、52页。

[2] 罗根泽《古代政治学中之“皇”“王”“霸”》认为：《孟子》始立王、霸之别，而《荀子》仅以王为大、以霸为小，至《韩非子》《吕氏春秋》则王、霸无别。（见罗根泽《诸子考索》，人民出版社1958年版）日本学者小仓芳彦《〈左传〉中的霸与德——“德”概念的形成与发展》认为：孟子、荀子的王、霸区别，仅是出于他们自己的理念，而未必与西周、春秋时的理念一致。（《日本学者研究中国史论著选译》第三卷，中华书局1993年版）

五尺童子，言羞称五伯，为其诈以成功，苟为而已也，故不足称于大君子之门。”[1] 但是，在战国时期，秦国的崛起致使霸道思想逐渐风行。秦朝以法家思想为统治思想，焚书坑儒，绝灭仁义，以法为教，以吏为师，实行霸道。汉袭秦制，汉初的统治策略是“杂霸王道而王之”，一方面是鉴于秦王朝的迅速灭亡而发现纯用霸道之不可取，另一方面又基于政治运作之实际需要而又认为纯用王道之不可行，于是，“杂霸王道而王之”便成为西汉武、宣前的主要统治策略。宣、元之际是汉代政治史上的一个重要分界点，作为太子的元帝对宣帝“杂霸王道而王之”的统治策略提出异议，主张用“纯儒”以推行王道，而宣帝以为“乱吾家者太子也”，[2] 可见其时之统治者，在政治理想上有王道与霸道之分歧。元帝以后的西汉中后期，儒者抱持理想主义精神参政议政，实施“托古改制”，坚守“敬德保民”，主张“兴礼致化”，王道政治成为儒家改制主义者的理想目标。

王莽“新政”，在价值取向上，就是典型的任用“纯儒”和“循吏”推行的王道政治。扬雄《长杨赋》说：“今朝廷纯仁，遵道显义，并包书林，圣风云靡，英华沉浮，洋溢八区，普天所覆，莫不沾濡。士有不谈王道者，则樵夫笑之。”[3] 谈论王道，追求王道理想的实现，是当时充满理想主义精神的儒者的共同理念，王莽登场及其推行“新政”，正是顺应了这种社会舆论和时代思潮。阎步克说：

特别是在元帝以后，对一种更纯正的“王道”的追求，鼓动着日盛

[1] 苏舆：《春秋繁露义证》，中华书局 1992 年版，第 268 页。

[2] 宣帝虽然主张“霸王道杂之”，但他不乐“王道”，如《汉书·元帝纪》说：“宣帝所用多文法吏，以刑名绳下。”（《汉书》，中华书局 1962 年版，第 277 页）

[3] 张震泽：《扬雄集校注》，上海古籍出版社 1993 年版，第 128 页。

一日要求“改制”“变法”的政治浪潮，这最终就导致了王莽“新政”之出场。

汉儒参政导致了从“秦政”到“汉政”的变迁，但是这一变迁并未全合于西汉儒生所崇扬的“王道”。……儒生对此“汉政”的不满和对更纯粹的“王道”“礼治”的寻求，促成了王莽“新政”的登场。[1]

可以说，王莽“新政”之成功，是因为推行王道；王莽“新政”之失败，亦是因为推行王道。前者使他获得广泛的社会支持，而最终篡汉立新；后者使他的改制不合时宜，而最终亡国丧家。

综上，在两汉之际，儒者进入权力中心，儒学渗入政治运作，理想主义精神高涨，改制主义理念风行，是当时社会政治的显著特征。儒者之参政议政，儒学之渗入政治，企图通过改革政治以拯救社会危机的良好愿望，毋庸置疑。但是，良好愿望最终落空，儒者和儒学不但未能挽救汉家天下，还一并葬送了王莽“新政”。王夫之说：

以全盛无缺之天下，未浃岁而迁，何其速也！上有暗主而未即亡，故桓、灵相踵而不绝；下有权奸而未即亡，故曹操终于魏王，司马懿杀曹爽、夺魏权，历师、昭迄炎而始篡。天下者，待一人以安危，而一人又待天下以兴废者也。惟至于天下之风俗波流簧鼓而不可遏，国家之势，乃如大堤之决，不终旦溃以无余。故莽之篡如是其速者，合天下奉之以篡，莽且不自意其能然，而早已然也。……夫失天下之人心者，成、哀之淫悖为之，而蛊天下之风俗者不在此。宣、元之季，士大夫以鄙夫之心，挟儒术以饰其贪顽。故莽自以为周公，则周公矣；自以为舜，则舜矣。

[1] 阎步克：《士大夫政治演生史稿》，北京大学出版社 2001 年版，第 372、360 ~ 361 页。

周公矣，舜矣，无惑乎其相骛如狂而戴之也。当伪之初起也，匡衡、贡禹不度德，不相时，舍本逐末，兴明堂辟雍，仿《周官》饰学校于衰淫之世。孔光继起为伪之魁，而刘歆诸人鼓吹以播其淫响。而且经术之变，溢为五行灾祥之说。阳九百六之数，易姓受命之符，甘忠可虽死而言传，天下翕然信天命而废人事，乃至走传王母之筹而禁不能止。……则刘向实为之俑，而京房、李寻益导之以浸灌人心，使疾化于妖也。……故龚胜、邴汉、梅福之贞，而无能以死卫社稷，非畏祸也，畏公议之以悖道违天加已也。……古之圣人，绝地天通以立经世之大法，而后儒称天称鬼以疑天下，虽警世主以矫之使正，而人气迷于恍惚有无之中以自乱。即令上无暗主，下无奸邪，人免于饥寒死亡，而大乱必起。……汉之伪儒，诡其文而昧其真，其淫于异端也，巫史也，其效亦既章章矣。[1]

王夫之这段话，虽然不免偏激，但引人深思。在他看来，汉朝之亡，非亡于暗主，亦不是亡于权奸，而是亡于儒者基于理想主义精神和改制主义理念提出的学术思想，即“天下为公”思想和阴阳灾异的天命论，由学术思想之影响而导致“天下之风俗波流簧鼓而不可遏”，从而形成“合天下奉之以篡”的局面。简言之，汉室之亡，亡于汉儒的学术及其影响下的风俗。进言之，新室之败，亦败于汉儒的学术及其影响下的风俗。

总之，西汉中后期，儒者在理想主义精神之鼓动下兴起的改革主义浪潮中，“循吏”和“王道”是两个关键词，他们反对霸道而推尊王道，推崇循吏而鄙薄酷吏。在他们的政治理念中，王道是最高政治理想，只有“圣王”才能实现王道理想，唯有循吏才能实践王道政治。

[1] 王夫之:《读通鉴论》卷五，见《船山遗书》第九册，中国书店2016年版，第93页。

“圣王”通过托古改制，经由循吏推行“敬德保民”，最终实现礼乐教化的王道理想。这是作为理想主义者的儒者的改革思路，王莽“新政”就是在这种理想激情和改制思路的大背景下开展起来的。

第三章 作为理想主义者和改革主义者的王莽

两汉之际的社会剧变，包括王莽在政治上的篡汉立新和托古改制，刘歆在学术上的“文本秩序”和“知识秩序”构建，扬雄在思想上的“玄思大义”和文学上的古典美构建。种种因素的聚合，构成两汉之际在中国历史上的重要转折意义。当然，政治剧变是其中显而易见、影响深远的变化，以王莽篡汉立新和托古改制为核心的政治剧变，是研究两汉之际社会剧变的重点内容。

在本章，研究两汉之际的政治剧变，揭示王莽篡汉立新和托古改制的思想文化背景；研究王莽的人生经历和思想性格，呈现王莽改制的基本方略和大体内容，彰显两汉之际政治剧变的必然性和偶然性；考论王莽“新政”败亡的原因，分析东汉以来学者评价王莽其人其政的多重视野；在与“秦政”和“隋政”的比较视角中，呈现王莽“新政”的政治史意义和思想史意义，彰显两汉之际以政治剧变为核心的社会剧变在中国古代史上的重要转折意义。

一、重新评价王莽及其“新政”的必要性和可能性

1. 历史上关于王莽的种种评价

作为一位历史人物，王莽的身份最为复杂，他有以下几重身份：一是外戚，二是经学研习者，三是符命制造者、信奉者和利用者，四是篡权者，五是改革者，六是亡国之君。正是这种多重身份，使他成为一个复杂个体，致使后世学者对他的评价，呈现出完全不同的取向和截然相反的结果。

东汉以来，学者对王莽的评价，大致有两个极端取向：一是否定性评价，认为他是一位借助符命、依仗外戚身份篡夺汉家天下的可耻和可笑政客。古代学者多持此说。二是肯定性评价，认为他是具有理想精神和变革理念的“社会主义者”。近代学者常有此论。

大体言，古代学者对王莽的评价，是一边倒地否定性态度。因为古代中国人对外戚向来不怀好感，对以外戚身份弄政专权和篡国夺权者，一向是口诛笔伐。在中国历史上，以外戚身份弄政专权者，往往都是悲剧下场。而以外戚身份篡国夺权者，除非他能取得成功，并且传祚久远，则可能获得默认。如果是速取速亡，则只能成为笑柄，受到史家的口诛笔伐。王莽正是这样一个角色，他凭借外戚身份，依仗姑母王政君的鼎力支持，以及众叔父的大力帮助，一步步进入权力中心，最终篡汉立新，实施“新政”，而又迅速土崩瓦解。所以，在中国古代史家笔下，他就是一个凭借外戚身份阴谋篡汉立新而又迅速败亡的可耻政客。同时，他的阴谋主要借助符命，他是符命的制造者、信奉者和利用者，这又给他的可悲结局增添了一层可笑的迷信色彩。

今日所见关于王莽的史料，皆书写于东汉时期，主要是班固《汉

书・王莽传》。王莽在古代社会的形象定位，大体由《汉书・王莽传》奠定。在《汉书》里，王莽虽列入“列传”，但班固却以“本纪”体例记录与王莽相关的政治事件，收录其颁布的诏令。班固对王莽的评价，主要体现在《王莽传赞》中，其云：

王莽始起外戚，折节力行，以要名誉，宗族称孝，师友归仁。及其居位辅政，成、哀之际，勤劳国家，直道而行，动见称述。岂所谓“在家必闻，在国必闻”，“色取仁而行违”者邪？莽既不仁而有佞邪之材，又乘四父历世之权，遭汉中微，国统三绝，而太后寿考为之宗主，故得肆其奸慝，以成篡盗之祸。推是言之，亦天时，非人力之致矣。及其窃位南面，处非所据，颠覆之势险于桀纣，而莽晏然自以黄、虞复出也。乃始恣睢，奋其威诈，滔天虐民，穷凶极恶，毒流诸夏，乱延蛮貉，犹未足逞其欲焉。是以四海之内，嚣然丧其乐生之心，中外愤怨，远近俱发，城池不守，支体分裂，遂令天下城邑为虚，丘垅发掘，害遍生民，辜及朽骨，自书传所载乱臣贼子无道之人，考其祸败，未有如莽之甚者也。昔秦燔《诗》《书》以立私议，莽诵《六艺》以文奸言，同归殊途，俱用灭亡，皆炕龙绝气，非命之运，紫色蛙声，余分闰位，圣王之驱除云尔。[1]

班固虽然亦在《汉书・王莽传》里如实记录了早期王莽身上的一些优秀品质，但是，就总体倾向看，在其笔下，王莽就是一个借助符命、

[1] 班固：《汉书・王莽传》，见《汉书》，中华书局 1962 年版，第 4194 页。

依仗外戚身份篡汉立新的可耻、可悲、可笑政客，[1] 对他的基本定位是“乱臣贼子无道之人”。这段赞语，确定了王莽及其“新政”在中国古代的形象定位，具体包括以下几个方面：

一、王莽是表里不一的不仁之人。辅政前“折节力行”和辅政后“直道而行”，皆是表面文章，是为“要名誉”，是为“动见称述”，是为积累政治资本。本质上则是“色取仁而行违”，是“不仁而有佞邪之材”。

二、王莽能成“篡盗之祸”，是天时而非人力。一是凭借外戚势力，“乘四父历世之权”和“太后寿考为之宗主”，二是“遭汉中微，

[1] 毕汉思认为：《汉书·王莽传》对于王莽的评价是毁誉参半，甚至是誉多于毁。一方面是早期中国正史笔法公允平实，并不由于政治上的考虑而全面把敌人妖魔化。另一方面则可能因为东汉刘氏虽然重建汉室朝廷，但一般人心，尤其是儒士们（知识分子），可能有很多人仍然同情、惋惜甚或在内心支持和效忠王莽。因而班固不能对王莽过于贬斥。（参见陈启云：《儒学与汉代历史文化：陈启云文集二》，广西师范大学出版社 2007 年版，第 32 页）王莽早期的某些优秀品质，在《汉书》中确有记录，这或许是作为汉家史臣的班固，亦不能完全忽略的事实。不过，研究班固对王莽的“描写”，值得注意的，还有班、王两姓的世家情谊。据史载，班固之祖父辈共有班伯、班斿、班穉（班彪父）三男和班婕妤一女。班婕妤为汉成帝婕妤，深受元后信赖。三男中，班伯最长，经王凤的荐举成为汉成帝大臣，从师丹学《诗》，从成帝老师郑宽中、张禹学《尚书》《论语》，以学问执掌顾问应对，与王莽无交往。王莽“少与穉兄弟同列友善，兄弟斿而弟蓄穉”。班斿与刘向共同校订皇室书籍，获赠秘书副本。其时学者如扬雄、桓谭和班斿之子班嗣、班穉之子班彪，以及王莽，皆曾借阅其图书。班斿去世，王莽非亲族而为之服孝，可见其情谊非同一般。班穉是班固之祖父，汉成帝时任黄门侍郎，与王莽、刘歆是同僚。汉哀帝时，班穉作为使者之一，负责巡行各地搜集赞美王莽的祥瑞和颂辞，因无所获而获罪，贬为延陵园郎。亦许正是这种世家情谊，使班固对王莽的妖魔化保持了一定的克制，如实地记录了早期王莽身上为人称道的优秀品质。所以，东晋次说：“想必班固撰写《王莽传》时难免受其家世背景的影响。”（《王莽——儒家理想的信徒》，李天蛟、臧鲁宁译，四川人民出版社 2021 年版，第 18 页）但是，亦必须注意，班固《汉书》是在东汉皇帝的干预下编定而成，因而必须体现东汉官方的意识形态。

国统三绝”。总之，是天时成就了王莽。

三、王莽“新政”非善政，是“滔天虐民，穷凶极恶，毒流诸夏，乱延蛮貉”的恶政，结果是“城池不守，支体分裂”，是“城邑为虚，丘垅发掘，害遍生民，辜及朽骨”。

四、王莽善于自欺欺人，虽然“颠覆之势险于桀纣”，而他却“晏然自以为黄、虞复出”。

五、与“秦政”一样，王莽“新政”是“炕龙绝气，非命之运”，是“紫色蛙声，余分闰位”。否认王莽的君王身份，不承认“新政”是独立政权，把它视为两汉之际的一段插曲和一场闹剧。

客观地说，虽然王莽“新政”仅仅维持不到二十年时间，但是，它与“秦政”“隋政”一样，是一个独立发号施令并进行全面改革的新政权。然而，班固不承认他，《汉书》将其列入“列传”。在汉代一般人的观念中，王莽“新政”，仅是“汉祚中衰”的一个插曲。在这场闹剧中，普遍的反应是“人心思汉”，经历这场闹剧后又是“汉运中兴”。

《汉书·王莽传》对王莽的“描写”，是汉魏以后唯一可以依据的经典文本。因此，在古代中国，王莽的形象特征，就基本定格在《汉书·王莽传》的“描写”中。[1] 甚至好做翻案文章的宋人，亦少有人为王莽做翻案评价。

从东汉起，学者常常将王莽“新政”与始皇“秦政”相提；自唐代始，学者往往将“隋政”与“秦政”“新政”并论，大体都是一概的否定性评价。不同的是，古代学者在对秦始皇和隋炀帝进行妖魔化评价时，

[1] 钱穆说：“后世对王莽的批评，全是沿著东汉王室之意见。”[《国史大纲》(修订本)，商务印书馆 1996 年版，第 153 页]

并未完全否定“秦政”和“隋政”的历史功绩，及其对后世的深刻影响。“汉袭秦制”和“唐承隋制”，秦、隋王朝在制度建设方面给予中国社会的深远影响，为历代学者公认，并未因始皇之残暴和炀帝之荒淫而否定，亦未因秦、隋王朝之短命而遮掩。但是，对于王莽及其“新政”，虽然学者对王莽的评价，远未达到如始皇、炀帝那样的妖魔化程度，但“新政”的历史功绩及其对后世的深远影响，以及它在文化思想史上的意义，却因为对王莽的负面评价而被彻底遮掩和完全忽略。

近代以来，班固《汉书》对王莽的“描写”，以及在其影响下形成的普遍的否定性评价，引起学者不满。王莽究竟是不是一个大逆不道的篡逆者，成为学者普遍质疑的问题。于是翻案评价逐渐产生，平反文章逐渐出现。1902 年冯自由在香港《中国日报》发表《民生主义与中国政治革命之前途》，以为王莽的王田制，符合“民生主义之精理”，深得“平均地权之要旨”，认为王莽是“社会主义思想”的前驱。吕思勉高度评价王莽，说他是“有大志之人”，称他是“为民请命”的“一代革命者”。[1] 胡适盛赞王莽，说他是“汉朝儒教运动的精神的伟大代表”，[2] 称他是 “社会主义皇帝”， 是“空想的社会主义改革者”，说他实施的是“国家社会主义政策”，认为他“确是一个大政治家，他的魄力和手腕远在王安石之上”，但“王莽受了一千九百年的冤枉，至今还没有公平的论定”，“两千年来没有人替

[1] 吕思勉：《秦汉史》，上海古籍出版社 2006 年版，第 202 页。

[2] 胡适：《中国中古思想史长编》，华东师范大学出版社 1996 年版，第 292 页。

他说一句公平的话”。[1]黄仁宇说他是“一个大书呆子”。[2]钱穆说他是“书生式政治家”。[3]

钱穆说：

> 莽敢显白淳于长之罪，与其后诛董贤，皆快人心，振纲纪，见风节，謇謇忠直，未必不为同时所折服。异代为史，则莽乃篡贼，必曰“阴求其罪过”……无所往而逃于贬，此自易世史臣之文则然耳。实事之与虚文，深心者分别观之可也。[4]

早期王莽之“謇謇忠直”，即便是“阴求其罪过”而谓“莽乃篡贼”的班固，亦在《汉书》里有如实记录，可见这种品质在当时和稍后是世所公认，不能全盘否定。

1926年毛泽东在广州讲学时说：

> 汉时一般做史的人，如范晔、班固、班昭等，因为他们吃的是汉朝的饭，要给汉朝说几句好话，把王莽说得怎样坏。其实王莽也不是怎么

[1] 胡适：《王莽》（《胡适文存二集》卷一）、《再论王莽》（《胡适文存三集》卷七），黄山书社1996年版。东晋次说：“胡适或弗兰克（德国学者，他认为王莽的许多政策是国家社会主义的实验）认为王莽的改革具有近代国家社会主义改革性质，其实是将自身对于现代问题的关注过于直接地投射于历史事件而得出的结论，从这种意义上讲，不得不说这种理解仅浮于表面。”（《王莽——儒家理想的信徒》，李天蛟、臧鲁宁译，四川人民出版社2021年版，第3页）

[2] 黄仁宇：《何以改革者又是书呆子》，见《赫逊河畔谈中国历史》，生活·读书·新知三联书店1997年版。

[3] 钱穆说：“王莽的政治，完全是一种书生的政治。”［《国史大纲》（修订本），商务印书馆1996年版，第153页］

[4] 钱穆：《两汉经学今古文平议》，商务印书馆2001年版，第62页。

不得了的一个坏人。我们现在研究王莽，要拿很公开诚恳的态度来研究的。……均田制是王莽时提倡的，可见他注意到农民问题了。……王莽代表农民利益，不得地主阶级拥护。[1]

吕思勉说：

凡莽之所行，汉人悉以一伪字抹杀之，其实作伪者必有所图，所图既得，未有不露其本相者，莽则始终如一，果何所为而为伪哉？《汉书》言其敢为激发之行，处之不惭恧，此乃班氏父子曲诋新室之辞，平心论之，正觉其精神之诚挚耳。

王莽为有大志之人。欲行其所怀抱，势不能不得政权，欲得政权，势不能无替刘氏，欲替刘氏，则排摈外戚，诛鉏异己，皆势不能免，此不能以小儒君臣之义论也。即以寻常道德绳之，后人之责莽，亦仍有过当者。[2]

王莽为实现政治理想，“敢为激发之行”，甚至“替刘氏”“摈外戚”“诛异己”，都是为实现政治理想的作为，其“精神之诚挚”，为时人有目共睹。古代学者常常“以一伪字抹杀之”，确非实事求是之论。所以，阎步克说：“尽管后人责骂他娇情任算，僭逆无道，当时之人却未必作如是观。”[3]

翦伯赞认为王莽改制是“改良主义的一种手段”，他说：

[1] 中共广东省委党史研究委员会办公室、毛泽东同志主办农民运动讲习所旧址纪念馆编：《广州农民运动讲习所文献资料》，内部资料，1983年版，第99～103页。

[2] 吕思勉：《秦汉史》，上海古籍出版社2006年版，第175、178页。

[3] 阎步克：《士大夫政治演生史稿》，北京大学出版社2001年版，第387页。

假如我们离开“袒刘”的立场，则王莽仍不失为中国史上最有胆识的一位政治家，这就从他大胆的执行改良政策表现出来。……从当时社会经济所发生的病症看来，王莽的改革，正是对症下药。假使能顺利推进，则王莽的政权也许可以持续下去。但是可惜用非其人，弊端百出，以致引起商人地主之激烈的反对，终于都失败了。[1]

这种质疑，在海外学者中亦很普遍。英国学者鲁惟一以为王莽是“历史编纂学的受害者”，认为“班固对王莽的指责缺乏根据。这些指责是歪曲一个人的手法，出于政治和哲学的原因，他必须被描述为无能的和道德低下的人”，他必须被描绘成巨口短颔、露眼赤睛、声音大而嘶哑的人，因为史家“需要把皇位觊觎者或篡位者道德的堕落表现在他们的外貌上”。他说：“王莽的传记带有无情的偏见和捍卫汉朝的情绪。”“王莽不是班固所述的那个无能、狡猾、伪善和妄自尊大的蠢人。这些都是老一套的和不公正的指责。”[2]据日本学者东晋次说，早在1920年，吉田虎雄便在《王莽的社会政策》中，肯定王莽是一位卓越的政治家。1970年河地重造在《王莽政权的出现》里，认为王莽“并非只是一个梦想家，也并非偏执的权力欲望集合体，他以自己的方式审视社会，并立志对社会进行改革”。东晋次说：

王莽当时的权力和地位已无人能及，如果站在汉室血统论的立场来看，王莽确实是不折不扣的“篡权者”；但是如果从政治与社会秩序安定的必要性的角度思考，就很难做出这一评价。考虑到当时的政治局面

[1] 翦伯赞：《秦汉史》，北京大学出版社1983年版，第310、313页。

[2] 〔英〕崔瑞德、鲁惟一编：《剑桥中国秦汉史》，杨品泉等译，中国社会科学出版社1992年版，第204、216、207、220页。

与社会现状，王莽的夺权和称帝难道没有值得肯定的一面吗？[1]

我们认为，古代学者基于传统忠君观念和正统意识而全盘否定王莽，固然有明显的历史局限；近代学者为王莽翻案，称他是为民请命的“社会主义皇帝”，则亦不免夸张。我们亦觉得，王莽“不是怎么不得了的一个坏人”，他“不失为中国史上最有胆识的一位政治家”。因此，正确的做法，一方面是要避免因人废事，客观评价王莽其人，将其为人与为政，及其对后世的影响区别看待；另一方面是将王莽其人置于两汉之际这个特定的历史时空中，以“了解之同情”进行“知人论世”的评价。

2. 重新评价王莽及其“新政”的必要性和可能性

钱穆说：

汉儒论灾异，而发明天下非一姓之私，当择贤而让位。此至高之论也。汉儒论礼制，而发明朝廷措施，一切当以社会民生为归，在上者贵以制节谨度，抑兼并齐众庶为务，此又至高之论也。然前者为说，往往失之荒诞；后者之立论，又往往失之拘泥。前说尊天，后议信古，而此二者，皆使其迷暗于当身之实事。莽之为人，荒诞拘泥，兼而有之。竟以是得天下，而亦竟以是失之。……而既此以往，帝王万世一家之思想，遂以复活，五德三统让贤禅国之高调，遂不复唱。而为政言利，亦若悬为厉禁。社会贫富之不均，豪家富民之侵夺兼并，乃至习若固然，而新莽一朝井田奴婢山泽六筦诸政，遂亦烟消火灭，一烬不再燃。西汉诸儒之荒诞拘泥，后世虽稍免，而西汉诸儒之高论，后世亦渐少见。是王莽一人之成败，

[1] 〔日〕东晋次：《王莽——儒家理想的信徒》，李天蛟、臧鲁宁译，四川人民出版社2021年版，第138页。

其所系固已至巨。[1]

毫无疑问，无论从政治史看，还是就文化思想史言，王莽皆是两汉之际发生重大影响的关键人物。他既是当时儒家政治理想主义精神的代表，亦是儒家礼制改革主义理念的代言。西汉中后期儒者的荒诞拘泥和高谈阔论，都体现在王莽身上。“新政”之建立和败亡，以及由此导致的两汉之际的重大历史转折，皆由王莽决定，所以说，“王莽一人之成败，其所系固已至巨”。因此，如何评价王莽，对于如何评价“新政”，以及彰显两汉之际在中国历史上的重大转折意义，皆有决定性影响。

如前所述，自汉魏以来，学者基于王莽的外戚、篡权者、符命制造者、亡国之君等多重身份，而普遍给予他否定性评价，进而完全否定“新政”，甚至波及对刘歆和扬雄的贬斥，从而彻底遮掩两汉之际在中国历史上的重大转折意义。所以，客观评估“新政”的政治史意义和文化思想史意义，中肯评价刘歆、扬雄在知识史、学术史、思想史和文学史上的影响，充分彰显两汉之际在中国历史上的转折意义，首要问题，就是客观公正评价王莽其人。

因此，在当代学术界，中外史家关于重新认识和评价王莽的呼声，便一再发出。如宫崎市定说：

关于王莽这一人物，至今仍有许多无法理解的地方。有关王莽的史料全都写于后汉时代，自然把王莽说成是最大的伪君子、十恶不赦的叛徒，但他的行动和政治之中，还有无法简单看成是坏人所作所为的部分。因而，

[1] 钱穆：《秦汉史》，生活·读书·新知三联书店 2005 年版，第 327 ~ 328 页。

最近又有将王莽看作是走在时代最前面的理想主义者而加美化的看法，但似乎也没有充分的说服力。如果有第三种方法，那就应该首先考察当时的形势，再将王莽放在背景之中进行总体观察。[1]

的确，对王莽的评价，完全否定不可取，过分拔高亦不合适。正确的做法，当如宫崎市定所说，将他置于当时的形势中进行总体观察。或如曲利丽所说：

我们不必像传统文人那样出于君臣观念将王莽贬为篡位小丑，口诛笔伐；也不必像现代五四文人那样为打倒传统文化而称颂王莽为“民选皇帝”、能够了解“国家社会主义”的政治家，为其失败扼腕叹惜；而是要理性客观地分析这个夭折的文化怪胎，看出其发生的必然性及失败的悲剧意义。[2]

在曲利丽看来，古代史家的全面贬斥，不可取；近代学者的片面颂扬，亦不客观。总之，皆非“知人论世”之论。鲁惟一亦表达了重新评价王莽的愿望，他说：

（秦汉时期）宗教仪式、知识面貌和政治思想等方面的重大发展是不断积累的过程的结果。但是使它们取得力量的关键性的成形的决定是在公元前 30 年至公元 20 年这半个世纪作出的。正是在王朝虚弱和发生内战的那些年中，汉朝传给以后王朝的永久性的遗产形成了。……汉代的结构——的确还有许多后世的政府——追根溯源应深深地感谢被指

[1] 〔日〕宫崎市定：《中国史》，焦堃、瞿柘如译，商务印书馆（香港）有限公司 2018 年版，第 153 页。

[2] 曲利丽：《两汉之际文化精神的演变》，中华书局 2017 年版，第 38 页。

责为残暴和专制的秦代的模式和实践。从后汉起，许多朝代追求或主张的理想却最早为王莽所采用，而他一直被痛斥为篡位者。对传统加给秦朝政府和王莽的这种非难，应根据它（他）对后世历史的影响进行再评价。[1]

亦就是说，评价一位历史人物，应当依据他对历史发生的实际影响而论，不宜因人论事，因人废事，简单地因其身份或为人而否定他对历史发展的影响。或者说，评价一位历史人物，应当将其为人与为事及其在历史上的影响，区别看待，不宜因事废人，亦不能因人废事。所以，鲁惟一认为，应根据王莽对后世历史的影响进行再评价。西嶋定生亦有近似的观点，他说：

在恢复古制的名义下展开的西汉末年的礼制改革，最终使其固定下来的是王莽，就此意义而言，王莽才是儒学国教化的完成者，尽管他备受非议，但其制定的礼制一直被沿袭传承了下来。不仅如此，最先沿袭这一礼制的人，恰恰是为了推翻王莽政权而举兵，恢复了汉王朝的光武帝。因此，从这一点出发，我们有必要重新评价王莽在中国史上的地位。[2]

作为“儒学国教化的完成者”，王莽在儒学思想发展史，尤其是礼制发展史上的影响，毋庸置疑。正是基于王莽在礼制发展史上的重要影响，西嶋定生指出：

[1] 〔英〕崔瑞德、鲁惟一编：《剑桥中国秦汉史》，杨品泉等译，中国社会科学出版社 1992 年版，第 17 页。

[2] 〔日〕西嶋定生：《秦汉帝国——中国古代帝国之兴亡》，顾姗姗译，社会科学文献出版社 2017 年版，第 443 页。

> 当时朝廷主张不论是宗庙制还是郊祀制都必须遵循儒家的古礼，从元帝时期起，儒家官僚跻身并活跃于政界，而且引起了改革论的最终诞生，然而真正将这些改革成果作为国家制度固定下来，并使之成为中国历代王朝所承袭的基本国家礼仪的历史人物则是因篡夺汉王朝政权而恶名昭著的王莽。那么，当考虑儒学国教化的这一问题时，就不能否定王莽这一人物登上历史舞台的重要性。
>
> 规范了后世历代王朝国家特征的儒学精神，正是在王莽的政治方针中首次登上了历史舞台。这暗示着我们必须重新审视王莽政权的历史意义。那么，这就需要抛弃道德性的价值判断，冷静考察他所推行的诸多改革及结果，将王莽政权视作一个为实现儒家理想社会而最早进行了摸索与实验的政权。[1]

古代学者对王莽的评价，大多是基于“道德性的价值判断”而做出的全盘的否定性评价。西嶋定生认为，正确评价王莽的前提，就是必须抛弃这种“道德性的价值判断”，应当基于王莽“新政”在中国政治文化史上的影响，而重新审视王莽政权的历史意义。

王莽的思想性格，关乎“新政”成败甚巨；“新政”的得失，关乎两汉之际的社会剧变甚巨。所以，为了正确而客观地评价“新政”的历史影响，评估两汉之际的历史转折意义，必须从重新评价王莽着手。或如宫崎市定所说，我们既不能简单地把他视为“最大的伪君子、十恶不赦的叛徒”，亦不宜随意地将之视为“走在时代最前面的理想主义者而加以美化”，正确的做法是，“首先考察当时的形势，再将王莽放在背景之中进行总体观察”。或者如鲁惟一所说，应该排除种

[1] 〔日〕西嶋定生：《秦汉帝国——中国古代帝国之兴亡》，顾珊珊译，社会科学文献出版社 2017 年版，第 356 ~ 357、392 页。

种偏见和非难，“根据他对后世的影响进行再评价”。或者如西嶋定生所说，鉴于“新政”在礼制改革方面的历史影响，“必须抛开道德性的价值判断”，“重新审视王莽政权的历史意义”和“重新评价王莽在中国历史上的地位”。概括地说，重估两汉之际的历史意义，必须重估“新政”的历史影响；重估“新政”的历史影响，必须重新评价王莽其人；重新评价王莽其人，必须抛开道德性的价值判断，将他置于两汉之际这个特别的政治背景和思想环境中，客观考察他所推行的种种改革及其结果。

我们认为：如何评价王莽，如何评价“新政”，如何评估王莽及其“新政”在政治史和文化思想史上的意义和影响，三者之间并非因果逻辑关系，应当区别对待，分而论之。首先，东汉以来，王莽其人备受指责，主要是因为他的外戚身份。王莽的外戚身份属实，他亦的确是在外戚势力的支持下篡汉立新。但王莽对外戚势力并不怀好感（详后），他的作为和影响，远远超过一般外戚。因此，破除东汉以来学者对王莽的外戚身份的偏见，是还王莽以本来面目的前提。其次，抛开道德性的价值判断，破除因人论事、因人废事的偏见，不能因王莽其人而完全否定“新政”，即便王莽本人是一位臭名昭著的逆子贰臣，但亦不能因此而彻底否定“新政”，认为它完全是弊政。“新政”在中国历史上的影响，自有独立于王莽人品之外的价值。其三，即便王莽是逆子贰臣，“新政”是弊政，但亦不能因此而一概否定或者完全忽略其人其政在政治史和文化思想史上的意义和影响。“新政”的建立，“新政”的败亡，甚至尽管“新政”是弊政，它在中国政治史和文化思想史上，亦有不可忽略的价值和影响。其四，王莽“新政”既是一个政治事件，亦是一个文化思想事件。因此，对王莽及其“新政”

的影响和意义，亦不能简单理解，即仅重视其政治史意义，而忽略其文化思想史意义。其五，王莽及其“新政”的影响和意义，亦不能一概而论，即既要看到它的消极影响，但亦须重视它的积极意义。

总之，自《汉书·王莽传》以来，学者基于正统史观而普遍给予王莽否定性评价，把他描写成一位借外戚身份专政弄权、借谶纬符命篡位夺权而最终生败名裂的可耻、可悲、可笑政客，由此全面否定“新政”的政治影响和历史意义，亦因此遮掩了两汉之际在中国古代史上的重大转折意义。近现代以来，中外史家主张排除各种政治偏见和道德评判，基于当时危机四伏的政治环境，基于儒家政治理想主义精神和礼制改革主义理念普遍流行的文化背景，在重新评价王莽其人之基础上，重估“新政”的政治影响和历史意义，重论两汉之际在中国古代史上的重大转折意义。

二、作为理想主义者的王莽

在西汉中后期的知识界和舆论界，政治理想主义和礼制改革主义是弥漫一时的社会风尚。特别是在儒学知识群体和儒者官僚队伍里，面对日趋荒败的政治现状和日益严峻的社会危机，基于政治理想主义开展托古改制，以挽救政治颓势和社会危机，成为一种普遍的呼声。王莽就是在这样的政治环境、知识背景和舆论场景中成长起来的。

大体言，王莽是一位典型的理想主义者，又是一位十足的改革主义者，是极端的理想主义精神支撑着他狂热的政治改革热情。[1] 王莽

[1] 〔日〕东晋次称王莽是“儒家理想的信徒”，是“一个如同儒家理念化身般的人物”，是“具有理想主义人格的政治家”。（《王莽——儒家理想的信徒》，李天蛟、臧鲁宁译，四川人民出版社 2021 年版，第 294、300 页）

之成功与失败，皆与其狂热的政治理想主义激情相关。因其富于理想主义激情的政治改革，他成为当时社会无可替代的领袖人物，故而能够比较顺畅地篡汉立新。同时，亦因其过于极端的理想主义政治改革，已经千疮百孔的社会秩序更加混乱，政治危机更加深重，最终土崩瓦解，葬送了短命的新朝政权。王莽之成功，是因其理想主义；王莽之失败，亦是因其理想主义。可以说，作为一位典型的理想主义者，理想主义精神的优点和缺点，在他身上皆有充分体现。如果做一个大致划分，在居摄前，作为理想主义者的王莽，其优点表现得比较充分；在居摄后，理想主义者的弱点，在他身上体现得特别突出。

在古代中国，史家一向把外戚辅政和宦官专权视为皇室衰败和朝政荒乱的重要表现。因此，在史家笔下，外戚和宦官一直是朝廷政治的反动人物和负面形象。中国历史上许多王朝政治的腐败和衰亡，多半都是由外戚辅政和宦官专权引起。西汉中后期的朝政，基本上把持在外戚王氏家族手里，其间虽有丁、傅二氏的短暂弄权，亦基本无损王氏家族的垄断地位。但是，客观地说，在古代中国历朝历代的外戚群体中，王氏家族的所作所为及其声名，应当不是最差的，亦不是最坏的。

同一般外戚一样，王氏家族贵极一时，《汉书》所谓“家凡五侯、五大司马”，“子弟皆卿大夫侍中诸曹，分据势官满朝廷”，[1]说的就是王氏家族显赫一时的情况。政治上贵盛与生活上奢华，是一般外戚的共同特点，王氏家族亦不例外。但是，即便是对王莽篡汉立新不怀好感的班固，其在《汉书·元后传》里，铺叙完王氏家族的贵盛与奢华之后，亦客观指出王氏家族“皆通敏人事，好士养贤，倾财施予，

[1] 班固：《汉书·元后传》，见《汉书》，中华书局 1962 年版，第 4018 页。

以相高尚”。[1] 在当时社会，王氏家族并未引起人们像对丁、傅二氏那样的强烈反感。而且，从王凤、王音、王根、王商等几位大司马的实际表现看，虽然没有突出政绩，但亦并非恶贯满盈、贪婪狡诈、老奸巨猾的弄臣。作为王氏家族的核心人物，作为王莽篡汉立新直接庇护者的王政君，[2] 其所作所为，亦多有可称道之处。如哀帝即位，她诏王莽就第，避帝外家；哀帝崩，她召王莽处置董贤、丁、傅；王莽居摄，她以为“此诬罔天下，不可施也”；[3] 王莽即真后请玉玺，她坚决拒绝。[4] 王莽毁汉家宗庙作长寿宫，她以为不可。[5] 据史载：

自莽篡位后，知太后怨恨，求所以媚太后无不为，然愈不说。莽更汉家黑貂，著黄貂，又改汉正朔伏腊日。太后令其官属黑貂，至汉家正腊日，

[1] 班固：《汉书·元后传》，见《汉书》，中华书局 1962 年版，第 4018、4023 ~ 4024 页。

[2] 班固《汉书·王莽传赞》说：“莽既不仁而有佞邪之材，又乘四父历世之权，遭汉中微，国统三绝，而太后寿考为之宗主，故得肆其奸慝，以成篡盗之祸。”（见《汉书》，中华书局 1962 年版，第 4194 页）班彪亦说：“及王莽之兴，由孝元后历汉四世为天下母，享国六十余载，群弟世权，更持国柄，五将十侯，卒成新都。”（《汉书·元后传》，见《汉书》，中华书局 1962 年版，第 4035 页）

[3] 王莽居摄后，刘崇、翟义举兵欲诛莽，太后闻之曰：“人心不相远也。我虽妇人，亦知莽必以是自危，不可。”其后，莽以符命自立为真皇帝，“先奉诸符瑞以白太后，太后大惊”。（《汉书·元后传》，见《汉书》，中华书局 1962 年版，第 4031 ~ 4032 页）

[4] 史称太后骂代王莽请玉玺之王舜说：“而属父子宗族蒙汉家力，富贵累世，既无以报，受人孤寄，乘便利时，夺取其国，不复顾恩义。人如此者，狗猪不食其余，天下岂有而兄弟邪！……我汉家老寡妇，旦暮且死，欲与此玺俱葬，终不可得。”（《汉书·元后传》，见《汉书》，中华书局 1962 年版，第 4032 页）

[5] 史称王莽宴请太后于长寿宫，太后泣曰：“此汉家宗庙，皆有神灵，与何治而坏之！且使鬼神无知，又何用庙为！如令有知，我乃人之妃妾，岂宜辱帝之堂以陈馈食哉！”乃私谓左右曰：“此人嫚神多矣，能久得佑乎！”饮酒不乐而罢。（《汉书·元后传》，见《汉书》，中华书局 1962 年版，第 4034 页）

独与其左右相对饮酒食。[1]

据此可知，王氏家族虽然在政治上贵盛一时，在生活上奢华一世，但其所作所为，尚非恶贯满盈，亦无特别恶迹，甚至亦未引起当时社会的特别反感。尤其是王政君，虽然她在客观上是王莽篡汉立新的推动者，但其本意并不希望有如此结局。

王莽成长在这样一个家庭中，其人品德性亦可大致预见。我们认为，居摄前的王莽，作为一位典型的儒家理想主义者，其所作所为，尚可称为“经明行修”，堪称一代儒者典范，具体表现在以下几个方面。

1. 勤身博学的王莽

王莽生长于西汉中后期儒术独尊的时代氛围里，成长于儒学化比较浓厚的家族背景中[2]。虽然他不是专业的儒学研究者和传承者，亦无专门学术著述传世，但就其所作所为言，班固誉之为“勤身博学”，大体符合实际。这是王莽在当时社会获得广泛称誉的原因之一。

据《汉书·王莽传》载，王莽“受《礼经》，师事沛郡陈参，勤身博学，被服如儒生”[3]。据《汉书·儒林传》载，陈钦“以《左传》授王莽，至将军”。据《后汉书·陈元传》说：“（陈元）父钦，习《左氏春秋》……与刘歆同时而别自名家，王莽从钦受《左氏》学，以钦为厌难将军。”[4]据《后汉书·徐防传》说：“祖父宣，为讲学大夫，

[1] 班固：《汉书·元后传》，见《汉书》，中华书局 1962 年版，第 4035 页。

[2] 阎步克说：“王莽家族的儒学化倾向，最终造就了王莽这样一位人物。”（《士大夫政治演生史稿》，北京大学出版社 2001 年版，第 386 页）

[3] 班固：《汉书》，中华书局 1962 年版，第 4039 页。

[4] 范晔：《后汉书·陈元传》，见《后汉书》，中华书局 1965 年版，第 1229 ~ 1230 页。

以《易》教授王莽。”[1] 据此可知，早期王莽曾师从陈参受《礼经》，师从陈钦学《左传》，师从徐宣学《易》，这与日后他重视礼制建设，支持《左传》立学官、置博士，大有关系。

早期求学时的王莽，“勤身博学，被服如儒生”，即与一般儒生无异，非如一般外戚子弟那样骄横跋扈，亦不像一般贵胄子孙那般游手好闲。这样的早期求学经历，使王莽在一生中皆保持着对儒者的敬重和对儒学的重视。

据《汉书·王莽传》载，王莽兄王永早逝，有子王光，“莽使学博士门下。莽休沐出，振车骑，奉羊酒，劳遗其师，恩施下竟同学。诸生纵观，长老叹息”[2]。对兄子的教育，选择“博士门下”，可见其价值取向。“劳逸其师”，并推恩及兄子同学，可见他对儒师和儒生的偏重。“诸生纵观，长老叹息”，亦可见一时社会对王莽的敬重。

据《汉书·王莽传》载，王莽“奏起明堂、辟雍、灵台，为学者筑舍万区，作市、常满仓，制度甚盛。立《乐经》，益博士员，经各五人。征天下通一艺教授十一人以上，及有逸《礼》、古《书》《毛诗》《周官》《尔雅》、天文、图谶、钟律、月令、兵法、《史篇》文字，通知其意者，皆诣公车。网罗天下异能之士，至者前后千数，皆令记说廷中，将令正乖缪，壹异说云”[3]。花费大量人力、物力和财力，“为学者筑舍万区”，增设博士弟子，征天下学士数千人至京师讲论学问，其扶持学术之力度，其“正乖缪，壹异说”，力图统一知识、学术和思想的雄心，前所未有。

[1] 范晔：《后汉书·徐防传》，见《后汉书》，中华书局 1965 年版，第 1500 页。

[2] 班固：《汉书》，中华书局 1962 年版，第 4040 页。

[3] 班固：《汉书》，中华书局 1962 年版，第 4069 页。

所以，王莽居摄前能够获得社会各界的广泛赞誉和普遍支持，一定程度上是因其“勤身博学”的儒者身份，及其对儒者的敬重和对儒学的重视。他推行“新政”的动力，就是儒家的理想主义精神和改革主义理念；其“新政”推行的政治改革，就是以儒家学术思想和政治理想为依据的“托古改制”。所以，王莽虽然不以儒学名家，但他确是中国历史上前无古人、后无来者的儒学思想实践者。王莽及其“新政”，确是中国古代儒学发展史上一个极其重要的环节。

2. 折节恭俭的王莽

在古代中国，外戚大半以奢侈浮华著称，西汉中后期的王氏外戚家族亦不例外。但是，身为外戚的王莽，却是一个例外，他的生活以俭朴节用闻名，以折节恭俭著称。他不仅是王氏家族里的例外，亦是古代中国外戚群体中的另类。这亦是他在当时社会获得广泛赞誉的原因之一。

据《汉书·王莽传》载：“莽群兄弟皆将军五侯子，乘时侈靡，以舆马声色佚游相高。莽独孤贫，因折节为恭俭。”[1] 王氏族人的侈靡奢华，在当时有目共睹，据《汉书·元后传》载：

> 五侯群弟，争为奢侈，赂遗珍宝，四面而至；后庭姬妾，各数十人，僮奴以千百数，罗钟磬，舞郑女，作倡优，狗马驰逐；大治第室，起土山渐台，洞门高廊阁道，连属弥望。[2]

---

[1] 班固：《汉书·王莽传》，见《汉书》，中华书局 1962 年版，第 4039 页。

[2] 班固：《汉书·元后传》，见《汉书》，中华书局 1962 年版，第 4023 页。

王莽早年因孤（其父王曼早逝）而贫，史称“孤贫”，固然不具备“五侯群弟，争为奢侈”的条件，但是，我们发现，俭朴生活是王莽的一向习惯，并非完全是因孤而俭。如，在他封新都侯后，已经具备过奢华生活的条件，可是他“宿卫谨敕，爵位益尊，节操愈谦。散舆马衣裘，振施宾客，家无所余”[1]。在他官至大司马，位极人臣，实际掌控朝政时，完全可以过奢华生活，可是，他依然以俭约著称。史载：

> 莽既拔出同列，继四父而辅政，欲令名誉过前人，遂克己不倦，聘诸贤良以为掾吏，赏赐邑钱悉以享士，愈为俭约。母病，公卿列侯遣夫人问疾，莽妻迎之，衣不曳地，布蔽膝。见之者以为僮使，问知其夫人，皆惊。[2]

其俭约如此，在古代达官贵人中，实不多见。

王莽崇尚俭朴。如天凤元年（14），他准备巡狩之礼，特别要求“太官赍备干肉，内者行张坐卧，所过毋得有所给”[3]。他亦提倡公卿过俭朴生活，如太傅王尊说：“国虚民贫，咎在奢泰。”便以身作则，俭朴生活，“身短衣小褒，乘牝马柴车，藉槁，瓦器，又以历遗公卿。出见男女不异路者，尊自下车，以象刑赭幡污染其衣”。据说，“莽闻而说之，下诏申敕公卿思与厥齐，封尊为平化侯”。[4]

班固评价王莽，常以“伪”论之，以为王莽“克己不倦”和“愈为俭约”皆是伪装，目的是“欲令名誉过前人”。其实，通观史籍，

---

[1] 班固：《汉书·王莽传》，见《汉书》，中华书局 1962 年版，第 4040 页。

[2] 班固：《汉书·王莽传》，见《汉书》，中华书局 1962 年版，第 4041 页。

[3] 班固：《汉书·王莽传》，见《汉书》，中华书局 1962 年版，第 4133 页。

[4] 班固：《汉书·王莽传》，见《汉书》，中华书局 1962 年版，第 4164 页。

我们发现，俭朴生活是王莽的一贯作风，他既非好奢之人，亦非贪财之徒。或者拒绝朝廷的赏赐，或者将获赏邑钱“悉以享士”和“振施宾客”，是他的惯常做法。如受封安汉公后，他“让还益封畴爵邑事，云愿须百姓家给，然后加赏。群公复争，太后诏曰：公自期百姓家给，是以听之。其令公奉、舍人、赏赐皆倍故。百姓家给人足，大司徒、大司空以闻。莽复让不受，而建言宜立诸侯王后及高祖以来功臣子孙，大者封侯，或赐爵关内侯食邑，然后及诸在位者，各有第序”[1]。在古代官僚中，能够说出“愿须百姓家给，然后加赏”这样的话，实属罕见，未可以“伪”论之。

关心民众生活，带头捐钱资助民众，或素食以济民艰，亦是王莽的一贯作风。如遭遇天灾，“莽因上书，愿出钱百万，献田三十顷，付大司农助给贫民。于是公卿皆慕效焉”。又“每有水旱，莽辄素食，左右以白。太后遣使者诏莽曰：闻公菜食，忧民深矣。今秋幸熟，公勤于职，以时食肉，爱身为国”。[2] 这种作风，亦不是伪装出来的。

获封辞赏，亦是王莽的一贯行为。王莽之女立为皇后，依古礼，朝臣“请以新野田二万五千六百顷益莽封，满百里”，而王莽上书称：“臣莽国邑足以共朝贡，不须复加益地之宠，愿归所益。”有司又依故事请求赏皇后聘礼黄金二万斤，为钱二万万，而莽又“深辞让，受四千万，而以其三千三百万予十一媵家”，“复以其千万分予九族贫者”。[3] 王莽加宰衡，位上公，封二子为侯，赐母号功显君及食邑，加增皇后聘礼。而“莽稽首辞让，出奏封事，愿独受母号，还安、临

[1] 班固：《汉书·王莽传》，见《汉书》，中华书局 1962 年版，第 4048 页。

[2] 班固：《汉书·王莽传》，见《汉书》，中华书局 1962 年版，第 4050 页。

[3] 班固：《汉书·王莽传》，见《汉书》，中华书局 1962 年版，第 4052 页。

印韨及号位户邑”。大臣孔光以为：“赏未足以直功，谦约退让，公之常节，终不可听。”[1] 后来，王莽又以“所益纳征钱千万，遗与长乐长御奉共养者”。故王舜有言：“天下闻公不受千乘之土，辞万金之币，散财施予千万数，莫不向化。蜀郡男子路建等辍讼惭怍而退，虽文王却虞芮何以加！宜报告天下。”[2] 尔后，“吏民以莽不受新野田而上书者前后四十八万七千五百七十二人，及诸侯王、公、列侯、宗室见者皆叩头言，宜亟加赏于安汉公”，而莽又力辞不受。[3] 如此反复辞谢朝廷封赏，是为真心，亦未可以“伪”论之。

王莽不贪财物，不好奢华，其生活俭朴如此，而或有以“吝啬”论之者。如王莽授诸侯茅土于明堂，诏称：“纳言掌货大夫且调都内故钱，予其禄，公岁八十万，侯伯四十万，子男二十万。”然皆空头支票，故班固说：“莽好空言，慕古法，多封爵人，性实遴啬，托以地理未定，故且先赋茅土，用慰喜封者。”[4] 又如，王莽后期，“盗贼”四起，王莽拜将军九人为“九虎”，其时国库尚称富足，“省中黄金万斤者为一匮，尚有六十匮，黄门、钩盾、臧府、中尚方处处各有数匮。长乐御府、中御府及都内、平准币藏钱帛珠玉财物甚众”。但是，据说：“莽愈爱之，赐九虎士人四千钱。众重怨，无斗意。”[5] 即在国将不国之际，王莽犹吝啬财物而不予九虎重赏，致使众将士“重怨”而“无斗意”，一战即溃而作鸟兽散。我们认为，王莽“好空言，慕古法”是实；但说他“性实遴啬”，则不实。倡导俭朴生活与性吝啬

[1] 班固：《汉书·王莽传》，见《汉书》，中华书局 1962 年版，第 4067 页。

[2] 班固：《汉书·王莽传》，见《汉书》，中华书局 1962 年版，第 4068 页。

[3] 班固：《汉书·王莽传》，见《汉书》，中华书局 1962 年版，第 4071 页。

[4] 班固：《汉书·王莽传》，见《汉书》，中华书局 1962 年版，第 4149 ~ 4150 页。

[5] 班固：《汉书·王莽传》，见《汉书》，中华书局 1962 年版，第 4188 页。

不是一回事。实际上，王莽并不贪财，只是习惯过俭朴生活。我们发现，王莽在制礼作乐等制度建设方面，还是很舍得花钱，甚至是相当奢侈。但是，在日常生活中则是特别俭朴，亦在官僚群体中提倡这种生活方式。所以，陈崇称颂王莽功德说：

> 窃见安汉公自初束修，值世俗隆奢丽之时，蒙两宫厚骨肉之宠，被诸父赫赫之光，财饶势足，亡所牾意，然而折节行仁，克心履礼，拂世矫俗，确然特立；恶衣恶食，陋车驽马，妃匹无二，闺门之内，孝友之德，众莫不闻；清静乐道，温良下士，惠于故旧，笃于师友。孔子曰：未若贫而乐，富而好礼。公之谓矣。
>
> 自公受第，以至于今，亹亹翼翼，日新其德，增修雅素以命下国，俊俭隆约以矫世俗，割财损家以帅群下，弥躬执平以逮公卿，教子尊学以隆国化。僮奴衣布，马不秣谷，食饮之用，不过凡庶。《诗》云：温温恭人，如集于木。孔子曰：食无求饱，居无求安。公之谓矣。[1]

参之前所引关于王莽俭朴生活的史料，陈崇这样的评价，虽然以称颂功德的形式呈现，但大体符合实际。

王莽折节恭俭，亦是他在当时获得儒者普遍认同的原因之一。因为自汉武帝以来，社会上逐渐养成奢侈靡丽之风，故西汉中后期的儒者，猛烈批评这种风尚，倡导俭约为用，普遍认为当时社会种种矛盾和政治危机，皆因奢靡之风造成。如匡衡奏疏称：

> 今关东连年饥馑，百姓乏困，或至相食，此皆生于赋敛多，民所共

[1] 班固：《汉书·王莽传》，见《汉书》，中华书局 1962 年版，第 4054、4058 页。

者大，而吏安集之不称之效也。……宜遂减宫室之度，省靡丽之饰。[1]

贡禹批评当时争相奢靡的社会风气，呼吁元帝“宜少放古以自节”。翼奉以为：“宫室苑囿，奢泰难供，以故民困国虚，亡累年之蓄。”于是请求迁都洛阳以改奢泰之习。[2] 谷永上奏称：

往年郡国二十一伤于水灾，禾黍不入。今年蚕麦咸恶。百川沸腾，江河溢决，大水泛滥郡国十五有余。……臣愿陛下勿许加赋之奏，益减大官、导官、中御府、均官、掌畜、廪牺用度，止尚方、织室、京师郡国工服官发输造作，以助大司农。[3]

在如此社会现状和舆论氛围中，王莽身体力行，倡导俭约生活，关心民生疾苦，固然能够得到当时儒者的普遍认同。

我们认为：作为一位富有理想主义精神的儒家改革者，王莽有远大政治抱负，他不贪财，不好色，生活俭朴，不慕奢华，或“俟俭隆约以矫世俗”，或“割财损家以帅群下”。这种行为，虽然在班固等正统史家看来，有求名纳誉之嫌疑，但确是逆西汉中期以来奢靡浮华的社会风尚而动，与当时儒者倡导的俭约生活，完全吻合。这就是王

[1] 班固：《汉书·匡衡传》，见《汉书》，中华书局1962年版，第3337页。

[2] 班固：《汉书·翼奉传》，见《汉书》，中华书局1962年版，第3175～3176页。

[3] 班固：《汉书·谷永传》，见《汉书》，中华书局1962年版，第3470～3471页。

莽能够获得儒者群体广泛支持和普遍赞誉的重要原因。[1]

3.“行甚敕备”的王莽

王莽一生行事，以“敕备”著称。其“敕备”品行，主要表现在他对王氏家族的态度上，以及与王氏家族其他成员不同的处事方式上。据《汉书·王莽传》载：

> 元后父及兄弟皆以元、成世封侯，居位辅政，家凡九侯、五大司马。……唯莽父曼蚤死，不侯。莽群兄弟皆将军五侯子，乘时侈靡，以舆马声色佚游相高。莽独孤贫，因折节为恭俭。受《礼经》，师事沛郡陈参，勤身博学，被服如儒生。事母及寡嫂，养孤兄子，行甚敕备。又外交英俊，内事诸父，曲有礼意。[2]

早年孤贫使他养成与其他王氏家族成员迥异的生活态度、行为取向和价值追求，“勤身博学”和“行甚敕备”使他获得当时社会的普遍好评。

王莽虽然身为外戚，但是，在王氏家族成员中，他的与众不同处就是“行甚敕备”。据史载，王莽伯父王凤病，“莽侍疾，亲尝药，乱首垢面，不解衣带连月。凤且死，以托太后及帝，拜黄门侍郎，迁射声校尉”。其叔父王商亦上书，“愿分户邑以封莽”。被班固称为“当

[1] 〔日〕东晋次说：“这些突显其谦让精神的烦琐政治手段是否只是演技？这一问题的答案将左右对王莽的评价。在现代人眼中，其做法未免有行小慧之嫌。而与其同时代的人，大概也会觉得他行事古怪。但笔者却认为，这些行为不仅可以体现其前半生积累的官场生存智慧，还可以从中窥见其‘政治革新’的主观意愿。”（《王莽——儒家理想的信徒》，李天蛟、臧鲁宁译，四川人民出版社 2021 年版，第 92 页）

[2] 班固：《汉书》，中华书局 1962 年版，第 4039 页。

世名士”的长乐少府戴崇等人，“咸为莽言”，称誉其德行，因此得封新都侯。封侯拜爵后的王莽，亦不像其他王氏兄弟那样，“乘时侈靡，以舆马声色佚游相高”，而是“宿卫谨敕，爵位益尊，节操愈谦。散舆马衣裘，振施宾客，家无所余，收赡名士，交结将相卿大夫甚众”，并且“克己不倦，聘诸贤良以为掾吏，赏赐邑钱悉以享士，愈为俭约”。“折节恭俭”和“行甚敕备”，是王莽区别于其他外戚子弟的主要特征。宫崎市定说：

> 王莽依靠一族的力量坐上了大臣的位子，这没有错。但他在年轻时受到王氏一族的冷遇，因而并不想在得志之后继续成为王氏的傀儡，为一族的繁荣尽力。他似乎还有将王氏一族历来的行为视作丑恶，并进行反抗的正义感。[1]

王莽依靠家族力量而崛起，得到诸伯父、叔父的扶持，尤其是王政君的支持。[2] 但是，从王莽后期的行为看，他并不是王氏外戚势力发展的积极支持者，特别是他居摄后，并未对王氏家族子弟特别惠顾，还不惜违背王政君的意愿，按自己的理想行事。实际上，我们不妨将王莽视为王氏外戚势力的背叛者，虽然他是依靠外戚力量的支持而崛起。阎步克说：

---

[1] 〔日〕宫崎市定：《中国史》，焦堃、瞿柘如译，商务印书馆（香港）有限责任公司 2018 年版，第 153 页。

[2] 〔英〕崔瑞德、鲁惟一《剑桥中国秦汉史》说：“如果政君的寿命与汉代普通人一样长，她的侄子王莽可能永远不会登上皇位。她死于公元 13 年 2 月 3 日，由于她的长寿，才使他的家族的控制和王莽的崛起成为可能。”（杨品泉等译，中国社会科学出版社 1992 年版，第 206 页）

王莽之本志并不在于区区王氏一族之发展，而在于使自己成为儒生复古变法之领袖、名垂青史的圣人。外戚身份，对之只是一级必不可少的阶梯而已。对于这一次近乎闹剧似的政变成功，只有在把整个西汉，以至先秦儒生政治思想和社会势力的变迁消长考虑在内的时候，才能得到理解。[1]

理解和评价王莽，需要把他放在“整个西汉、以至先秦儒生政治思想和社会势力的变迁消长”的语境中考虑。他是外戚，但他的目标不在区区王氏一族之发展，而是“使自己成为儒生复古变法之领袖、名垂青史的圣人”。他的为善举动，以及在正统史家眼中的作恶行为，皆是为着这样一个理想目标。因此，单单把王莽视为一个弄权的外戚，仅仅将王莽“新政”视作外戚辅政和篡权立新，则不免忽略和遮掩王莽其人其政的政治史意义和思想史价值。

为着政治理想的实现，王莽不仅罔顾“区区王氏一族之发展”，甚至对亲生儿子亦决不宽容。他杀掉自己三个行为不端的儿子，这是一般人无法理解和不能容忍的行为。而于王莽本人言，则是他作为理想主义者必然的行动。

据史载，王莽避帝外家丁、傅二氏就国，在封地内，他“杜门自守，其中子获杀奴，莽切责获，令自杀”[2]。这是王莽第一次杀子。在当时，擅杀奴婢固然有罪，但罪不至死，可以罪减一等，免去极刑。而王莽居然令杀奴之中子王获自杀谢罪，此确为异常举动。此时的王莽，是避帝外家就国，并无篡汉迹象，亦无立新雄心，毋需通过杀子以树清正名声。或者说，王莽首次杀子，与政治表演无关，或与他“行甚敕备”

[1] 阎步克：《士大夫政治演生史稿》，北京大学出版社 2001 年版，第 387 页。

[2] 班固：《汉书·王莽传》，见《汉书》，中华书局 1962 年版，第 4043 页。

的本性有关，亦可能与他当时的政治处境有关。[1]

据史载，平帝即位，王莽隔绝平帝外家卫氏，使不得至京师。其子王宇“非莽隔绝卫氏，恐帝长大后见怨”，即与其师吴章、妇兄吕宽密谋归政卫氏，事情败露，“莽执宇送狱，饮药死。宇妻焉怀子，系狱，须产子已，杀之。莽奏言：宇为吕宽等所诖误，流言惑众，与管蔡同罪，臣不敢隐其诛”。这是王莽第二次杀子，一并将儿媳和即将降生的孙子处死，可谓斩尽杀绝。还因此作书八篇，教戒子孙。[2]其家风之严正，据此可知。而其家风之严正，亦是由他“行甚敕备”的本性所决定。

据史载，王莽有侄子王光，其父早亡，由王莽抚养。为培养侄子，王莽颇费心力，“使学博士门下”，还奉羊酒慰劳其师和同学，安排他与己子王宇“同日纳妇”，可谓视如己出，关爱备至。其后，王光“私报执金吾窦况，令杀人，况为收系，致其法。莽大怒，切责光。光母曰：女自视孰与长孙、中孙？遂母子自杀，及况皆死”。之后，王莽令王

[1] 〔日〕东晋次说：“站在王莽的角度来看，在自己被迫就国、王氏一族明显处于劣势的关键时期，决不能给反对势力留下任何可乘之机。因此，王莽逼死骨肉不是出于憎恨，而是为了避免给王氏一族带来灭顶之灾，不得已牺牲次子一人。对王莽的为人持批评态度的人通常都诟病他逼死亲生骨肉而无动于衷，但笔者认为事实绝非如此。”（《王莽——儒家理想的信徒》，李天蛟、臧鲁宁译，四川人民出版社 2021 年版，第 57 页）

[2] 班固：《汉书·王莽传》，见《汉书》，中华书局 1962 年版，第 4065 页。又云：“大司马护军褒奏言：安汉公遭子宇陷于管蔡之辜，子爱至深，为帝室故不敢顾私。惟宇遭辜，喟然愤发作书八篇，以戒子孙。宜班郡国，令学官以教授。事下群公，请令天下吏能诵公戒者，以著官簿，比《孝经》。”（同上，第 4065 页）通过对吕宽事件的全面追责，王莽铲除了数百名朝中政敌和地方异己。这个事件，显示了“他坚决的意志和为实现政治理想不惜逼迫骨肉自杀、排除异己的决心”。“心中对理想儒家统治的向往，迫使王莽使用残忍的手段，做出不得已的决定。”（《王莽——儒家理想的信徒》，李天蛟、臧鲁宁译，四川人民出版社 2021 年版，第 113 页）

光子王嘉嗣爵为侯。于此，班固评论说：“初，莽以事母、养嫂、抚兄子为名，及后悖虐，复以示公义焉。”[1]确实，王莽前期“事母及寡嫂，养孤兄子，行甚敕备”。[2]杀人偿命，因王莽切责，王光母子自杀。其“行甚敕备”，持家之严格，于此可见一斑。

据史载，王莽孙子王宗，“坐自画容貌，被服天子衣冠”，私刻铜印，与舅家吕宽私通，“发觉按验”而自杀。于此，王莽自言：“宗属为皇孙，爵为上公，知宽等叛逆族类，而与交通，刻铜印三，文意甚害，不知厌足，窥欲非望。……迷惑失道，自取此辜。”其孙女即王宗之姐，为卫将军王兴夫人，“祝诅姑，杀婢以绝口。事发觉，莽使中常侍𨚗恽责问妨，并以责兴，皆自杀”[3]。虽是自杀，实际是迫于王莽的压力而自杀。王莽接连杀害孙子和孙女、孙女婿，同样体现他治家之严谨。

据史载，“莽妻以莽数杀其子，涕泣失明，莽令太子临居中养焉。莽妻旁侍者原碧，莽幸之。后临亦通焉，恐事泄，谋共杀莽”，事情败露后，莽“赐临药，临不肯饮，自刺死”。[4]这是王莽杀掉他的第三个儿子。而就在当月，他的妻子和剩下的最后一个儿子亦病死。至此，王莽的妻儿子女和孙子孙女，皆死在他的刀下，他成了真正的孤家寡人。

综上，王莽有子四人，即王获、王宇、王临、王安，获、宇、临三子皆被赐死或自杀，安病死。其嫂和侄子王光自杀，其儿媳及孙子王宗、孙女王妨亦自杀。如何看待王莽的这种行为？我们认为，王莽的若子若孙确非良人，或杀奴，或谋反，或唆使杀人，或僭逆，或谋

[1] 班固：《汉书·王莽传》，见《汉书》，中华书局1962年版，第4092～4093页。

[2] 班固：《汉书·王莽传》，见《汉书》，中华书局1962年版，第4039页。

[3] 班固：《汉书·王莽传》，见《汉书》，中华书局1962年版，第4153页。

[4] 班固：《汉书·王莽传》，见《汉书》，中华书局1962年版，第4165页。

杀亲爹，等等。尽管如此，王莽一再杀戮骨肉至亲的极端行为，其妻尚且因此“涕泣失明”，王莽何等铁石心肠，竟能忍受如此杀亲之痛而大义灭亲？所以，王莽的如此作为，时人或以为不仁之至，预言乱之将至。班固以为是王莽故作矫情，以“示公义”。赵翼亦认为，王莽“未居摄以前，托大义灭亲之说以立名也”，“莽三子一孙一从子皆为莽所杀，其意但贪帝王之尊，并无骨肉之爱也”。[1] 表面看，可能如此。但是，我们认为，应该从王莽“行甚敕备”的个性以及他的理想主义激情来理解他的这种极端行为。曲利丽说：

> 王莽为了道德信念杀死亲生儿子的时候，岂能料到哀帝短命、自己将要掌握权柄？以杀子来媚俗作伪，代价是否太高？再说王莽当时的威望已经够高，何必再拿亲生儿子的性命来为自己的光环增色呢？因此，我们有理由相信王莽是一个虔诚的道德理想主义践行者。由此事，我们也能初步体会到道德理想主义者的真诚与残酷，这是道德法则被推向绝对化后对人情的泯灭与扼杀。[2]

王莽上述大义灭亲行为，与政治表演无关，与他的性格和理想有关。作为一位“行甚敕备”者，他不仅身体力行，亦以此要求别人，包括他的亲人。所以，当他的若子若孙有过错时，他决不留情，这是性格使然。作为一位理想主义者，执著于人生理想追求，往往偏激行事。为了理想的实现，王莽不仅不在乎区区王氏一族之利益，甚至对手刃骨肉至亲亦在所不惜，这是极端理想主义者常常容易做出的事情。可

[1] 赵翼：《廿二史劄记》卷三《王莽自杀子孙》，见王树民《廿二史劄记校证》，中华书局 2013 年版，第 75 页。

[2] 曲利丽：《两汉之际文化精神的演变》，中华书局 2017 年版，第 40 页。

以说，这既是王莽让人费解的地方，亦是他作为一个理想主义者的特异之处。

4. 勇于作为的王莽

在古代中国的政治人物中，王莽确实算是一位勇于作为、敢于作为的人。班固说他“敢为激发之行，处之不惭恧”[1]。颜师古解释说：“激，急动也。恧，愧也。”所谓“激发之行”，就是任性而为，因情所动而勇于行动，与老谋深算之人谋定而后动不同，故称“急动”。这种“激发之行”，勇于作为，正是理想主义者的行事风格。

如处理淳于长，这是王莽步入政坛做的第一件大事，就体现了他“敢为激发之行”。据史载：“太后姊子淳于长以材能为九卿，先进在莽右。莽阴求其罪过，因大司马曲阳侯根白之，长伏诛，莽以获忠直。”[2]班固以为是王莽妒贤嫉能，故“阴求其罪过”而诛之，其实未必如此。如何看待这件事，对于王莽的评价至关重要。[3]笔者赞同钱穆的观点，他说：

> 莽敢显白淳于长之罪，与其后诛董贤，皆快人心，振纲纪，见风节，蹇蹇忠直，未必不为同时所折服。异代为史，则莽乃篡贼，必曰“阴求其罪过”，淳于长之罪，何俟阴求？又曰“莽心害长宠”，此何以知之？

[1] 班固：《汉书·王莽传》，见《汉书》，中华书局1962年版，第4040页。

[2] 班固：《汉书·王莽传》，见《汉书》，中华书局1962年版，第4041页。

[3] 〔日〕东晋次说：“王莽告发表兄弟淳于长的行为，究竟是为了赢得大司马一职而采取的策略，还是跟王凤一样，为保全王氏一族而做出的选择，抑或是一种正义之举？这一问题的答案，显然会对王莽其人的看法和判断产生很大影响。”（《王莽——儒家理想的信徒》，李天蛟、臧鲁宁译，四川人民出版社2021年版，第41页）

曰“莽以获忠直”，何以知莽之白长罪必非真忠直？及其位高益恭，克己守俭，则曰“欲令名誉过前人”，无所往而逃于贬，此自易世史臣之文则然耳。实事之与虚文，深心者分别观之可也。[1]

钱氏驳斥班固之论，很有理据。其实，班固的批评亦是自相矛盾，他一方面指责王莽“阴求其罪过”，另一方面又把淳于长列入《汉书》“佞幸传”，就体现了他的矛盾态度。我们认为，此事正足以见出王莽之敢于作为。

又如处理丁、傅、董贤，亦体现了他勇于作为和“敢为激发之行”。据史载：哀帝时，丁、傅用事，高昌侯董宏上书建丁姬尊号，王莽弹劾董宏误朝不道。后置酒未央宫，“内者令为傅太后张幄，坐于太皇太后坐旁”，王莽责令内者令撤座，另设座于它处。史称：“傅太后闻之，大怒，不肯会，重怨恚莽”[2]。哀帝崩后，王莽为大司马，第一件事情就是处置丁、傅、董贤等人。这种勇于作为的“激发之行”，“公卿大夫多称之”，王莽因此得到当时舆论界的广泛赞赏，获“忠直”之誉。

理想主义者必有浪漫主义激情，在危机时刻“敢为激发之行”，是必要的。但是，作为一位成熟的政治家，理智行政，谋定后动，又是必须的；虚怀纳谏，从谏如流，亦是必要的。“敢为激发之行”的王莽，却不具备理智行政、虚怀纳谏的品格。史称：“莽意以为制定则天下自平，故锐思于地里，制礼作乐，讲合六经之说。”[3]“以为制定则天下自平”，这种脱离实际的做法，是理想主义者的执政风格。

[1] 钱穆：《两汉经学今古文平议》，商务印书馆 2001 年版，第 62 页。

[2] 班固：《汉书·王莽传》，见《汉书》，中华书局 1962 年版，第 4042 页。

[3] 班固：《汉书·王莽传》，见《汉书》，中华书局 1962 年版，第 4140 页。

故钱穆论王莽，一再指出他脱离实际的敢作敢为，乃至莽撞作为。他说：

> 莽之信古敢为，不顾舆情率如此。莽之长处得人尊信者在此，其短处卒以召乱致败，亦在此也。
>
> 莽出王氏极盛之门第，而奉王贡书生谨节之论，修己治人，坚守敢为，此则不易得耳。
>
> 盖莽之所禁行，如井田奴婢山泽六筦诸端，皆关涉社会民生之全部。以当时境土之广，人民之众，一政府高高在上，于此诸端，苟能精心密虑，推行以渐，犹惧不克济。今莽徒以志在民生，事慕古昔，遂谓可以一意孤行，企足而待效，则宜乎其种天下之大乱也。[1]
>
> 禁列侯以下不得挟黄金，自晁错以来，贡禹之徒尽有此意。莽信古敢为，遂见诸实行。后人读晁、贡议奏，则慷慨想望；语及王莽，则蹙頞病之。积毁销骨，自古叹之矣。
>
> 莽徒慕古制，不通政理。其行龟、贝、布货，惟以扰民。然自贡禹以来，存此想者非一人，莽特强志敢为耳。[2]

钱穆论王莽，或曰“信古敢为”，或曰“坚守敢为”，或曰“一意孤行”，或曰“强志敢为”。总之，勇于作为、敢于作为，是作为理想主义者的王莽的典型性格。[3]

理想主义者的显著特征，除了前述勇于作为、敢于作为外，还有

[1] 钱穆：《秦汉史》，生活·读书·新知三联书店 2005 年版，第 315、312、325 页。

[2] 钱穆：《两汉经学今古文平议》，商务印书馆 2001 年版，第 118、139 页。

[3] 又如，天凤三年（16）捕得翟义党王孙庆，王莽命医者解剖其身以验生理。于此，钱穆说：“此近世医术解剖之滥觞也。莽之精思敢为，不顾非议，率如此。”（《两汉经学今古文平议》，商务印书馆 2001 年版，第 155 页）另外，班固《汉书·食货志》说“莽性躁扰，不能无为”，说的亦是这种“敢为激发之行”的性格特征。

就是脱离实际，好大喜功，好大言，好空言。例如，对待周边少数民族，王莽无端挑起事端，企望周边各民族皆归顺新朝，就体现他好大喜功的一面。[1] 再如，在周边矛盾尖锐、边疆危机四伏时，而“莽志方盛，以为四夷不足吞灭，专念稽古之事”[2]。在与匈奴讲和后，他派使者至匈奴，“令匈奴却塞于漠北，责单于马万匹，牛三万头，羊十万头，及稍所略边民生口在者皆还之”。对于此事，班固评论说：“莽好为大言如此。”[3] 又如，王莽授诸侯茅土于明堂，制令“纳言掌货大夫且调都内故钱，予其禄，公侯伯子男禄钱各若干，然复不能尽得”。班固评价说：“莽好空言，慕古法，多封爵人，性实遴啬，托以地理未定，故且先赋茅土，用慰喜封者。”[4]

勇于作为的理想主义者，往往刚愎自用，自以为是，一意孤行。王莽亦有这样的特点。例如，王莽立平帝，隔绝平帝外家卫氏于中山，令不得至京师。莽子王宇“非莽隔绝卫氏，恐帝长大后见怨”，乃与其师吴章商议对策。吴章以为“莽不可谏，而好鬼神，可为变怪以惊惧之”[5]。英明君主当从善如流，而具有浪漫激情的理想主义者，往往都很偏执，固执己见。所以，“莽不可谏”是当时一般人对王莽的普遍看法。在王莽后期，因为讲真话讲实话，直言劝谏而被免官者，不在少数。面对朝臣的逆耳忠言，《汉书·王莽传》表述王莽的态度，

[1] 班固《汉书·王莽传》说：“莽既致太平，北化匈奴，东致海外，南怀黄支，唯西方未有加。乃遣中郎将平宪等多持金币诱塞外羌，使献地，愿内属。……莽奏曰：……今谨案已有东海、南海、北海郡，未有西海郡，请受良愿等所献地为西海郡。”（见《汉书》，中华书局 1962 年版，第 4077 页）

[2] 班固：《汉书·王莽传》，见《汉书》，中华书局 1962 年版，第 4131 页。

[3] 班固：《汉书·王莽传》，见《汉书》，中华书局 1962 年版，第 4140 页。

[4] 班固：《汉书·王莽传》，见《汉书》，中华书局 1962 年版，第 4150 页。

[5] 班固：《汉书·王莽传》，见《汉书》，中华书局 1962 年版，第 4065 页。

常常是“莽怒（或莽大怒），免某官”之类的记录。如冯英劝谏攻击句町事，史称“莽怒，免英官”[1]。冯常劝谏六筦事，史称“莽大怒，免常官”[2]。瓜田仪、吕母起事，使者以“法禁烦苛，不得举手。力作所得，不足以给贡税。闭门自守，又坐邻伍铸钱挟铜，奸吏因以愁民”而使“民穷”，进而“起为盗贼”谏，史称“莽大怒，免之。其或顺指，言‘民骄黠当诛’，及言‘时运适然，且灭不久’，莽说，辄迁之”。[3]费兴以“国张六筦，税山泽，妨夺民之利，连年久旱，百姓饥穷”而致百姓“故为盗贼”谏，史称“莽怒，免兴官”。[4]在“盗贼”蜂起时，严尤以“匈奴可且以为后，先忧山东盗贼”谏，史称“莽大怒，免归故郡”。[5]东晋次说：

> 对古文经学典籍的执着和实现儒家圣世的愿望使其闭目塞听，一意孤行。于是导致经济政策在整体上缺乏灵活性，加速了经济混乱和民生恶化。[6]

这是符合王莽及其“新政”实际的评论。

过于自信和猜疑他人，是王莽的性格特点，亦是理想主义者的重要特征。桓谭说：

[1] 班固：《汉书·王莽传》，见《汉书》，中华书局1962年版，第4145页。
[2] 班固：《汉书·王莽传》，见《汉书》，中华书局1962年版，第4150页。
[3] 班固：《汉书·王莽传》，见《汉书》，中华书局1962年版，第4150页。
[4] 班固：《汉书·王莽传》，见《汉书》，中华书局1962年版，第4152页。
[5] 班固：《汉书·王莽传》，见《汉书》，中华书局1962年版，第4156页。
[6] 〔日〕东晋次：《王莽——儒家理想的信徒》，李天蛟、臧鲁宁译，四川人民出版社2021年版，第247～248页。

王翁始秉国政，自以通明贤圣，而谓群下才智莫能出其上。是故举措兴事，辄欲自信任，不肯与诸明习者通共，苛直意而发，得之而用，是以稀获其功效焉。[1]

王莽在才能上过于自信，对臣下不信任，与他对大臣的猜疑和防备有关。据史称：

莽即真，尤备大臣，抑夺下权，朝臣有言其过失者，辄拔擢。孔仁、赵博、费兴等以敢击大臣，故见信任，择名官而居之。

莽自见前颛权以得汉政，故务自揽众事，有司受成苟免。诸宝物名、币藏、钱谷官，皆宦者领之；吏民上封事书，宦官左右开发，尚书不得知，其畏备臣下如此。[2]

王莽鉴于自己“颛权以得汉政”而避免重蹈覆辙，所以他“备大臣”，事事亲力亲为，故而“常御灯火至明，犹不能胜”。实际上，古代中国英明君王治理国家的“南面之术”，不是“自揽众事”，而是“无为而治”。

理想主义者一般都有敢于作为和勇于行事的特点，往往脱离实际，好大喜功，乐大言，好空言，通常自视甚高、充分自信，常常刚愎自用、固执己见。其优点和缺点都特别明显。但是，在一般情况下，理想与现实有相当的距离，而理想主义者常常不顾现实情势而依理想目标行事，往往造成严重后果，因而亦就被现实主义者目为胆大妄为或者莽

[1] 桓谭：《新论·言体篇》，见朱谦之《新辑本桓谭新论》，中华书局 2009 年版，第 13 页。

[2] 班固：《汉书·王莽传》，见《汉书》，中华书局 1962 年版，第 4135、4140 页。

撞作为。在“新政”后期，王莽依据理想目标开展改制，就是不切实际的妄为，非但未能解决当时的社会矛盾和政治危机，反而造成极其严重的后果，最终导致“新政”的败亡。

总之，作为理想主义者的王莽，孤独、狂躁，甚至举止失常，精神异常。正如论者所说：“面对家门不幸，王莽仿佛是在逃避内心哀伤和孤独，反而为实现自己的政治理想夙兴夜寐。另一方面，朝中心腹叛离，群臣对之好感尽失，王莽的勤政也许是对这一局势的反抗。”[1]关于王莽的理想主义性格特质，王斐烈在《新莽革政与失败之原理》里有很好的分析，他说：

> 超胜(ascendance)的特质。王莽是具有超胜特质而非屈从(submission)的人。凡有此特质者，常易视己为主而想支配他人。……内向(introversion)之特质。……王莽无疑是内向特质很强的。……与内向特质有密切关系者，即张扬性（expansion）是。……内向性之极端即趋向于此。由幻想加张扬，乃成妄想狂，由超胜加内向而入于张扬，乃成自大狂（megalomania）。王莽之富于幻想可谓与晚年之妄想狂有关，即真后不能受谏，一意孤行，成一种自大狂之状态……总之，莽之自我表现是超胜和内向两特质强大，而洞识力极微弱。洞识（insight）者，能对自己一切作公平之客观考察……此特质与内向常不并立……[2]

这段文字对王莽理想主义性格特质的分析，相当深刻，极有理据。王莽的超胜、内向、张扬、妄想、自大等性格特征，都与他狂热的理想

[1] 〔日〕东晋次：《王莽——儒家理想的信徒》，李天蛟、臧鲁宁译，四川人民出版社 2021 年版，第 261 页。

[2] 转引自〔日〕东晋次：《王莽——儒家理想的信徒》，李天蛟、臧鲁宁译，四川人民出版社 2021 年版，第 292 页。

主义激情有关。东晋次说：

> 越是理想坚定的人，越会在掌权后过度敌视异见人士并对之进行打压。这是因为，他们作为某种理念的信徒，在内心深处坚信自己的信仰即是善，反之即是恶。这导致其无法辩证客观地看待事物，久而久之形成一种习性。[1]

综上，我们认为：王莽不是一般的老于世故之徒，亦非通常的奸诈虚伪之辈。[2] 他顺应时代潮流，在儒家政治理想主义精神和礼制改革主义理念之影响下，树立起追复三代的政治理想。为实现政治理想，他顺应社会舆论风向而篡汉立新。为了篡汉立新和推行“新政”，他借助谶纬符命，阴谋动作，杀伐异己。但是，总体言，作为理想主义者的王莽，与一般外戚的浮华奢侈不同，亦与一般官僚的老于世故迥异，还与普通儒士的皓首穷经不同。他勤身博学，尊重学术，堪与专业儒者媲美；他折节恭俭，“行甚敕备”，具有超过一般道德家的特异表现；他充分自信，勇作敢为，具有超越一般政治家的勇气和信心。概括地说，他是一位充满学者情怀、道德自律、政治激情和改革理念却又不具备实际政治运作能力的极端理想主义者。

[1] 〔日〕东晋次：《王莽——儒家理想的信徒》，李天蛟、臧鲁宁译，四川人民出版社 2021 年版，第 292 页。

[2] 〔日〕内藤湖南认为王莽并非一般所谓的伪善之徒，他说：“当王氏一族在成帝时代骄奢已极时，王莽却以学者面目出现，俭约自持，笃于人情，多施善行。这也未必都是伪善，本来王莽当时或许以此面目而了却一生，也未可知。……王莽后来成为篡夺汉室天下的奸雄，是他从一开始就是这种人呢？还是后来的境遇使然？这一点我们还不太清楚。中国人总是习惯于从事物的结果来推溯他原来的动机。但王莽究竟是否从一开始就是大奸臣？恐怕也未必如此。”（《中国史通论》，夏应元、钱婉约等译，九州出版社 2018 年版，第 245 ~ 247 页）

三、作为改革主义者的王莽

简括地说，王莽是一位革命家，“新政”是一场关于政治、经济和文化领域的革新运动。[1] 作为革命家的王莽，他发动的改革，包括两方面内容：一是革“汉室”之命，即篡汉立新；二是革“汉政”之命，即改革西汉的政治、经济和文化政策，全面推行“新政”。其主要目标，是“举秦汉以来二百余年相沿之成法，一变而返之于《诗》《书》六艺所称述之上世”[2]。其核心内容，是陆威仪所说的“中央经济统制论”[3]。

大体言，王莽前期得到社会普遍认同，获得儒者广泛支持，能够成功篡汉立新，并强力推行“新政”，主要缘于他的改革精神和改制措施。[4] 王莽后期的政治危机和“新政”覆灭，在于他不顾情实的改革精神和脱离实际的改制措施。[5] 所以，我们认为：是改革精神成就了王莽，是改制措施覆灭了“新政”。王莽的成功与失败，均与他的改革精神和改制运动密切相关。

[1] 吕思勉认为，王莽是一位“为民请命”的“一代之革命家”，“王莽所行者为革命之事”，王莽的改革是“后无来者”的“根本改革”，王莽实施的“新政”是“根本之计”。（《秦汉史》，上海古籍出版社 2006 年版，第 188、202、152 页）

[2] 钱穆：《秦汉史》，生活・读书・新知三联书店 2005 年版，第 303 页。

[3] 〔美〕陆威仪：《早期中华帝国：秦与汉》，王兴亮译，中信出版社 2016 年版，第 24 页。

[4] 钱穆说：“莽所以得举世人心之归向，而安移汉祚于庙廊之间，其事固不止如上述门第之鼎盛，制行之谨饬而已也。盖莽之所以震动一世之视听，而得时人之信仰者，尤在其对于政治上之主张。”（《秦汉史》，生活・读书・新知三联书店 2005 年版，第 307 页）

[5] 吕思勉说：“盖莽所行者为革命之事，其利害与官吏根本不能相容，故虽严于督责，而卒弗能胜也。……故莽之败，究由所行之事，与社会情势不合者居多，其身之失，薄乎云尔。”（《秦汉史》，上海古籍出版社 2006 年版，第 188 页）

1. 周公与《周官》：王莽托古改制的精神皈依和根本大法

作为改革主义者的王莽，其改革是托古改制，其所托之古，是上古三代。具体言，就是周公和《周官》。周公是王莽改革精神的楷模，《周官》是王莽改革措施的范本。

在中国古代史上，殷周之际是决定中国古代政治和文化发展方向的重要转折时刻，周公是这个转折时刻的关键人物。周公的制礼作乐，使周代政治、文化呈现出与此前之殷商截然不同的面目，从而奠定了周代的政治和文化制度，进而决定了未来中国政治、文化的发展方向。所以，周公不仅是殷周之际重大历史转折的谋划者，而且是中国文化发展方向的决定者。因此，历史上的周公，就是以制礼作乐的改革者和中国政治、文化奠基者的身份呈现在世人面前。

抛开道德价值评判，仅就当时发动的改革及其对后世的影响言，两汉之际的王莽，与殷周之际的周公，确有诸多相似之处。而且，两汉之际的王莽确有一种强烈的自觉意识，即无论是在为人还是为政方面，皆以周公为楷模，学习仿效周公治国理政。在当时，人们提及或者称颂王莽，常常以周公作比。如：

> 风益州令塞外蛮夷献白雉……于是群臣乃盛陈“莽功德致周成白雉之瑞，千载同符。圣王之法，臣有大功则生有美号，故周公及身在而托号于周。莽有定国安汉家之大功，宜赐号曰安汉公，益户，畴爵邑，上应古制，下准行事，以顺天心”。[1]
>
> （王莽诛杀其子王宇后）奏言：“宇为吕宽等所诖误，流言惑众，与管蔡同罪，臣不敢隐其诛。”甄邯等白太后下诏曰：“……公居周公之位，

[1] 班固：《汉书·王莽传》，见《汉书》，中华书局1962年版，第4046页。

辅成王之主，而行管蔡之诛，不以亲亲害尊尊，朕甚嘉之。”[1]

泉陵侯刘庆上书言：“周成王幼少，称孺子，周公居摄。今帝富于春秋，宜令安汉公行天子事，如周公。”群臣皆曰：“宜如庆言。”[2]

（陈崇奏言颂莽功德）云：“周公诛管蔡，季子鸩叔牙，公之谓矣。……公卿咸叹公德，同盛公勋，皆以周公为比。……公又有宰治之效，乃当上与伯禹、周公等盛齐隆，兼其褒赏，岂特与若云者同日而论哉！……今陛下既知公有周公功德，不行成王之褒赏……臣愚以为宜恢公国，令如周公，建立公子，令如伯禽。所赐之品，亦皆如之。诸子之封，皆如六子。”[3]

民上书（称莽功德）者八千余人，咸曰：“伊尹为阿衡，周公为太宰，周公享七子之封，有过上公之赏。”……有司请“采伊尹、周公称号，加公为宰衡，位上公。”……太后临前殿，亲封拜。安汉公拜前，二子拜后，如周公故事。[4]

（公卿大夫等九百余人奏言加莽九锡之命）曰：“……帝者之盛莫隆于唐虞，而陛下任之；忠臣茂功者莫著于伊周，而宰衡配之。所谓异时而兴，如合符者也。”[5]

（王）莽奏起明堂、辟雍、灵台，为学者筑舍万区，作市、常满仓，制度甚盛。……群臣奏言：“昔周公奉继体之嗣，据上公之尊，然犹七年制度乃定。夫明堂、辟雍，堕废千载莫能兴，今安汉公起于第家，辅翼陛下，四年于兹，功德烂然。”[6]

（王莽欲居摄），王舜等即共令太后下诏曰：“……安汉公莽辅政

[1] 班固：《汉书·王莽传》，见《汉书》，中华书局 1962 年版，第 4065 页。

[2] 班固：《汉书·王莽传》，见《汉书》，中华书局 1962 年版，第 4078 页。

[3] 班固：《汉书·王莽传》，见《汉书》，中华书局 1962 年版，第 4054 ~ 4063 页。

[4] 班固：《汉书·王莽传》，见《汉书》，中华书局 1962 年版，第 4067 页。

[5] 班固：《汉书·王莽传》，见《汉书》，中华书局 1962 年版，第 4072 页。

[6] 班固：《汉书·王莽传》，见《汉书》，中华书局 1962 年版，第 4069 页。

三世，比遭际会，安光汉室，遂同殊风，至于制作，与周公异世同符。……夫有法成易，非圣人者亡法。其令安汉公居摄践祚，如周公故事。……”[1]

群臣奏言：“……臣闻周成王幼少，周道未成，成王不能共事天地，修文武之烈。周公权而居摄，则周道成，王室安；不居摄，则恐周坠失天命。……臣请安汉公居摄践祚，服天子韨冕，背斧依于户牖之间，南面朝群臣，听政事。”[2]

而王莽本人亦常常以周公自拟，多方塑造自己的当代周公形象。如：

（翟义起兵反莽），莽惶惧不能食，昼夜抱孺子告祷郊庙，放《大诰》作策，遣谏大夫桓谭等班于天下，谕以摄位当反政孺子之意。[3]

（刘京等奏符命言“摄皇帝当为真”，王莽迎受），奏太后曰：“……臣莽夙夜养育隆就孺子，令与周之成王比德，宣明太皇太后威德于万方，期于富而教之。孺子加元服，复子明辟，如周公故事。”[4]

（王莽即真后）亲执孺子手，流涕歔欷，曰：“昔周公摄位，终得复子明辟，今予独迫皇天威命，不得如意。”[5]

相传《周官》是周公经邦治国之大典，是周公制礼作乐的文本。王莽推崇《周官》，亦与他借助周公以自重有关。学者以为，王莽“对《周礼》的重视，更主要是将其视为周公的遗迹，借以塑造自己当世周公

[1] 班固：《汉书·王莽传》，见《汉书》，中华书局 1962 年版，第 4079 页。

[2] 班固：《汉书·王莽传》，见《汉书》，中华书局 1962 年版，第 4080 页。

[3] 班固：《汉书·王莽传》，见《汉书》，中华书局 1962 年版，第 4087 页。

[4] 班固：《汉书·王莽传》，见《汉书》，中华书局 1962 年版，第 4093 ~ 4094 页。

[5] 班固：《汉书·王莽传》，见《汉书》，中华书局 1962 年版，第 4100 页。

的形象。他看重的也不是《周礼》中的典章制度，而是其为周公所制作的名分。王莽对于周公的借重，无疑是他由权臣、到摄皇帝、再到真皇帝的关键步骤”[1]。据考古发现，周公辅成王的画像石，初见于两汉之际，王莽居摄时代最流行的词汇是“周公辅成王”，这些画像石就是王莽居摄时代的宣传品。[2]因为在汉代一般人心目中，周公的身份特征是改革者，《周官》是其制度制作的结晶。王莽以周公自拟，正是他对自己改革者身份的自我期待。时人以周公比拟王莽，亦正是对他像周公一样的改革者身份的认同。

汉儒深信，周公是古代中国的政治楷模，《周官》是周公经邦治国的大典。所以，中国历史上的托古改制，如两汉之际的王莽、北周的苏绰、北宋的王安石，皆以《周官》为范本。王莽托古改制，效仿周公制礼作乐以治理国家，自然应当依据《周官》进行改革。王莽“新政”的具体改革措施，虽然未必完全依据《周官》，但是，在王莽心中，《周官》肯定是“新政”的根本大法。《周官》的总纲是“惟王建国，辨方正位，体国经野，设官分职”。据缪哲引证，“王莽代汉后的改制，则无一不回应这总纲”，“从定年号，设官制，作井田，起宫庙，至作新都，王莽便实现了先师周公的所有规划，或重演了《周官》‘惟王建国，辨方正位，体国经野，设官分职’的所有剧情”。[3]

[1] 杨新滨：《刘歆、王莽与〈周礼〉问题考辨》，《文史天地》2015年第12期。

[2] 缪哲：《浪井和西王母——与王莽相关的四种画像石主题》，《艺术考古》2007年第1期。缪哲认为，西汉周公形象的凸显，始于元、成时，极于王莽，是汉代政治与意识形态交互作用的结果。周公的形象虽因成帝时期王莽秉政而凸显，但成为汉代政治与意识形态的中心，则是王莽辅政与居摄的结果。王莽重演周公，乃贯穿一生的大事业。（《从灵光殿到武梁祠——两汉之交帝国艺术的遗影》，生活·读书·新知三联书店2021年版，第80、90、95页。

[3] 缪哲：《从灵光殿到武梁祠——两汉之交帝国艺术的遗影》，生活·读书·新知三联书店2021年版，第90～91页。

关于《周官》的真伪，是中国经学史上一大公案。自宋代以来兴起的疑古思潮中，学者即怀疑《周官》是刘歆伪造。钱穆著《两汉经学今古文平议》，认为《周官》是先秦“古文旧书”，辨《周官》非刘歆伪造甚详，可以采信。[1] 日本学者重泽俊郎《中国的传统与现代》说：

> 西汉时期，与权威性不断增强的孔子相比，周公的地位并不突出，其存在也没有被赋予特殊意义。不过，古文学派为了获得等同甚至超越今文学派的地位，需要在古文经学中树立一个权威人物，以充当今文学派中孔子的角色。受到孔子的高度评价与敬仰的周公是一个合适人选。因此古文学派才提高对周公的重视。刘歆“发现”古文经学典籍《周礼》，并称之为“周公致太平之书”，正是出于此种原因。另一方面，对于辅佐平帝的王莽来讲，其地位与辅佐周成王的周公非常契合。为了维护统治地位，利用周公的权威性是一个绝佳选择。因此，古文经学、《周礼》、王莽三者之间便形成了密不可分的关系。[2]

除过分拘泥于今古文学谈论王莽“新政”外，其关于王莽攀附周公、利用《周官》托古改制的观点，比较通达而切合实际。

2. 制定则天下自平：王莽改革精神和改革措施之渊源

作为理想主义者的王莽，天真地认为“制定则天下自平”，坚信

[1] 钱穆说：“莽据《周官》以立政，非歆据莽政造《周官》。谓歆以《周官》误莽犹可，不得谓以《周官》媚莽也。”（《两汉经学今古文平议》，商务印书馆 2001 年版，第 3 页）

[2] 转引自〔日〕东晋次：《王莽——儒家理想的信徒》，李天蛟、臧鲁宁译，四川人民出版社 2021 年版，第 121 页。

理想制度的制订比实际行政的运作更重要。因此，他执政后，便“锐思于地里，制礼作乐，讲合《六经》之说。公卿旦入暮出，议论连年不决，不暇省狱讼冤结民之急务”[1]，把主要精力放在通过托古以改制上，至于制度如何运行以及运行效果如何，并不是他重点关心的事情。

据前文所述，王莽托古改制的精神皈依和根本大法是周公和《周官》，此就其远源言。若就其近源说，他的改革精神和改制措施，则与战国秦汉时期诸子的改革精神和改制措施有直接关系。

王莽的改革精神，主要来自秦汉以来，尤其是西汉中后期儒家礼制改革主义精神的激励。一般地说，在两汉之际以前，儒家不仅具有改革理想，亦有革命精神。当时儒者，总体上虽不像道家那样偏激，但因为对社会现实不满，基于理想主义精神，通过改革社会现状以实现社会理想，还是比较富有革命精神和改制理想。尤其是在西汉中后期，从盐铁会议上以儒者为代表的贤良文学高调登台后，通过“奉天法古”实现“敬德保民”，是儒者及以儒学为知识背景的士族官僚，在政治理想主义精神的鼓动下发出的改制呼声；依据“天下为公”理念，通过禅让以改朝换代，是当时部分儒者，在历史理想主义精神的鼓动下发出的理想政治愿景。当时儒者的由理想主义激情支撑起来的改革主义精神，包括革汉室之命和革汉政之命两个方面。其革汉政之命的基本内容，有托古改制、保民而王和兴礼致化三个方面。如果说托古改制是改制的方法、路径，那么，保民而王和兴礼致化则是改制的核心内容。这种改制理念弥漫于西汉中后期的儒者群体中。王莽“新政”，就是在这种时代背景下开展起来的。王莽的改革精神，就是来自秦汉

[1] 班固：《汉书·王莽传》，见《汉书》，中华书局 1962 年版，第 4140 页。

时期儒家理想主义精神和改制主义理念的激励。

王莽的改制措施，虽以《周官》为根本大法，但更切近的源头，则是先秦以来，尤其是西汉中后期那些充满理想主义激情的儒者反复倡导的圣人之制。如吕思勉认为，“莽之所行，盖先秦以来志士仁人之公意”。他说：

> 先秦之世，仁人志士，以其时之社会组织为不善，而思改正之者甚多。……此等见解，旁薄郁积，汇为洪流，至汉而其势犹盛。……此等思想，虽因种种阻碍，未之能行，然既旁薄郁积如此，终必有起而行之者，则新莽其人也。[1]

蒙文通亦认为：“近世每称王莽所为为社会改革，岂知王莽所用……皆数百年间之经说哉！”[2] 钱穆说得更明白：

> 莽之创制立法，亦皆远有端绪，当自元、成以下汉廷诸儒议论意态推迹之，不得谓由歆伪诸经，乃有新莽一朝之制度也。[3]

他认为，王莽改制是“远承贾晁董生，近师王贡”，“王莽行政，重礼制，恤民生，着眼于社会经济，其本原皆出王贡”。[4] 他著《两汉经学今

---

[1] 吕思勉：《秦汉史》，上海古籍出版社 2006 年版，第 174 页。

[2] 蒙文通：《儒家政治思想之发展》，见《古学甄微》，巴蜀书社 1987 年版，第 178 ~ 179 页。

[3] 钱穆：《两汉经学今古文平议》，商务印书馆 2001 年版，第 70 页。

[4] 钱穆：《秦汉史》，生活·读书·新知三联书店 2005 年版，第 313、314 页。

古文平议》一书，全面清理王莽改制措施的渊源。[1] 从中可以清楚地看到，这些改制措施，虽然并非完全出自《周官》，但亦不是王莽的创造，而是自周秦以来，尤其是西汉中后期的儒者反复提倡并部分实践过的圣人之制。

王莽依傍周公，尊奉《周官》，依据“数百年间之经说”进行改革，顺应“先秦以来志士仁人之公意”进行改制。与法家务求实效、追求功利的改革方略不同，儒家的改革虽然以“重礼制”和“恤民生”相号召，但其侧重点是“重礼制”，以“制礼作乐”作为治国平天下的首务，明显有理想主义和形式主义倾向。王莽亦是如此，他是改革派中的理想主义者和形式主义者。他的改革，可称为礼制主义改革。故其改革内容，着重定“制”，侧重立“名”，以为“名正则言顺”，认为“制定则天下自平”。

特别注重立名定制，是王莽“新政”的主要特点。比如，依据《周官》更定中央和地方官制、官名，是为立名；更改全国各地地名和建筑物名称，亦是为立名；更改中央对周边少数民族政权的称谓，亦是为立名。从辅政到执政，他一直不遗余力地开展改名、更名、正名工作。

[1] 如昭帝元凤三年（前 78）眭孟以灾异言事，以汉为尧后，钱穆说：“后莽自引为虞帝裔，以篡汉拟唐虞，此已远启其先矣。”（《两汉经学今古文平议》，商务印书馆 2001 年版，第 11 页）魏相奏复古羲和官，钱穆说：“亦新政先声。”（同上，第 20 页）元帝时翼奉上疏请迁都成周，钱穆说：“莽议欲迁都，亦自奉此疏发之。”（同上，第 32 页）又说：“凡（贡）禹所奏，皆主上复古礼，下恤民生。……莽、歆为政，定井田，释奴隶，更币制，倡官卖，皆远承此意而起。”（同上，第 34 页）又说：“（刘）向等言阴阳灾异，实开以后新莽符命之渐。”（同上，第 46 页）成帝绥和元年（前 8）四月，何武建言修辟雍，通三公官，改御史大夫为大司空，钱穆说：“为莽、歆新政先声。”（同上，第 61 页）成帝绥和元年（前 8）十二月，何武奏言置三公官，又与翟方进奏言置刺史，更置州牧，以应古制，钱穆说：“改易官名以慕古昔，亦新政先声也。”（同上，第 63 页）

因“名”而定“制”，正“名”是为定“制”。王莽改制的主要内容，就在此。东晋次发现王莽对“名”极其敏感，指出王莽改制有明显的形式主义特点。他说：

（王莽拘泥名称的理由）笔者认为除了为突显汉新革命之外，就官名而言，还有其依据儒家经典改秦汉旧称为新名的热情。孔子曾对子路说：“必也正名乎。”（《论语·子路》）或许，王莽是受到了这句话的影响；抑或是其喜好礼乐的性格影响下的一种形式主义作风，而这种作风又决定了其特有的行为模式。[1]

在他看来，王莽有一种相信“名”中有灵的咒术信仰。王莽对“名”的狂热重视，一是为了突显汉新革命，与汉朝传统进行切割；二是对孔子“必也正名乎”的实践。他说：

王莽的政治手段和政策制定的特征是重视形式和形式先行，因此有人称其脱离现实。这一特征应与其重礼思想有很大关系。正如孔子所言：“礼云礼云，玉帛云乎哉！”（《论语·阳货》）礼制形式主义陷阱需要时刻警惕，而王莽的理想正是在全国推行儒家礼教，所以才更容易拘泥于形式。……在执法过程中，他对家人和心腹毫不留情，这一点应该也与其重视形式的性格有很大关系。[2]

总之，在儒家理想主义精神的鼓动下，王莽顺应西汉中后期儒者

[1] 〔日〕东晋次：《王莽——儒家理想的信徒》，李天蛟、臧鲁宁译，四川人民出版社 2021 年版，第 192 页。

[2] 〔日〕东晋次：《王莽——儒家理想的信徒》，李天蛟、臧鲁宁译，四川人民出版社 2021 年版，第 293 ~ 294 页。

推动的改革主义潮流，以《周官》为大法，以周公为楷模，全面推行以“奉天法古”为基本准则，以“敬德保民”和“立名定制”为核心内容，以“复千载之废，矫百世之失”为主要目标的改制运动。

综上，作为理想主义者的王莽，身上既有理想主义者的优点，如勤身博学、折节恭俭、行甚敕备、勇于作为等等，亦不乏理想主义者的缺点，如脱离实际、好大喜功、刚愎自用、固执己见等等。作为改革主义者的王莽，以周公为楷模，以《周官》为大法，在西汉中后期儒家政治理想主义精神和礼制改革主义理念的激励下，发起在中国历史上影响深远的篡汉立新和“新政”改革。王莽既是一位臭名昭著的外戚，亦是一位声名籍甚的儒者；既是一位具有悲情色彩的理想主义者，亦是一位身败名裂的改革主义者。

基于当时社会政治现状和文化思想实况，结合王莽的人生经历和性格特征，客观评价王莽其人其政，对于确认王莽及其“新政”在中国历史上的影响，评估两汉之际在中国古代史上的意义，很有必要。总体言，根据上述讨论，我们大体认同鲁惟一对王莽的评价：

> 概括地说，王莽不是班固所述的那个无能、狡猾、伪善和妄自尊大的蠢人。这些都是老一套的和不公正的指责。从积极的一面衡量，王莽是机智而能干的。……从稍极的一方面衡量，王莽是一个过分地依赖古文学派经典的有点迂腐气的儒生。……在提倡古文学派和对待奴隶制和土地改革的态度方面，他是改造派。在依赖国家专卖事业稳定价格和推行法律方面，他是时新派。王莽不是革命空想家，而是一个在治理中国时其作为很像他之前的汉代诸帝的务实主义者。[1]

[1] 〔英〕崔瑞德、鲁惟一编：《剑桥中国秦汉史》，杨品泉等译，中国社会科学出版社 1992 年版，第 220 ~ 221 页。

亦基本同意东晋次对王莽的评论：

> 王莽作为一名政治家，自青年时期始，便立志于政治改革。……即使在称帝之后，他仍锐意进取，专注改革，为实现礼制国家而不懈努力。从这个意义上来说，王莽是一名具有理想主义人格的政治家。然而，古今中外无数事例告诉我们，政治家越执着于理想的追求和实现，就越容易走上独断专行的道路。对他人意见充耳不闻、自以为是、疑神疑鬼等手握重权者的弊病也出现在了王莽身上。[1]

[1] 〔日〕东晋次：《王莽——儒家理想的信徒》，李天蛟、臧鲁宁译，四川人民出版社 2021 年版，第 294 页。

第四章 政治剧变：王莽“新政”的改革与败亡

一、王莽“新政”改制的主要内容及其影响

王莽托古改制，以周公为楷模，以《周官》为大法，远师贾谊、董仲舒诸家，近承王吉、禹贡等人。具体时间，当从平帝初期王莽为大司马统揽朝政时算起。在他担任大司马统揽朝政前，儒者官僚的改制主张虽然不断地提出，改制工作亦在逐渐施行，但是，只有在他担任大司马统揽朝政后，有组织、有计划、成系统的改制工作才全面展开。大体言，王莽的改制工作，是通过“奉天法古”实现“立名定制”和“敬德保民”，主要包括两方面内容：一是关于礼制的改革，二是基于民生的改革。

1. 关于礼制的改革

在西汉中后期，在儒学复古思潮影响下，追复古礼是儒家阵营里发出的一种具有时代性的集体呼声。王莽的礼制改革，就是在这种时

代性的集体呼声中开展起来的。金春峰说：

> 宣帝以后，礼治和礼学日益扩大影响，到王莽时，达到了高潮。王莽固然是别有用心地用《周官》等为自己篡权制造理由。但王莽特别重视礼制，无疑又是利用了社会上崇尚礼制的思潮和心理。[1]

就王莽个人言，他的改制以周公为楷模，历史上的周公以制礼作乐著称，周公在中国历史上拥有不二地位，就是因为他构建了影响中国古代政治文化几千年的礼乐文化。所以，王莽的改制，首先开展制礼工作，重点开展礼制改革，正是题中应有之义。

概括地说，王莽的礼制改革，是在周公制礼作乐的启示下，在当时社会儒者崇尚礼制的基础上，基于个人的学术背景，[2]依据“奉天法古”之准则，通过“立名定制”的路径，以实现“复千载之废，矫百世之失”为目标，具体包括以下几方面内容。

一是改革庙制。西汉初期的庙制比较混乱，天子七庙之制尚未定论，地方诸侯国亦立庙。因此，在西汉中期的儒者群体中，改革庙制的呼声就不绝如缕，他们先后提出各种解决方案，但都未能最终确定。如禹贡“奏欲罢郡国庙，定汉宗庙迭毁之礼”[3]，其依据有二：首先

[1] 金春峰：《汉代思想史》，中国社会科学出版社 2006 年版，第 277 页。另外，汉宣帝以后重视礼制，与《谷梁传》的流行有关系。在宣帝石渠阁经学大会上，推崇《谷梁传》而贬抑《公羊传》，自此《谷梁》取代《公羊》，成为学者研究的重点，刘向就是其中的代表人物。相对于《公羊》，《谷梁》以重视礼制为重要特点。所以，《谷梁传》之流行与儒者追复古礼之思潮同步开展，应当有其学术上的原因。

[2] 据《汉书·王莽传》载，王莽“受《礼经》，师事沛郡陈参”（《汉书》，中华书局 1962 年版，第 4039 页）。据考证，青年王莽所受之《礼经》，当是《仪礼》。

[3] 班固：《汉书·禹贡传》，见《汉书》，中华书局 1962 年版，第 3079 页。

是为了节省经费，其次是因为现行庙制不合古礼。根据他的建议，元帝永光四年（前 40）罢祖宗庙在郡国者（当时 68 个郡，共建有 167 座宗庙）；永光五年（前 39）毁太上皇、孝惠帝寝庙园；建昭元年（前 38）罢孝文太后、孝昭太后寝园。这些追复古礼的庙制改革，由禹贡提出，经丞相韦玄成、御史大夫郑弘等人的赞成和推动得以逐步实施。但是，在汉元帝后期，因元帝连年有疾，议者归罪于庙制改革，遂又恢复如故。至汉成帝建始元年（前 32），丞相匡衡又旧事重提，力主改制，于是毁太上皇、孝惠、孝景皇帝庙，罢孝文、孝昭太后、昭灵后、武哀王、昭哀后寝园。绥和二年（前 7），丞相孔光、大司空何武又奏议宗庙迭毁之次。可见，虽经匡衡提议，亦未完全确定。王莽始建国元年（9），议立九庙，其中祖庙五，亲庙四。地皇元年（20）起九庙于长安。[1] 天子庙制遂由此正式确定。关于庙制改革的意义，西嶋定生说："这个延续了近 160 年的汉帝国传统，却因《春秋》之义的儒家理念而被改变了。可以说，这体现出儒家思想的权威在当时已经达到了足以变革王朝传统的高度。"[2]

二是改革郊祀制。郊祀是祭祀上帝和后土的典仪，此典仪在汉武帝时已经实施，具体就是在甘泉泰畤祭祀上帝，在河东汾阴祭祀后土。但是，在汉成帝即位之初，武帝实施的这套郊祀典仪的合法性受到质疑。据说古时郊祀天地本有成规，但是，由于春秋战国时期诸侯王越名分祭祀，导致祭仪混乱。战国中后期社会上又兴起对天的质疑，导

[1] 班固《汉书·王莽传》载："望气为数者多言有土功象，莽又见四方盗贼多，欲视为自安能建万世之基者。"（见《汉书》，中华书局 1962 年版，第 4161 ~ 4162 页）于是起九庙于长安城南。

[2] 〔日〕西嶋定生：《秦汉帝国——中国古代帝国之兴亡》，顾珊珊译，社会科学文献出版社 2017 年版，第 349 页。

致祭天礼仪失传。汉成帝初期的儒者，就认为武帝实施的祭仪不合古礼，要求改制。如丞相匡衡、御史大夫张谭奏言：

> 帝王之事莫大乎承天之序，承天之序莫重于郊祀，故圣王尽心极虑以建其制。祭天于南郊，就阳之义也；瘗地于北郊，即阴之象也。天之于天子也，因其所都而各享焉。……甘泉泰畤、河东后土之祠宜可徙置长安，合于古帝王。

这在当时引起激烈争论，如许嘉等八人“以为所从来久远，宜如故”，王商、师丹、翟方进等五十人以为“甘泉、河东之祠非神灵所享，宜徙就正阳大阴之处”。最后成帝采纳匡衡的建议，于建始元年（前32）作长安南北郊，罢甘泉、汾阴祠。同时，匡衡又奏言废除秦立之北畤，其云：“今既稽古，建定天地之大礼，郊见上帝，青赤白黄黑五方之帝皆毕陈，各有位馔，祭祀备具。诸侯所妄造，王者不当长遵。及北畤，未定时所立，不宜复修。”成帝亦采纳匡衡建议而罢北畤。至永始三年（前14），匡衡坐事免官，“众庶多言不当变动祭祀者”。于是，采纳刘向的建议，复甘泉泰畤、汾阴后土及雍五畤，以及长安和郡国祠著名者，皆恢复如故。[1]至汉平帝元始五年（前5），王莽奏言：“宜如建始时丞相匡衡等议，复长安南北郊如故。”[2]王莽又对其祭仪略有改正。至此，郊祀祭仪才完全确定下来。钱穆说：“长安南北郊之议，起于匡衡，至是三十余年，凡五徙，亦汉廷一大争论。莽、歆之见，远承韦、匡复古之思，非凭空伪撰以欺世也。”[3]

---

[1] 班固：《汉书·郊祀志》，见《汉书》，中华书局1962年版，第1253～1258页。

[2] 班固：《汉书·郊祀志》，见《汉书》，中华书局1962年版，第1265页。

[3] 钱穆：《两汉经学今古文平议》，商务印书馆2001年版，第100页。

三是建造明堂。在儒学理论里，明堂是天子正四时、出教化的场所，是天子向天下宣扬王权的地点，是皇权的标志和象征。因此，在古代中国，天子通过营建明堂，表明“溥天之下，莫非王土；率土之滨，莫非王臣”。其形制，以辟雍环绕之，是天地宇宙空间的缩影。

明堂的建筑样式，在古代就是众说纷纭。汉初贾山、申公做过探讨，武帝曾经采纳公玉带进献的据说是黄帝时的明堂图，在泰山山麓建造明堂。在西汉中后期，随着儒者势力的崛起，理想主义精神的张扬，建造明堂、辟雍的呼声日益高涨。如绥和元年（前8）犍为郡于水滨得古磬十六枚，刘向据此上言：“宜兴辟雍，设庠序，陈礼乐，隆雅颂之声，盛揖让之容，以风化天下。”[1]但未获采纳。直至王莽统揽朝政，于平帝元始元年（1）任命刘歆为羲和官，建造明堂、辟雍的计划又才提上议事日程。据史载，元始四年（4），王莽奏立明堂、辟雍、灵台，为学者筑舍万区，作市、常满仓。元始五年（5），王莽在明堂举行祫祭仪式。至此，儒者朝思暮想的那个代表儒家政治理想和象征“圣王”政治的明堂才最终建成，并投入使用。

四是实行两都制。在古代中国，都城不仅是物质意义上的地理空间，更是精神意义上的皇权象征。因此，都城建立在什么地方，建筑成何种样式，从来就是政治问题和礼制问题。王莽意欲迁都洛阳，在当时迁都条件不具备的情况下，暂行两都制格局，这与他实施儒家理想主义的王道政治有关。

一般言，以长安、洛阳两点一线为中心的中原地区，是古代中国的政治、经济和文化中心。以长安为中心的关中和以洛阳为中心的关东，虽然同在中原地区，但是因为地理形势的差别，而在政治、经济

[1] 班固：《汉书·礼乐志》，见《汉书》，中华书局1962年版，第1033页。

和军事上又有不同的作用。比如，汉朝初年，刘敬劝说刘邦建都长安，分析和评估长安、洛阳的地理形势和政治作用说：

> 成王即位，周公之属傅相焉，乃营成周洛邑，以此为天下之中也，诸侯四方纳贡职，道里均矣，有德则易以王，无德则易以亡。凡居此者，欲令周务以德致人，不欲依阻险，令后世骄奢以虐民也。……及周之衰也，分而为两，天下莫朝，周不能制也。非其德薄也，而形势弱也。……且夫秦地被山带河，四塞以为固，卒然有急，百万之众可具也。因秦之故，资甚美膏腴之地，此所谓天府者也。陛下入关而都之，山东虽乱，秦之故地可全而有也。[1]

长安是形胜之地，霸者可都之；洛阳乃天下中区，王者可都之。简言之，就是“崤函帝宅，河洛王里”，以武力统治天下的君王，推行霸道，适合建都长安；以仁道统治天下的君王，推行王道，适合建都洛阳。这不是刘敬的个人见解，而是汉唐时期的普遍观点。

从地理位置看，东都洛阳处于中国地理之中心。按照古人“王者必即土中”的观念，都城应该建在这里。最早营建洛邑的周公，就认为：“此天下之中，四方入贡道里均。”[2] 周公营建洛邑，不仅是为加强对东方的统治，更是以此为中心加强对天下的控制。以政治家眼光看，洛阳是理想的为政之地。尤其是在儒家政治理想主义者看来，这是推行“王道”政治的理想场所。[3]

---

[1] 司马迁：《史记·刘敬叔孙通列传》，见《史记》，中华书局 1982 年版，第 2716 页。

[2] 司马迁：《史记·周本纪》，见《史记》，中华书局 1982 年版，第 133 页。

[3] 汪文学：《古代都城地理格局之变迁及其相关问题研究》，《江海学刊》2001 年第 1 期。

刘邦基于汉初“天下成败未可知”的政治局面，必须把握关中这个“守国之利器”，所以建都长安。但是，在西汉中后期儒家政治理想主义精神高涨的时代氛围中，迁都洛阳的建议，就被儒者不断地提出来。如元帝初元三年（前46）翼奉上言，请徙都成周（洛阳），他说：

> 臣闻昔者盘庚改邑以兴殷道，圣人美之。……臣愿陛下徙都于成周。……汉家郊兆寝庙祭祀之礼多不应古，臣奉诚难亶居而改作，故愿陛下迁都正本。……故臣愿陛下因天变而徙都，所谓与天下更始者也。[1]

据翼奉言，迁都是为“正本”，正礼制之本。所以，迁都一事亦与西汉中后期的礼制改革相关。始建国四年（12），王莽诏令以洛阳为东都，以长安为西都，下书说：“昔周二后受命，故有东都、西都之居。予之受命，盖亦如之。其以洛阳为新室东都，常安为新室西都。”[2]王莽这个做法，远源是周公，近源是翼奉。由于当时不具备迁都条件，故王莽暂且仿效周公的两都制格局，以洛阳为东都、长安为西都。迁都不成而暂行两都制，其目的有二：一是为正礼制之本，二是为推行王道政治。具体说，周公制礼作乐，始营东都洛邑，推行礼乐政治。王莽仿效周公推行改制，自当以洛阳为国都，此为正礼制之本。“崤函帝宅，河洛王里”，王莽自命“圣王”，推行王道政治，理当以洛阳为国都。简言之，王莽意欲迁都洛阳，迁都不成而暂行两都制，是由他推行的儒家王道政治理想决定。

东汉建都洛阳，正是实现了王莽的愿望。在东汉初期，都城应当

[1] 班固：《汉书·翼奉传》，见《汉书》，中华书局1962年版，第3175～3177页。

[2] 班固：《汉书·王莽传》，见《汉书》，中华书局1962年版，第4128页。

建在洛阳还是长安，是当时舆论界的重要话题。[1] 学者关于东汉建都洛阳的意义表述，亦可说明王莽何以有迁都之想。如鲁惟一说：

> 也许在长达一个世纪或更多的时间中，（西汉）帝国行政的主要目标与秦代基本相同，即不断地巩固、充实和加强这个国家。但是自从后汉立国起，迁都洛阳之事意味着发生了一种象征性的变化。这时帝国政府宣称，它的行政目标是改善中国人民的生活，选择新都是出于意识形态的而不是实际的考虑。因为长期以来人们早就把洛阳与周王室视为一体；在后汉，周代诸王作为行为的楷模而被人仿效，周制而不是秦制被视为公正的行政先例而被采用。[2]

这里有两点值得注意：一是东汉建都洛阳，是仿周朝先例。周朝实行两都制，以洛阳为陪都。东汉宣称仿效周朝推行周制，理当以洛阳为国都。但是，必须指出，不是从东汉开始才仿效周朝推行周制，而是从王莽开始，就以周公为榜样，以周制为楷模推行“新政”。所以，东汉仿效周制建都洛阳，实际是在实施王莽的计划。二是东汉建都洛

[1] 汪文学：《正统论——中国古代政治权力合法性理论研究》，贵州人民出版社 2019 年版。

[2] 〔英〕崔瑞德、鲁惟一编：《剑桥中国秦汉史》，杨品泉等译，中国社会科学出版社 1992 年版，第 13 ~ 14 页。

阳，确有象征意义，即象征帝国政治统治策略的改变。[1]但是，这个计划，亦不是始于东汉，而是始于王莽，是王莽为推行儒家王道政治理想而首先产生迁都洛阳的想法。所以，东汉因统治策略的调整而建都洛阳，实际亦是在实施王莽的计划。另外，陆威仪亦说：

> 都城从长安迁往洛阳，表明从一个利用战略位置和军事力量来统治的地区，转向一个以文化和经济生产为最高主导的地区。这不但意味着在西汉时期兼并土地的地主和积累财富的商人们在攫取显赫的政治地位，而且否定了秦统治区的武力传统，认可文化和艺术教育的重要性。都城的变更，是“儒家精神的胜利”的地缘基础——这句话经常被人们用来描绘汉代中国知识分子的发展。东汉历史和文学的主要著作，都在阐述新都城以及与它相关的典礼的变革有着无比的优越性，与此相比，旧都城仅仅是秦王朝的延续而已。[2]

陆说有据，都城从长安迁往洛阳，一方面是“儒家精神的胜利”，另

[1] 施展说：“东汉与西汉在一系列帝国战略上都有比较大的差异。西汉的政治、军事重心在关中，经济重心在关东，两者并不重合。帝国内部存在着一种张力，这种张力使得帝国有比较强的外向性格。而东汉的政治、军事重心与经济重心大致重合，帝国的性格便比较内向，没有很强的扩张冲动。”（施展：《枢纽：3000年的中国》，广西师范大学出版社 2018 年版，第 155 页）“倘若帝国的政治军事重心与经济重心不重合，则它更多的是一个征服帝国……集权性的军事—财政制度是帝国治理的核心要素；这种帝国同时会有更强的对外扩张的冲动与需求。如果帝国的政治军事重心与经济重心大致重合，则它更多地会是一个内敛帝国。……君主与其盟友（亦即其统治基础）之间的合作关系是帝国治理的核心要素；这种帝国会更加偏内敛，较少对外征战的冲动与需求。因此，西汉定都关中，是皇帝权力相对强大的象征；东汉定都关东，是豪族权力相对强大的象征。”（同上，第 156 页）

[2] 〔美〕陆威仪：《早期中华帝国：秦与汉》，王兴亮译，中信出版社 2016 年版，第 25 ~ 26 页。

一方面显示帝国统治策略从重视军事力量转向重视文化经济，从霸道转向王道，此与鲁惟一的观点近似。但是，与鲁惟一一样，他们都强调迁都洛阳始于东汉，而忽略这个计划始于王莽。我们认为：无论是追慕周公，效仿周制，推行王道，还是从重视军事力量转向重视文化经济，都是从王莽开始的。东汉王朝的做法，实际是在实施王莽的计划。

五是改革官制，变更官名。表面看，官制改革和官名变更，与礼制改革无明显关联。但是，王莽的官制改革和官名变更，大体依据《周官》，与追复古礼相呼应，所以亦是“新政”礼制改革的一部分。

依据古礼改革官制和变更官名，在西汉中后期就不断被儒者提出，并逐渐开展。如宣帝神爵年间，魏相建议立羲和之官，其辞云：

> 明王谨于尊天，慎于养人，故立羲和之官以乘四时，节授民事。……臣愚以为阴阳者，王事之本，群生之命，自古贤圣未有不由者也。[1]

成帝绥和元年（前 8）四月改御史大夫为大司空，[2] 十二月罢部刺史，更置州牧。[3] 哀帝建平二年（前 5）罢三公官，复御史大夫，

---

[1] 班固：《汉书·魏相传》，见《汉书》，中华书局 1962 年版，第 3139 页。

[2] 班固《汉书·何武传》说：“成帝欲修辟雍，通三公官，即改御史大夫为大司空。”（《汉书》，中华书局 1962 年版，第 3484 页）

[3] 班固《汉书·何武传》说：“武为九卿时，奏言宜置三公官，又与方进共奏罢刺史，更置州牧。”（《汉书》，中华书局 1962 年版，第 3486 页）《汉书·朱博传》说：“何武为大司空……请罢刺史，更置州牧，以应古制。”（同上，第 3406 页）钱穆《两汉经学今古文平议》说：“其议发于何武，亦薄秦制、追古礼之一征，为莽、歆新政先声。”（商务印书馆 2001 年版，第 61 页）又说：“改易官名以慕古昔，亦新政先声也。”（同上，第 63 页）

罢州牧，复刺史。这可能是反对复古、主张务实的朱博的主张。[1] 比较全面地改革官制和变更官名，是在王莽执政后。如元寿二年（前 1）王莽以征还长安，便立即“正三公官分职”，[2] 废除秦丞相、御史大夫、太尉三公，以大司马、大司徒、大司空为三公；建立四辅制，以太师、太傅、太保、少傅为四辅（后又改太师、太傅、国师、国将为四辅）。平帝元始元年（1）王莽为安汉公，依《周官》置羲和、外史、闾师，任命刘歆为羲和官，使治明堂、辟雍。这是实施宣帝神爵年间魏相提出但未被采纳的建议。故钱穆说：“魏相奏主复古羲和官，亦新政先声。”[3] 元始四年（4）更公卿、大夫、八十一元士官名位次，依周封建“爵五等，地四等”封诸将帅凡数百人。王莽采用五等爵制，意在废除秦汉以来的二十等爵制，恢复周制。始建国元年（9）置九卿、二十七大夫、八十一元士，更官名，定诸侯王号为公，四夷称王者改称侯。天凤元年（14）依《周官》《王制》置卒正、连率、太尹，又置州牧、部监。关于改革官制和变更官名，钱穆评价说：“更官名及分州，何武、翟方进已发之。拘泥古迹，徒滋纷扰，为莽秕政之一。”“莽事事复古，至欲追封建，可谓迂阔不识时变矣。”[4]

六是改革区划，变更地名。表面看，区划改革和地名变更，亦与礼制改革无明显关联。但是，王莽的区划改革和地名变更，大体亦是依据《周官》，与追复古礼相呼应，所以亦是“新政”礼制改革的一

[1] 班固《汉书·朱博传》载：“博尤不爱诸生，所至郡辄罢去议曹，曰：岂可复置谋曹邪！文学儒吏时有奏记称说云云，博见谓曰：如太守汉吏，奉三尺律令以从事耳，亡奈生所言圣人道何也？且持此道归，尧舜君出，为陈说之。”（《汉书》，中华书局 1962 年版，第 3400 页）

[2] 班固：《汉书·哀帝纪》，见《汉书》，中华书局 1962 年版，第 344 页。

[3] 钱穆：《两汉经学今古文平议》，商务印书馆 2001 年版，第 20 页。

[4] 钱穆：《两汉经学今古文平议》，商务印书馆 2001 年版，第 103 ~ 104、121 页。

部分。

据《汉书·王莽传》载：元始四年（4），王莽上言曰：

> 汉家地广二帝三王，凡十二州，州名及界多不应经。《尧典》十有二州，后定为九州。汉家廓地辽远，州牧行部，远者三万余里，不可为九。谨以经义正十二州名分界，以应正始。[1]

据《汉书·地理志》，尧分天下为十二州，令禹治水，禹把十二州归并为九州。汉武帝时开始采用“州”作为地方行政区划名称，把全国划分为十二州。王莽在元始五年（5）置西海郡，分京师长安为前辉光、后承烈二郡，更定十二州名。王莽更定州名和划分州界，是以经义为据，目的是“以应正始”。本《尧典》定十二州，形式大于内容，是其礼制改革的一部分。所以，史称：“分界郡国所属，罢置改易，天下多事，吏不能纪。”[2]

据史载，始建国四年（12），王莽“至明堂，授诸侯茅土，下书曰：予以不德，袭于圣祖，为万国主。思安黎元，在于建侯，分州正域，以美风俗。追监前代，爰纲爰纪。……州从《禹贡》为九，爵从周氏有五。诸侯之员千有八百，附城之数亦如之，以俟有功”[3]。此又本《禹贡》改十二州为九州，表面是“美风俗”，实际还是形式大于内容。所以，钱穆评论说：“莽拘古纷更，最为致败之端。前本《尧典》定十二州，此又本《禹贡》定九州，所谓‘九年于兹，乃今定矣’，其拘泥可笑如此。”[4]

---

[1] 班固：《汉书》，中华书局 1962 年版，第 4077 页。

[2] 班固：《汉书·平帝纪》，见《汉书》，中华书局 1962 年版，第 358 页。

[3] 班固：《汉书·王莽传》，见《汉书》，中华书局 1962 年版，第 4128 页。

[4] 钱穆：《两汉经学今古文平议》，商务印书馆 2001 年版，第 147 页。

州名更定与州数改易已如此烦琐，而郡、县的分合和更易则更为烦琐。天凤元年（14），王莽改革郡、县区划，史称：

> 大郡至分为五……合百二十有五郡，九州之内，县二千二百有三……各以其方为称，总为万国焉。其后，岁复变更，一郡至五易名，而还复其故。吏民不能纪，每下诏书，辄系其故名。[1]

王莽开展这种徒滋烦扰而无实际意义的区划改革和地名变更，用他自己的话说，一是为了“以应正始”，即符合经义和古制；二是为了“以美风俗”。在今人看来毫无意义的事情，在王莽时代，在王莽那个以“追复古礼”为特征的“新政”蓝图中，则是经天纬地的大事。所以，他总是很虔诚很认真地去实施这些改革。

王莽的行政区划改革，对后世有重要影响。东晋次认为：王莽以州、郡、县三级构建地方行政区划，作为地方行政单位“州”的确立，对汉魏以后王朝地方行政区划制度产生了深远影响，“新莽的州郡县制是秦汉郡县制向后世州县制转型过程中的一个过渡”。[2]

除上述六者，王莽的礼制改革，还有车服、婚礼、社稷、学校[3]、禅让、二王后等等，其基本原则皆是参照经义和追复古礼。简

[1] 班固：《汉书·王莽传》，见《汉书》，中华书局1962年版，第4136～4137页。

[2] 〔日〕东晋次：《王莽——儒家理想的信徒》，李天蛟、臧鲁宁译，四川人民出版社2021年版，第125页。

[3] 值得特别注意的，还有王莽的学校制度改革，尤其是郡国学以下的学校和教育制度改革，对后世有重要影响。〔日〕东晋次说：“王莽就学校制度进行的全面改革，对其后儒学在中国社会中的普及和地方社会文化水平的提高具有重大意义。从这个角度来看，必须承认王莽在历史上发挥的重要作用。”（《王莽——儒家理想的信徒》，李天蛟、臧鲁宁译，四川人民出版社2021年版，第101页）

言之，就是托古改制。

2. 基于民生的改革

除重礼制，王莽“新政”另一个显著特点，就是恤民生。通过社会经济领域的改革，解决大土地所有制问题，防止小农佃农化和奴婢化，以此拯救民生于疾苦中，是王莽“新政”的主要目标之一。

恤民生是儒家思想的一贯传统，自周代实施“敬德保民”、孟子提倡“保民而王”以来，儒家即以“保民而王”为执政理念，以恤民生为执政宗旨。在昭帝时的盐铁会议上，以贤良文学为代表的儒者，在与以桑弘羊为代表的朝廷大臣的辩论中，就以“保民而王”为核心要义。在西汉中后期，儒者和以儒学为知识背景的士族官僚发言论政，无不以“保民”为口号，以恤民生相标榜。

王莽治国理政，以周公为楷模，以“周政”为榜样。周公治国理政理念有二：一是“制礼作乐”，二是“敬德保民”。王莽治国理政，除慕学周公“制礼作乐”以改革礼制，亦效仿“周政”之“敬德保民”而恤民生。关注民生，保民而王，是王莽治国理政的一贯策略。如朝廷为王莽加赏，王莽说：“愿须百姓家给，然后加赏。”[1]这样的言辞，出自一位官僚之口，实属难得，我们不必怀疑他的真诚。概言之，王莽治国，为恤民生，以“劝农桑”为理政首务，以“赈贫民”为执政要务。

元始元年(1)，王莽为安汉公，执政伊始，即置“大司农部丞十三人，人部一州，劝农桑”，又置“十一公士，分布劝农桑，班长时令”。[2]

[1] 班固：《汉书·王莽传》，见《汉书》，中华书局1962年版，第4048页。

[2] 班固：《汉书·平帝纪》，见《汉书》，中华书局1962年版，第351页。

此为“劝农桑”以恤民生。

元始二年(2),发生严重旱灾和蝗灾,王莽带头献田捐钱赈济贫民,颁布减免租税、救济贫民的安民政策,派遣使臣鼓励农民捕捉蝗虫,设置流民安置所,为病者提供药物,为丧者提供葬仪费用。[1]

天凤三年(16),始赋吏禄,王莽下书说:

> 公、卿、大夫、元士食其采。多少之差,咸有条品。岁丰穰则充其礼,有灾害则有所损,与百姓同忧喜也。其用上计时通计,天下幸无灾害者,太官膳羞备其品矣;即有灾害,以什率多少而损膳焉。……几上下同心,劝进农业,安元元焉。

要求十一公、六司、六卿以下,各分州、郡、国、邑保其灾害,“以十率多少而损其禄”。[2] 这些政策的实施,是为了“与百姓同忧喜”,说明王莽是真诚关注民生。地皇三年(22),王莽“遣大夫谒者分教民煮草木为酪,酪不可食,重为烦费。莽下书曰:惟民困乏,虽溥开诸仓以赈赡之,犹恐未足。其且开天下山泽之防,诸能采取山泽之物而顺月令者,其恣听之,勿令出税”[3]。此事虽属幼稚无知之举,但王莽真诚关注民生之用意,从其下书之恳切言辞里,昭昭可见,因而

[1] 班固《汉书·平帝纪》说:“郡国大旱,蝗,青州尤甚,民流亡。安汉公、四辅、三公、卿大夫、吏民为百姓困乏献其田宅者二百三十人,以口赋贫民。遣使者捕蝗,民捕蝗诣吏,以石刭受钱。天下民赀不满二万,及被灾之郡不满十万,勿租税。民疾疫者,舍空邸第,为置医药。赐死者一家六尸以上葬钱五千,四尸以上三千,二尸以上二千。罢安定呼池苑,以为安民县,起官寺市里,募徙贫民,县次给食。至徙所,赐田宅什器,假与犁、牛、种、食。又起五里于长安城中,宅二百区,以居贫民。”(《汉书》,中华书局 1962 年版,第 353 页)

[2] 班固:《汉书·王莽传》,见《汉书》,中华书局 1962 年版,第 4142 ~ 4143 页。

[3] 班固:《汉书·王莽传》,见《汉书》,中华书局 1962 年版,第 4175 ~ 4176 页。

不能完全否定。以上为“赈贫民”以恤民生。

无论是“劝农桑”，还是“赈贫民”，重点皆在民生。所以说，恤民生是王莽治国理政的大政方针。正是基于“保民而王”的政治理念和“与百姓同忧喜”的执政方略，王莽颁布并实施了系列保护民生的改革措施。

一是立王田释奴婢。西汉中期以来，土地兼并成为社会重大问题。董仲舒首先提出限制大土地所有者土地面积的限田策，但未被采纳。贡禹率先提出释放奴婢和限制奴婢买卖，[1] 此后，限田宅和释奴婢，成为富有政治理想主义精神和礼制改革主义理念的儒者参政议政的重要口实，亦成为政府关注的重要问题。[2]

据史载，哀帝绥和二年（前 7）六月，诏议田宅、奴婢限列，其诏辞曰：

> 制节谨度以防奢淫，为政所先，百王不易之道也。诸侯王、列侯、公主、吏二千石及豪富民多畜奴婢，田宅亡限，与民争利，百姓失职，重困不足。其议限列。[3]

于是，在朝廷上展开了一场关于限田宅和释奴婢的大讨论。师丹建言：

---

[1] 贡禹说：“诸官奴婢十万余人游戏亡事，税良民以给之，岁费五六巨万，宜免为庶人……令近臣自诸曹侍中以上，家亡得私贩卖，与民争利，犯者辄免官削爵，不得仕宦。”（班固：《汉书·贡禹传》，见《汉书》，中华书局 1962 年版，第 3076 ~ 3077 页）

[2] 〔日〕东晋次说：“自哀帝推行限田制时开始，王莽的心中就一个根本性的政治课题：应该如何解决大土地所有制问题并防止由此引发的小农的佃农化和奴婢化。”（《王莽——儒家理想的信徒》，李天蛟、臧鲁宁译，四川人民出版社 2021 年版，第 207 页）

[3] 班固：《汉书·哀帝纪》，见《汉书》，中华书局 1962 年版，第 336 页。

古之圣王莫不设井田，然后治乃可平。孝文皇帝承亡周乱秦兵革之后，天下空虚，故务劝农桑，帅以节俭，民始充实，未有并兼之害，故不为民田及奴婢为限。今累世承平，豪富吏民訾数巨万，而贫弱俞困。盖君子为政，贵因循而重改作，然所以有改者，将以救急也。亦未可详，宜略为限。

丞相孔光、大司空何武奏请：

诸侯王、列侯皆得名田国中。列侯在长安，公主名田县道，及关内侯、吏民名田皆毋过三十顷。诸侯王奴婢二百人，列侯、公主百人，关内侯、吏民三十人。期尽三年，犯者没入官。[1]

儒者官僚基于“敬德保民”政治理想和“保民而王”执政理念，普遍赞同限田释奴，哀帝亦有心改革。但是，此令一发，即因遭遇丁、傅、董贤之流的阻挠而最终搁浅。[2] 钱穆说：“其事疑实主于王莽，否则莽亦预闻其事者。”[3] 此时王莽尚未执掌朝政，虽然预闻其事或者参与建言，但面对朝中权贵重臣的反对，亦无济于事，无可奈何。

限田释奴政策的实施，必要等到王莽执政后。史称：平帝元始二年（2）王莽执掌朝政，便“赐公田宅”，即“使民即公田为庐舍”。具体说，就是复井田。始建国元年（9），王莽正式下令禁止买卖田

[1] 班固：《汉书·食货志》，见《汉书》，中华书局 1962 年版，第 1142 ~ 1143 页。

[2] 班固《汉书·食货志》说：“时田宅奴婢贾为减贱，丁、傅用事，董贤隆贵，皆不便也。诏书且须后，遂寖不行。”（《汉书》，中华书局 1962 年版，第 1143 页）

[3] 钱穆：《两汉经学今古文平议》，商务印书馆 2001 年版，第 70 页。

宅和奴婢，其辞说：

> 古者，设庐井八家，一夫一妇田百亩，什一而税，则国给民富而颂声作。此唐虞之道，三代所遵行也。秦为无道，厚赋税以自供奉，罢民力以极欲，坏圣制，废井田，是以兼并起，贪鄙生，强者规田以千数，弱者曾无立锥之居。又置奴婢之市，与牛马同栏，制于民臣，颛断其命。奸虐之人因缘为利，至略卖人妻子，逆天心，悖人伦，缪于“天地之性人为贵”之义。……汉氏减轻田租，三十而税一，常有更赋，罢癃咸出，而豪民侵陵，分田劫假。厥名三十税一，实什税五也。父子夫妇终年耕芸，所得不足以自存。故富者犬马馀菽粟，骄而为邪；贫者不厌糟糠，穷而为奸。俱陷于辜，刑用不错。予前在大麓，始令天下公田口井，时则有嘉禾之祥，遭反虏逆贼且止。今更名天下田曰“王田”，奴婢曰“私属”，皆不得卖买。其男口不盈八，而田过一井者，分余田予九族邻里乡党。故无田，今当受田者，如制度。敢有非井田圣制，无法惑众者，投诸四裔，以御魑魅，如皇始祖考虞帝故事。[1]

王莽理想的社会是“国给民富而颂声作”。但是，秦汉以来，因为圣制坏、井田废，致使“强者规田以千数，弱者曾无立锥之地”，“富者骄而为邪，贫者穷而为奸”。王莽就是力求通过复井田，禁止田宅和奴婢买卖，实现“国给民富”。钱穆说：

> 诵莽此诏，可谓霭然仁者之言。今世所唱土地国有、均产、废奴诸说，莽已及之，后世以成败论人，故不之重耳。[2]

[1] 班固：《汉书·王莽传》，见《汉书》，中华书局 1962 年版，第 4110 ~ 4111 页。

[2] 钱穆：《两汉经学今古文平议》，商务印书馆 2001 年版，第 70 页。

胡适亦据此称道王莽是“社会主义者”。但是，在私有制时代，这种制度因过于理想化而无法实施。始建国四年（12），中郎区博劝谏说：

> 井田虽圣王法，其废久矣。……今欲违民心，追复千载绝迹，虽尧舜复起，而无百年之渐，弗能行矣。天下初定，万民新附，诚未可施行。

于是，王莽不得已，乃又“令民得买卖田宅及奴婢”。[1]

二是改革币制。西汉中后期，在儒学复古主义思潮的影响下，改革币制的呼声逐渐发出。如元帝时贡禹为御史大夫，上书言：

> 古者不以金钱为币，专意于农，故一夫不耕，必有受其饥者。……自五铢钱起已来七十余年，民坐盗铸钱被刑者众，富人积钱满堂，犹亡厌足。……宜罢采珠玉金银铸钱之官，亡复以为币。市井勿得贩卖，除其租铢之律，租税禄赐皆以布帛及谷。使百姓壹归于农，复古道便。[2]

哀帝建平元年（前6），有人上书言：“古者以龟贝为货，今以钱易之，民以故贫，宜可改币。”[3] 这就是王莽改革币制的背景。概括言，有两个方面：一是“复古道便”，因为“古者以龟贝为货”，“不以金钱为币”，儒者托古改制，当以古制为准。二是使民“专意于农”。儒者以为，以金钱为币是导致农民贫困和破产的主要原因，亦是导致土地兼并的重要原因。为使“百姓壹归于农”，实现“保民而王”的政治理想，必须改革币制，或者回到“以布帛及谷”的实物交易时代。

[1] 班固：《汉书·王莽传》，见《汉书》，中华书局1962年版，第4129～4130页。
[2] 班固：《汉书·贡禹传》，见《汉书》，中华书局1962年版，第3075～3076页。
[3] 班固：《汉书·师丹传》，见《汉书》，中华书局1962年版，第3506页。

王莽从居摄时开始改革币制。据《汉书·食货志》载：

> 王莽居摄，变汉制，以周钱有子母相权，于是更造大钱。……又造契刀、错刀……与五铢钱凡四品，并行。[1]

这是居摄二年（7）的事情。始建国元年（9）罢错刀、契刀，及五铢钱，更作小钱。最初造契刀、错刀，现在为何又要罢契刀、错刀而作小钱呢？王莽解释说：

> 予前在大麓，至于摄假，深惟汉氏三七之厄，赤德气尽，思索广求，所以辅刘延期之术，靡所不用。以故作金刀之利，几以济之。……赤世计尽，终不可强济……今百姓咸言皇天革汉而立新，废刘而兴王。夫“刘”之为字“卯、金、刀”也，正月刚卯，金刀之利，皆不得行。……其去刚卯莫以为佩，除刀钱勿以为利，承顺天心，快百姓意。[2]

于是，便制作小钱。因小钱无法通行，始建国二年（10）王莽又下书说：“宝货皆重则小用不给，皆轻则儳载烦费，轻重大小各有差品，则用便而民乐。”于是令造宝货五品，但是，“百姓不从，但行小大钱二品而已。盗铸钱者不可禁，乃重其法，一家铸钱，五家坐之，没入为奴婢”。[3]《汉书·食货志》亦说：

> 莽罢错刀、契刀及五铢钱，而更作金、银、龟、贝、钱、布之品，

[1] 班固：《汉书》，中华书局 1962 年版，第 1177 页。

[2] 班固：《汉书·王莽传》，见《汉书》，中华书局 1962 年版，第 4108 ~ 4109 页。

[3] 班固：《汉书·王莽传》，见《汉书》，中华书局 1962 年版，第 4122 页。

名曰“宝货”。……百姓愦乱，其货不行。民私以五铢钱市买。莽患之，下诏：敢非井田挟五铢钱者为惑众，投诸四裔以御魑魅。于是农桑失业，食货俱废，民涕泣于市道。坐卖买田宅奴婢铸钱抵罪者，自公卿大夫至庶人，不可称数。莽知民愁，乃但行小钱直一，与大钱五十，二品并行，龟贝布属且寝。[1]

天凤元年（14），“复申下金银龟贝之货，颇增减其价值。而罢大小钱，改作货布”。因为“每壹易钱，民用破业，而大陷刑”。于是，在地皇元年（20）又更改铸钱法，据《汉书·食货志》载：

莽以私铸钱死，及非沮宝货投四裔，犯法者多，不可胜行，乃更轻其法：私铸作泉布者，与妻子没入为官奴婢；吏及比伍，知而不举告，与同罪；非沮宝货，民罚作一岁，吏免官。

然而，“犯者愈众，及五人相坐皆没入，郡国槛车铁锁，传送长安钟官，愁苦死者什六七”。[2]

对于王莽的币制改革，钱穆评价说：“莽徒慕古制，不通政理。其行龟、贝、布货，惟以扰民。然自贡禹以来，存此想者非一人，莽特强志敢为耳。”“莽易币制，亦秕政之一。然初意在利民，迂阔则有之，奸诈则非也。”[3]总之，与立王田、释奴婢一样，王莽币制改革之初衷，本是为“承顺天心，快百姓意”，实是为“利民”为“保民”，达致“用便而民乐”，而结果却成了“扰民”，这是他始料未及的。

[1] 班固：《汉书》，中华书局 1962 年版，第 1177 ~ 1179 页。

[2] 班固：《汉书》，中华书局 1962 年版，第 1184 页。

[3] 钱穆：《两汉经学今古文平议》，商务印书馆 2001 年版，第 139、118 页。

三是推行六筦、五均、赊贷之令。所谓“六筦”，即盐、酒、铁、铸钱、名山大泽、五均赊贷六个方面，皆由国家统一管制和征收税金。所谓“五均”，即国家物价调节政策，在长安、洛阳、邯郸、临淄、宛、成都六大城市设置五均官，统制谷物、布帛交易价格，根据时节变化制定商品标准价格。所谓“赊贷”，即政府向贫困农民贷款的制度。归总起来，就是陆威仪所谓“中央统制经济政策”。

推行以六筦、五均、赊贷为主要内容的“中央统制经济政策”，其初衷或者目的，用王莽的话说，是为“齐众庶，抑并兼”。简言之，就是“保民”和“利民”。为保证“中央统制经济政策”的实施，王莽做了制度上的保障，即“每一筦下，为设科条防禁，犯者罪至死”[1]。并且实施态度很坚决，不容许有任何异议。[2] 他还在天凤四年（17）下诏，就实施这项政策的动机做具体说明：

> 夫盐，食肴之将；酒，百药之长，嘉会之好。铁，田农之本。名山大泽，饶衍之臧；五均赊贷，百姓所取平，仰以给澹；钱布铜冶，通行有无，备民用也。此六者，非编户齐民所能家作，必仰于市，虽贵数倍，不得不买。豪民富贾，即要贫弱。先圣知其然也，故斡之。每一斡为设科条防禁，犯者罪至死。[3]

六筦所涉，为百姓生活所必须，且非“所能家作，必仰于市”者，故实施六筦，是为“保民”。五均和赊贷，是“百姓所取平”，故实施

[1] 班固：《汉书·王莽传》，见《汉书》，中华书局1962年版，第4150页。

[2] 班固《汉书·王莽传》载：“纳言冯常以六筦谏，莽大怒，免常官。”（《汉书》，中华书局1962年版，第4150页）

[3] 班固：《汉书·食货志》，见《汉书》，中华书局1962年版，第1183页。

五均、赊贷，是为“利民”。概言之，王莽推行六筦、五均、赊贷之策，是为“保民”和“利民”。从这道诏书中，可以看到王莽关注民生、保民而王的良苦用心。所以，钱穆说：

> 六筦之政，大体武帝时已先行。惟武帝意在增国库，王莽确为抑兼并。后世以成败论事，故若莽政一无足取耳。[1]

“兼并”是西汉中后期突出的社会问题，王莽“抑兼并”，是为“齐众庶”，“齐众庶”是为“保民”和“利民”。西嶋定生亦说：

> 王莽制定的工商业统制政策，从形态上看是对从武帝时期开始实行的盐铁专卖制和均输法、平准法的再发展。但从目的和思想根据而言，武帝和王莽的政策之间却存在很大的差异。前者是填补因对匈奴战争而空亏的国库；后者的目的则是压制工商业者牟取暴利，保护遭受高利贷者剥削的贫困农民，和同时实施的土地政策的目的相通。在思想根据上，王莽的工商业统制政策与土地政策相通，都是以儒家思想，特别是以《周礼》所阐述的思想为根据。[2]

汉武帝实施六筦之政，是为“填补因对匈奴战争而空亏的国库”。王莽推行六筦之政，是为“保护遭受高利贷者剥削的贫困农民”。两相比较，王莽“新政”之“保民而王”理念，更为明显。

总之，王莽“新政”推动的系列基于民生的改革，无论是限

[1] 钱穆：《两汉经学今古文平议》，商务印书馆 2001 年版，第 133 页。

[2] 〔日〕西嶋定生：《秦汉帝国——中国古代帝国之灭亡》，顾珊珊译，社会科学文献出版社 2017 年版，第 403 ~ 404 页。

田释奴，还是币制改革和六筦、五均、赊贷，皆是根据儒家政治理想主义的“敬德保民”理念实施的“保民而王”措施，[1] 其“保民”和“利民”之初衷不容否定，说他是“社会主义者”，亦不为过。至于实施效果，另当别论。所以，宫崎市定说：“这些新政策在理念上有极为进步、合理的地方，但要说为实施新政进行了多少准备，那实在是令人不胜寒心。”[2]

二、王莽“新政”败亡原因述论

1. 关于王莽“新政”败亡原因的几种观点评述

考察王莽“新政”败亡的原因，笔者先从汉人的两份文件说起。一是隗嚣檄告郡国书，其辞曰：

> 故新都侯王莽，慢侮天地，悖道逆理。鸩杀孝平皇帝，篡夺其位。矫托天命，伪作符书，欺惑众庶，震怒上帝。……诡乱天术，援引史传。昔秦始皇毁坏谥法，以一二数欲至万世，而莽下三万六千岁之历，言身当尽此度。循亡秦之轨，推无穷之数。是其逆天之大罪也。分裂郡国，

[1] 王莽在经济领域的系列改革，主要依据儒家政治理想主义的“敬德保民”理念和“保民而王”思想，亦与他在哀帝时就国新野三年的基层生活有关。如禁止买卖奴婢，或与他在新野时处理次子杀婢事件有关。实施王田制，与他在新野时目睹南阳豪门贵族的土地兼并导致百姓流离失所之现状有关。实施低息赊贷政策，可能来自他对南阳社会的观察。总之，正如东晋次所说：“王莽在目睹这一社会现状时想到了什么？想必这些在长安无法亲眼得见的地方社会现状，给他日后构思王田制等社会政策提供了一些方向。”（《王莽——儒家理想的信徒》，李天蛟、臧鲁宁译，四川人民出版社 2021 年版，第 65 页）

[2] 〔日〕宫崎市定：《中国史》，焦堃、瞿柘如译，商务印书馆（香港）有限责任公司 2018 年版，第 157 页。

断截地络。田为王田，买卖不得。规锢山泽，夺民本业。造起九庙，穷极土作。发冢河东，攻劫丘垄。此其逆地之大罪也。尊任残贼，信任奸佞，诛戮忠正……冤系无辜，妄族众庶……政令日变，官名月易，货币岁改，吏民昏乱，不知所从，商旅穷窘，号泣市道。设为六筦，增重赋敛，刻剥百姓，厚自奉养……民坐挟铜炭，没入钟官，徒隶殷积，数十万人。……北攻强胡，南扰劲越，西侵羌戎，东摘法迪尔秽貊，使四境之外，并入为害。……此其逆人之大罪也。[1]

作为鼓动天下反莽的战斗檄文，其遑辞和语气不免夸张，但就其内容言，除“鸩杀孝平皇帝”一条是否属实尚须考证外，其他大体可信。说王莽有逆天、逆地、逆人大罪，这亦不妨看作是“新政”败亡的主要原因。二是桓谭著文论王莽“新政”败亡之原因，其辞曰：

王翁之过绝世人有三焉：其智足以饰非夺是，辨能穷诘说士，威则震惧群下，又数阴中不快己者。故群臣莫能抗答其论，莫敢干犯匡谏，卒以致亡败，其不知大体之祸。……王翁始秉国政，自以通明圣贤，而谓群下才智莫能出其上。是故举措兴事，辄欲自信任，不肯与诸明习者通共，苛直意而发，得之而用，是以稀获其功效焉。故卒遇破亡，此不知大体者也。……王翁嘉慕前圣之治，而简薄汉家法令，故多所变更，欲事事效古，美先圣制度，而不知己之不能行其事。释近趋远，所尚非务，故以高义退致废乱，此不知大体者也。……王翁前欲北伐匈奴，及后东击青、徐众郡赤眉之徒，皆不择良将，而但以世姓及信谨文吏，或遣亲属子孙，素所爱好，咸无权智将帅之用，猥使据军持众，当赴强敌。是以军合则损，士众散走，咎在不择将，将与主俱不知大体者也。[2]

[1] 范晔：《后汉书·隗嚣传》，见《后汉书》，中华书局 1965 年版，第 515 ~ 517 页。

[2] 桓谭：《新论》，见朱谦之《新辑本桓谭新论》，中华书局 2009 年版，第 12 ~ 13 页。

与隗嚣的反对派身份相比，桓谭是王莽“新政”体制内的人，是一个在体制内但不甚被重用的、有相当理性精神的学者，故其所论王莽“新政”之败亡，较为客观中肯。归纳起来，大体有四个方面：一是智辨过人，威惧群臣。二是自信狂妄，强志敢为。三是事事效古，所尚非务。四是信谨文吏，任人唯亲。总言之，就是“不知大体”[1]。

近现代学人讨论王莽“新政”败亡之原因，钱穆的总结较为全面。概言之，约有五个方面：一是徒慕古制，不通政理；二是迂阔拘泥，不识时变；三是拘牵虚文，不达民情；四是强志敢为，不顾舆情；五是性严意执，不近人情。[2]

以上是总括性评论。具体说，近代以来，中外学者关于王莽“新政”败亡的原因，大致有以下几种代表性观点：

一是“人心思汉”论。从源头上讲，“人心思汉”论的始作俑者，是班固。他的《汉书》，站在维护刘氏家天下立场，指责王莽篡汉立新，渲染“新政”后期起兵反莽的各路军事集团的“人心思汉”心理，认为王莽败亡，就是这种“人心思汉”心理所激发出来的反抗力量。后人依据《汉书》研究两汉之际的史实，便普遍认为王莽“新政”败

[1] 以“大体”论人，是桓谭的一个惯例。如，他在《新论》中批评俗儒的因循模仿说：“及博见多闻，书至万篇，为儒教授数百千人，祇益不知大体焉。”认为“事事效古”之人，“释近趋远，所尚非务，故以高义退致废乱，此不知大体者也”。桓谭《新论》，散佚已久，从后人的辑本看，其中有“言体”专篇，当是讨论“大体”之专文。他说：“大体者，皆是当之事也。夫言是而计当，遭变而用权，居常而守正，见事不惑，内有度量，不可倾移，而诳以谲异，为知大体矣。如无大材，则虽威权如王翁，察慧如公孙龙，敏给如东方朔，言灾异如京君明，及博见多闻，书至万篇，为儒教授数百千人，祇益不知大体焉。”只有“大材”能知“大体”，他说：“非有大材深智，则不能见其大体。”所谓“大材”，就是他在《新论》中一再提到的“通人”。他以为，只有“通人”才能知“大体”。（朱谦之：《新辑本桓谭新论》，中华书局 2009 年版，第 12 页）

[2] 钱穆：《刘向歆父子年谱》，见《两汉经学今古文平议》，商务印书馆 2001 年版。

亡的原因，是由于“人心思汉”。如赵翼《廿二史劄记》卷三《王莽时起兵者皆称汉后》说：

> 汉自高、惠以后，贤圣之君六七作，深仁厚泽，被于人者深。即元、成、哀三帝稍劣，亦绝无虐民之政，祇以运祚中衰，国统频绝，故王莽得乘便窃位。班彪所谓危自上起，伤不及下，故虽时代改易，而民心未去，加以莽政愈虐，则思汉之心益坚。

赵翼指出，此间“人心思汉”的言论，在《汉书》中在在多有。如王常曰：“莽政令苛酷，失天下心。民之讴吟思汉，非一日也。”郑兴对更始帝说：“天下同苦王氏虐政，而思高祖之旧德。”冯衍《说廉丹书》言：“海内溃乱，人怀汉德，甚于诗人之思召公也。”冯异对光武帝说：“天下同苦王氏，思汉久矣。”因此，赵翼指出：“历观诸说，可见当日之民心也。故群雄之起兵者，无不以刘氏举号。”[1] 其时起兵称汉后，以刘氏为号者，约有四种情况：第一，本姓刘而自称刘氏后裔者，如刘圣公在平林军中为安集掾，兵士虽众而不能统一号令，诸将认为刘圣公是刘氏后裔，遂立为天子，建元曰“更始”。第二，异姓起兵，奉汉后为帝者，如樊崇起兵，奉刘盆子为帝；方望和弓林以为孺子婴是汉故主，奉之为帝。第三，冒充刘氏后裔而起兵者，如卢芳因“人心思汉”，乃自称武帝曾孙，诸豪杰信以为真，遂立为上将军。卜者王郎伪称成帝子子舆，称王于邯郸。第四，假借辅助汉朝而起者，如公孙述假借辅汉起事，称帝于成都。隗嚣割据天水，自称天子，于天水立高帝庙，称臣奉祠。其时起兵争天下者，未必人人皆有思汉辅汉

[1] 王树民：《廿二史劄记校证》，中华书局 2013 年版，第 73 页。

之心，但人人皆知以汉为旗帜能取得政治优势，可号令天下。所以，赵翼说：

> 历观诸起事者，非自称刘氏子孙，即以辅汉为名，可见是时人心思汉，举天下不谋而同。是以光武得天下之易，起兵不三年，遂登帝位，古未有如此之速者，因民心之所愿，故易为力也。[1]

我们认为，在两汉之际，“人心思汉”心理当然存在，但不是普遍现象；“人心思汉”是导致王莽“新政”败亡的原因之一，但不是唯一原因。认为“人心思汉”是当时的普遍现象，是王莽“新政”败亡的主要原因，确有以今律古的嫌疑。如在当时，班彪以为“外因骚扰，远近俱发，假号云合，咸称刘氏，不谋而同辞。……今世比讴吟思汉，向仰刘氏，已可知矣”。而隗嚣不以为然，他说：“但见愚民习识刘氏姓号之故，而谓汉家复兴，疏矣！昔秦失其鹿，刘邦逐而掎之，时民复知汉乎？”[2]他就不相信当时有“人心思汉”的情况。当然，这可能与他自己图谋称王天下的意图有关。

近代以来，这种“人心思汉”论颇遭学者质疑。如吕思勉说：“新末之起兵者，多借刘氏为名，世因谓人心思汉，其实非也。”[3]莽末起兵者依托刘氏，这是事实，赵翼举证甚详。但依托刘氏起兵者，并非皆有“思汉”心理，更多是借刘氏之号行夺取天下之实，这可能才是当时“人心思汉”的实情。所以，吕思勉说：

[1] 赵翼：《廿二史劄记》卷三《王莽时起兵者皆称汉后》，见王树民《廿二史劄记校证》，中华书局 2013 年版，第 74 页。

[2] 班固：《汉书·叙传》，见《汉书》，中华书局 1962 年版，第 4207 页。

[3] 吕思勉：《秦汉史》，上海古籍出版社 2006 年版，第 196 页。

案莽之败，为之尽节者不少，视汉末无一人死难者，相去远矣。知谓人心思汉者，乃班氏父子之私言，非天下之公言也。[1]

毕汉思亦认为，“人心思汉”是“班氏父子之私言，而非天下之公言”。通过具体史实考察，他发现：刘秀的胜利，只是王莽败亡的最后一个环节，不是根本原因。1 ~ 9 年反抗王莽的行动，都得不到民众的支持，10 ~ 19 年不再有反叛者，22 年刘秀起兵，一年成功，靠的是平民武装力量的支持。他认为：平民军和地方大姓都不是存心反对王莽而发动起义，他们是因为追随刘秀而参与反对王莽的战争。[2] 另外，杨联陞说：

在这次革命中，有一件事可注意。即是赵翼《廿二史劄记》所说“王莽时起兵者皆称汉后”。……诚然这是“人心思汉”，但不见得是思刘氏，实在是思汉的制度。《后汉书》卷一一〇《索卢放传》，记太守索卢放对更始（刘玄）说：“今天下所以苦毒王氏归心皇汉者，实以圣政宽仁故也。”王莽时有句童谣说：“黄牛白腹，五铢当复。”五铢是西汉经济制度的一部分，后来光武真把来恢复了。[3]

杨氏解释“人心思汉”不是思刘氏，而是思汉的制度，这或有一定道理。因为王莽“新政”实施的基于民生的改革，虽然以“保民”和“利民”为初衷，但效果适得其反，造成农民彻底破产，沦为流民，成为“盗

[1] 吕思勉：《秦汉史》，上海古籍出版社 2006 年版，第 202 页。

[2] 陈启云：《儒学与汉代历史文化：陈启云文集二》，广西师范大学出版社 2007 年版，第 33 ~ 34 页。

[3] 杨联陞：《东汉的豪族》，商务印书馆 2011 年版，第 8 页。

贼”。而反思汉之制度则较为平稳，此或为“人心思汉”的真实意义。所以，赵翼说：“人但知莽之败由于人心思汉，而不知人心之所以思汉，实莽之激而成之也。”[1]

所以，我们认为，“人心思汉”并非当时社会的普遍心态，即便有思汉的心理，亦可能是思汉的制度，而不是思刘氏。因为当时社会的确没有万世一姓的观念，即便在隗嚣的讨伐檄文中，亦看不到这种观念；在桓谭的分析中，亦未见对王莽篡汉立新这件事情本身的指责。因此，比较真实的情况是，沦为流民的农民“盗贼”为求生存而起兵，并非存心要推翻王莽政权。南阳大姓亦是受到饥民为盗的威胁，才起兵自保，起初亦没有推翻王莽政权的理想。所以，陈启云的看法比较切合实际：

> 在新莽兴起的阶段，除了刘氏宗室成员和部分豪族由于自身利益的关系而不予支持之外（其实刘氏宗室与豪族也有支持王莽者），大部分儒士基于改革现实的公义，是认同王莽“新政”的理想的；其余人士由于各种不同原因，可能不积极支持，但亦不积极反抗新莽，而是随波逐流。[2]

这应该是两汉之际社会人士对王莽“新政”的普遍态度。

二是士族反动论。所谓士族反动论，是指两汉之际在儒学复兴的大背景下，形成的一个以儒学为知识背景的士人和官僚阶层，他们起

[1] 赵翼：《廿二史劄记》卷三《王莽之败》，见王树民《廿二史劄记校证》，中华书局 2013 年版，第 73 页。

[2] 陈启云：《儒学与汉代历史文化：陈启云文集二》，广西师范大学出版社 2007 年版，第 96 ~ 97 页。

初支持王莽“新政”关于礼制和民生的改革，但是，后来因为基于民生的经济改革触动了他们的利益，使他们成为王莽改革的反对派，并最终联合“盗贼”推翻了王莽“新政”。

持此论者，以余英时和金春峰为代表。余英时认为：“新政”之败亡，是由于王莽的经济改革伤害了士族大姓的利益，从而遭到他们的普遍抵制。[1] 金春峰亦认为：“独尊儒术”使豪强逐渐和经学、知识相联系，发展出新的社会阶层，即士族。正是士族这种特定的力量，决定了西汉中后期思想领域的变迁和政治格局的变化，“皇权与经学士族相互依存结合的情况，左右了西汉后期的政治变化”。他的结论是：“王莽，由士族拥戴而登位，又由士族的离心而垮台。”[2] 这与余英时的观点一脉相承。

持反对意见者，亦不在少数。如毕汉思认为：王莽“新政”的败亡，不是儒士的离心和反抗，而是另有原因。对士族反动论的批判最有力者，是陈启云。他全面驳斥余英时的“儒生法吏化论”“王莽亡于士族反抗论”“光武中兴由于士族大姓集团的支持论”，他坚信：真正有理想的儒士不会反对王莽，亦不会支持光武；儒士官员对王莽本人不是极端地苛斥，对“新政”的改革亦不是十分地反对。他说：

> (A) 汉儒的改革乃至革命理念理想是王莽兴起的很重要因素；(B) 秉持此理想的汉儒并不反对王莽，他们一部分在新莽覆亡时与王莽共同身殉；未丧生者或则公开表示“不食周（汉）粟”，成为隐逸独行中人，或则对天下大同理想感到幻灭，退而求其次（小康理想），注重宗亲、

[1] 余英时：《士与中国文化》，上海人民出版社 2003 年版，第 201 ~ 206 页。

[2] 金春峰：《汉代思想史》，中国社会科学出版社 2006 年版，第 8 页。

乡党之和好，而成为六朝士族的远祖。[1]

他承认儒士是王莽“新政”早期的支持者，但否认儒士是王莽“新政”晚期的反对者。王莽“新政”败亡后，儒者亦不是全然支持光武帝，而是出现分流状态。或与王莽“共同身殉”；或隐逸独行，成为六朝隐逸之宗；或退居乡里，组建新的社会阶层。比较而言，我们更倾向认同陈启云的观点，即士族反动并不是王莽“新政”败亡的主要原因。

三是黄河水患论。两汉之际，不仅有人祸，更有天灾，其时水患、蝗灾、地灾频繁发生。天灾犹如雪上加霜，使因不切实际的经济改革导致的社会矛盾和政治危机更加突显。尤其是当时特别严重的黄河水患，致使广大农民流离失所，沦为“盗贼”，成为起兵反莽的主要力量。所以，学者便有“新政”亡于黄河水患的观点。

持此观点的代表学者，是毕汉思。他认为：“王莽的垮台是由于几次黄河改道的重大积累的影响，这是非人力所能防止的灾难。”据他统计，在公元2年至140年期间，中国人口减少了800万或900万。不仅人口锐减，人口的地区分布状况亦发生明显变化。在公元2年，4400万人生活在中国北部，1370万人生活在南部。在公元140年，生活在北部的人只有2600万，南部约有2200万人，有1150万人在黄河故道之南的大平原上消失了。他据此断言：“黄河的两次改道促使大平原人口的迁移。”黄河的决口改道分别发生在公元3、4或5年和公元11年。因此，他指出：王莽“不应为给他带来的导致内战和自己死亡的不幸受任何责难”，因为“避免这两次自然灾害是根本

[1] 陈启云：《儒学与汉代历史文化：陈启云文集二》，广西师范大学出版社2007年版，第42、36、38页。

不可能的”。他推论说：

> 许多人必定在这两次水灾中死去，幸存者逃离了受灾区。……饥荒蔓延，越来越多的人成了黄河几次改道的积累性后果的受害者。农民开始逐步地放弃大平原南部，缓慢地向南方迁移。沿迁移的路线出现了动乱，挨饿的农民结伙抢粮。[1]

的确，“挨饿的农民结伙抢粮”，是两汉之际“盗贼”蜂起的主要原因。据他观察，“山东的形势甚至更加危急”，因为“它夹在黄河两条新河道之间，没有方便的逃生之路”。[2] 我们亦发现，两汉之际起兵动乱的“盗贼”，以山东最多。

但是，把王莽“新政”败亡的原因，仅仅归结为黄河水患，未免以偏概全。我们认为，黄河水患虽然不是王莽“新政”败亡的唯一原因，但肯定是重要原因之一。因为它是导致“盗贼”蜂起的主要原因，“盗贼”虽然不以推翻王莽“新政”为直接目标，但他们确是推翻王莽“新政”的群众力量。

四是改革失败论。两汉之际，王莽基于儒家政治理想主义精神和礼制改革主义理念，推行的系列包括政治、经济、文化方面的改革，无疑是一场失败的改革，是一场导致严重后果的改革。如，王莽企图通过实施王田制解决土地兼并问题，结果却加速了土地的集中和垄断。反复无常的货币改革，不仅导致经济秩序混乱，亦未能实现增加政府

[1] 〔英〕崔瑞德、鲁惟一编：《剑桥中国秦汉史》，杨品泉等译，中国社会科学出版社 1992 年版，第 221 页。

[2] 〔英〕崔瑞德、鲁惟一编：《剑桥中国秦汉史》，杨品泉等译，中国社会科学出版社 1992 年版，第 223 ~ 224 页。

货币收入的目的。因此，学者分析王莽“新政”败亡的原因，往往归结到这场虽有良好初衷但又很不切实际的改革上。改革失败论是学术界的代表性观点。

概言之，导致王莽改革失败的原因有三个方面：一是拘泥古制，二是理想与现实的冲突，三是强志敢为。相应地，主张改革失败论者，又有三种情况：其一是拘泥古制论，持此论者，以钱穆为代表。他在《刘向歆父子年谱》中论及王莽改制，常常批评王莽“不达时宜，是古非今”，“追复古礼，迂阔不当”，“拘泥古迹，徒滋纷扰”，“事事复古，不识时变”，“事事慕古，拘泥可笑”，“拘古纷更，不达民情”，等等。其二是宏大理想与严峻现实冲突论，持此论者，以吕思勉为代表。吕思勉称王莽改革为“根本改革”、“根本大计”或“革命之事”。他认为：“新莽作事之无成，实由其规模之过大。”[1]“规模之过大”，就是理想过于宏阔，故而与现实颇相冲突。[2]这个现实又包括三个方面：一是缺乏强大的“政治之力”以推行之，[3]二是“其

[1] 吕思勉：《秦汉史》，上海古籍出版社 2006 年版，第 185 页。

[2] 吕思勉说：“王莽当日所定的法令，有关实际的，怕没有一件能够真正推行，而达到目的，因此而生的流弊，则无一事不有，且无一事不厉害。其余无关实际，徒资纷扰的，更不必说了。”（《吕著中国通史》，上海古籍出版社 2006 年版）

[3] 吕思勉说：“汉世儒家，常怀根本改革之计，其意非不甚善。然根本改革之计，欲藉政治之力以行之，则其道适相反。盖党类（class）既异，利害必不相容。操治理之权者，其利正在于剥削人民。不能辅翼平民，使起与厉己者争，而望厉民者行保民之政，则与虎谋皮矣，有是理乎？”（《秦汉史》，上海古籍出版社 2006 年版，第 152 页）陆景《典语》亦说：“王莽之世，内尚文章，外缮师旅，立明堂之制，修辟雍之礼，招集儒学，思遵古道，文武之事备矣。然而命绝于渐台，支解于汉刃者，岂文武之不能治世哉？而用之者拙也。”

利害与官吏根本不相容”，[1] 三是与当时“资本势力”相冲突，[2] 因而失败不可避免。其三是强志敢为论，持此论者，亦以钱穆为代表。据前述可知，王莽推行的改革，是先秦以来有志于社会改造的儒者之理想，亦是西汉时期一般儒者的追求。在王莽执政前，虽然或有部分内容在政治上实践过，但大体都还是停留在理想状态或言说状态。王莽执政后，他不拘时宜，不达民情，不近人情，不顾舆情，强志敢为，力图把这些极富理想主义色彩的政策全盘推行开来，最终生败名裂，国破家亡。改革措施的不切实际和推行手段的不恰当，导致王莽“新政”的败亡，这是一般学者的共识。其实，我们认为：王莽并没有全面推行他的改革措施，这些改革措施亦没有产生特别重大的社会效应。因此，改革的失败，是王莽“新政”败亡的重要原因，但不是唯一原因。

五是匈奴反叛论。匈奴问题一直是困扰汉王朝的重大政治问题，汉初几十年，时战时和，武帝以后，基本解决了匈奴对汉王朝边疆的威胁。昭、宣以来，汉王朝与匈奴之间大体为友好和平状态。王莽拘于夷夏之辨的名义，打破这种和平状态，挑起战争，导致边境战乱，举国骚动。学者认为，匈奴反叛引起的举国骚动，是王莽“新政”败

[1] 吕思勉说：“盖莽所行者为革命之事，其利害与官吏根本不能相容，故虽严于督责，而卒弗能胜也。……故莽之败，究由所行之事，与社会情势不合者居多，其身之失，薄乎云尔。”（《秦汉史》，上海古籍出版社 2006 年版，第 188 页）

[2] 吕思勉认为：自晚周以来，社会上占主导地位的是“封建势力”和“资本势力”。他说：“晚周以来，盖封建势力日微，而资本势力方兴之会。封建势力，如死灰之不可复然矣，而或不知其不可然而欲然之；资本势力，如洪水之不可遽湮也，而或不知其不可湮而欲湮之；此为晚周至先汉扰攘之由，至新室亡，人咸知其局之不易变，或且以为不可变，言治者但务去泰去甚，以求苟安，不敢作根本变革之想矣。”王莽正是在“资本势力”方兴未艾之时，强力推行“中央经济统制政策”，故而遭遇阻碍而最终失败。因为“资本势力，正当如日方升之时，有非人力所能为者也”。（《秦汉史》，上海古籍出版社 2006 年版，第 2、3 页）

亡的主要原因。

据史载，始建国元年（9）王莽即位，诏令曰：

> 天无二日，土无二王，百王不易之道也。汉氏诸侯或称王，至于四夷亦如之，违于古典，缪于一统。其定诸侯王之号皆称公，及四夷僭号称王者皆更为侯。[1]

在当年秋，王莽派五威将王奇等十二人巡行全国，颁布和落实这道诏令。前往南方，贬句町王为侯；前往西域，贬西域诸王为侯；前往匈奴王廷，收回汉印“匈奴单于玺”，授新印“匈奴单于章”，收回汉宣帝与匈奴的协议，颁布新四条规约；改东北的“高句丽”为“下句丽”，改匈奴单于为“降奴单于”，改匈奴单于囊知牙斯为“知”。以上种种对周边各民族名义上的改革，破坏了昭、宣以来中央政府与周边各族的和平友好关系，引起周边各族强烈不满，导致西南、西北、东北边境陷入战乱状态。尤其是匈奴的反叛，最为严重。

面对紧张的边境局势，王莽从全国各地征集三十万大军开赴北方边境，发动对匈奴的战争。又从全国各地转运军粮，加上吏士放纵，引起举国骚动。据《汉书·王莽传中》说：

> 是时诸将在边，须大众集，吏士放纵，而内郡愁于征发，民弃城郭流亡为盗贼，并州、平州尤甚。莽令七公六卿号皆兼称将军，遣著武将军逯并等填名都，中郎将、绣衣执法各五十五人，分填缘边大郡，督大奸猾擅弄兵者，皆便为奸于外，扰乱州郡，货赂为市，侵渔百姓。[2]

[1] 班固：《汉书·王莽传》，见《汉书》，中华书局 1962 年版，第 4105 页。

[2] 班固：《汉书》，中华书局 1962 年版，第 4125 页。

当时，严尤进言劝谏，反对向匈奴用兵，指出出兵匈奴的五大难点，王莽不予采纳。提出暂时搁置匈奴问题，先解决山东地区的叛乱事件。王莽大怒，免其大司马职。公孙禄亦指出：“匈奴不可攻，当与和亲。臣恐新室忧不在匈奴，而在封域之中也。”王莽亦不采纳。东晋次说：

> 新莽成立初期，讨伐匈奴是王莽诸多政策中的一大败笔，也是其政权灭亡的根本原因。如果北方边境在和亲政策下保持安定的话，就不会成为王莽政权的绊脚石。那么即使建设礼制国家的政策没能发挥理想效果，至少新莽政权的寿命不会如此短暂，甚至有可能在王莽死后也不会灭亡。然而实际的历史走向却背道而驰，于天凤元年一度被修复的友好关系，因王莽对形式、权力和威严的执着再次破裂，导致匈奴再度入侵北方边境。北方边境民众为生活所迫，不得不流亡内郡，导致华北地区出现混乱。在这种局势下，反对新莽、重建汉朝的形势高涨，最终，民众揭竿而起。[1]

我们认为，匈奴反叛，致使“新政”处于内忧外困之境地，加速了“新政”的败亡，是王莽政权覆灭的重要原因之一。

综上所述，近代以来学者关于王莽“新政”败亡的原因，约有以上五种观点。但是，我们认为，前述任何一种观点都不足以独立解释“新政”的败亡。或者说，它们分别是王莽“新政”败亡的充分条件，不是必要条件。并且，前述各种观点，并非都能得到普遍认同，反对意见亦时有所见。

[1] 〔日〕东晋次：《王莽——儒家理想的信徒》，李天蛟、臧鲁宁译，四川人民出版社 2021 年版，第 235 页。

关于“人心思汉”论，虽然确如赵翼所说，“汉末起兵者皆称汉后”，“新政”后期确实存在“人心思汉”的社会心理。但是，这种社会心理的影响面到底有多大？或者说，这是否成为当时社会的一种普遍心理，值得怀疑。还有，所谓“人心思汉”，到底是思刘氏，还是思汉家制度，亦还有不同意见。因此，“人心思汉”心理对激发时人起兵反莽的鼓动性到底有多大，需要重新评估。我们认为，这种社会心理的流行范围和影响程度，可能与班固《汉书》的过分强调和刻意夸大有关系。因为在“新政”的前期和中期，起兵反莽者，并未得到社会的普遍呼应，而且其中竟然有十余年时间没有发生过一起起兵反莽事件。这肯定不是《汉书》记录的疏漏，因为班固本就刻意强调和彰显“人心思汉”的社会心理，如果因为“人心思汉”而普遍发生起兵反莽事件，《汉书》肯定不会遗漏。在“新政”后期，各地军事集团借“盗贼”蜂起之势，纷纷以“汉后”为名起兵反莽，这是事实。但是，实际上，这是各军事集团借“汉后”之名鼓动天下，营造“人心思汉”氛围。或者说，“人心思汉”是各军事集团营造的一种时代氛围，一般民众未必有这种自觉意识。所以，仅仅从“人心思汉”角度，不能完全解释王莽“新政”败亡的原因。

士族阶层的兴起，确是西汉中后期值得重视的社会现象。余英时、金春峰等学者对当时士族阶层的构成及其特征有深入阐释，坚持认为王莽“新政”的败亡，就是因为士族大姓的抵制，以为“王莽由士族拥戴而登位，又由士族的离心而垮台”。在其影响下，学术界普遍认为士族抵制和反抗，是王莽“新政”败亡的主要原因。但是，陈启云的反驳很有理据。他认为：两汉之际士族阶层的兴起是事实，但以儒者为代表的士族群体，对王莽“新政”并非一边倒地反对，其中既有反对者，亦有支持者，还有逃亡者。并且，反对者的力量不占优势，逃亡者是少数，支持者却占较大比例。我们认为：随着儒学势力的扩张，西汉中后期兴起的以儒者为代表的士族阶层，他们对王莽“新政”的态度，并非如余英时所说，是一边倒地反对。而是如陈启云所论，有几种不同姿态，持抵制和反抗态度的力量并不占优势。所以，仅仅从士族抵抗角度，不能完全说明王莽“新政”败亡的原因。

毕汉思是黄河水患论的主要倡导者，他认为王莽“新政”的败亡，既非“人心思汉”，亦不是士族阶层的抵抗，而是由于两汉之际黄河大水患产生的大灾荒，以及因大灾荒导致的流民大逃亡所造成。王莽“新政”时期黄河中下游一带因洪水泛滥而导致的灾民逃离和人口锐减，这是事实。毕汉思关于当时华北地区人口锐减情况的统计分析，足以说明灾荒的严重性，两汉之际“盗贼”泛滥，就是因此造成。但是，黄河水患导致的饥民逃亡，是否足以直接导致王莽“新政”的败亡；或者说，黄河水患是否就是王莽“新政”败亡的唯一原因，仍需进一步考量。余英时亦承认“新政”期间确有黄河的泛滥成灾，但他认为毕汉思把水患的影响程度过度夸张了，夸大到足以颠覆一个政权的程度。我们认为：西汉后期黄河泛滥成灾以及由此导致大量灾民的流亡，是事实。大量灾民流亡，导致社会秩序混乱，形成“盗贼”蜂起之势，并为各军事集团利用，从而壮大反对者的势力，亦是事实。我们的观点是：黄河泛滥成灾导致灾民流亡，是导致“新政”败亡的充分条件，不是必要条件。仅仅从黄河水患角度，不能完全说明王莽“新政”败亡的原因。

改革失败论是学者讨论王莽“新政”败亡原因最普遍的看法，如吕思勉、钱穆、陈启云等学者均持此论。即使持其他观点者，亦不否定改革失败论。的确，王莽“新政”最显著的特点，就是秉持浪漫主义精神推动政治理想主义改革。从改革内容看，是奉天法古，是托古改制，与现实政治颇为扞格；从改革态度看，是强制敢为，是胆大妄为，与理性精神颇有距离。问题是，这种打着“恤民生”旗号进行的改革，到底与民生有多大关联？或者说，这种改革，到底在多大程度上改善了民生或者侵害了民生？需要认真评估。比如，托古改制的核心内容之一——礼制改革，包括改革官制和地名，这实在与民生毫无关联。基于民生的经济改革，如王田奴婢、五均六筦、币制改革等等，实施的范围有多大？触及民生利益的程度有多深？这些亦需要认真考量。于此，我们认为，充满理想激情的王莽，推行一系列此前儒者敢想而不敢为的礼制、民生改革，其礼制、官名、地名、区划改革，与民生毫无关联；其王田奴婢、五均六筦、币制等方面的改革，或者未能全面实施，或者即改即废，其对民生利益，对士族利益，并未产生根本影响，亦未获得实际效益。因此，胆大妄为的托古改制，是导致王莽“新政”败亡的原因之一，但不是唯一原因。仅仅从改革失败角度，不能完全解释王莽“新政”的败亡。

王莽拘于夷夏之辨的名义，打破了中原王朝与周边各族之间的友好和平状态，无端挑起战争，陷入边疆安全危机，调遣数十万大军开赴边疆，引起举国骚动，“盗贼”蜂起，使本已摇摇欲坠的“新政”陷入深重的政治危机中。匈奴的反叛，是加速“新政”败亡的重要原因，但不是唯一原因。

综上，我们认为，一个庞大政治体的轰然倒塌，绝不是由单方面的某个因素所决定，就像要从统治天下将近两百年的刘氏家族手中拿走政权，亦不是单凭王莽的奸诈权术就可以获得成功的。前述人心思汉论、士族抵制论、黄河水患论、改革失败论、匈奴反叛论等，其中的某一项，或是王莽“新政”败亡的原因之一，但都不是决定性的唯一原因。或者说，王莽“新政”之败亡，是由诸多因素综合作用造成。

2.“盗贼”蜂起与“新政”败亡

通览《汉书·王莽传》，发现在两汉之际有一个特别突出的社会现状，就是“盗贼”蜂起。“盗贼”是当时社会的一个关键词，亦是其时朝野上下广泛讨论并力图解决的一个重大社会问题。所谓“盗贼”，在当时的政治语境中，并非指游手好闲、不事生产而专以偷盗营生的窃贼，而是指因天灾人祸无以自立，无法营生，铤而走险打家劫舍以维持生计的民众。如：

(1) 是时诸将在边，须大众集，吏士放纵，而内郡愁于征发，民弃城郭流亡为盗贼。[1]

(2) 谷常贵，边兵二十余万人仰衣食，县官愁苦，五原、代郡尤被其毒，起为盗贼，数千人为辈，转入旁郡。[2]

(3) 是岁，复明六筦之令。每一筦下，为设科条防禁，犯者罪当死，吏民抵罪者浸众。……天下愈愁，盗贼起。[3]

(4) 临淮瓜田仪等为盗贼……莽遣使者即赦盗贼，还言：“盗贼解，辄复合。问其故，皆曰愁法禁烦苛，不得举手。力作所得，不足以给贡税。闭门自守，又坐邻伍铸钱挟铜，奸吏因以愁民。民穷，悉起为盗贼。”

[1] 班固：《汉书·王莽传》，见《汉书》，中华书局 1962 年版，第 4125 页。

[2] 班固：《汉书·王莽传》，见《汉书》，中华书局 1962 年版，第 4140 页。

[3] 班固：《汉书·王莽传》，见《汉书》，中华书局 1962 年版，第 4150 页。

莽大怒，免之。[1]

(5)（荆州牧费兴言治荆方略）云：“间者，国张六筦，税山泽，妨夺民之利，连年久旱，百姓饥穷，故为盗贼。兴到部，欲令明晓告盗贼归田里，假贷犂牛种食，阔其租赋，几可以解释安集。”莽怒，免兴官。[2]

(6) 赤眉力子都、樊崇等以饥馑相聚，起于琅琊，转钞掠，众皆万数。遣使者发郡国兵击之，不能克。六年春，莽见盗贼多，乃令太史推三万六千岁历纪，六岁一改元，布天下。……欲以诳耀百姓，销解盗贼。[3]

(7) 严尤有智略，非莽攻伐西夷……固言匈奴可且以为后，先忧山东盗贼。[4]

(8) 田况奏郡县訾民不实，莽复三十税一……众庶皆詈之。青、徐民多弃乡里流亡，老弱死道路，壮者入贼中。[5]

(9) 莽见四方盗贼多，复欲厌之。又下书曰：……。[6]

(10) 莽又见四方盗贼多，欲视为自安能建万世之基者，乃下书曰：……。[7]

(11) 魏成大尹李焉与卜者王况谋，况谓焉曰：“新室即位以来，民田奴婢不得到卖买，数改钱货，征发烦数，军旅骚动，四夷并侵，百姓愁恨，盗贼并起，汉家当复兴。”[8]

(12) 初，四方皆以饥寒穷愁起为盗贼，稍稍群聚，常思岁熟得归乡里。众虽万数，亶称巨人、从事、三老、祭酒，不敢略有城邑，转掠求食，

[1] 班固：《汉书・王莽传》，见《汉书》，中华书局 1962 年版，第 4151 页。

[2] 班固：《汉书・王莽传》，见《汉书》，中华书局 1962 年版，第 4152 页。

[3] 班固：《汉书・王莽传》，见《汉书》，中华书局 1962 年版，第 4154 页。

[4] 班固：《汉书・王莽传》，见《汉书》，中华书局 1962 年版，第 4156 页。

[5] 班固：《汉书・王莽传》，见《汉书》，中华书局 1962 年版，第 4157 页。

[6] 班固：《汉书・王莽传》，见《汉书》，中华书局 1962 年版，第 4158 页。

[7] 班固：《汉书・王莽传》，见《汉书》，中华书局 1962 年版，第 4161 页。

[8] 班固：《汉书・王莽传》，见《汉书》，中华书局 1962 年版，第 4166 页。

日阕而已。诸长吏牧守皆自乱斩中兵而死，贼非敢欲杀之也，而莽终不谕其故。[1]

(13) 四方盗贼往往数万人攻城邑，杀二千石以下。太师王匡等战数不利。……莽知天下溃畔，事穷计迫，乃议遣风俗大夫司国宪等分行天下，除井田、奴婢、山泽、六筦之禁，即位以来诏令不便于民者皆收还之。[2]

(14) 十一月，有星孛于张，东南行，五日不见。莽数召问太史令宗宣，诸术数家皆谬对，言天文安善，群贼且灭。莽差以自安。[3]

(15) 三辅盗贼麻起，乃置捕盗都尉官，令执法谒者追击长安中，建鸣鼓攻贼幡，而使者随其后。[4]

以上所举，仅是《汉书·王莽传》的记录，其他文本中的此类记录，当不在少数，兹不列举。据此可知，“盗贼”蜂起确是“新政”后期特别严重的社会问题。因此，与其说王莽“新政”亡于人心思汉、黄河水患、士族抵制、改革失败、匈奴反叛等，不如径直说是亡于“盗贼”。因为确实是“盗贼”闯入长安，杀死王莽。需要追问的是，迫于生计铤而走险的“盗贼”，各代均有，为何在王莽“新政”后期特别突出，成为当时严重的社会问题，成为推翻王莽“新政”的主要力量？归纳起来，主要有以下几个原因。

一、在王莽“新政”期间，水灾、旱灾、地灾和蝗灾频繁发生，这是导致饥民流离失所，最终沦为“盗贼”的主要原因。毕汉思特别

[1] 班固：《汉书·王莽传》，见《汉书》，中华书局 1962 年版，第 4171 页。

[2] 班固：《汉书·王莽传》，见《汉书》，中华书局 1962 年版，第 4179 页。

[3] 班固：《汉书·王莽传》，见《汉书》，中华书局 1962 年版，第 4179 页。

[4] 班固：《汉书·王莽传》，见《汉书》，中华书局 1962 年版，第 4167 页。

重视黄河水患，认为其是导致饥民流亡、“盗贼”蜂起的主要原因。其实，当时除黄河水患，还有频频发生的地灾、旱灾和蝗灾，这些亦是导致饥民流亡沦为“盗贼”的重要原因。

二、在王莽“新政”时期，军师放纵，吏治废弛，官乏俸禄，于是吏士因职为奸，乘权谋利，导致民众贫困破产，流离失所，沦为“盗贼”。

首先，在王莽“新政”时期，面临内忧外患，朝廷兴师动众，但是军粮缺乏，故军师放纵成为普遍现象。如前引第（1）条，就说是在征讨匈奴的战争中，由于“吏士放纵”而导致“民弃城郭流亡为盗贼”。第（2）条亦说是因为“边兵二十余万人仰衣食，县官愁苦”，导致民众起为“盗贼”。又据《汉书·王莽传》记载：“孙喜、景尚、曹放等击贼不能克，军师放纵，百姓重困。”[1]“太师（王匡）、更始（廉丹）合将锐士十余万人，所过放纵。东方为之语曰：宁逢赤眉，不逢太师！太师尚可，更始杀我！”[2]说的就是“军师放纵”导致“百姓重困”的情况。

其次，在西汉中后期和王莽“新政”时期，因依据儒家政治理想主义精神推行宽仁之政而导致吏治废弛，亦是一个突出现象。如吕思勉说：

> 儒家所谓宽仁之政，几于史不绝书，然而汉治反于此时大坏，这是什么缘故呢？因为官僚阶级的利益是和人民相反的，要保护人民，其要义就在于约束官僚，使不能为民害，若并官僚阶级而亦放纵之，那就是

[1] 班固：《汉书》，中华书局1962年版，第4167页。

[2] 班固：《汉书·王莽传》，见《汉书》，中华书局1962年版，第4175页。

> 纵百万虎狼于民间了。汉朝政治之放纵——督责之术之废弛，是起于元帝之世的，所以汉朝的政治，也坏于元帝时。为什么元帝会放纵治者阶级使为民害呢？其弊便在于不察名实。

他认为："法家这种综核名实的精神，自元帝以后莫之能行，以至亡国。"[1]"综核名实"是法家的长项，"督责之术"为文吏所擅长。推行儒家宽仁之政与吏治废弛同步出现，说明儒者官僚不善于整饬吏治。这种状况，在王莽"新政"时期更加突出。吕思勉说：

> 当创制改法之时，行政上的督责，需要更加严厉。新莽对于这个问题，却是如何呢？我们并没有听见他特设一个监察的机关，亦没听见他格外注重于监察的事务。只知道他迷信立法，"以为制定则天下自平。公卿旦入暮出，议论连年不决。不暇省狱讼冤结，民之急务"。甚至"县宰缺者数年，守兼一切，贪残日甚"。对于督责一端，反而格外废弛而已。[2]

汉儒重王道轻霸道，重循吏轻酷吏。西汉中后期以来，儒者主持朝政，依据"敬德保民"的执政理念，推行宽仁之政，重循吏，行王道，以为"制定则天下自平"，普遍忽略对吏治的整饬，或者基本不具备整饬吏治的能力，因而导致吏治废弛。所以，内藤湖南说："汉代政治的长处是整饬吏治，而王莽的政治，虽然建立了制度，但忽视了吏治，故而失败。"[3]

[1] 吕思勉：《中国文化思想史九种》，上海古籍出版社 2009 年版，第 790、794 页。

[2] 吕思勉：《中国文化思想史九种》，上海古籍出版社 2009 年版，第 725 页。

[3] 〔日〕内藤湖南：《中国史通论》，夏应元、钱婉约等译，九州出版社 2018 年版，第 249 页。

第三，在王莽“新政”时期，官吏俸禄没有保障，即便有得，亦甚低微。因此，官吏贪残，盘剥百姓，亦是普遍现象。据《汉书·王莽传》载：“县宰缺者，数年守兼，一切贪残日甚。中郎将、绣衣执法在郡国者，并乘权势，传相举奏。又十一公士分布劝农桑，班时令，案诸章，冠盖相望，交错道路，召会吏民，逮捕证左，郡县赋敛，递相赇赂，白墨纷然，守阙告诉者多。”[1]又如，天凤三年（16）五月，“莽下吏禄制度。……莽之制度烦碎如此，课计不可理，吏终不得禄，各因官职为奸，受取赇赂以自供给。”[2]“天下吏以不得奉禄，并为奸利，郡尹县宰家累千金。”[3]“流民入关者数十万人，乃置养赡官禀食之。使者监领，与小吏共盗其禀，饥死者十七八。”[4]吏治废弛，官无俸禄，故因职为奸，乘权谋利，递相赇赂，就不可避免。其结果是官吏“家累千金”，百姓流离失所，而“盗贼”蜂起，亦就势所必然。

三、在王莽“新政”时期，改制立法，政令繁苛，百姓不堪重负，亦是导致“盗贼”蜂起的重要原因。如前引第（3）条，便谓行六筦之法，“为设科条防禁”，而“吏民抵罪者浉众”，于是“天下愈愁，盗贼起”。第（4）条，使者称“盗贼”蜂起的原因有三：一是“愁法禁烦苛，不得举手”，二是“力作所得，不足以给贡税”，三是“闭门自守，又坐邻伍铸钱挟铜，奸吏因以愁民”。又如第（5）条，费兴言“盗贼”之兴起，是因为“国张六筦，税山泽，妨夺民之利，连年久旱，百姓饥穷，故为盗贼”。总之，皆因政令烦苛，百姓才无所适从而沦为“盗贼”。

[1] 班固：《汉书·王莽传》，见《汉书》，中华书局1962年版，第4140页。

[2] 班固：《汉书·王莽传》，见《汉书》，中华书局1962年版，第4143页。

[3] 班固：《汉书·王莽传》，见《汉书》，中华书局1962年版，第4152页。

[4] 班固：《汉书·王莽传》，见《汉书》，中华书局1962年版，第4177页。

综上，依据现存史料，导致王莽“新政”败亡的直接原因，就是“盗贼”蜂起。促使“盗贼”蜂起的主要原因，是灾害频繁、军师放纵、吏治废弛和政令繁苛。因政令繁苛、军师放纵和吏治废弛而导致民不聊生，再加上连年不断的洪灾、旱灾、地灾和蝗灾，致使民众饥寒交迫，流离失所，沦为流民，汇成“盗贼”，最终导致王莽“新政”的败亡。

在中国历史上，编户之民因天灾人祸沦为流民，汇成“盗贼”，各代皆有，而两汉之际尤甚。究其原因，主要是吏治废弛和治术拙劣。吏治废弛，主要表现在三个方面：一是吏士放纵，二是官僚无为，三是行政无序。关于吏士放纵，前已述及，兹不赘述。至于官僚无为，则大半是由王莽一手造成。史称王莽“畏备臣下，事事自决”，“自揽众事，有司受成苟免”。[1] 作为理想主义者的王莽，充分自信，自以为才智过人，于臣下之才能和智慧，则缺乏信心，故而“事事自决”，“自揽众事”。再加上他以奸诈手段谋取汉家政权，因此担心自己重蹈汉家覆辙，故而“畏备臣下”，对臣属不信任，对能臣尤加防备。[2] 如前引第（4）条，使者上言“盗贼”蜂起之真实原因，史称“莽大怒，免之”。前引第（5）条，荆州牧费兴分析“盗贼”蜂起之原因，提出切实可行的解决方案，史称“莽怒，免兴官”。又如田况，是当时朝廷少有的明习政事和具备治理“盗贼”能力的官僚，起初颇得王莽信任和重用，“莽以况忠言忧国，进爵为伯”[3]。但是，随着田况政治才能的展现，王莽因“畏备臣下”而逐渐排斥他，责让田况“未赐

---

[1] 班固：《汉书・王莽传》，见《汉书》，中华书局 1962 年版，第 4140 页。

[2] 班固《汉书・王莽传》说：“莽即真，尤备大臣，抑夺下权，朝臣有言其过失者，则拔擢。”（《汉书》，中华书局 1962 年版，第 4135 页）又说：“莽自见前颛权以得汉政，故务自揽众事，有司受成苟免。”（同上，第 4140 页）

[3] 班固：《汉书・王莽传》，见《汉书》，中华书局 1962 年版，第 4156 页。

虎符而擅发兵”，是“弄兵”。继而田况上书，说“盗贼”乃饥馑所致，言军士捕贼无方，提出捕贼良策，建议休息郡县，少派使者扰民。结果是“莽畏恶况”而免职。[1] 在这种情势下，当时官僚，虽身在朝廷，但多半都是“受成苟免”。

作为理想主义者的王莽，一方面他因“畏备臣下”而“事事自决”，“自揽众事”，另一方面他又与一般儒者一样，坐而论道，并不具备应对复杂社会现实和政治格局的行政能力。他一心只想效仿周公“制礼作乐”，以为“制定则天下自平”，常常醉心在极富理想主义色彩的改制中，史称莽“好变改制度，政令烦多，当奉行者，辄质问乃以从事，前后相乘，愦眊不渫”[2]。其脱离实际的繁琐改制，于此可见一斑。同时，王莽及其公卿大臣，于日常行政事务并不特别关心。在当时，“公卿旦入暮出，议论连年不决，不暇省狱讼冤结民之急务”，“上书待报者连年不得去，拘系郡县者逢赦而后出，卫卒不交代三岁矣”，甚至“县宰缺者，数年守兼，一切贪残日甚”。[3] 因此，一旦“盗贼”蜂起，天下大乱，便是惊慌恐惧，束手无策。

面对“盗贼”蜂起的社会局面，王莽亦欲调整统治策略以应对，[4] 但事穷计迫，往往无济于事。归纳起来，王莽应对“盗贼”蜂起的策略主要有两个：

一是掩耳盗铃，讳言因饥馑而起“盗贼”。在“盗贼”初起时，田况、

[1] 班固：《汉书・王莽传》，见《汉书》，中华书局 1962 年版，第 4172 ~ 4173 页。

[2] 班固：《汉书・王莽传》，见《汉书》，中华书局 1962 年版，第 4140 页。

[3] 班固：《汉书・王莽传》，见《汉书》，中华书局 1962 年版，第 4140 页。

[4] 班固《汉书・王莽传》说：“四方盗贼往往数万人攻城邑，杀二千石以下。太师王匡等战数不利。莽知天下溃畔，事穷计迫，乃议遣风俗大夫司国宪等分行天下，除井田奴婢山泽六筦之禁，即位以来诏令不便于民者皆收还之。”（《汉书》，中华书局 1962 年版，第 4179 页）

严尤、费兴等人客观分析“盗贼”兴起的原因，提出有效解决策略。王莽本人亦深知“盗贼”严重，认识到“盗贼”将会威胁政权安全，他亦忧心如焚，想方设法安抚民众。但是，作为理想主义者的王莽，在处理“盗贼”问题时，却是一意孤行，刚愎自用，全然不采纳臣下的建议。如当“盗贼”蜂起时，朝廷正在对匈奴用兵，严尤劝谏王莽，认为“匈奴可且以为后，先忧山东盗贼”，结果被“免官”。[1] 田况、严尤、费兴等人指出“盗贼”兴起之原因是由于饥馑所致，亦先后被免官。考察当时“盗贼”之兴起，确是因饥荒所致。群起之“盗贼”只为“转掠求食”，并无亡新之理想和灭莽的意图。[2] 而王莽讳言“盗贼”因饥馑而起，且下令说：“妄曰饥寒所为，辄捕系，请其罪。”[3] 因此，当时言贼情者，逆旨者免之，顺旨者迁之。[4]

对王莽来说，他本是奉行“敬德保民”理念实施“保民”和“利

[1] 班固：《汉书·王莽传》，见《汉书》，中华书局 1962 年版，第 4156 页。

[2] 班固《汉书·王莽传》说：“初，四方皆以饥寒穷愁起为盗贼，稍稍群聚，常思岁熟得归乡里。众虽万数，亶称巨人、从事、三老、祭酒，不敢略有城邑，转掠求食，日阕而已。诸长吏牧守皆自乱斩中兵而死，贼非敢欲杀之也，而莽终不谕其故。”（《汉书》，中华书局 1962 年版，第 4171 页）“初，京师闻青、徐贼众数十万人，讫无文号旌旗表识，咸怪异之。好事者窃言：此岂如古三皇无文书号谥邪？莽亦心怪，以问群臣，群臣莫对。唯严尤曰：此不足怪也。自黄帝、汤、武行师，必待部曲旌旗号令，今此无有者，直饥寒群盗，犬羊相聚，不知为之耳。莽大说，群臣尽服。”（同上，第 4179 页）

[3] 班固《汉书·王莽传》说：“大司马士按章豫州，为贼所获，贼送付县。士还，上书具言状。莽大怒，下狱以为诬罔。因下书责七公曰：……盗发不辄得，至成群党，遮略乘传宰士。士得脱者，又妄自言‘我责数贼何故如是？贼曰以贫穷故耳，贼护出我’。今俗人议者率多若此。惟贫困饥寒，犯法为非，大者群盗，小者偷穴，不过二科。今乃结谋连党以千百数，是逆乱之大者，岂饥寒之谓邪？七公其严敕卿大夫、卒正、连率、庶尹，谨牧养善民，急捕殄盗贼。有不同心并力，疾恶黜贼，而妄曰饥寒所为，辄捕系，请其罪。于是群下愈恐，莫恐言贼情者，亦不得擅发兵，贼由是遂不制。”（《汉书》，中华书局 1962 年版，第 4171 页）

[4] 班固：《汉书·王莽传》，见《汉书》，中华书局 1962 年版，第 4151 页。

民”的“新政”，结果却导致民不聊生，沦为流民，汇成“盗贼”，这是他不想承认，亦不愿看到的。因此，面对因饥馑而发生的“盗贼”蜂起局面，他只能掩耳盗铃，自欺欺人。

二是自欺欺人，以迷信手段应对“盗贼”。王莽亦深知“盗贼”因饥馑而起，饥馑因不切实际的改革而起。但是，充满理想主义激情的王莽，就是不承认改革的失败，不承认是改革导致百姓饥馑，不承认是百姓饥馑导致“盗贼”蜂起。只是到“天下溃畔，事穷计迫”时，事不得已，才下令“除井田奴婢山泽六筦之禁”，把“即位以来诏令不便于民者皆收还之”。但为时已晚，诏令“待见未发”而天下大乱。[1]

面对天下大乱，王莽及其群臣并无有效应对办法。史称：大敌当前，王莽“欲外视自安”，其办法有二：一是炫耀国富以示自安。如，命王邑帅军百万征贼，“倾府库以遣邑，多赍珍宝猛兽，欲视饶富，用怖山东”，极尽煊煌之能事，史称“车甲士马之盛，自古出师未尝有也”。[2] 又如，“莽又见四方盗贼多，欲视为自安能建万世之基者……于是遂营长安城南，提封百顷”。[3] 或染须发，立皇后，以示自安。[4] 二是用迷信手段应对动荡时局。大敌当前，他“日与方士涿郡昭君等于后宫考验方术，纵淫乐焉”[5]。史称王莽“性好时日小数，及事迫急，亶为厌胜”[6]。如，“莽见四方盗贼多，复欲厌之”，乃拟黄帝之制“以

[1] 班固：《汉书·王莽传》，见《汉书》，中华书局 1962 年版，第 4179 页。
[2] 班固：《汉书·王莽传》，见《汉书》，中华书局 1962 年版，第 4182 页。
[3] 班固：《汉书·王莽传》，见《汉书》，中华书局 1962 年版，第 4161 页。
[4] 班固：《汉书·王莽传》，见《汉书》，中华书局 1962 年版，第 4180 页。
[5] 班固：《汉书·王莽传》，见《汉书》，中华书局 1962 年版，第 4180 页。
[6] 班固：《汉书·王莽传》，见《汉书》，中华书局 1962 年版，第 4186 页。

威天下”。[1]又如，“六年春，莽见盗贼多，乃令太史推三万六千岁历纪，六岁一改元，布天下。……欲以诳耀百姓，销解盗贼”[2]。又铸作威斗，“欲以厌胜众兵”[3]。群臣亦以“天文安善，群贼且灭”安慰王莽，他亦就“差以自安”。[4]但是，“盗贼”并未因这些迷信手段而销解，反而更加严重。史称“莽愈忧，不知所出”。据说“国有大灾，则以哭厌之”，于是王莽“作告天策，自陈功劳千余言。诸生小民会旦夕哭，为设餐粥，甚悲哀及能诵策文者除以为郎，至五千余人”。[5]炫耀国富不能逼退“盗贼”，厌胜之术亦未能销解“盗贼”。“盗贼”最终杀入长安，灭了王莽，亡了“新政”。

总之，前述人心思汉论、士族抵制论、黄河水患论、改革失败论、匈奴反叛论等等，或是王莽“新政”败亡的原因之一，但都不是唯一原因，不能独立解释王莽“新政”之败亡。王莽“新政”之败亡，是由诸多因素综合作用造成。具体言，导致王莽“新政”败亡的直接原因，就是“盗贼”之蜂起。促使“盗贼”蜂起的直接原因，是灾害频繁、军师放纵、吏治废弛和政令繁苛。而吏治废弛、行政无序、官僚无为和治术拙劣，又是其根本原因。所以，面对“盗贼”蜂起、天下大乱局面，王莽及其群臣或者掩耳盗铃，讳言因饥馑而起“盗贼”；或者自欺欺人，以迷信手段应对“盗贼”。结果是身败名裂，亡国丧家。

[1] 班固：《汉书·王莽传》，见《汉书》，中华书局1962年版，第4158页。
[2] 班固：《汉书·王莽传》，见《汉书》，中华书局1962年版，第4154页。
[3] 班固：《汉书·王莽传》，见《汉书》，中华书局1962年版，第4151页。
[4] 班固：《汉书·王莽传》，见《汉书》，中华书局1962年版，第4179页。
[5] 班固：《汉书·王莽传》，见《汉书》，中华书局1962年版，第4188页。

第五章 作为宗室和国师的刘歆

两汉之际在中国历史上的重要转折意义，由王莽的政治、刘歆的学术和扬雄的思想与文学所构成。这个重要转折时刻的历史意义，之所以长期被忽略和被遮掩，除了前章所述王莽及其“新政”自东汉以来所遭遇的普遍性的否定评价外，还有就是刘歆的学术因为与王莽“新政”的关联所遭遇的普遍性的质疑和轻视。所以，为彰显两汉之际在中国历史上的重要转折意义，必须客观评价刘歆的学术成就和文化影响，呈显两汉之际在中国学术史上的地位和影响；为彰显两汉之际的文化学术在中国学术史上的影响，必须客观评价刘歆其人，重估刘歆学术的意义和价值，厘清刘歆学术与王莽政治的关系。

一、学者对刘歆的是非评价

在两汉之际，刘歆是学术文化界的领军人物。他涉猎范围之广，在学术领域影响之大，在当时可谓是独一无二。在中国学术史上，刘歆是一位备受争议的人物。他之所以备受争议，是因为他的学术文化与王莽“新政”缠绕在一起，或说是他的学术文化误导了王莽“新政”，或说是王莽“新政”玷污了他的学术文化。总之，刘歆终究是因为卷入到王莽“新政”中，而成为中国学术史上最受争议的人物。因历史上形成的对王莽“新政”的普遍性否定评价，而导致刘歆及其学术文化亦同样遭遇普遍性的质疑和批判。

1. 学者对刘歆的一般性评价

两汉之际作为中国古代学术史上的重要转折时刻，其具体表现是：学者对周秦时期的典籍文献进行全面搜集和系统整理，发起所谓的“文本革命”。在此基础上，通过“辨章学术，考镜源流”的路径，对周秦以来的知识、学术和思想进行研究，构建起所谓的“文本秩序”和“知识秩序”。通过改造邹衍五行相胜五德终始旧说，构建起五行相生五德终始新说，以此为理论依据，综合整理周秦以来的古史知识和古史系统，建立起集历史、政治、人文、天文于一体的天道历史秩序。开展和完成这些工作的主要人物，是刘向、刘歆父子，尤其以刘歆的贡献最大。

但是，汉魏以来，由于对王莽及其“新政”普遍性的否定评价，因为刘歆与王莽篡汉立新和托古改制有诸多纠葛，学者认为刘歆死心塌地媚莽篡汉立新和助莽托古改制，于是对刘歆及其学术亦基本持否定态度，因此便遮掩了刘歆在两汉之际学术史上的成就和价值，导致刘歆在中国学术史上的地位和影响被普遍忽略，因而对两汉之际在中国古代史上的转折意义亦缺乏充分认识。因此，为正确评估两汉之际在中国古代史上的转折意义，必须彰显两汉之际在中国学术史上的价值，必须重估刘歆的知识活动和学术贡献，重新审察刘歆的知识活动与王莽“新政”的关系，重新评价作为宗室的刘歆、作为学者的刘歆和作为国师的刘歆的价值取向。概言之，为了确立两汉之际在中国古代史上的转折意义，必须重估两汉之际在中国学术史上的地位和影响；为了正确评估两汉之际的学术史意义，必须重估刘歆的学术活动和学术贡献；为了客观评估刘歆的学术价值和学术意义，必须对王莽及其“新政”做出客观评价。

历史上关于刘歆的评价，较早见于班固《汉书》。班固《汉书》“列传”，一般的通例，是在一篇“列传”里完整叙述一个人的生平经历，即使像《史记》一样，偶有“互见”之例，但亦基本无损传主一生经历的完整性。然而，《汉书》于刘歆生平之叙述，则是一个特例。在《汉书》里，刘歆生平之前半部分附在《楚元王传》后，主要叙述他在汉朝的经历和学术活动，其结尾说：“及王莽篡位，歆为国师，后事皆在《莽传》”。[1]即把刘歆在王莽篡位后的后半生经历，附着在《王莽传》中叙述。《汉书》“列传”体例上的这个特例，班固未交代原因。据史实推测，班固是将作为学者的刘歆、作为宗室的刘歆和作为国师的刘歆区别看待：在《楚元王传》里，记录作为宗室的刘歆和作为学者的刘歆的生平经历；在《王莽传》里，记录作为国师的刘歆的生平经历。总体上看，班固对作为学者的刘歆，大体持肯定态度，故其《汉书》之《艺文志》《五行志》《律历志》等，基本是采录刘歆的学说。而他对作为国师的刘歆，就像对待王莽一样，则基本持否定态度，认为刘歆与王莽的关系，就是篡逆和附逆的关系。这种看法，当是汉代一般学者的共识。

大体说，汉人的这种看法，还是比较公允。虽然他们普遍认为作为宗室的刘歆媚莽助莽不可取，但毕竟将政治与学术区别看待，否定

[1] 班固：《汉书·刘歆传》，见《汉书》，中华书局1962年版，第1972页。

其为人，而并不轻视其学术。但是，汉魏以后，学者往往因人废文，普遍认为刘歆是王莽篡汉立新的文化帮凶，并因此而否定他的学术成就和文化影响。如王夫之说：

> 王莽未灭，而刘歆先杀，歆未死而族先灭，哀哉！刘向之泽不保其子孙，而从学之门人与俱烬焉。……歆小人也，蒙父向之余烈，自命于儒林，以窃先王之道；君子之器，其可乘乎？貌君子而实依匪类者，罚必重于小人。[1]

王氏直以“窃先王之道”的“小人”称刘歆，以为他是“貌君子而实依匪类”，对其学术文化持否定态度，并认为他因此而遭遇族灭之祸，是罪有应得。皮锡瑞亦说：

> 两汉经学极盛，而前汉末出一刘歆，后汉末生一王肃，为经学之大蠹。歆，楚元王之后，其父向，极言刘氏王氏不并立，歆党王莽篡汉，于汉为不忠，于父为不孝。肃父朗，汉会稽太守，为孙策虏，复归曹操，为魏三公。肃女适司马昭，党司马氏篡魏，但早死不见篡事耳。二人党附篡逆，何足以知圣经。[2]

皮氏对刘歆的指责，侧重在他的“党附篡逆”和“不忠”“不孝”，仅仅因为人格上的“不忠”“不孝”而断言他是“经学之大蠹”，认为这种“党附篡逆”之徒和“不忠”“不孝”之人，“不足以知圣经”，这是典型的因人废文。

[1] 王夫之：《读通鉴论》卷五，见《船山遗书》第九册，中国书店2016年版，第96页。

[2] 皮锡瑞：《经学历史》，朝华出版社2019年版，第68页。

这种因人废文的观点发展到极端，就是对刘歆学术的全盘否定，认为他以知识学术助莽篡汉立新，甚至伪撰典籍和编造史实媚莽托古改制，完全丧失了学者的独立立场和学术的自立品格。持此论者，以晚清以来的今文学者刘逢禄、崔适、康有为等为代表，近代古史辨派学者顾颉刚、钱玄同等亦接续其后。如刘逢禄撰《春秋左传考证》，抉出许多刘歆作伪的事实，证实《左传》不是《春秋》的《传》，而是刘歆编撰的一部伪书。康有为撰《新学伪经考》，宣称刘歆分割《国语》以造《左传》，伪造《左传》以媚莽篡汉立新。崔适撰《史记探源》，以为刘歆不仅伪撰《左传》，还事先伪撰《谷梁传》，为伪造《左传》做准备。认为刘歆为掩盖伪撰《左传》之真相，还窜改《史记》文本以做回护。钱玄同撰《左氏春秋考证书后》《重论经今古文学问题》，亦主刘歆伪撰《左传》说。顾颉刚撰《五德终始说下的政治和历史》，认为刘歆"包办了（王莽的）文化事业"，是"造了假古董来开新文化"，甚至认为"王莽要什么刘歆有什么"。[1]

当然，从纯粹学术立场出发，亦不乏高度评价刘歆者。如章学诚说：

> 校雠之义，盖自刘向父子部次条别，将以辨章学术，考镜源流；非深明于道术精微、群言得失之故者，不足于此。后世部次甲乙，纪录经史者，代有其人；而求能推阐大义，条别学术异同，使人由委溯源，以想见于坟籍之初者，千百之中，不十一焉。[2]

高度评价刘歆通过"辨章学术，考镜源流"的路径"条别学术异同"，

[1] 顾颉刚编著：《古史辨》（五），上海古籍出版社 1982 年版，第 11 页。

[2] 章学诚撰，叶瑛校注：《文史通义校注》，中华书局 2014 年版，第 863 页。

构建知识秩序的重要学术成就。故章太炎说刘歆是孔子以后最大的人物。[1] 徐建委亦说：

> 汉成帝河平三年（前 26）至汉哀帝建平元年（前 6）之间的二十年，除了王氏家族逐渐掌控政局外，并无大事，放到前汉的历史中，远没有其他时段引人注意。但这二十年对于中国学术史来说，却意义非凡。其影响于中国学术，或只有孔子创论六艺之学可伯仲之。[2]

这二十年发生的意义非凡的学术事件，就是刘向、刘歆父子通过“文本革命”建立了“文本秩序”和“知识秩序”。徐氏以为，刘向、刘歆父子构建“文本秩序”和“知识秩序”在中国学术史上的影响，“只有孔子创设六艺之学可伯仲之”。其评价之高，前所未有，事实上亦比较切合实情。

顾颉刚亦真心推崇刘歆是“学术界的大伟人”。他说：

> 无论典章制度、学术思想，他几乎没有不参加的。……他这个人的学问事业，方面之广，见解之锐，作事之勇，哪一件不够人佩服？我们绝不像从前人一样，因为他帮了王莽篡位就把他看作乱臣贼子；我们诚心称他一声“学术界的大伟人”！[3]

[1] 章太炎《訄书·订孔》说：“孔子死，名实足以伉者，汉之刘歆。”《检论》说：“书布天下，功由仲尼，其后独有刘歆而已。”

[2] 徐建委：《文本革命：刘向、〈汉书·艺文志〉与早期文本研究》，中国社会科学出版社 2017 年版，第 6 页。

[3] 顾颉刚编著：《古史辨》（五），上海古籍出版社 1982 年版，第 13 页。

确如顾氏所说，刘歆的学问事业“方面之广，见解之锐，作事之勇”，在整个中国古代学术史上亦不多见，唯一能够与之比肩者，如前述徐建委所说，可能只有孔子创论的“六艺”之学。但是，顾氏推崇刘歆为“学术界的大伟人”，不是从纯粹的学术立场出发，多少有些贬抑刘歆利用学术之名谄媚王莽篡汉立新的意思。

总之，像汉人班固那样，把刘歆的为人与为学区别看待，还算公允，尽管他对刘歆为人的看法亦尚欠公正。清代以来，虽然不乏像章学诚那样从纯粹学术角度赞誉刘歆的学术成就的学者，但是，在当时占主流地位的今文学者，拘于门户偏见，往往因人废文，认为刘歆是死心塌地助莽篡汉立新和媚莽托古改制，甚至伪撰典籍和编造史实以谄媚王莽。由此，在一般人心目中，刘歆是伪撰典籍的高手，是编造史实的专家，是毫无学术操守和忠孝节义的学术骗子和逆子贰臣。为此，钱穆撰《刘向歆父子年谱》，以充分史实和精微考证给予全面驳斥，但仍然未能从根本上肃清它在学术史上的负面影响。

2. 客观评价刘歆的可能性和必要性

在古代中国，“文如其人”是一个普遍适用的评价机制。即使在现代中国，“文如其人”的观念依然根深蒂固。因此，无论古今，要正确评估刘歆学术文化及其在中国学术史上的影响，前提是客观评价刘歆其人。但是，在两汉之际这个复杂的政治局势和文化背景中，刘歆作为一个拥有多重身份和矛盾性格的综合体，具有复杂性、综合性和矛盾性。因此，联系当时的社会形势，深入其内心世界，把握其人格特征和思想取向，确有相当的困难。

首先，两汉之际的刘歆是一个拥有多重身份的综合体，他是宗室，是学者，是国师。这种身份上的多重性，决定他在性格上的复杂性和矛盾性。

作为宗室的刘歆，与乃父刘向对王氏家族专政擅权的极端反感不同，他对王氏家族有很强的依附性，并最终成为王莽“新政”的参与者，做上“新政”的国师。刘歆作为刘氏宗室成员，他不但没有为保卫汉室皇权效忠尽力，反而成为王莽篡汉立新的帮凶和“新政”的国师，这是持忠君爱国传统观念的学者所不能容忍的。作为学者的刘歆，他以国师身份参与王莽“新政”，他包办王莽的文化事业，为“新政”的托古改制出谋划策，尽力作为，这使他的学术学问的纯粹性和独立性受到后世学者的普遍质疑。作为国师的刘歆，作为“新政”的主要参与者，最终又因为谋反而自杀，亦算不上是王莽的忠臣。

总之，刘歆既是宗室，而又未效忠汉家，是为不孝；既为国师，而又谋反自杀，是为不忠；既为学者，而又以学术附逆，是为不纯。身份的多重性和性格的矛盾性，使之成为一个复杂的综合体。[1] 因此，对他的评价和定论，就不像对一位具有单纯身份和性格的人物那么简单，那样容易。

其次，两汉之际复杂的政治形势和文化背景，使置身其中的人往往无所适从，举步维艰，常常呈现出思想上的复杂性和行动上的矛盾性。

历史上对刘歆的评价，与两汉之际复杂的政治形势和文化背景有关，与学者对王莽及其“新政”的评价有关。两汉之际是政治格局、

[1] 刘敏说：“刘歆为西汉王朝宗室，又为王莽新朝功臣，是学术造诣高深的经学家，又是将儒家理想制度付诸实践的改革家，汉新之际名儒贤达附王莽者甚众，刘歆不幸被过多地关注和指责，就与此多重身份有关。”（《汉新禅代中的刘歆》，《史学月刊》2003 年第 7 期）

学术思想和社会风尚发生急剧变革的时代。在政治格局上，社会政治危机逐渐加深，“保民而王”和“天下为公”观念普遍流行，外戚王氏势力日益膨胀，并最终取代刘氏而建立新朝。在学术思想上，儒家政治理想主义精神和礼制改革主义理念风行一时，儒学内部的今古文发生激烈斗争，谶纬神学亦甚嚣尘上。而且，政治格局与学术思想并非平行发展，而是相互交织，互相渗透，彼此影响。总之，当时的社会形势异常复杂，有宗室与外戚之间的矛盾，有古文与今文之间的斗争，有学术与政治之间的纠缠。置身其间的学者文人，往往无所适从，如刘歆、扬雄、桓谭就是如此。

与扬雄、桓谭的单一身份不同，刘歆兼具宗室、学者和国师等多重身份，置身如此复杂的政治局势和文化背景中，其处境之尴尬，可以想见。作为一位富于政治理想主义精神和礼制改革主义理念的儒家学者，为了实现自己的政治理想，他必须依附王莽，他亦从王莽身上看到希望。因为如同乃父刘向一样，他对汉家政治颇感失望。作为学者，他本为“广道术”而表彰《左传》，却引发经学今古文之争，卷入政治与学术的是非之争。他为呈显儒家理想政治愿景而推扬《周官》，却被王莽利用来作为托古改制的依据；他构建五行相生五德终始新说，建立起天道历史秩序，却被王莽利用来作为篡汉立新的理论依据和史实支撑，他亦由此成为基于学术服务政治的参与者。作为汉朝宗室，他背叛汉室，做上新朝的国师，但内心却充满恐惧和不安。作为新朝国师，他又对王莽之加锡居摄不支持，对王莽之篡汉立新有深刻的怨恨和反感，并终究反叛王莽而自杀身亡。

假如王莽篡汉立新和托古改制这个政治事件不与学术思想搅和在一起，作为学者的刘歆亦许就不会卷入其中。如果刘歆没有汉家刘氏宗室身份，他即便助莽媚莽篡汉立新和托古改制，其处境亦不会有如此之尴尬和困惑。总之，在两汉之际，在复杂的社会形势下，刘歆的多重身份，使其处境甚为尴尬，心境很为困惑。在当时和后代学者心中，他既不是汉家的孝子，亦不是王莽的忠臣，更不是纯粹的学者，而是一位最终落得身败名裂、家破人亡结局的悲剧人物。所以，刘歆的悲剧，是时代悲剧，是性格悲剧，是两汉之际复杂政治格局和学术背景所造成。

我们认为，客观评价刘歆其人的基础，是在当时复杂政治局势和学术环境的基础上，对刘歆本人多重身份的体谅，对其学术上的主观意图和客观效果的分析。客观评价刘歆其人的前提，是正确评估王莽的篡汉立新和托古改制，以及他在王莽“新政”时期的所作所为。对王莽及其“新政”的评价，对客观评价刘歆有决定性意义。因为历史上对刘歆的批评指责，主要就是基于对王莽及其篡汉立新和托古改制的否定性评价。[1] 只有在两汉之际学术文化与政治格局相互纠缠的大背景下，才能正确理解王莽及其“新政”；只有在客观评价王莽及其“新政”的前提下，才能理解刘歆的尴尬处境和困惑心理，才能正确评价刘歆的所作所为。

客观评价刘歆其人，对于认识和理解他的学术成就和文化价值有重要意义，对于彰显两汉之际在中国古代学术史上的地位和影响至关重要。因为，刘歆的学术、王莽的政治、扬雄的思想和文学，三者共同构成中国历史上的“两汉之际”，三者之间的互动影响，使两汉之际成为中国古代史上的重要转折时刻。如果因人废文，忽略刘歆的学

[1] 刘敏说：“对刘歆的批评指责，是基于对王莽、王莽代汉、王莽改制的批判否定。……刘歆的‘党王莽篡汉’也不能简单给予否定指责，他主要还是按照儒家的思想主张解救社会危难，而且是跟随在他的儒学前辈们身后。”（《汉新禅代中的刘歆》，《史学月刊》2003 年第 7 期）

术成就和文化价值，势必会遮掩两汉之际在中国古代学术史上的地位和影响，遮蔽两汉之际在中国古代史上的转折意义。事实上，在中国历史上，两汉之际的历史转折意义之所以长期被遮蔽，就是因为东汉以来学者对王莽及其“新政”的全盘否定，以及由此导致的对刘歆学术成就和文化价值的轻视和忽略。

二、作为宗室和国师的刘歆

1. 非复欲令莽居摄：作为宗室的刘歆

对于作为宗室的刘歆，学者多予否定评价。如前述班固《汉书》，将刘歆的生平经历分载于《楚元王传》和《王莽传》，就暗含班固对作为宗室的刘歆怀有贬斥之意。王夫之认为他是“貌君子而实依匪类”，直以“小人”称之。皮锡瑞亦认为他是“党附篡逆”的“不忠”“不孝”之徒。我们认为，作为宗室的刘歆，他是“新政”的参与者，担任“新政”的国师，承担“新政”的文化建设任务，促进“新政”的托古改制，这是实情，毋庸回避。问题是，作为宗室的刘歆，他以何种心情参与“新政”？以何种态度和目的促进“新政”的托古改制？在王莽加锡居摄和篡汉立新之前后，他的态度有何变化？这才是需要深究的问题。

刘歆是汉高祖刘邦同父少弟刘交之后。在刘氏宗室里，刘交一系是颇具文化素养和学术精神的家族支系。史称刘交“好书，多材艺，少时尝与鲁穆生、白生、申公俱受《诗》于浮丘伯”，“元王好《诗》，诸子皆读《诗》，申公始为《诗》传，号‘鲁诗’。元王亦次之《诗》

传，号曰‘元王诗’，世或有之”[1]。在草莽出身的刘邦兄弟及其子侄中，与经学名家为友，并有著述传世者，刘交是第一人，亦是唯一者。此系传至刘辟彊，即刘向之祖父，其亦是一位“好读《诗》，能属文”的人，还有“清静少欲，常以书自娱，不肯仕”的性格特点。[2]至其子刘德（即刘向之父），亦“修黄老术，有智略”，“常持老子知足之计”。[3]至刘向、刘歆，则是西汉中后期最著名的学者，俨然一代大儒。因此，可以说，在西汉乃至整个汉朝的宗室里，刘向、刘歆家族当之无愧是最具文化素养和学术传统的家族。这种宗室家族的学术特征，是我们理解刘向、刘歆父子在两汉之际所作所为的背景。

作为宗室的刘向，他一生以学术为政治服务，以维护刘汉天下为职志，可谓绝对的忠臣。在元帝时，他以“宗室忠直，明经有行”获太傅萧望之、少傅周堪的器重和推引，并与萧望之、周堪、侍中金敞结成政治联盟，同心辅政，与放纵弄权的外戚许、史和宦者弘恭、石显斗争，先后上书言许、史、弘、显放纵弄权，表彰萧、周精诚为国，并著《疾谗》《摘要》《救危》《世颂》等八篇，“依兴古事，悼己及同类”，因此而废弃十余年。在成帝时，又复进用，他目睹外戚王氏秉政擅权，以为“外戚贵盛，（王）凤兄弟用事之咎”，于是，“集合上古以来历春秋六国至秦汉符瑞灾异之记，推迹行事，连传祸福，著其占验，比类相从，各有条目，凡十一篇，号曰《洪范五行传论》，奏之”。其维护宗族利益的拳拳之心，昭然可鉴。据说，“天子心知（刘）向忠精，故为（王）凤兄弟起此论也，然终不能夺王氏权”。

[1] 班固：《汉书·楚元王交传》，见《汉书》，中华书局1962年版，第1921页。
[2] 班固：《汉书·楚元王交传》，见《汉书》，中华书局1962年版，第1922页。
[3] 班固：《汉书·楚元王交传》，见《汉书》，中华书局1962年版，第1926、1927页。

在当时，凡有损汉家利益和危及刘氏政权者，他都据理谏争。如成帝时，“俗弥奢淫，而赵、卫之属起微贱，逾礼制”，他“采取《诗》《书》所载贤妃贞妇，兴国显家可法则，及孽嬖乱亡者，序次为《列女传》，凡八篇，以戒天子。及采传记行事，著《新序》《说苑》凡五十篇奏之”。在成帝后期，上无继嗣，政由王氏，灾异渐盛，国事日非，他感慨说：

> 灾异如此，而外家日盛，其渐必危刘氏。吾幸得同姓末属，累世蒙汉厚恩，身为宗室遗老，历事三王。上以我先帝旧臣，每进见常加优礼，吾而不言，孰当言者？

于是反复上疏极谏，“数言公族者国之枝叶，枝叶落则本根无所庇荫；方当同姓疏远，母党专政，禄去公室，权在外家，非所以强汉宗，卑私门，保守社稷，安固后嗣也”。“常显讼宗室，讥刺王氏及在位大臣，其言多痛切，发于至诚”。[1]

在王氏擅权、国事日非的成帝时期，刘向“显讼宗室”，极言王氏专权必将危及刘氏，其忠于皇室、维护汉刘之精诚忠直，昭昭可鉴。所以，当齐人甘忠可伪造《天官历》《包元太平经》，言“汉家逢天地之大终，当更受命于天”时，刘向即奏甘忠可“罔上惑众”。

实际上，作为宗室的刘向，他站在宗室立场，为了维护汉家利益而奏言甘忠可“罔上惑众”。但是，作为学者的刘向，他站在学者立场，在《谏起昌陵疏》中，认为“自古及今，未有不亡之国也”，“王者必通三统，明天命所授者博，非独一姓也”。[2] 在蜀郡发生岷山崩溃、

[1] 班固：《汉书·刘向传》，见《汉书》，中华书局 1962 年版，第 1929、1948、1950、1957、1958、1966 页。

[2] 班固：《汉书·刘向传》，见《汉书》，中华书局 1962 年版，第 1950 ~ 1951 页。

江水逆流时，他上疏说：“周时岐山崩，三川竭，而幽王亡。岐山者，周所兴也。汉家本起于蜀汉，今所起之地山崩川竭，星孛又及摄提、大角，从参至辰，殆必亡矣。”[1]这说明，刘向在宗族情感和学术取向上有矛盾：在宗族情感上，他希望刘氏永葆天下，传世无穷，故“显讼宗室，刺讥王氏”；在学术取向上，他受董仲舒以来的学术传统影响，又以为天下“非独一姓”所有，“自古及今，未有不亡之国”，汉室之亡和刘氏之败，是必然而非偶然。所以，作为宗室的刘向和作为学者的刘向，是一个矛盾体。

作为宗室之后和刘向之子的刘歆，正像他父亲刘向一样，亦是一个宗室情感与学术取向的矛盾体。与刘向相比，刘歆的宗室情感相对淡薄一些。因此，像刘向那样奋不顾身“显讼宗室，刺讥王氏”的行为，在刘歆身上没有发生过。当然，这可能与刘歆性格软弱有关，更与王氏已经形成垄断天下的政治形势有关。在刘歆一生中，基本没有发生过“刺讥王氏”的行为，除了最后阴谋反叛王莽一事外。但是，我们看到，在两汉之际，作为宗室的刘歆，确实是相当压抑，处处感觉到来自王氏家族的压力、猜忌和排挤。据《汉书·元后传》载：

> 大将军（王）凤用事，上遂谦让无所颛。左右常荐光禄大夫刘向少子歆通达有异材。上召见歆，诵读诗赋，甚说之，欲以为中常侍，召取衣冠。临当拜，左右皆曰：未晓大将军。上曰：此小事，何须关大将军？左右叩头争之。上于是语凤，凤以为不可，乃止。[2]

这件事被刻意记录于《汉书》，意在表现外戚王氏之独断专权。而对

[1] 班固：《汉书·五行志》，见《汉书》，中华书局 1962 年版，第 1457 页。

[2] 班固：《汉书》，中华书局 1962 年版，第 4018 ~ 4019 页。

刘歆言，此或可成为他一生的心理阴影。“召取衣冠，临当拜”却因王凤以为不可而中止，刘歆心中对外戚王氏的愤懑之情，可以想见。这件事情，或当成为刘歆一生对待王氏的情感基调。

尽管刘歆亦常常得到王莽的器重、提携和支持，但是，他与王莽之间，在情感上有相当的距离，绝非亲密朋友或同志。作为学者的刘歆，他或许认可和支持王莽托古改制，亦愿意参与“新政”的文化事业。但是，作为宗室的刘歆，他对王氏家族不怀好感，他不支持王莽的加锡居摄，亦不认可王莽的篡汉立新。首先，他虽然不像刘向那样“显讼宗室，讥刺王氏”，亦不像扬雄那样“剧秦美新”，但他对王氏家族心存戒备，只是没有公开表现出来。其次，少年时代那段“召取衣冠，临当拜”而被王凤叫停的拜官经历，一定会一直影响刘歆对王氏家族的态度。第三，刘歆的子女先后被王莽所杀，虽然其子女本身有错在先，杀之有据，[1] 但是，对刘歆来说，怨恨王莽，不可避免。

事实上，刘歆在王莽“新政”中的地位，亦不宜高估。王莽任命刘歆为国师，封刘歆为嘉新公，或是为借重刘歆学术托古改制，或有安慰刘氏宗室的意思。“非复欲令莽居摄”的刘歆，不可能死心塌地媚莽助莽。而王莽本身又以戒备大臣著名，他不可能推心置腹地信任刘歆，他对作为宗室的刘歆心存戒备。所以，刘歆算不上王莽的心腹，

[1] 据《汉书·王莽传》，王莽居摄即真，“（王）舜、（刘）歆内惧而已。（甄）丰素刚强，（王）莽觉其不悦”，乃设局杀害甄丰及其子甄寻，牵连刘歆子刘棻和刘泳，及刘歆门人丁隆，流刘棻于幽州，殛丁隆于羽山。（《汉书》，中华书局 1962 年版，第 4123 页）又地皇二年（21），王莽太子王临谋杀莽，王临妻刘愔，即刘歆女儿，因“能为星，语临宫中且有白衣会”，事败，王临自刺死，王莽语刘歆曰：“（王）临本不知星，事从愔起”，刘愔亦自杀。所以，后来，“（刘）歆怨（王）莽杀其三子，又畏大祸至”，遂谋反。（同上，第 4165 页）我们认为：王莽杀刘歆子女，并非存意整治刘歆。于王莽言，自己子女亦先后死于本人的屠刀下，何况刘歆的子女呢？

刘歆不愿做王莽的心腹，王莽亦不需要刘歆这样的心腹。因此，在奖赏拥立中山王为帝的“四辅”中无刘歆，在太子刘贺的辅佐人选中无刘歆，在劝谕太后奖励功臣的人选中亦无刘歆。在“新政”时期，刘歆出场的次数比较少，他似乎在有意疏离王莽“新政”。

考虑到王莽加锡居摄和篡汉立新并未在刘氏宗室群体中引起较大震动和反抗，我们可以更好地理解作为宗室的刘歆在“新政”时期的所作所为，及其与王莽的关系。

元始四年（4），泉陵侯刘庆上书言：“周成王幼小，称孺子，周公居摄。今帝富于春秋，宜令安汉公行天子事，如周公。”群臣皆曰：“宜如庆言。”[1]这是宗室刘庆建言王莽居摄，并得群臣响应。居摄元年（6）四月，安众侯刘崇（长沙定王子）与相张绍谋：“安汉公莽专制朝政，必危刘氏。天下非之者，乃莫敢先举，此宗室耻也。吾帅宗族为先，海内必和。”[2]张绍等从者百余人，进攻宛，不得入而败。这是首次以宗室名义反莽，仅百余人规模，很快失败。事后刘崇之叔父刘嘉和张绍之从弟张竦“诣阙自归”，上奏颂扬王莽“藩汉国，辅汉宗”和“厚刘氏”，指责刘崇“怀悖惑之心，操畔逆之虑，兴兵动众，欲危宗庙，恶不忍闻，罪不容诛，诚臣子之仇，宗室之雠，国家之贼，天下之害”。[3]居摄二年（7）九月，东郡太守翟义立岩乡侯刘信为天子，移檄郡国，言“莽毒杀平帝，摄天子位，欲绝汉室，今共行天罚诛莽”，郡国疑惑，众十余万，但不到三个月便被扑灭。[4]居摄三年（8）

[1] 班固：《汉书·王莽传》，见《汉书》，中华书局 1962 年版，第 4078 页。

[2] 班固：《汉书·王莽传》，见《汉书》，中华书局 1962 年版，第 4083 ~ 4084 页。

[3] 班固：《汉书·王莽传》，见《汉书》，中华书局 1962 年版，第 4082 页。

[4] 班固：《汉书·王莽传》，见《汉书》，中华书局 1962 年版，第 4087 页。

广饶侯刘京等人奏符命，称“摄皇帝当为真”[1]。以上是王莽即真前，刘氏宗室的反应。刘庆上言劝王莽居摄，刘京上符命劝王莽即真，这是汉家宗室鼓动王莽居摄和即真。刘崇和翟义以刘氏为旗号的起兵反莽，或者响应者甚少，或者响应者甚众而迅速失败。

王莽即真后，各地陆续有一些反叛运动。如始建国元年（9）四月，徐乡侯刘快结党数千人，举兵攻即墨。刘快兄刘殷，故汉胶东王，闭城门，自系狱。吏民拒绝刘快入城，刘快败走，死于长广。[2]同年，真定刘都等谋举兵，发觉，皆诛。始建国二年（10）二月，“五威将帅七十二人还奏事，汉诸侯王为公者，悉上玺绶为民，无违命者”[3]。当年十一月立国将军建奏称：“前故安众侯刘崇、徐乡侯刘快、陵乡侯刘曾、扶恩侯刘贵等，更聚众谋反”，建议“诸刘为诸侯者，以户多少就五等之差；其为吏者皆罢，待除于家”。王莽制曰：“可。嘉新公国师以符命为予四辅，明德侯刘龚、率礼侯刘嘉等凡三十二人皆知天命，或献天符，或贡昌言，或捕告反虏，厥功茂焉。诸刘与三十二人同宗共祖者勿罢，赐姓曰王。”[4]但是，到“新政”中后期，这种宗室反抗王莽的事件，则基本不再发生。

总之，王莽加锡居摄和篡汉立新，虽然引起部分宗室的不满和反抗，但总体看，局势比较平稳，大部分宗室顺应时势，并未有特别强烈的反应。作为宗室的刘歆，他在“新政”时期的表现，应当在这个大环境下来理解。

所以，我们认为，作为宗室的刘歆，尽管早年与王莽同事，与王莽

[1] 班固：《汉书·王莽传》，见《汉书》，中华书局 1962 年版，第 4093 页。

[2] 班固：《汉书·王莽传》，见《汉书》，中华书局 1962 年版，第 4110 页。

[3] 班固：《汉书·王莽传》，见《汉书》，中华书局 1962 年版，第 4118 页。

[4] 班固：《汉书·王莽传》，见《汉书》，中华书局 1962 年版，第 4119 ~ 4120 页。

有共同的学术兴趣，因才学而获得王莽器重和推引，最后做上王莽“新政”的国师，但是，在个人情感和宗族利益上，他对王氏家族怀有宿怨，他不认同王莽，更不亲近王莽。或者说，基于儒家理想主义角度，他认同和支持王莽托古改制，但不支持王莽加锡居摄和篡汉立新。对于汉室，他很绝望，但依然保持浓厚的宗族情感。“非复欲令莽居摄”是他的基本政治立场。所以，对王莽的加锡居摄和篡汉立新，他持不合作态度。当王氏势力如日中天，他没有勇气像他父亲刘向那样，“显讼宗室，讥刺王氏”。[1] 性格上的软弱，决定他只能隐忍苟活。在最终忍无可忍的情况下，才走上反叛王莽的道路。所以，说刘歆附逆或者不忠，说刘歆媚莽助莽篡汉立新和托古改制，不符合实际，至少他在主观上没有这个意愿。

2. 以革新政教相翼：作为经师和国师的刘歆

尽管我们反复强调，刘歆在主观上并非有意媚莽助莽篡汉立新，但是，就实际结果言，刘歆是王莽“新政”的参与者。以追复古制为特点的王莽“新政”，需要一位学识渊博、精研古制的学者做顾问或国师，协助他完成礼制改革。就西汉后期和“新政”时期的学术界看，刘歆是最佳人选。作为学者的刘歆，需要依附一位政治人物来实现他的改革主义理想，王莽是最佳人选。于是，学术与政治联姻，学者与政客协作，共同导演了两汉之际以托古改制为名的政治闹剧。

[1] 班固：《汉书·王莽传》载：“初，甄丰、刘歆、王舜为莽腹心，倡导在位，褒扬功德。‘安汉’、‘宰衡’之号及封莽母、两子、兄子，皆丰等所共谋，而丰、舜、歆亦受其赐，并富贵矣，非复欲令莽居摄也。居摄之萌，出于泉陵侯刘庆、前辉光谢嚣、长安令田终术。莽羽翼已成，意欲称摄。丰等承顺其意……莽遂据以即真，舜、歆内惧而已。”（《汉书》，中华书局 1962 年版，第 4123 页）

刘歆参与王莽“新政”，是以学者身份，以国师名头，故其对“新政”的贡献，亦主要是在学术文化方面。钱穆说：“莽之篡汉，歆、舜之徒以革新政教相翼，而愚人争言符命，则甘（忠可）、夏（贺良）之流也。”[1]即刘歆在“新政”时期的作为，不在以符命帮助王莽篡汉立新，而在“以革新政教相翼”，即主要在政教文化事业上。所以，在王莽篡汉立新的所有关键环节中，很少见到刘歆的影子。如刘敏说：

> 王莽的每一次升迁，在代汉道路上的每一次跃进，都有人或献符，或建言，或定策，但这些活动的策划实施主要不是刘歆，策划王莽为安汉公的以孔光、王舜、甄丰、甄邯为主；为宰衡的主要有王舜、陈崇等；为九锡的主要有甄邯、张纯等；为摄皇帝的主要有谢嚣、王舜等；为真皇帝的主要有刘京、扈云、臧鸿、哀章等。[2]

这便说明，刘歆虽然参与了“新政”，但对王莽篡汉立新的事情很冷淡，他在“新政”期间热心的是“以革新政教相翼”。这是学者的立场，亦是国师的职责，亦与他“非复欲令莽居摄”的宗室身份吻合。

“非复欲令莽居摄”的刘歆，作为王莽“新政”的国师，以“以革新政教相翼”的方式参与“新政”。顾颉刚以为，作为国师的刘歆，包办了王莽“新政”时期的一切文化事业，是当时“学术界的大伟人”。[3]他说：

[1] 钱穆：《刘向歆父子年谱》，见《两汉经学今古文平议》，商务印书馆 2001 年版，第 87 页。

[2] 刘敏：《汉新禅代中的刘歆》，《史学月刊》2003 年第 7 期。

[3] 顾颉刚编著：《古史辨》（五），上海古籍出版社 1982 年版，第 13 页。

刘歆既经造了假古董来开新文化，为要使得它流行，便不得不插入些时代的需要，作鼓动有势力者护法的方术。于是王莽要做“摄皇帝”，《左传》中就有“隐公元年春，王周正月，不书即位，摄也”之文。王莽要做“假皇帝”，《逸书·嘉禾篇》中就有“假王莅政，勤和天下”的话。王莽要以土德舜后接受火德尧后的禅让，《左传》中也就有“其处者为刘氏”，“昔匄之祖自虞以上为陶唐氏”，有“陶唐氏既衰，其后有刘累”，“金天氏有裔子曰昧”诸条。王莽要自居正统，就会刱作《世经》以别正闰。王莽要制作礼乐，就会“发得《周礼》以明因监”。王莽要什么，刘歆有什么。所以王莽未作皇帝以前，刘歆作的是“羲和，治明堂辟雍，典儒林史卜之官”，及作了皇帝以后，刘歆作的是“国师”，他总是包办了文化事业。[1]

在他看来，刘歆在“新政”时期做的所有文化学术工作，都是为了媚莽助莽，为王莽篡汉立新和托古改制服务。我们认为，这是今文家的门户之见。刘歆的确包办了王莽“新政”时期的文化事业，这是作为国师的刘歆职责所在。但是，刘歆包办的这些文化事业，并非全然就是为了媚莽助莽。他可能助莽托古改制，但绝不可能媚莽篡汉立新。当然，在“新政”时期，刘歆的态度是暧昧的，立场是含糊的，远不如其父刘向面对王氏擅权时的旗帜鲜明，这与他软弱的性格有关。我们认为：基于儒家政治理想主义精神和礼制改革主义立场，刘歆对王莽的托古改制，是持赞同态度的。但是，基于宗室身份和“非复欲令莽居摄”的政治立场，刘歆对王莽的加锡居摄和篡汉立新，不认可，不接受，更不支持。

作为国师的刘歆，在“新政”时期主要做了以下工作：一是议定

[1] 顾颉刚编著：《古史辨》（五），上海古籍出版社 1982 年版，第 10 ~ 11 页。

王莽女儿为皇后的礼仪，二是奉命治明堂、辟雍，三是议定王莽母亲的丧礼，四是建言五均、六筦、赊贷。

作为学者的刘歆，在两汉之际的学术贡献，主要有以下四个方面：

一是编撰《七略》。刘向、刘歆等人在西汉初年以来广泛搜集的图书文献之基础上，对周秦以来的文献进行全面整理，开展“文本革命”。刘歆在此“文本革命”和刘向《别录》基础上，编撰《七略》。通过“辨章学术，考镜源流”，把周秦时期的一些零散文献进行重新编排，构建出文本秩序；把周秦时期的一些碎片化知识进行重新整理，构建起知识秩序。由此编织出一张中国知识、学术和思想的“意义之网”。这张包括文本秩序和知识秩序的“意义之网”，规约了中国学术文化发展的时空边界。

二是表彰《周官》。《周官》非刘歆伪撰，是“古文旧书”，是“古代理想政治的传世典章”，是“制度之礼的集大成”。刘歆发现《周官》，称《周官》为《周官经》，争立《周官》于学官，置博士，改称《周官》为《周礼》。他不遗余力地表彰《周官》，是对儒家政治理想主义愿景的传播和张扬。基于儒家政治理想主义和礼制改革主义立场，他表彰《周官》，支持王莽依据《周官》改制；基于汉家宗室和汉室大臣身份，他对王莽加锡居摄不支持，对篡汉立新不认可。因此，他表彰《周官》，虽然在客观上助推了王莽的托古改制，但确有“诎人从道”的意味，主观上不存在助莽媚莽问题。

三是推扬《左传》。《左传》非刘歆伪撰，是“古文旧书”。刘歆推扬《左传》，争立《左传》于学官的初衷，是为“广道术”，与经学今古文之争无关，与王莽篡汉立新无关。王莽居摄后，代汉自立之心日益坚定，急需寻求理论依据和史实支撑，发现刘歆推扬的《左传》中有“汉为尧后”的明文和汉为火德的论证，实可利用。是王莽利用刘歆推扬的《左传》，为代汉自立提供理论依据和史实支撑，不是刘歆为了助莽篡汉立新而推扬《左传》、争立《左传》于学官。“非复欲令莽居摄”的刘歆，不可能主动为王莽的篡汉立新建立依据。

四是编著《世经》。刘歆编著《世经》，通过改造邹衍五行相胜五德终始旧说，建立五行相生五德终始新说，并以此为理论基础，整理和综合周秦以来学者的历史知识和历史叙事，构建起集人文、天文、历史、政治于一体的新型历史知识系统和天道历史秩序。“非复欲令莽居摄”的刘歆，在主观上为王莽篡汉立新构筑理论支撑和寻求历史依据的可能性不大。可能的情况，是刘向、歆父子基于学术兴趣创造了五行相生五德终始说和天道历史秩序，而王莽则利用他的这套学说作为篡汉立新的理论支撑和历史依据。

第六章 知识秩序的整合与构建：刘歆在两汉之际的学术史意义

在中国学术史上，刘歆是一个被遮掩的人物。他以“辨章学术，考镜源流”为宗旨的《七略》，构建起中国“轴心时代”的“文本秩序”和“知识秩序”，影响中国文化学术之发展深远且深刻，但其学术荣光却被依据《七略》编纂的《汉书·艺文志》所遮掩。他表彰《周官》和推扬《左传》，体现了儒家的政治理想主义精神和以“广道术”为目的的学术追求，却因卷入王莽篡汉立新和托古改制事件，以及经学今古文之争，而被怀疑为伪造而被忽略。他编著《世经》，通过改造邹衍五行相胜五德终始旧说，建立五行相生五德终始新说，整理和综合周秦以来学者的历史知识和历史叙事，构建起集政治、历史、人文、天文于一体的新型天道历史秩序和古史传承系统，亦因为卷入王莽篡汉立新事件而被轻视。本章的目的，在于还刘歆作为一位学者的本来面目，并尝试论证他的学术贡献，及其在中国古代学术发展史上的意义和影响。

一、从“文本革命”到“文本秩序”：刘向、刘歆父子关于知识秩序的构建

两汉之际是中国古代知识史、学术史和思想史上的重要转折时刻，其标志性事件，就是由于知识秩序的构建而导致的文化学术思想的变迁。具体言，在两汉之际，知识组织方式和结构特征的变化，导致学术方向和学术构成的变迁，引起思想方法和思想体系的转型。所以，知识领域的变革和知识秩序的构建，是导致两汉之际文化学术思想变迁的决定性因素和根本性力量。或者说，两汉之际文化学术思想的重要转折，就是在知识秩序构建的基础上发生的。概括言，以刘向、刘歆父子为代表的学者，通过对周秦西汉的知识、学术的搜集、整理和总结，发动所谓的“文本革命”，建立起所谓的“文本秩序”。在“文本革命”和“文本秩序”基础上，构建起知识秩序，从而对中国古代文化学术思想的发展方向和基本特征产生深刻影响。

1. 两汉之际前学者关于知识秩序的构建

在两汉之际前，知识秩序的状况，是由西周时期的有序状态进入到春秋、战国以后的无序状态。在西周时期，“学在官府”，王官既是政治枢纽，亦是文化中心，当时的文本秩序和知识秩序处于相对稳定和统一的状态，知识秩序与政治秩序亦是处于共生与合一的状态。至春秋、战国，诸侯争霸，王纲解纽，群雄逐鹿，周天子的独尊地位名存实亡，王官解体。由此导致从“学在官府”向“学在四夷”的转移，进入诸子百家争鸣时代。“道术将为天下裂”，知识秩序由有序状态进入无序状态，政治秩序与知识秩序处于分裂状态。如《汉书·艺文志》说：

昔仲尼没而微言绝，七十子丧而大义乖。故《春秋》分为五，《诗》分为四，《易》有数家之传。战国纵横，真伪纷争，诸子之言纷然殽乱。至秦患之，乃燔灭文章，以愚黔首。[1]

春秋、战国以后知识秩序的破坏，一是由于王官解体、“学在四夷”，导致《春秋》等书有“数家之传”和“诸子之言纷然殽乱”；二是由于秦王朝的“燔灭文章”导致文献典籍的被破坏。

在战国后期，结束诸侯纷争和建立一统秩序，是当时知识界的普遍愿望。随着天下一统形势的逐渐明朗，重建知识秩序的呼声亦不断发出。当时学者纷纷表现出重建知识秩序和思想统系的努力，整个知识界呈现出折中融合的倾向。如《庄子・天下篇》就表现出庄子破除门户、整合知识和统一思想的努力。他对当时的学术思想进行归类，把“百家之学”分为七家，显示出整合知识秩序的努力。他以“无物不然，无物不可”观念作为思想大调和的基础，据此“解放人的心思，破除门户的争执”，显示出统一思想的意图。[2] 在《荀子・非十二子》中，荀子将“百家之学”分为六家，亦有整合知识秩序的目的；在《荀子・解蔽》中，他对各家思想的批判，明显有综合、统一的意向。《吕氏春秋・不二》中有对先秦经典和诸子百家的大综合，显示出包容天下思想和知识的野心；其“十二纪”综合各种思想、知识和技术，设想出一个日常思想与行为的秩序，构建起一个涵盖天地万物古今之事

[1] 班固：《汉书》，中华书局 1962 年版，第 1701 页。

[2] 胡适说：“战国晚年以后，中国思想多倾向于折衷融合，无论什么学派，都可以叫做‘杂家’。”（《中国中古思想史长编》，华东师范大学出版社 1996 年版，第 100 页）

的基本框架。[1] 在《论六家要旨》里，司马谈通过对诸子学术的分类和评判，亦有重建知识秩序的意图和区分学术流派的意识。

据叶长青统计，在《汉书·艺文志·诸子略》前，学者论及诸子百家，其中《孟子》共论 17 人，已备 8 家；《庄子》共论 13 人，已备 5 家；《荀子》共论 16 人，已备 6 家；《尸子》共论 6 人，已备 4 家；《韩非子》共论 11 人，已备 2 家；《吕氏春秋》共论 10 人，已备 4 家；《淮南子》分 9 派，已备 6 家。但以上诸家论诸子，皆未有“家”名，即还不具备学派意识。而司马谈《论六家要旨》，所论 6 家，对其中的法、名、道称“家”，墨、儒称“者”，阴阳直称“阴阳”，说明司马谈已经初步具备学派意识。[2] 所以，侯外庐说：“先秦学人论述诸子哲学，只将诸子中学说相契合或互相连结的作为一类，并不加以学派的专名”，但是，“自司马谈《论六家要旨》，始以儒、墨、名、法、阴阳、道德等学派专名为标准而评骘诸子学说。”[3]

总体言，从战国后期到西汉中期，随着大一统政治的逐步建立，构建知识秩序和思想统系，并在此基础上建立一统知识、一统学术和一统思想，以与大一统政治相适应，是当时社会文化思想领域的普遍要求。庄子、荀子、韩非子、吕不韦、刘安、司马谈等人，都在这方面做出努力探索。但是，这仅仅是一个草创阶段，还处于探索和尝试中，他们一般皆是立足自身的学术立场和思想取向，对此前的知识、学术和思想进行总结和综合，仅仅把学术思想相近的学者进行归类，尚未形成自觉的学派意识。同时，由于基础性工作做得不扎实，文献整理

[1] 葛兆光：《七世纪前中国的知识、思想与信仰世界——中国思想史》（第一卷），复旦大学出版社 1998 年版，第 344 ~ 345 页。

[2] 叶长青：《汉书艺文志问答》，华东师范大学出版社 2015 年版，第 105 ~ 112 页。

[3] 侯外庐：《中国思想通史》第二卷《两汉思想》，人民出版社 1957 年版，第 203 页。

不充分，因此，在知识秩序的构建和学术流派的分类上，多出于主观臆断；在家派归类上还有一定的随意性，如《庄子·天下篇》把老子和庄子分为两派，《荀子·非十二子》把孟子和荀子分成两家，等等。所以，在完整性、周密性和体系性上，均有明显欠缺。

最需注意的是司马谈，他已经具备明显的学派意识。在他之前的庄子、荀子、韩非子、吕不韦等人，都只是把学术思想相近的学者进行归类，通过归类而区分异同，有清理知识源流、梳理学术类别和厘定思想类型的意识，是学派意识的萌芽，但尚不清晰，未有完全的自觉，还没有以“家”或“派”命名的做法。至司马谈，他所论六家，虽未全部称“家”，但已有把法、名、道称“家”的做法，这说明他关于知识、学术的家派意识已比较明显。在这个问题上，他对后来的刘向、刘歆有直接影响。

对知识学术进行分门别类，是构建知识秩序的前提；对文化思想进行派别区分，是构建思想秩序的基础。对知识学术分门别类和文化思想区分派别，是学术自觉的重要表现。战国中后期以来的学者，在这方面做出初步尝试和探索，特别是司马谈关于学术“六家”的学派划分，具有学术自觉的重要意义。刘向、刘歆父子关于知识秩序的构建，就是在这个背景下展开的。

2. 从“文本革命”到“文本秩序”——刘向、刘歆父子校书中秘的作为

人类认识发展的进程，是由知识而学术而思想。在知识的基础上发明学术，在学术之基础上创造思想。相应地，知识秩序的构建，是创立学术秩序和思想秩序的基础和前提。而知识秩序构建，又是建立

在知识的搜集、整理、归类和研究的基础上。所以，全面系统的知识秩序构建，必须有长期的关于知识的搜集、整理、归类等前期准备工作。在西汉中后期，已经具备开展这项工作的前期准备条件。

知识的搜集、整理是开展知识秩序构建的前置条件。从西汉初期到中期，王朝中央和地方社会都在致力于知识的搜集和整理，据《汉书·艺文志》说：

> 昔仲尼没而微言绝，七十子丧而大义乖。故《春秋》分为五，《诗》分为四，《易》有数家之传。战国纵横，真伪纷争，诸子之言纷然殽乱。至秦患之，乃燔灭文章，以愚黔首。汉兴，改秦之败，大收篇籍，广开献书之路。迄孝武世，书缺简脱，礼坏乐崩，圣上喟然而称曰：朕甚闵焉。于是建藏书之策，置写书之官，下及诸子传说，皆充秘府。至成帝时，以书颇散亡，使谒者陈农求遗书于天下。诏光禄大夫刘向校经传、诸子、诗赋，步兵校尉任宏校兵书，太史令尹咸校数术，侍医李柱国校方技。每一书已，向辄条其篇目，撮其旨意，录而奏之。[1]

在春秋、战国时期，王官解体，“学在四夷”，不仅造成知识秩序的混乱，亦导致文献典籍的散佚和流落。而秦王朝“燔灭文章”，又造成文献典籍的人为破坏。因此，为重建知识秩序，首要工作，便是着手文献搜集和知识整理。汉惠帝除挟书之律、汉武帝建藏书之策、汉成帝总校书之业，都是由官方主导的知识文本的搜集、整理工作。同时，在地方社会，亦有如河间献王刘德、鲁恭王刘馀、淮南王刘安等人在致力于典籍文献的搜集工作。西汉后期刘向、刘歆父子关于知识秩序的构建，就是在这个前期工作的基础上展开的。

[1] 班固：《汉书》，中华书局 1962 年版，第 1701 页。

构建知识秩序，在典籍文献搜集之基础上，尚需对文本进行整理、对秩序进行构建。经过汉惠帝除挟书之律和汉武帝建藏书之策，当时大部分典籍文献都已集中在皇家中秘。于是，汉成帝总校书之业，命刘向、刘歆父子等人校书中秘，开展典籍文献的整理工作，发起学者所称的“文本革命”工作，以及在“文本革命”的基础上开展“文本秩序”和“知识秩序”的构建工作。

汉成帝于河平三年（前 26）八月，一方面派谒者陈农巡行天下，访求遗书，以补中秘藏书之缺佚；另一方面则命光禄大夫刘向牵头整理中秘藏书，校勘经传、诸子、诗赋，又派步兵校尉任宏校勘兵书，太史令尹咸校勘数术之书，侍医李柱国校勘方技之书。一时参与其中者，有刘歆、刘伋、苏竟、杜参、房凤、班斿、史丹、王龚、富参、卜圭、望、立（二人失其姓氏）等人，可谓极一时之选。刘向死后（绥和元年，前 8），刘歆继承父业，继续领导这项工作。父子两代人，积二十年工夫，才完成皇家中秘收藏的典籍文献的校勘、写定和著录工作。

这项史无前例、影响深远的典籍文献整理工作，主要做了两件事情。一是典籍文献文本写定工作，即汇集众本，勘正讹误，汇编成册，缮写新本。据徐建委说：

> 周秦汉之间历史、学术、文学与思想研究的关键，乃是古书文本问题。……战国秦汉古书文本问题的关键，乃是刘向的校书。刘向校书何以如此重要，因其为群书写定新本也。新书相较旧书，自然有变化，或正文字，或补脱文，或重订篇章等，不一而足。汉成帝河平三年至汉哀帝建平元年之间的这二十年，西汉以前所有的传世古文献的文本形式，几乎或大

或小地改变了。[1]

徐建委认为，今传周秦西汉前期的典籍文献，主要是刘向、刘歆等人所校新书。经过刘向、刘歆等人的校读勘正，“文本逐渐单一化和经典化，完成了早期文本由类群向单书过渡的过程”[2]。徐建委称刘向主导的这项典籍文献校正工作为“文本革命”，可谓恰如其分。经此“文本革命”，今传周秦西汉前的典籍文献，经历了由开放性文本向闭合性文本的变迁，具体表现在三个方面：其一，相对成熟或定型的古书，如《诗》《书》等，在此前有多个传本，经刘向、刘歆等人的校录和缮写，传本因此单一，他本逐渐消失。其二，内容、篇幅大体成型，但尚未成为完整著作的一类古书，如《荀子》《管子》等，经刘向等人汇总统一，去除重复，勘校成编。其三，有一些单独流传的章或章组，是无固定归属的材料类文献。刘向等人把它们以类相从，重编为一种全新书籍，如《战国策》《新序》《说苑》等。[3]

二是著录工作。据班固《汉书·艺文志》说：

> 诏光禄大夫刘向校经传、诸子、诗赋，步兵校尉任宏校兵书，太史令尹咸校数术，侍医李柱国校方技。每一书已，向辄条其篇目，撮其旨意，录而奏之。会向卒，哀帝复使向子侍中奉车都尉歆卒父业。歆于是总群书而奏其《七略》，故有《辑略》，有《六艺略》，有《诸子略》，

[1] 徐建委：《文本革命：刘向、〈汉书·艺文志〉与早期文本研究》，中国社会科学出版社 2017 年版，第 8 页。

[2] 徐建委：《文本革命：刘向、〈汉书·艺文志〉与早期文本研究》，中国社会科学出版社 2017 年版，第 30 ~ 31 页。

[3] 徐建委：《文本革命：刘向、〈汉书·艺文志〉与早期文本研究》，中国社会科学出版社 2017 年版，第 10 ~ 11 页。

有《诗赋略》，有《兵书略》，有《术数略》，有《方技略》。今删其要，以备篇籍。[1]

著录工作主要由刘向、刘歆父子共同完成。据梁阮孝绪《七录序》说："昔刘向校书，辄为一录，论其指归，辨其讹谬，随竟奏上，皆载在本书。"又云："时又别集众录，谓之《别录》，即今之《别录》是也。"[2]《别录》的内容，相当于后世所谓"提要"，或"论其指归，辨其讹谬"，或"条其篇目，撮其旨意"。《隋书·经籍志》载有《七略别录》二十卷，刘向撰；《七略》七卷，刘歆撰。叶长青以为："大抵《别录》有目有录，《七略》有目无录，故详略悬殊。"[3]概言之，刘向校书，每书均有"叙录"，近似"提要"；其后汇集"叙录"成《别录》，是有目有录；刘歆改定《别录》成《七略》，是有目无录。班固《汉书·艺文志》据刘歆《七略》编就，基本保留《七略》的脉络框架，其略有变化者，是把"辑略"撤散分置在诸略后，以"六艺略"居首。

班固自称其《汉书·艺文志》是据刘歆《七略》"删其要"而成。叶长青说："歆继向作，班述歆为，班所改作必有注语，其所未注，歆旧可知。"据今本《汉书·艺文志》，可以断定"《班志》十九本于二刘"。[4]所以，学者论定《汉书·艺文志》的价值和影响，实际是在讨论刘向、刘歆父子《别录》和《七略》的价值和影响。

刘向《别录》和刘歆《七略》俱佚，后世有辑本，如清马国翰《玉

[1] 班固：《汉书》，中华书局1962年版，第1701页。

[2] 张舜徽：《文献学辑要》，陕西人民出版社1985年版，第26页。

[3] 叶长青：《汉书艺文志问答》，华东师范大学出版社2015年版，第3页。

[4] 叶长青：《汉书艺文志问答·自序》，华东师范大学出版社2015年版，第3页。

函山房辑佚丛书》有《七略别录》一卷，姚振宗《快阁师石山房丛书》有《七略别录》佚文一卷、《七略佚文》七卷。但是，仅凭以上辑录佚文，尚难准确断定《别录》和《七略》的关系。问题的关键是，在写定文本和叙录旨要基础上，开展知识学分类工作，到底是完成于刘向之手还是刘歆之手？或者说，在“文本革命”的基础上，是谁完成了“文本秩序”的构建？

《别录》是刘向校书“叙录”的汇编，其中是否有“辨章学术”（分类）和“考镜源流”（溯源）的内容？据目前所见佚文，未能确知。可以肯定的是，《汉书·艺文志》最重要的学术价值，便是“辨章学术，考镜源流”。需要追问的是，这项“辨章学术，考镜源流”的工作，是刘歆《七略》的创制，还是刘向《别录》的发明？徐建委认为：“回观《汉书》，汉哀帝命刘歆卒其父业，刘歆受命未久而书成，则《七略》乃《别录》之略可知。”[1] 因此，他以为：刘向《别录》有分类小序，在“小序”中有“辨章学术，考镜源流”的内容。他为此提出两项证据：一是《隋书·音乐志》载有沈约一条奏议，其中引用刘向《别录》载录的乐类文献，书目与《艺文志》完全相同，顺序、篇数几乎完全一致，因此可证“《别录》里已经有了后来《七略》和《艺术志》的书目编排方式”。二是何晏《论语集解序》引刘向《别录》介绍西汉《论语》的流传，其文字类似《艺文志》的小序，因此断定“《别录》应该是有分类小序的”。基于这两项证据，他认为：“有成熟的篇目结构和小序，或可说明刘向生前已经开始系统编纂《别录》了。”所以，

[1] 徐建委：《文本革命：刘向、〈汉书·艺文志〉与早期文本研究》，中国社会科学出版社 2017 年版，第 7 页。

他断言："七略的格局并非来自刘歆《七略》，而是刘向《别录》。"[1]

我们认为：刘向并未完成中秘典籍文献的校正和叙录，刘向去世后，刘歆受命继承父业，历时两年才最终完成。刘向可能亦没有最终完成《别录》的编纂，刘歆在这两年时间里必定有对《别录》的补充和修订。如果《别录》已经具备完整的篇目结构和成熟的小序，在当时书写材料和工具皆不方便的情况下，刘歆完全没有必要再编撰《七略》。另外，在校读、叙录工作没有全面完成的情况下，分类编目和撰写小序工作亦无法开展。刘向可能开始着手思考并部分进行这方面的工作，但应该没有最终完成。否则，刘歆何以还要用两年时间才能大功告成？刘歆在这两年时间里做了些什么？我们推测，刘歆做的便是"辨章学术，考镜源流"的工作，编撰最后成为《汉书·艺文志》取资的《七略》。况且，班固又明言他的《艺文志》是据《七略》"删其要"而成，取资的是刘歆《七略》而不是刘向《别录》。《汉书·艺文志》说："歆于是总群书而奏其《七略》。"《汉书·刘向传赞》说："《七略》剖判艺文，总百家之绪。""有意其推本之也。"说的都是《七略》"辨章学术，考镜源流"的特点。因此，我们认为：《七略》不是《别录》的节略，《七略》的价值在于"辨章学术，考镜源流"。

所以，我们据此推论：刘向生前已经开始着手《别录》中篇目结构的安排，故今本《汉志》乐志部分的结构顺序与《别录》相同；刘向生前亦已经开始着手"考镜源流"的小序撰写，故有何晏《论语集解序》所引。但是，刘向并未最终完成这两项工作。"辨章学术，考镜源流"工作，是刘歆承继父业，在两年时间里完成的。所以，这项

[1] 徐建委：《文本革命：刘向、〈汉书·艺文志〉与早期文本研究》，中国社会科学出版社 2017 年版。

工作，是开始于刘向，完成于刘歆，定型于班固。就其主要贡献言，刘歆最大。或者说，刘向的主要贡献在文本的整理和写定，即所谓的“文本革命”；刘歆的主要贡献在“辨章学术，考镜源流”，即所谓构建“文本秩序”，在“文本革命”和“文本秩序”之基础上构建知识秩序。

3. 刘歆构建知识秩序的方法和路径

刘歆在“文本革命”和“文本秩序”之基础上构建知识秩序，其方法和路径有二：一是“辨章学术”，二是“考镜源流”。

所谓“辨章学术”，就是对知识进行类别划分，对学术进行派别区分，对学术知识进行等级论定。知识之形成秩序，具体表现，就是知识的各种元素在知识地图上得到合适的安放和合理的排列。构建知识秩序，就是依据一定原则，把知识元素合适、合理地安放在知识地图上，使其具备完整性、系统性和条理性。因此，构建知识秩序，合适、合理地把知识元素安放、排列在知识地图上，具体工作，就是对知识进行类别划分，对学术进行派别区分、对学术知识进行等级论定。所谓“辨章学术”，做的就是这些工作。所以，构建知识秩序，首先便是“辨章学术”。

为了“辨章学术”，刘歆首先开展知识类别的划分。在《七略》中，所谓“七略”，除总括之“辑略”，实际只有六略，即六艺略、诸子略、诗赋略、兵书略、术数略、方技略。这种分别，是把周秦以来的文本知识划分为六个大类，两个小类。其中，六艺略、诸子略和诗赋略，属于“道”的范畴，是思想情感层面的知识，显现的是人的思想观念、道德诉求和情感世界；兵书略、术数略和方技略，则属于“器”

的范畴，是技术技巧层面的知识，反映人们的知识范围和生活技艺。[1]正如陆威仪所说，刘歆这种“图书目录的分类系统为我们打开了一扇窗，使我们能够一窥当时知识领域的结构，因为它们向我们揭示了社会对各知识领域的组织方式”[2]。在中国历史上，这是首次对图书和知识进行分类。这种知识分类方法，在中国文献编纂史上有重要影响，后来的“四部”分类法，与它亦是嫡脉相传的关系。[3]

从知识类别的划分到学派类型的区分，这是学术研究的自然发展。刘歆“辨章学术”，在知识类别划分基础上，开展对学术流派的区分，体现了显明的学术自觉意识。他在“诸子略”中，将周秦诸子厘定为九流十家，并对各家的渊源流变、基本特征和优劣长短做出详细说明。[4]如其称儒、道两家说：

[1] 参见戴建业：《论中国古代的知识分类与典籍分类》，上海文艺出版社2019年版，第20页。

[2] 〔美〕陆威仪：《早期中华帝国：秦与汉》，王兴亮译，中信出版社2016年版，第225页。

[3] 中国古代的图书和知识分类，主要有《七略》六分法和“四部”四分法两种形式。大体言，隋朝以前一般采用《七略》六分法，唐代以后多采用“四部”四分法。比较而言，《七略》六分法有“辨章学术，考镜源流”的效果，而“四部”四分法，既无法“辨章学术”，亦不能“考镜源流”。（参见戴建业：《论中国古代的知识分类与典籍分类》，上海文艺出版社2019年版，第27～28页）需要说明的是，这种六分法可能有更早的渊源，据《汉书·艺文志》，成帝河平三年（前26）命刘向牵头整理中秘藏书，校勘经传、诸子、诗赋，任宏校勘兵书，尹咸校勘数术之书，李柱国校勘方技之书。说明在整理图书的分工时，已经具备了图书知识的六分法。《七略》即是将这种六分法以文本形式固定下来。

[4] 对此学术流派的划分，亦有持不同意见者，如胡适说：“《艺文志》所分九流，乃汉儒陋说，未得诸家派别之实也。古无九流之目，《艺文志》强为之分别，其说多支离无据。”［《诸子不出于王官论》，见罗根泽编著《古史辨》（四），上海古籍出版社1982年版，第4页］

儒家者流，盖出于司徒之官，助人君顺阴阳明教化者也。游文于六经之中，留意于仁义之际，祖述尧舜，宪章文武，宗师仲尼，以重其言，于道最为高。

道家者流，盖出于史官，历记成败存亡祸福古今之道，然后知秉要执本，清虚以自守，卑弱以自持，此君人南面之术也。合于尧之克攘，《易》之嗛嗛，一谦而四益，此其所长也。及放者为之，则欲绝去礼学，兼弃仁义，曰独任清虚可以为治。[1]

对其他诸子的评说，亦大体如是。这些文字在刘歆《七略》里，原本是归集在“辑略”中。班固编撰《汉书·艺文志》，才把它们拆散安置在各家之后。

如前所说，对知识学术进行分门别类，是构建知识秩序的前提；对文化思想进行派别区分，是构建思想秩序的基础；对知识学术分门别类，对文化思想划分派别，是学术自觉的重要表现。庄子、荀子、韩非子、吕不韦等人，仅仅是把学术思想相近的学者进行归类，还未有明确的家派意识，亦未有显明的学术自觉精神。司马谈所论六家，称“家”者，亦仅有法、名、道三家。刘歆《七略》，称“家”则是一个普遍现象。可以说，刘歆是在战国中后期以来直至司马谈等学者之基础上，通过知识分类而区分学术流派，将周秦学术思想分为九流十家，具有显明的学术自觉意识。

学术派别的划分，通常有三种标准，即时间、地域和学术特性。相对言，以时间和地域区分学术流派容易，以学术特性划分学术流派难，但后者更切近学术分类和学派划分的本质。刘歆选择从学术特性上分类，主要还是因为这是战国以来学者普遍采用的分类标准，如《庄

[1] 班固：《汉书·艺文志》，见《汉书》，中华书局 1962 年版，第 1728、1732 页。

子·天下》《荀子·非十二子》《韩非子·显学》《论六家要旨》等，均是以学术特性为分类标准。[1] 以学术特性划分学术流派，是“以书类人”，即以学术思想部次书籍和划分派别。叶长青说：《七略》是“别家而不别人”，如刘向《五行传》见《尚书》家，《新国语》见《春秋》家，“刘向所序”见儒家，“刘向赋”见诗赋略。刘歆《七略》“别家而不别人”，就是“以书类人”，就是以知识类型划分学术流派，体现了他显明的学术自觉精神。刘歆按照这种规则“辨章学术”，“通过对各科的命名、各书的分类及对各家、各科、各派的排序，建构了古代学术的基本构架，确立了古代知识的基本秩序”。[2] 当然，这种知识分类和学派划分的消极意义，亦显而易见。徐建委说：

> 分类，并上下探寻源流的做法，看上去是最可理解的学问之术，因为它把混沌的学术、思想、文化的历史，摘梳清晰，使之条理分明，变得更加“可理解”“可描述”，甚至为未来出现的新思想、新学术预留了“可追溯”“可归宗”的出路。
>
> 分类，是为了更好地理解、但却最容易掩盖学术或思想的最鲜活特征，这其实是传统主流学术叙事方式的真正吊诡所在。此乃《汉志》的遗产。[3]

论定知识的等级序列，亦是构建知识秩序的一项重要内容。因此，刘歆“辨章学术”，除划分知识类别和学术流派，还对知识的等级序

[1] 徐建委：《文本革命：刘向、〈汉书·艺文志〉与早期文本研究》，中国社会科学出版社 2017 年版，第 77 页。

[2] 戴建业：《论中国古代的知识分类与典籍分类》，上海文艺出版社 2019 年版，第 39 页。

[3] 徐建委：《文本革命：刘向、〈汉书·艺文志〉与早期文本研究》，中国社会科学出版社 2017 年版，第 72、73 页。

列进行论定。在《七略》中，“六略”的排列顺序，就显示出知识的等级序列。如叶长青说：

> 夫七略并列，而非并重，所以具源流本末，纵而非横者也。……然则诸子百家垂空文以见志者，皆六艺之支与流裔，此其命名之意与？[1]

以“六艺略”居首，因为“六艺”是诸子百家共同的学术资源和知识背景，故等级最高，排列首位。“六艺略”后，按等级序列依次为诸子略、诗赋略、兵书略、术数略、方技略。或者以为：“《七略》首‘六艺’而后诸家，此重儒之过，而后世学术不公不明之所由，宜重为釐定者也。”叶长青说：

> 庄、荀诸家，当汉武尚未崇儒之前，故得平论诸家，犂然有当。向、歆值崇儒之后，身为宗室，又为儒者，不崇儒是反功令而自小其道也。故《七略》之先《六艺》而后诸家，固为后世学术不公不明之由，在今日议之则可，在当日议之则不可，所谓立言各有攸当也。[2]

《七略》以“六艺”居首，如同“诸子略”以儒家居首，确有重儒之意，这亦是汉武帝以来“独尊儒术”的学术大环境所致。但是，《七略》以“六艺”居首，还有更重要的意义，就是体现“六艺”是诸子百家共同学术资源和知识背景的意思。因为在周秦时期，“六艺”确是诸子共同的知识背景，只因儒者最明“六艺”之学，才逐渐成为儒家独有的学术资源。

[1] 叶长青：《汉书艺文志问答》，华东师范大学出版社 2015 年版，第 1 ~ 2 页。

[2] 叶长青：《汉书艺文志问答》，华东师范大学出版社 2015 年版，第 19 ~ 20 页。

此外，《七略》在各“略”内，又对本“略”中的各家，按照等级顺序依次排列，如“六艺”顺序的排列，是如此。“诸子略”中排列九流十家，按照儒、道、法、名、墨、纵横、杂、农、小说的顺序，亦是这样。

所谓“考镜源流”，就是对知识学术进行推源溯流。推源，是追溯知识学术的渊源，明其来源，以证其渊源有自。溯流，是梳理知识学术的流变，明其发展，以证其后续影响。通过对知识学术的推源溯流，衡定其特色、地位和影响。有意识地对知识学术进行推源溯流，是学术自觉的表现。因为只有在具备学术自觉精神的情况下，才可能产生对知识学术进行推源溯流的意识。

“考镜源流”是构建知识秩序的一项重要工作。刘歆《七略》对知识学术的“考镜源流”，于每一类知识和每一个学派，“必究本末，上有源流，下有沿袭，故学者亦易学，求者亦易求”[1]。其具体做法，主要体现在两个方面。

一是提出“诸子出于王官”说，架构起知识秩序与政治秩序的共生共谋关系。在西周时期，“学在官府”，王官既是政治枢纽，亦是文化中心，知识秩序与政治秩序处于共生共谋的合一状态。其共生共谋情形，如章学诚《校雠通义》卷一《原道第一》说：

> 有官斯有法，故法具于官；有法斯有书，故官守其书；有书斯有学，故师传其学；有学斯有业，故弟子习其业。官守学业皆出于一，而天下以同文为治，故私门无著述文字。私门无著述文字，则官守之分职，即群书之部次，不复别有著录之法也。[2]

[1] 郑樵：《通志十二略》，中华书局 1995 年版，第 1087 页。

[2] 章学诚撰、叶瑛校注：《文史通义校注》，中华书局 2014 年版，第 868 页。

春秋以还，诸侯争霸，王官解体，导致“学在官府”向“学在四夷”转移，政治秩序与知识秩序处于分裂状态，其共生共谋关系遭遇破坏。刘歆构建“诸子出于王官”说，是力图恢复知识秩序与政治秩序的合一状态，重建知识秩序和政治秩序的共生共谋关系。所以，陆威仪认为，这种“把学术与政治机构相联系，既反映出学术权威和政治权威的平衡，也反映出将破裂的世界修复为一个整体的理想。……于是，在目录中，知识的最高统一性就类似于君主统治之于帝国”[1]。当然，这亦有为当代制度寻求历史依据和学术支撑的意图。如侯外庐以为，刘歆“确指某家之学出于某官之掌，则为汉代儒学正宗及经学基尔特传授制度的适切反映。这与其视为‘暗合古史’，不如视为替汉制寻找历史依据，更近真实”。因为“汉代以师为吏，学官为思想的合法生产者，帝王为正宗的钦定者与经义的统一者。这无疑地是复西周学在官府之古，此点当为刘氏诸子出于王官说的现实基础”。[2]

“诸子出于王官”说，到底是历史事实还是学者理想，可置而不论。[3] 我们认为：无论是历史事实，还是学者理想，都体现了在新的

[1] 〔美〕陆威仪：《早期中华帝国：秦与汉》，王兴亮译，中信出版社 2016 年版，第 227 页。

[2] 侯外庐：《中国思想通史》第二卷《两汉思想》，人民出版社 1957 年版，第 204、205 页。

[3] 胡适认为“诸子出于王官”说是汉儒附会揣测之辞，他说：“今之治诸子学者，自章太炎先生以下，皆主九流出于王官之说。……此所说诸家所自出，皆属汉儒附会揣测之辞，其言全无凭据，而后之学者乃奉为师法，以为九流果皆出于王官，甚矣先入之言之足以蔽人聪明也。”其依据有四：一是刘歆以前之论周末诸子学派者，皆无此说；二是九流无出于王官之理；三是《艺文志》所分九流，乃汉儒陋说，未得诸家派别之实；四是章太炎先生之说，亦不能成立。（《诸子不出于王官论》，见罗根泽编著《古史辨》（四），上海古籍出版社 1982 年版，第 1 ~ 8 页）

时代背景下，学者构建知识秩序，对学术与政治共谋关系的追求，对道统与政统共生关系的向往。

二是提出诸子是“六经之支与流裔”说，架构起诸子渊源于“六艺”的知识秩序。在西周时期，“学在官府”，王官职掌“六艺”之学。春秋以还，王官解体，礼崩乐坏，从“学在官府”到“学在四夷”，“六艺”之学散落民间。其散落情形，如《汉书·艺文志》所说：“昔仲尼没而微言绝，七十子丧而大义乖。故《春秋》分为五，《诗》分为四，《易》有数家之传。战国纵横，真伪纷争，诸子之言纷然殽乱。”秦汉以还，天下一统，制礼作乐，重建知识秩序，成为时代性的学术需求。刘歆构建诸子乃“六经之支与流裔”说，正是顺应这种时代需求。

其实，诸子是“六经之支与流裔”说，与“诸子出于王官”说，相互关联，二者是一事之两面。“学在官府”，作为官府的王官，其职掌的便是“六艺”之学。所以，说“学在官府”，实际就是说“六艺”之学在官府；说“诸子出于王官”，实际就是说诸子出于“六艺”之学。简言之，就是诸子乃“六经之支与流裔”。

刘歆《七略》首列“六艺略”，“诸子略”首列儒家，体现了刘歆尊经重儒的意识。以“六艺略”居首，是因为诸子是“六经之支与流裔”，“六艺”之学是诸子百家共同的学术资源和知识背景。“诸子略”首列儒家，确为重儒之意。刘歆之重儒，一方面是顺应时代学术风尚，前引叶长青之言已有解释；但是，更重要的原因，则是“诸子出于王官”，诸子之学出于“六艺”之学。在周秦时期，“六艺”之学是诸子百家共同的学术资源和知识背景，不是儒家所独有。只不过在解读与诠释“六艺”之学的工作中，儒家学者最为擅长，最为热心，取得的成就亦最大。“六艺”并非儒家所独有，但确为儒家所独擅。

因此，这种在周秦时期为诸子百家共同拥有的学术文化资源，逐渐成为儒家学者独占的学术资源。所以，在中国文化史上，尊经必然重儒。

在刘歆构建的知识秩序中，无论是“诸子出于王官”说，还是诸子乃“六经之支与流裔”说，皆体现他尊经重儒的观念，力图以“六艺”之学统构知识秩序的意识，企望重建知识秩序与政治秩序共生共谋关系的意图。其重要学术意义和影响，正如陆威仪所说：

> 在这个新的知识秩序中，经学与时俱进地表达了一个统一的世界，它本身就代表着君主体制和一种统一的智慧，与之相比，其他任何知识都是不完整的。……所有形式的创作，都只能置于由国家经典所建立的这个知识世界中进行解读，这种经典也就是人们所理解的汉代帝国的文本形式。[1]

综上，“辨章学术，考镜源流”是刘歆构建知识秩序的主要方法，“辨章学术”与“考镜源流”是相互关联、互为前提的关系。通过“考镜源流”以“辨章学术”，只有推溯到学术源流，才能使文献和知识各从其类；通过“辨章学术”以“考镜源流”，只有在知识分类和学派划分基础上，才能推源溯流。“找到了学术的源头就为学术分类找到了历史根据，也为图书分类奠定了理论基础，非深明于学术精微和群言得失的人，不可能像这样为九流百家深刻地推本求源”。[2] 刘歆就是通过“辨章学术，考镜源流”的方法，在对周秦以来文献进行“文本革命”之

[1] 〔美〕陆威仪：《早期中华帝国：秦与汉》，王兴亮译，中信出版社 2016 年版，第 228 ~ 229 页。

[2] 戴建业：《论中国古代的知识分类与典籍分类》，上海文艺出版社 2019 年版，第 47 页。

基础上，梳理出“文本秩序”，构建起以知识分类、学派划分、等级厘定、推源溯流为基本框架的知识秩序。

4. 刘歆构建知识秩序的意义和影响

两汉之际经由刘向、刘歆父子共谋，通过“文本革命”梳理“文本秩序”，进而构建知识秩序的文化工程，依托《汉书·艺文志》的正史身份而获得权威性和经典性，成为学者“治学之纲领，群书之要删”[1]，从而在中国学术文化史上产生重要影响。如章学诚称《汉书·艺文志》是“学术之宗，明道之要”，他说：

> 校雠之义，盖自刘向父子部次条别，将以辨章学术，考镜源流；非深明于道术精微、群言得失之故者，不足于此。后世部次甲乙，纪录经史者，代有其人；而求能推阐大义，条别学术异同，使人由委溯源，以想见于坟籍之初者，千百之中，不十一焉。[2]

高度评价刘歆通过“辨章学术，考镜源流”的路径“条别学术异同”，构建知识秩序的重要学术成就。徐建委亦说：

> 汉成帝河平三年（前 26）至汉哀帝建平元年（前 6）之间的二十年，除了王氏家族逐渐掌控政局外，并无大事，放到前汉的历史中，远没有其他时段引人注意。但这二十年对于中国学术史来说，却意义非凡。其

[1] 张舜徽：《汉书艺文志通释·自序》，华中师范大学出版社 2004 年版。

[2] 章学诚撰、叶瑛校注：《文史通义校注》，中华书局 2014 年版，第 863 页。

影响于中国学术，或只有孔子创论六艺之学可伯仲之。[1]

的确，西汉政治史上引人注目的大事件，不是王氏家族逐渐掌控政局，而是此后王莽的篡汉立新。此间二十年，在中国学术史上引人注目的大事件，对中国文化学术史发生深刻影响的大事件，可与孔子创设“六艺”之学相提并论的大事件，确是刘向、刘歆父子校书中秘开展的典籍文献整理工作，发起的“文本革命”，以及在“文本革命”基础上构建了“文本秩序”和“知识秩序”。其学术意义和文化影响，主要表现在以下两个方面。

一是由刘向主导、刘歆等人参与的对周秦典籍文献的“文本革命”，确定周秦时代文献典籍和知识学术的内容、范围和特征，并通过权威写定而固化，成为汉代以后学者认识和理解周秦知识学术的唯一依据。

刘向等人在西汉初年以来广泛搜集图书文献的基础上，对周秦文献进行全面整理，开展“文本革命”，包括校勘、编排和写定等工作，使之由“开放性文本”变成“闭合性文本”，由类群文本变成单书文本。经过这次“文本革命”，周秦文献典籍在文字内容、篇章结构和成书形式上基本定型。这些写定文本成为权威文本，原始文献便被销毁或逐渐遗失。因此，汉代以后学者所能读到的周秦文献，基本就是在这场“文本革命”中写定的。所以，汉代以后学者，对周秦历史社会、政治经济、知识技术、文化学术和民情风俗的理解和认识，主要就是依据经过这场“文本革命”写定的文献典籍。今日学者研究周秦历史，理解这个中国文化“轴心时代”的学术思想，虽有为数不少的地下考

[1] 徐建委：《文本革命：刘向、〈汉书·艺文志〉与早期文本研究》，中国社会科学出版社 2017 年版，第 6 页。

古发掘资料可以利用，但凭借的基本材料还是传世文献，而这些传世文献基本都是经过这场“文本革命”后写定的。因此，可以说，经过刘向、刘歆等人的“文本革命”后写定的这批周秦文献，确定了周秦时代知识学术的结构特征和组织方式，规定了我们对周秦历史、文化、学术、思想理解的方向和范围。

二是由刘歆构建的“文本秩序”和“知识秩序”，确立了中国学术史的叙事模式，编织起中国文化发展的“意义之网”，规定了周秦历史、文化、学术、思想的认知范围和想象空间，确定了中国学术文化的发展方向和变迁格局。

刘歆通过“辨章学术”，对周秦知识学术进行类型区分，对学术思想进行学派划分，构成一种图像化的学术史范式，由此确立中国学术史的叙事模式，对中国学术史的叙事和写作影响深远。此后，“由学派门户以观战国秦汉学术、思想之布局，几为学术史之习惯做法”[1]。其重要学术意义，如徐建委所说：

> 《汉书·艺文志》是后代人了解早期学术流变最为基础的文献，也是后世人勾勒、描述先秦学术、文学概貌的主要依据之一。20世纪以来，周秦汉学术史、思想史、文学史的叙事结构，虽然受到了现代学术体系的规范，但最为基础的描述却还是以《汉书·艺文志》为原型的，即以“六艺”“诸子”“九流十家”等“图书或知识分类”为基本线条的叙事结构。可以说，《汉书·艺文志》对周秦汉图书的分类不仅在目录学上影响深远，

[1] 徐建委：《文本革命：刘向、〈汉书·艺文志〉与早期文本研究》，中国社会科学出版社2017年版，第71页。

更是直接构筑了周秦汉学术进程的想象基础。[1]

此后，中国学术史的叙事，汉代前的架构，基本就是依据刘歆构建的这种框架；汉代后的学术叙事，亦基本沿袭刘歆开创的“辨章学术，考镜源流”叙事模式。

通过“辨章学术，考镜源流”，刘歆把周秦时期的一些零散文献，进行重新编排，构建出“文本秩序”；把周秦时期的一些碎片化知识，进行重新整理，构建出“知识秩序”。在此基础上，重构成一张包括“文本秩序”和“知识秩序”，集周秦知识、学术、思想和作者在内的、包含时间（即“考镜源流”）和空间（即“辨章学术”）两个维度的“意义之网”，使本来杂乱、零散的知识、学术和思想，变得井然有序，纲目清晰，形成可以理解的学术系谱和图像范式。由此，“每一部文献的性质无形中被纳入周遭的意义关联之中，或者说单一文本的意义更多的是被外在的同类文献所赋予的”[2]。这张“意义之网”，规约了中国学术文化发展的时空边界。汉代以后的学者对周秦知识、学术和思想的理解，都必须在这张“意义之网”规约的时空边界内展开。并且，这张“意义之网”亦规约了汉魏以后学术思想的发展方向和变迁格局。

周秦时期是中国文化的“轴心时代”，这个时期的知识、学术和思想，奠定了中国文化发展的背景与基础，确定了中国学术的基本品格，确立了中国思想的发展方向。因此，如何认识和理解周秦学术文

[1] 徐建委：《文本革命：刘向、〈汉书·艺文志〉与早期文本研究》，中国社会科学出版社2017年版，第29～30页。

[2] 徐建委：《文本革命：刘向、〈汉书·艺文志〉与早期文本研究》，中国社会科学出版社2017年版，第73页。

化思想，是有关中国文化发展的基础性问题和方向性问题，是决定中国文化性格的根基性问题。但是，汉代以后以至今日学者，认识和理解周秦时期的知识、学术和思想，不是基于周秦时期文化思想的原生状态，而是基于刘向、刘歆父子在“文本革命”基础上构建的“文本秩序”和“知识秩序”。因此，与其说是周秦时期的知识、学术和思想奠定了中国文化发展的基础，确定了中国文化发展的方向，毋宁说是班固《汉书·艺文志》确定了中国文化发展的基础和方向；与其说是《汉书·艺文志》确定了中国文化发展的基础和方向，毋宁说是刘向、刘歆父子在“文本革命”基础上构建的“文本秩序”和“知识秩序”，确定了中国文化发展的基础和方向。

二、刘歆与《周官》：儒家政治愿景的理想化表达

1.《周官》非刘歆伪撰，乃秦汉“古文旧书”

《周官》一书，因刘歆的表彰而为人所知，因王莽据以托古改制和最终失败而为人所弃。后人亦因此认为刘歆表彰《周官》，是为迎合王莽托古改制；或者认为刘歆伪撰《周官》，是为协助王莽托古改制。唐宋以来，持刘歆表彰或者伪撰《周官》以迎合王莽托古改制的学者甚多，如魏源、廖平、康有为、钱玄同、徐复观等，均认为《周官》本无其书，是刘歆伪撰其书以为王莽改制张本。如康有为说：

> 《王莽传》所谓“发得《周礼》以明因监”，故与莽所更法立制略同，盖刘歆所伪撰也。歆欲附成莽业而为此书。其伪群经，乃以证《周官》者。

钱玄同《重论经今古文学问题》说：

> 我以为从制度上看，云出于晚周，并无实据；云刘歆所作，则《王莽传》恰是极有力之凭证，故仍认康氏之论为最确。即使让一步说，承认《周礼》出于晚周，然刘歆利用此书以佐王莽，总是无可否认的事实。[1]

刘歆表彰《周官》是实，但刘歆表彰《周官》是否就是为了迎合王莽的托古改制，却很有疑问。至于说刘歆伪造《周官》以助王莽篡汉立新和托古改制，则纯属偏见或臆测。对此问题，钱穆言之甚详。首先，他坚信《周官》非刘歆伪造。他说：

> 考《周官》之见于汉廷政制，最先在平帝元始元年，前一年哀帝崩，莽拜大司马，白歆为右曹太中大夫，相距不数月。其前两人皆退居，不相闻。谓莽逆知哀帝之不寿，莽之且复用，而方退职不得志之时，私伪此书以误莽欤？谓歆于争立古文诸经前，已先伪此书，而故自秘惜，不之及欤？[2]
>
> 谓歆伪造古文以佐莽篡，而以《周礼》为主，此康氏之说也。然莽所欲借辞者，在周公居摄践祚一事，此诸子、今文均有之，不俟歆遍伪群经也。[3]

其次，他坚信《周官》非周公制作，乃晚周学者理想冥构的一部书。

[1] 钱玄同：《重论经今古文学问题》，见顾颉刚编著《古史辨》（五），上海古籍出版社 1982 年版，第 47 页。

[2] 钱穆：《刘向歆父子年谱》，见《两汉经学今古文平议》，商务印书馆 2001 年版，第 4 页。

[3] 钱穆：《刘向歆父子年谱》，见《两汉经学今古文平议》，商务印书馆 2001 年版，第 122 页。

他说：

> 《周官》自刘歆、王莽时，众儒已“共排以非是”。其后虽有少许学者信崇，终不免一部古今公认的伪书。然谓其书乃刘歆伪造，则与谓其书出周公制作，同一无根。……何休曾说：《周官》乃六国阴谋之书。据今考论，与其谓《周官》乃周公所著，或刘歆伪造，均不如何氏之说遥为近情。[1]

他分别从宗教祀典、法制刑律、经济政策三个方面考证《周官》的著作时代。关于宗教祀典，他认为：“据天地日月祀典，证此书乃学者理想冥构，并非史实记录。其成书应在战国晚年，非春秋前所有。”[2]关于法制刑律，他认为：《周官》“关于法制刑律，则有许多是李悝、商鞅传统”。于是可“证《周官》出战国晚世，似属晋人作品，远承李悝、吴起、商鞅，参以孟子，而与《管子》《老子》书相先后”。[3]关于经济政策，他通过考证公田之废弃、爰田制之推行、封疆之破坏三个方面，认为《周官》“为晚周时代的一部书”。[4]

总之，刘歆前确有一部名叫《周官》的典籍，[5]它可能产生于战

[1] 钱穆：《〈周官〉著作时代考》，见《两汉经学今古文平议》，商务印书馆 2001 年版，第 322 页。

[2] 钱穆：《〈周官〉著作时代考》，见《两汉经学今古文平议》，商务印书馆 2001 年版，第 370 页。

[3] 钱穆：《〈周官〉著作时代考》，见《两汉经学今古文平议》，商务印书馆 2001 年版，第 405 页。

[4] 钱穆：《〈周官〉著作时代考》，见《两汉经学今古文平议》，商务印书馆 2001 年版。

[5] 《周官》的制作年代，有西周说、春秋说、战国说、周秦之际说、汉初说等，迄今尚难定论。（参见彭林：《周礼的主体思想与成书年代研究》，中国社会科学出版社 1991 年版）但最迟是在汉初，成于战国后期的可能性最大。

国后期，是一部学者对社会政治的理想冥构之作。据说，汉武帝时河间献王刘德在广搜天下图书时偶然发现此书，并将之献给汉武帝，“武帝知其末世渎乱不验之书”，不予重视。关于这件事，《汉书·景十三王传》之《河间献王传》和《汉书·艺文志》，均有记载，应当属实。另外，据《史记·封禅书》记载，汉武帝时欲封禅泰山，儒者以《周官》为据议论封禅礼仪，武帝不用。汉武帝不重视、不采用《周官》是一回事，但当时确有一部名叫《周官》的书，当是实情。因为汉武帝不重视、不采用，《周官》可能被收藏在皇家中秘，从此无人问津。它再次现身，被关注、被重视和被表彰，是因西汉后期校书中秘的刘歆。据贾公彦《周礼注疏序·周礼废兴》引马融《周官传》说：

> 秦自孝公以下，用商君之法，其政酷烈，与《周官》相反，故始皇禁挟书，特疾恶，欲绝灭之，搜求焚烧之独悉，是以隐藏百年。孝武帝始除挟书之律，开献书之路，既出于山岩屋壁，复入于秘府，五家之儒，莫得见焉。至孝成皇帝，达材通人刘向子歆，校理秘书，始得列序，著于《录》《略》，然亡其《冬官》一篇，以《考工记》足之。时众儒并出共排，以为非是，唯歆独识。其年尚幼，务在广览博观，又多锐，精于《春秋》，末年乃知周公致太平之迹具在斯。

据此，说是刘歆发现《周官》、表彰《周官》，使之为一般学者所知晓，应当没问题。王莽追慕周公，以为《周官》是周公为政之书，依据《周官》托古改制，亦没有问题。

刘歆之后，传《周官》者代有其人，先后有郑众、贾逵、马融等学者研治其书。至东汉后期，经郑玄推扬而成为礼学中的显学。据马融《周官传》说：

（刘歆之后）奈遭天下仓卒，兵革并起，疾疫丧荒，弟子死丧，徒有里人河里缑氏杜子春尚在。永平之初，年且九十，家于南山，能通其读，颇识其说。郑众、贾逵往受业焉。众、逵洪雅博闻，又以经书记转相证明为解。逵解行于世，众解不行。兼揽二家为备，多所遗阙，目瞑意倦，自力补之，谓之《周官传》。

马融之后，郑玄对《周官》高度重视，用功最深。郑玄经学的核心是礼学，是“三礼之学”。郑玄“三礼”又以《周官》居首，随着郑玄经学地位的上升，礼学影响日益扩大，《周官》在“三礼”中的首要地位逐渐巩固。所以，可以说：《周官》表彰于刘歆而成就于郑玄。

《周官》到底是一部什么性质的典籍，值得刘歆表彰、郑玄成就，而最终列于“三礼”之首？两汉之际的王莽、北周的宇文泰、北宋的王安石都是《周官》政治的实践者，皆要依据它进行变法。学者以为，《周官》或是“周公致太平之迹”，或是“六国阴谋之书”，或是刘歆为王莽“新政”改制所伪撰。一般认为，《周官》是“古代理想政治的传世典章”，是“制度之礼的集大成”，是“以官制表达政治理想”的典籍。刘歆、王莽、郑玄都确认它是周公为政之书，郑玄说：“周公居摄而作六典之职，谓之《周礼》。营邑于土中，七年致政成王，以此礼授之，使居洛阳治天下。”[1]《隋书·经籍志》说：“《周官》，盖周公所建官政之法。”其内容总纲是“惟王建国，辨方正位，体国经野，设官分职，以为民极”。王启发说：

《周礼》既非出自一个学派，也非一时之作，而是抱有同样的政治

[1] 郑玄：《周礼》卷第一《天官冢宰第一》“惟王建国”注。

理想和政治目标的一些思想人物,集中前人和时人的各种主张,冠以职官,合以制度，撰作而成。其中有实有虚，有历史，有现实，也有理想。

（《周官》）六官依其职掌而将国家的一切事务划归为六个方面，即治、教、礼、刑、兵、事，其本身具有历史经验积累和总结的性质，而且也符合其后历史上王权国家政治的需要，惟其如此，才成为后来整个君主专制时代中央权力机构建置的基本模式。[1]

这个判断大体符合实际。

2. 刘歆表彰《周官》的目的和动机

接下来，我们讨论的问题是，刘歆为何表彰《周官》？王莽改制何以要依托《周官》？刘歆表彰《周官》与王莽依托《周官》改制有何关系？

据马融《周官传》，刘歆对《周官》的认识和理解，有一个逐渐深入的过程。他发现《周官》时，“年尚幼，务在广览博观”，并未认识到《周官》的价值，仅是满足“广览博观”的学术兴趣。及至晚年，“乃知周公致太平之迹具在于斯”，认识到《周官》是周公致太平的政书。《周官》起初并不称“经”，称《周官》为《周官经》自刘歆始。《汉书·艺文志》载《周官经》六篇，当是出于刘歆的认定和命名，可见刘歆此时已经初步认识到《周官》的意义和价值。但是，刘歆虽称《周官》为“经”，却又将它置于礼类文献之末位。说明此时刘歆对于《周官》的价值，只是初步了解而不是完全认识。刘歆于哀帝时请立《左传》等“古文旧书”于学官，因王莽的支持而获得成功。但是，此次请立

[1] 王启发:《政治经典与经典政治——〈周礼〉与古代理想政治》，见《经学今诠续编》(《中国哲学》第二十三辑)，辽宁教育出版社2001年版，第390、358页。

学官的“古文旧书”中，并无《周官》。这亦说明，刘歆和王莽都还没有完全认识到《周官》的意义和价值。

尊奉《周官》为“经”，并推动将其列于学官的，是刘歆。《汉书·艺文志》“《周官经》六篇”班固注云：“王莽时刘歆置博士。”荀悦《汉纪》卷二十五云：“刘歆以《周官经》六篇为《周礼》，王莽时，刘歆以为礼经，置博士。”陆德明《经典释文序录》亦说：“王莽时，刘歆为国师，始建立《周官经》为《周礼》。”据此，称《周官》为《周官经》者是刘歆，立《周官》为博士者亦是刘歆，将《周官》改称《周礼》者还是刘歆。这是刘歆逐渐认识《周官》价值和提升其地位的过程。

学者认为，晚年刘歆之所以如此推尊《周官》，是因为他以《周官》讨好王莽，协助王莽篡汉立新和托古改制。甚至如康有为等人认为，刘歆伪撰《周官》以媚莽助篡，是为王莽加锡居摄提供文献支撑和历史依据。我们认为：刘歆对王莽托古改制，持赞同态度。但对王莽加锡居摄，以及后来篡汉立新，不认可，不接受，更不支持。“非复欲令莽居摄”，是刘歆在政治上的基本立场。在王莽居摄后，他仍然努力推动《周官》立学官，置博士，改《周官》为《周礼》，并非为了助莽媚莽，而是基于儒家政治理想主义立场和礼制改革主义精神，对儒家政治愿景的理想化表达。同时，这项工作，与当时盛行的礼制主义精神相关，是刘歆重建知识秩序工作的一部分，体现他企图构建知识秩序与政治秩序共生共谋关系的理想追求。

《周官》一书“体国经野，设官分职”，是“周公所建官政之法”，是以官制表达政治理想的典籍，是儒家礼制主义的具体表现，亦是儒家政治理想主义的依托和礼制改革主义的依据。如前所述，在西汉中后期的儒家知识群体和以儒学为背景的官僚群体中，政治理想主义和礼制改革主义，是一时人心所向；仿效周公制礼作乐以治国平天下的礼制主义，是一时众望所归。作为周公“官政之法”和“致太平之迹”的《周官》被发现，被公诸于世，可谓正当其时。刘歆本人亦是一位典型的政治理想主义者和礼制改革主义者，他与同时代其他儒者和儒者官僚一样，皆寄望于托古改制以拯救当时的政治危机，都视王莽为当代周公，支持王莽依据“周公致太平之迹”的《周官》托古改制。可以说，是儒家的政治理想主义激情和礼制改革主义精神，推动刘歆发现《周官》、表彰《周官》、尊奉《周官》。

西汉中后期是儒者推动的礼制时代，儒者和以儒学为背景的官僚群体，都热衷制礼工作。从刘向研治以讲礼为特色的《谷梁传》，至王莽深信“制定则天下自平”，到王莽“新政”制定的国家礼仪制度，都足以说明这是一个讲求礼制，力图以礼制改革实现政治理想的时代。[1] 王莽“新政”的托古改制，就是着重礼制的改革，诸如宗庙制、郊祀制、明堂制、婚制、车服制、社稷制、学制、官制、土地制、货币制等，都先后制定并实施。刘歆发现《周官》、表彰《周官》、以《周官》为“经”、立《周官》博士、改《周官》为《周礼》等工作，就是在这种政治文化背景下展开的。因此，刘歆做的这些工作，与其说是取媚王莽，协助王莽篡汉立新和托古改制，不如说是顺应时代的礼制改革主义理念，是儒家政治理想主义精神影响下的产物。

刘歆表彰《周官》，还与他构建知识秩序，重建知识秩序与政治秩序的共生共谋关系有关。在知识秩序的构建中，刘歆提出“诸子出

[1] 金春峰说：“宣帝以后，礼治和礼学日益扩大影响，到王莽时，达到了高潮。王莽固然是别有用心地用《周官》等为自己篡权制造理由。但王莽特别重视礼制，无疑又是利用了社会上崇尚礼治的思潮和心理。”（《汉代思想史》，中国社会科学出版社 2006 年版，第 277 页）

于王官”说，如谓“儒家者流，盖出于司徒之官，助人君、顺阴阳、明教化者也。”“道家者流，盖出于史官，历记成败存亡祸福古今之道。”“法家者流，盖出于理官，信赏必罚，以辅礼制。”“名家者流，盖出于礼官。”“墨家者流，盖出于清庙之守。”“纵横家者流，盖出于行人之官。”“杂家者流，盖出于议官。”“农家者流，盖出于家稷之官。”“小说家者流，盖出于稗官。”《周官》依职掌将国家事务分为治、教、礼、刑、兵、事六个方面，即所谓“六官”。此“六官”即“王官”的六个构成部分。虽然刘歆所说“诸子出于王官”之具体出处，与此“六官”未能一一对应，但大体囊括其中。因此，我们认为，刘歆表彰《周官》，与他在整理知识秩序时提出的“诸子出于王官”说一样，体现他企图将知识秩序与政治秩序一体化的学术追求，或者说政教合一的理想追求。

总之，刘歆从发现《周官》到表彰《周官》，对《周官》的认识有一个逐渐深化的过程。他表彰《周官》，是在当时儒家政治理想主义精神和礼制改革主义理念的影响下，对儒家政治愿景的理想化表达。同时，亦是他构建知识秩序工作的一部分，体现他企图营建知识秩序及其与政治秩序共生共谋关系的理想追求。

3. 刘歆表彰《周官》与王莽“新政”托古改制

王莽试图通过全面改革拯救当时的政治社会危机，其改革总方针是“奉天法古”，以“奉天”为依据，以“法古”为路径。故其改革，亦称为“托古改制”。其所托之古，是上古三代，具体言，就是周公和《周官》。因此，其改革之精神楷模是周公，其改革之政策范本是《周官》。汉儒相信，周公是古代中国的政治楷模，《周官》是周公经邦治国之大典，是“周公致太平之迹”，是“古代理想政治的传世典章”，是周公“制礼作乐”的遗存文本。王莽有一种强烈的自觉意识，即无论为人还是为政，皆以周公为楷模，仿效周公治国理政。故其改制便以《周官》为蓝本展开。

王莽本人精于礼学，史称其“受《礼经》，师事沛郡陈参”[1]。在当时盛行的儒家礼制主义精神影响下，王莽迷信礼制，以为“制定则天下自平”。所以，他执政后的主要精力，便放在礼制改革上。“新政”改制的主要内容，就是礼制改革，包括宗庙制、郊祀制、明堂制、婚制、车服制、社稷制、学制、官制、土地制、货币制等。这些礼制改革，大都可以在《周官》里找到依据。所以，可以确信，王莽是据《周官》改制，实施“新政”。

那么，刘歆表彰《周官》，立《周官》博士，是否就是为迎合王莽据《周官》改制的需要？对此，钱穆有详细考证。他坚信：《周官》非刘歆伪造，刘歆表彰《周官》非为取媚王莽。他说：

> 谓歆伪经媚莽，特指《周官》为说。然《周官》后出，方争立诸经时，《周官》不与。
>
> 且莽据《周官》以立政，非歆据莽政造《周官》。谓歆以《周官》误莽犹可，不得谓以《周官》媚莽也。
>
> 《周官》乃莽得志后据以改制，非可借以助篡，则歆之伪《周官》，何为者耶？其果将以误莽耶？[2]

[1] 班固：《汉书·王莽传》，见《汉书》，中华书局1962年版，第4039页。

[2] 钱穆：《刘向歆父子年谱》，见《两汉经学今古文平议》，商务印书馆2001年版，第3～4页。

他认为："辨《周官》为刘歆伪造以媚新莽者，其说起于宋，恶王荆公依《周官》行新法而云然。"[1] 这个说法可以采信。

说刘歆表彰《周官》与王莽据《周官》改制，全然没有关系，亦不符合实情。王莽居摄前，刘歆发现《周官》、表彰《周官》，称《周官》为《周官经》，这些工作与王莽关联不大。王莽居摄后，刘歆立《周官》博士，改《周官》为《周礼》，这些工作在王莽的支持下完成。如此，刘歆之表彰《周官》，就与王莽"新政"发生了联系，不仅仅是基于"广道术"的纯粹学术问题。所以，刘歆表彰《周官》与王莽据《周官》改制两者之间，确有一定的关联。

我们认为：刘歆表彰《周官》，必然影响王莽托古改制的选择。刘歆表彰《周官》，影响或促进王莽依据《周官》改制；王莽依据《周官》改制，激发刘歆表彰《周官》的热情。研究此二者间的关系，前提是要认清刘歆对王莽的态度。大体言，刘歆对王莽通过改制以拯救社会政治危机的做法，是认可的，这亦是当时儒家政治理想主义者的普遍呼声；刘歆对王莽依据《周官》进行改制的做法，亦是支持的，这是当时儒家礼制改革主义者的一般看法。刘歆与当时儒者都认为，王莽是通过改制以拯救社会政治危机的最佳人选。但是，刘歆对王莽改制的支持和认可，是在不动摇汉家天下的前提下做出的。"非复欲令莽居摄"，这是刘歆的基本政治立场。所以，当王莽加锡居摄，刘歆虽然持反对态度，但他没有亦不能直接表现出来。汉平帝元始五年（5），张纯等九百余人建议依据《周官》为王莽加九命之锡，后来群臣又数次提议为王莽加九锡，其中皆无刘歆之名，说明他不支持王莽加锡。

[1] 钱穆：《刘向歆父子年谱》，见《两汉经学今古文平议》，商务印书馆 2001 年版，第 138 页。

因为他认识到，王莽一旦加锡居摄，迟早会动摇汉家天下，最终会取而代之。

在“新政”时期，刘歆的态度暧昧，立场含糊，远不如其父刘向面对王氏擅权时的旗帜鲜明。他一方面不支持王莽加锡居摄，不认可王莽篡汉立新，另一方面又对王莽“新政”的托古改制持认同态度。所以，王莽加锡居摄后，乃至篡汉立新后，刘歆仍然努力推扬《周官》，得到王莽支持而立学官，置博士。据《汉书·王莽传》载：居摄三年（8）九月，王莽母故，刘歆等人上书称莽功德说：“圣心周悉，卓尔独见，发得《周礼》，以明因鉴，则天稽古，而损益焉。”[1] 这是称颂王莽依据《周官》进行的礼制改革。但是，在王莽篡汉立新后，刘歆则很少参与当时的政治活动，最终走上反叛王莽的道路。

所以，我们的结论是：基于儒家政治理想主义精神和礼制改革主义立场，刘歆表彰《周官》，支持王莽依据《周官》改制；基于汉家宗室和汉室大臣身份，他“非复欲令莽居摄”，对王莽加锡居摄不支持，对篡汉立新不认可。因此，他基于儒家政治理想主义精神和礼制改革主义立场表彰《周官》，虽然在客观上助推了王莽的托古改制，但确有“诎人从道”的意味，主观上不存在助莽媚莽的动机。

4.《周官》在中国文化史上的影响

刘歆表彰《周官》，王莽据《周官》改制，共同推进《周官》在中国文化史上的影响。具体言，主要体现在以下三个方面。

其一，刘歆发现《周官》，推扬《周官》，称《周官》为《周官经》，立《周官》于学官，改《周官》为《周礼》。这些工作，“使《周礼》

[1] 班固：《汉书》，中华书局1962年版，第4091页。

纳入经学的范围，开启了当时及后世人们从‘礼’的角度去接受《周礼》的新思路、新方法，这无疑为《周礼》的传授打开了一条崭新的康庄大道”[1]。至东汉后期，郑众、贾逵、马融、郑玄先后精研《周官》，尤其是郑玄，对此高度重视，用功最深，以《周官》为“三礼”之首，使之成为礼学中的显学。

其二，因刘歆推扬，王莽据之改制，推动中国礼学从“士礼”向“天子礼”的转变。西汉礼学侧重“士礼”，是春秋以来孔子礼学的延续。刘歆移书责让太常博士，批评当时学者“至于国家将有大事，若立辟雍、封禅、巡狩之仪，则幽冥而莫知其原”[2]。意谓当时学者仅通士礼，于辟雍、封禅、巡狩等国家礼仪或天子礼仪，则“幽冥而莫知其原”。所以，刘歆推扬《周官》，王莽据《周官》改制，实际就是在推动制作国家礼仪或天子礼仪，两汉之际亦因此成为中国礼制史上由士礼向天子礼或国家礼发展的转折时期。而当时制定的宗庙制、郊祀制、明堂制、婚制、车服制、社稷制、学制等，亦的确在中国历史上发生了重要影响。此后，士礼的维持主要靠风俗习惯的延续和士人的引领，来自学者的研究和支持似已不存在。天子礼仪或国家礼仪成为礼学研究的中心，《周官》一书亦愈来愈受重视。因此，学者以为：

> 如果说刘歆之使士礼过渡为以天子礼为主，是中国礼学的一大转折点，那么郑玄将礼学变成政治制度之学便是更大的转折点。……古代《礼》学的演变，是从专讲士大夫礼仪的学问转变为重视天子礼仪的学问，再从重视天子礼仪的学问转变为侧重于国家政治制度的学问。第一次转变

[1] 刘继保：《从刘歆到郑玄——论〈周礼〉的“经”变之路》，《郑州大学学报》2017 年第 3 期。

[2] 班固：《汉书 · 刘歆传》，见《汉书》，中华书局 1962 年版，第 1970 页。

是由刘歆促成的，第二次转变是由郑玄发起的。[1]

其三，值得注意的是，王莽依托《周官》改制失败在先，为何郑玄还要成就它？为何北周宇文泰、北宋王安石还要继续践行《周官》政治，依据《周官》改革？为何唐代李林甫还要仿照《周官》编撰《大唐六典》？我们认为，《周官》是儒家政治理想主义精神的产物，是君主专制时代中央权力机构的理想模式，是古代的国家典礼和天子礼仪，符合王权国家的政治需要。《周官》经刘歆表彰而首次实践于王莽"新政"中，虽然王莽依据《周官》实施"新政"是一次失败的尝试，并对儒家政治理想主义精神以沉重打击，但是，这并未影响《周官》在儒者心中的地位，故郑玄持续推扬《周官》，把它置于"三礼"之首，使之成为礼学中最重要的典籍。尽管历史上依据《周官》进行的多次实践都终归失败，[2] 但是，以儒学为背景的政治家仍然持续不断地保持对《周官》的景仰，仍然依据《周官》进行改革。

三、刘歆与《左传》：以"广道术"为目的的学术追求

在中国学术史上，《左传》一书，争议最大，疑案最多。如，历史上有无左丘明其人？是否有两个同名为左丘明的人？左丘明与孔子关系如何？《左传》和《国语》关系如何？二者是否左丘明所撰？《左传》是否刘歆伪造？其与经今古文之争关系如何？其与王莽篡汉立新

[1] 王葆玹：《礼类经记的各种传本及其学派》，见《经学今诠续编》（《中国哲学》第二十三辑），辽宁教育出版社 2001 年版，第 313 ~ 314 页。

[2] 孙诒让《周礼正义·序》说："盖秦汉以后，圣哲之绪，旷绝不续，此经虽存，莫能通之于经。刘歆、苏绰托之以左王氏、宇文氏之篡，而卒以践其祚。李林甫托之以修《六典》而唐乱，王安石托之以行新法而宋亦乱。"

有无关系？等等。这些问题，自宋元以来，便争议不休，议论不止。我们认为，在刘歆前确有《左传》一书，刘歆发现《左传》、推扬《左传》、研治《左传》，争立《左传》于学官，其目的是“广道术”，与王莽篡汉立新无直接关系。

1. 刘歆对《左传》的发现与推扬

当代学者普遍认为，在刘歆前，确有一本名为《左传》的典籍。一般学者相信，自汉初以来，《左传》便为学者所研习，且代有传人。不过由于当时《公羊传》和《谷梁传》先后当道，成为显学，《左传》便不受重视，因此隐而不彰。《左传》乃“古文旧书”，非刘歆伪撰以助莽篡汉立新，可成定论。但《左传》是否左丘明所著？《左传》与《国语》关系如何？目前尚难定论。刘歆没有伪撰《左传》，但是，《左传》的发现和推扬，《左传》在两汉之际以后被学者重视，或者被王莽利用，甚至引发经今古文之争，皆与刘歆有关系。刘歆本人亦因为《左传》受打击，被排斥，被质疑，受批判，个人命运和学术影响都与这本书有密切关系。

据《汉书·刘歆传》载：

> 及歆校秘书，见古文《春秋左氏传》，歆大好之。时丞相史尹咸以能治《左氏》，与歆共校经传。歆略从咸及丞相翟方进受，质问大义。初《左氏传》多古字古言，学者传训诂而已，及歆治《左氏》，引传文以解经，转相发明，由是章句义理备焉。……歆以为左丘明好恶与圣人同，亲见夫子，而公羊、谷梁在七十子后，传闻之与亲见之，其详略不同。[1]

[1] 班固：《汉书》，中华书局1962年版，第1967页。

这段文字出自班固《汉书》，应当大体可信。据此可以确认：第一，刘歆认为《左传》是与孔子同时的左丘明所撰。第二，撰著《左传》的左丘明曾亲见孔子。第三，《左传》比《公羊传》和《谷梁传》更加真实可信。第四，刘歆研治《左传》，“引传文以解经，转相发明”，使《左传》“章句义理备焉”。

刘歆发现《左传》而“大好之”。其时乃父刘向研治《谷梁传》，卓然成家。据《汉书·刘歆传》载，刘歆“数以难向，向不能非间也，然犹自持其谷梁义”[1]。是知刘向、刘歆父子围绕《左传》和《谷梁传》展开过辩论，然彼此不能说服对方，故各持其义。据桓谭《新论·正经》说：“刘子政、子骏，子骏兄弟子伯玉，俱是通人，尤珍重《左氏》，教授子孙，下至妇女，无不读诵。”[2]是知刘氏家人于《左传》的偏爱，达到痴迷程度。

刘歆发现《左传》到痴迷《左传》到研治《左传》，最后意欲立《左传》于学官。据《汉书·刘歆传》载：“及歆亲近，欲建立《左氏春秋》及《毛诗》、《逸礼》、《古文尚书》皆列于学官。哀帝令歆与五经博士讲论其义，诸博士或不肯置对，歆因移书太常博士，责让之。”[3]这篇《移书让太常博士》，激起当时知识界的强烈反应，如龚胜、师丹、孔光等名儒重臣皆持反对态度。刘歆为保全性命，请求外调，方才免于杀身之祸，平息了这场风波。可见，《左传》发现之早期，并未获得知识界的认可。

---

[1] 班固：《汉书》，中华书局 1962 年版，第 1967 页。

[2] 朱谦之：《新辑本桓谭新论》，中华书局 2009 年版，第 39 页。

[3] 班固：《汉书》，中华书局 1962 年版，第 1967 页。

据《汉书·儒林传》载：“平帝时，又立《左氏春秋》、《毛诗》、《逸礼》、《古文尚书》。”[1] 刘歆因争立《左传》而遭到反对和打击，险些招来杀身之祸，但他并未放弃，在平帝时再次发出请求，在王莽的支持下，终于得以立学官、置博士。可以说，发现《左传》、推扬《左传》、研治《左传》、立《左传》于学官，始作俑者是刘歆，支持者是王莽。其在当时知识界发生的重要影响，或如顾颉刚所说：“这是汉代学术的一个大改变。”“他的学说在经学上所起的变动必甚剧烈，其势将把以前的经学家的地盘尽数打破。”[2]

2.《左传》的真伪与成书

在中国学术史上，《左传》之真伪，是一个长期争议的大问题。西汉博士便有“《左氏》不传《春秋》”之说。晋宋以来，学者质疑《左传》的声音，不绝于缕。据朱彝尊《经义考》卷一六九载：晋人王接以为《左传》“自是一家书，不主为经发”。唐人啖助以为《左传》是左丘明以“数国之史以授门人，义则口传，未形竹帛。后代学者乃演而通之，总而合之，编次年月以为传记”。宋人王皙以为《左传》“虽附经而作，然于经外自成一书，故有贪惑异说，采掇过当”。程颐以为“《左传》非丘明作”。刘安世以为“《左氏传》于《春秋》所有者或不解，《春秋》所无者或自为《传》。读《左氏》者当《经》自为《经》，《传》自为《传》，不可合而一也，然后通矣”。林栗以为“《左传》凡言‘君子曰’，是刘歆之辞”。罗璧说：“《左传》《春秋》，初各一书。后刘歆治《左传》，始取《传》文解《经》。晋杜预注《左传》，复

[1] 班固：《汉书》，中华书局 1962 年版，第 3621 页。

[2] 顾颉刚：《五德终始说下的政治和历史》，见顾颉刚编著《古史辨》（五），上海古籍出版社 1982 年版，第 531、532 页。

分《经》之年与《传》之年相附，于是《春秋》及《左传》二书合为一。”明人罗喻义以为“《左氏》原自为一书，后人分割附《经》”。[1]

至晚清民国时期，刘逢禄、康有为、崔适、钱玄同、顾颉刚等人经考辨，确认《左传》是刘歆编撰的伪书。如刘逢禄撰《左氏春秋考证》，在《左传》里择出许多刘歆作伪的事实，如“有的本为一篇，给他拆成两篇；有的原书里本来没有，给他添了出来；有的本来一连多少年没有记载，他却把不相干的事情敷衍过去；有的为了要维持‘凡例’的信用，杜造出什么事情来证明”[2]。认为《左传》不是《春秋》的《传》，而是刘歆编撰的伪书。康有为撰《新学伪经考》，以为刘歆分割《国语》以造《左传》，伪造《左传》以媚莽篡汉立新。他说：

> 歆以其非博之学，欲夺孔子之经而自立新说以惑天下……求之古书，得《国语》，与《春秋》同时，可以改易窜附，于是毅然削去平王以前事，依《春秋》以编年，比附经文，分《国语》以释经而为《左氏传》。……托之河间张苍、贾谊、张敞名臣通学以张其名，乱之《史记》以实其书。……凡《公》《谷》释经之义，彼则有之；至其叙事繁博，则《公》《谷》所无。遭逢莽篡，更润色其文以媚莽，因藉莽力，贵显天下，通其学者以尊其书。证据符合，党众繁盛，虽有龚胜、师丹、公孙禄、范升之徒，无能摇憾。[3]

崔适撰《史记探源》，以为刘歆不仅伪撰《左传》，还事先伪撰《谷

[1] 顾颉刚：《五德终始说下的政治和历史》，见顾颉刚编著《古史辨》（五），上海古籍出版社1982年版，第540～542页。

[2] 顾颉刚：《五德终始说下的政治和历史》，见顾颉刚编著《古史辨》（五），上海古籍出版社1982年版，第543页。

[3] 康有为：《新学伪经考》，中国人民大学出版社2010年版。

梁传》，为伪造《左传》做准备。认为刘歆为掩盖伪撰《左传》之真相，还窜改《史记》文本以做回护。他著《史记探源》，就是考察和删除刘歆窜改的文字，恢复《史记》文本的真相。他以为，刘歆伪造《左传》，是“为莽饰非，为己文过”。还认为五德终始说亦是刘歆伪造而托名邹衍。总之，在崔适这里，出自刘歆之手的东西都是伪造。刘歆通过伪造文献和理论，死心塌地助莽篡汉立新。后来，钱玄同撰《左氏春秋考证书后》《重论经今古文学问题》，顾颉刚撰《五德终始说下的政治和历史》，皆深信刘歆伪撰《左传》。如钱玄同说：“孔壁古文经本无此物，全是刘歆所伪造，实为颠扑不破之论也。”“伪古文经这个大骗局把人家瞭了一千八百年，从刘申受开始侦查，经了一百余年之久，到崔觯甫师，才把它完全破案。”[1]顾颉刚《五德终始说下的政治和历史》，虽然不如前述今文学者那般极端偏激，但依然认为《左传》是刘歆伪撰。

我们认为，《左传》一书确有不少疑问，它或许经过刘歆整理，但不至于全是刘歆的伪撰。力主刘歆伪撰《左传》者，多半是站在今文家的立场。钱穆说：

> 主今文经学者，率谓六经传自孔氏，历秦火而不残，西汉十四博士皆有师传，道一风同，得圣人之旨。……以古文争立自刘歆，推行自王莽，莽、歆为人贱厌，谓歆伪诸经以媚莽助篡，人易信取，不复察也。南海康氏《新学伪经考》持其说最备，余详案之皆虚。要而述之，其不可通

[1] 钱玄同：《〈春秋左传考证〉书后》，见顾颉刚编著《古史辨》（五），上海古籍出版社 1982 年版，第 5、8 页。

者二十有八端。[1]

钱穆所举二十八条理由，足以证明《左传》非刘歆所能伪撰。钱穆说：

《左氏》既出歆伪，何以有陈钦为莽《左氏》师，别自名学，与歆各异，岂亦歆私自命之以掩世耳目者耶？

《左氏》传授远有渊源，歆师翟方进；翟子义，为莽朝反虏逆贼；方进发塚，戮及尸骨。歆苟伪托，何为而托于此？

刘歆以前，其父向及他诸儒，奏记述造，引《左氏》者多矣。《左氏》自传于世，谓尽歆伪？不可通。[2]

总之，经过钱穆的辨证，《左传》乃先秦“古文旧书”，非刘歆伪撰，可成定论。

3.《左传》与经今古文之争和王莽篡汉立新事件

《左传》非刘歆伪撰，乃先秦“古文旧书”，已是今日学界定论。刘歆发现《左传》，研治《左传》，推扬《左传》，得王莽帮助，立《左传》于学官，确是两汉之际知识界的一件大事。问题是，刘歆何以对《左传》有如此浓厚的兴趣？甚至在有性命之忧的情况下，亦未放弃争立《左传》于学官的努力。或者说，刘歆冒死争立《左传》于学官的动机为何？王莽亦研治《左传》，以陈钦为师学习《左传》，支持刘歆把《左传》立于学官。如果没有王莽支持，刘歆立《左传》于学官的愿望不

[1] 钱穆：《刘向歆父子年谱》，见《两汉经学今古文平议》，商务印书馆 2001 年版，第 1 页。

[2] 钱穆：《刘向歆父子年谱》，见《两汉经学今古文平议》，商务印书馆 2001 年版，第 5 页。

可能实现。那么，王莽研学和扶持《左传》的动机又为何？据晚近今文家的意见，刘歆伪撰《左传》，推扬《左传》，争立《左传》于学官，有两个目的：一是打破今文经的独尊地位，为古文经争地位，抢地盘；二是为王莽篡汉立新和托古改造制造舆论，奠定理论基础和确立历史依据。且两者密切相关，争立古文经就是为了助莽篡汉立新和托古改制。王莽扶持《左传》，支持刘歆把《左传》立于学官，亦是为其代汉立新和托古改制张本。总之，晚近以来的今文家，一般都认为两汉之际《左传》立于学官，不单是一个学术事件，亦是一个政治事件。

我们认为：抛弃今文家的偏见，就事实论，情况可能并非如此。刘歆推扬《左传》，与经今古文之争可能无必然关联。刘歆移书让太常博士说："及鲁恭王坏孔子宅，欲以为宫，而得古文于坏壁之中。"[1]又云："其古文旧书，皆有征验。"[2]这是"古文"一词的最早出处。学者便以此为据，认为刘歆争立《左传》等"古文旧书"于学官，是为古文经争地位，抢地盘，由此引发经今古文之争。如顾颉刚认为："（刘歆）曾在过去的学术界中掀起一回巨大的风潮，即是经书中的今古文之争。"[3]他说：

> 本来，汉代的经学无所谓今古文。"古文"这个名词，是西汉末的刘歆提出来的。"今文"这个名词，是古文经师给旧时立于学官的经书、经说和经师加上去的，因为古文家自树一帜，与旧有的为敌，逼得他们

[1] 班固：《汉书·刘歆传》，见《汉书》，中华书局1962年版，第1969页。

[2] 班固：《汉书·刘歆传》，见《汉书》，中华书局1962年版，第1971页。

[3] 顾颉刚：《五德终始说下的政治和历史》，见顾颉刚编著《古史辨》（五），上海古籍出版社1982年版，第525页。

不能不合成一派，于是真有了今文家，这个名词的出现大约已在东汉了。[1]

侯外庐亦说：

经今古文学之争，就经说的内容说，常以争立《左传》为其中心问题，即是争论各派《春秋》说解的优劣问题。……因为汉代的“复古”，只以《春秋》为理想（后来，等而下之，则以文景治世为理想），因为这个缘故，所以有“孔子为汉制法”之说（今文），然后《公羊》（后来《谷梁》）能够久居官学的地位，《白虎通义》即为今文学之结晶；又有“汉为尧后”之说（古文），然后《左氏传》在新莽时得立于学官（因便于新莽的代汉），光武以后也未“绝其道”，故尚得流传于学士大夫之间。[2]

可以说，一般学者皆以为经今古文之争，就是起于刘歆争立《左传》于学官。据说，刘歆以争立《左传》于学官为契机，大力提倡古文经，推动古文经学与今文经学争地位、抢地盘。如顾颉刚以为，刘歆利用包办王莽时代一切文化事业的机会，大力推扬古文经。他说：

无论典章制度、学术思想，他几乎没有不参加的。……他这个人的学问事业，方面之广，见解之锐，作事之勇，哪一件不够人佩服？我们绝不像从前人一样，因为他帮了王莽篡位就把他看作乱臣贼子；我们诚心称他一声“学术界的大伟人”！[3]

[1] 顾颉刚编著：《古史辨》（五），上海古籍出版社 1982 年版，第 4 页。

[2] 侯外庐：《中国思想通史》第二卷《两汉思想》，人民出版社 1957 版，第 328 页。

[3] 顾颉刚编著：《古史辨》（五），上海古籍出版社 1982 年版，第 13 页。

他认为，刘歆推动的这些文化事业，皆以古文经为依据，目的就是要打破今文学，推扬古文学。据《汉书·王莽传》载：

> ［汉平帝元始四年(4)］莽奏起明堂、辟雍、灵台，为学者筑舍万区，作市、常满仓，制度甚盛。立《乐经》，益博士员，经各五人。征天下通一艺教授十一人以上，及有《逸礼》《古书》《毛诗》《周官》《尔雅》、天文、图谶、钟律、月令、兵法、《史篇》文字，通知其意者，皆诣公车。网罗天下异能之士，至者前后千数，皆令记说廷中，将令正乖谬，壹异说云。[1]

顾颉刚认为，这是一次在王莽支持下开展的伪窜古文经的重大文化事件，在中国文化史上有特别重要的影响。他说：

> 这样的文化统制政策是多么的可怕！刘歆一个人，凭你本领大，也大不了多少。但有了这几千个（“千数”当是以千为数，否则当云千数百人）趋炎附势之徒，替各种古文经传及刘歆学说大吹大擂，“古文学派”立刻成立了。当时他们怎样在未央宫廷中“正乖谬，壹异说”，可惜材料无存。[2]

这场有数千人参与的重大文化活动，无疑是在王莽支持下由刘歆推动开展起来的。但是，说它是一批趋炎附势之徒帮助刘歆整理和伪窜古文经，缺乏足够证据。刘歆主持这场大规模的文化活动，是否就是为了推扬古文经学，亦很难确证。

---

[1] 班固：《汉书》，中华书局1962年版，第4069页。

[2] 顾颉刚编著：《古史辨》（五），上海古籍出版社1982年版，第11页。

刘歆推扬《左传》，争立《左传》于学官，与后来的经今古文之争，可能无必然关联。据钱穆说：

> 此谓“古文”，犹云旧书也。……歆方欲争立三书，故言其均为古文旧书，明与朝廷博士诸书为类。非谓此皆古文，与朝廷博士今文不同也。其时尚无今文、古文之别。歆所云云，正欲显其同，非以别其异。……刘歆屡云“古文旧书”，“古文”即“旧书”也。……康、崔辈妄以后世“今文”“古文”之见说之，故谓刘歆争立古文经，欲以篡今文圣统，又疑《史记》凡言古文，皆歆伪羼矣。[1]

“古文”即“旧书”，此“古文”与后来的经今古文之争，没有直接关系，钱穆的观点可以采信。他认为，两汉之际根本无所谓经今古文之争，因为“自西汉之季，以逮夫东汉之初，求所谓今古文鸿沟之限，不可得也”[2]。他指出：

> 其实此问题（按，即经今古文问题）仅起于晚清道、咸以下，而百年来掩胁学术界，几乎不主杨，则主墨，各持门户，互争是非，渺不得定论所在，而夷求之于两汉经学之实况，则并无如此所云云也。盖清儒治学，始终未脱一门户之见。其先则争朱、王，其后则争汉、宋。其于汉人，先则争郑玄、王肃，次复争西汉、东汉，而今、古文之分疆，乃由此而起。……而缒之愈幽，凿之益深，流遁而忘反，遂谓前汉古文诸经，尽出刘歆伪造，此则断断必无之事也。

[1] 钱穆：《刘向歆父子年谱》，见《两汉经学今古文平议》，商务印书馆2001年版，第80页。

[2] 钱穆：《刘向歆父子年谱》，见《两汉经学今古文平议》，商务印书馆2001年版，第5页。

> 盖今文古今之分，本出晚清今文学者门户之偏见，彼辈主张今文，遂为今文诸经建立门户，而排斥古文诸经于此门户之外。而主张古文诸经者，亦即以今文学家之门户为门户，而不过入主出奴之意见之相异而已。[1]

即就是说，所谓经今古文之争，是晚清道、咸以下的今文学者，以当时的门户之争揣度两汉之际的学术论争，是典型的以今律古。葛兆光亦有大致相近的看法，他说：

> 关于今古文经学的争论，更多的是其能否立于学官的问题，虽然他们之间有学术风格与技术上的不同，但是在汉代思想史的角度说，并不存在太重要的意义，今古文的学术之争在思想史上产生实质性影响的，实际上是在清代。[2]

刘歆争立《左传》于学官，与经今古文之争无直接关联。另外，刘歆推扬《左传》，与王莽篡汉立新又有何关联呢？据《后汉书·贾逵传》载贾逵之言说：

> 《五经》家皆无以证图谶明刘氏为尧后者，而《左传》独有明文。《五经》家皆言颛顼代黄帝，而尧不得为火德。《左传》以为少昊代黄帝，即图谶所谓帝宣也。如令尧不得为火，则汉不得为赤。其所发明，补益

[1] 钱穆：《两汉经学今古文平议·自序》，见《两汉经学今古文平议》书首，商务印书馆 2001 年版。

[2] 葛兆光：《七世纪前中国的知识、思想与信仰世界——中国思想史》（第一卷），复旦大学出版社 1998 年版，第 414 页。

实多。[1]

即《左传》是“汉为尧后”“汉为火德”的唯一依据。或者说，《左传》可证“汉为尧后”“汉为火德”，因此，汉新禅让便在这里获得史实依据和理论支撑。所以，学者便据此推论刘歆伪撰和推扬《左传》，是为王莽篡汉立新提供理论依据和史实支撑；王莽研治《左传》，支持刘歆推动《左传》立于学官，亦是为给自己的代汉立新寻求理论依据和史实支撑。由此坐实刘歆推扬《左传》和表彰古文学，皆与王莽篡汉立新有密切关系。如顾颉刚认为：“因为有了这样一个大运动，所以今古文的界限就确实建立，所有的经书都分成今学和古学了。其实所谓古学何尝是真的古学，只不过是王莽所需要之学，刘歆所认为应行提倡之学而已。”[2]他说：

刘歆既经造了假古董来开新文化，为要使得它流行，便不得不插入些时代的需要，作鼓动有势力者护法的方术。于是王莽要做“摄皇帝”，《左传》中就有“隐公元年春，王周正月，不书即位，摄也”之文。王莽要做“假皇帝”，《逸书·嘉禾篇》中就有“假王莅政，勤和天下”的话。王莽要以土德舜后接受火德尧后的禅让，《左传》中也就有“其处者为刘氏”，“昔匄之祖自虞以上为陶唐氏”，有“陶唐氏既衰，其后有刘累”，“金天氏有裔子曰昧”诸条。王莽要自居正统，就会创作《世经》以别正闰。王莽要制作礼乐，就会“发得《周礼》以明因监”。王莽要什么，刘歆有什么。所以王莽未作皇帝以前，刘歆作的是“羲和，治明堂辟雍，典儒林史卜之官”，及作了皇帝以后，刘歆作的是“国师”，他总是包

[1] 范晔：《后汉书》，中华书局1965年版，第1237页。

[2] 顾颉刚编著：《古史辨》（五），上海古籍出版社1982年版，第533～534页。

办了文化事业。[1]

在他看来，刘歆在两汉之际做的所有文化学术工作，都是为王莽篡汉立新和托古改制服务。推扬《左传》和彰扬古文经，只是其中一项工作。受其影响，日本学者西嶋定生亦认为："古文学派的昌盛，为王莽政权的建立开辟了道路。"[2]

我们认为：刘歆表彰《左传》，争立《左传》于学官，其时王莽还流离在外，尚未有篡逆之心。在汉平帝时，经王莽支持，《左传》得立学官，但亦是在王莽居摄前。设使王莽此时已萌生篡逆之心，亦尚未公开显现。或许王莽支持刘歆推动《左传》立学官，私心上有为日后的代汉立新做史实和理论的准备，但是，这肯定不是刘歆表彰《左传》、争立《左传》于学官的初衷。刘歆表彰《左传》、争立《左传》于学官的初衷是"广道术"（详后）。可能的情况是，刘歆本着"广道术"的初衷表彰《左传》、争立《左传》于学官，王莽在平帝时期、在居摄前可能已萌生代汉之心，以为《左传》对日后的代汉在理论和史实上有帮助，便支持刘歆将《左传》立于学官。待居摄后，王莽代汉自立之心日益坚定，急需寻求理论依据和史实支撑，发现刘歆推扬的《左传》中有"汉为尧后"的明文和"汉为火德"的论证，实可利用，因而不遗余力地支持刘歆推动的文化事业。但是，王莽这些想法，是刘歆始料未及的。因此，我们认为，是王莽利用刘歆推扬的《左传》为代汉自立提供理论依据和史实支撑，不是刘歆为了助莽篡汉立新而推扬《左传》、争立《左传》于学官。"非复欲令莽居摄"的刘歆，

[1] 顾颉刚编著：《古史辨》（五），上海古籍出版社 1982 年版，第 10 ~ 11 页。

[2] 〔日〕西嶋定生：《秦汉帝国——中国古代帝国之灭亡》，顾姗姗译，社会科学文献出版社 2017 年版，第 372 页。

对王莽加锡居摄不支持，对王莽篡汉立新不认可，他不可能主动去为王莽的篡汉立新建立依据。

刘歆推扬《左传》，与王莽篡汉立新无直接关联，亦与经今古文之争无直接关系。王莽的篡汉立新和托古改制，与经今古文之争亦无必然联系。周予同说：

> 王莽的提倡古文经学，相对地压抑了今文经学，但并不意味他排斥今文经学。对今文经典中认为有利的东西，也予汲取；今文经说中认为可取的地方，也要利用。……王莽依附古文经典，但也援用今文经典；王莽提倡古文经学，但并不排斥今文经学；王莽拉拢一些治古文经的人，但对并不妨碍其统治的今文经师也仍保持其禄位。[1]

即是说，在王莽这里，并没有如后世那样严格的经今古文学界限。他的改制精神，可能来自今文，而他改制的具体措施所依据的《周官》，则又是古文。所以，阎步克认为：

> 古文经学一派在西汉后期才逐渐抬头，西汉儒家政治学说的主调，其"非常异义可怪之论"，多由前期治今文经者所奠定。不过如果过分强调今古文的对立，恐怕也有失拘泥。[2]

东晋次亦说：

> 应该跳出今古文经学之争的框架，对王莽政权进行解读。也就是说，

[1] 周予同：《王莽改制与经学中的今古文学问题》，见周予同原著、朱维铮编校《经学和经学史》，上海人民出版社 2012 年版，第 120 ~ 122 页。

[2] 阎步克：《士大夫政治演生史稿》，北京大学出版社 1996 年版，第 456 页。

> 首先应该考虑的问题是，王莽试图把西汉王朝改造为怎样的政权。仅从与古文经学学派（中地主阶级）的合作这一视角对王莽的意图进行解读并不妥当。之所以这么说，是因为王莽在推崇古文经学的同时，还采用了今文经学。[1]

内藤湖南亦说："王莽时，大体在学问上是处于演变的过程中，他巧妙地利用了今文，在实际制度上，则取古文的知识。"[2] 过分强调经今古文之争在王莽政权中的影响，有失拘泥；仅仅从经今古文之争解读王莽政权，亦不妥当。两汉之际本无后世那样界限森严的经今古文之分，刘歆推扬《左传》的初衷，不是为了引发经今古文之争，亦不是为了给王莽篡汉立新提供理论依据和史事支撑。那么，刘歆的目的到底是什么呢？

4. 刘歆推扬《左传》的初衷和意义

我们认为：如果说刘歆表彰《周官》，是基于儒家政治理想主义和礼制改革主义立场，对儒家政治愿景的理想化表达；那么，他校正典籍、编撰《七略》、推扬《左传》、编著《世经》，则是基于知识主义的学术立场，是为"广道术"，整顿"文本秩序"，构建"知识秩序"，包括学术知识秩序和历史知识秩序。

据《汉书·刘歆传》载：

[1] 〔日〕东晋次：《王莽：儒家理想的信徒》，李天蛟、臧鲁宁译，四川人民出版社 2021 年版，第 299 页。

[2] 〔日〕内藤湖南：《中国史通论》，夏应元、钱婉约等译，九州出版社 2018 年版，第 260 页。

歆因移书太常博士，责让之曰：……其言甚切，诸儒皆怨恨。是时名儒光禄大夫龚胜以歆移书上疏深自罪责，愿乞骸骨罢。及儒者师丹为大司空，亦大怒，奏歆改乱旧章，非毁先帝所立。上曰：歆欲广道术，亦何以为非毁哉？[1]

汉哀帝这句话比较公允，刘歆表彰“古文旧书”，争立学官，是为“广道术”，是比较纯粹的学术工作。既无关于王莽的篡汉立新和托古改制，亦无意于经学上的今古文之争。钱穆依据《汉书·艺文志》考察王莽时儒者经学传授情况，他说：

新朝经师多今文传法。刘歆争立古文诸经，为广道术，非篡圣统，彰灼可见矣。[2]

王莽“新政”时，研治“古文旧书”者未占主流地位，刘歆争立“古文旧书”于学官，是为搜集、整理、传承知识文献，是为“广道术”。平帝元始四年（4）刘歆领导的那场有数千人参加的文献整理工作，亦是为“广道术”，是为整顿“文本秩序”，建立“知识秩序”。非如顾颉刚所谓，是由刘歆主导的“可怕的文化统制政策”，亦不是一帮“趋炎附势之徒，替各种古文经传及刘歆学说大吹大擂”。

总之，我们认为，在两汉之际，刘歆校正典籍、编撰《七略》、表彰《周官》、推扬《左传》、编著《世经》，是为“广道术”，是为整顿“文本秩序”，建立“知识秩序”。刘歆的这系列工作，导致

[1] 班固：《汉书》，中华书局 1962 年版，第 1967 ~ 1972 页。

[2] 钱穆：《刘向歆父子年谱》，见《两汉经学今古文平议》，商务印书馆 2001 年版，第 145 页。

两汉之际的文化学术发生重要转折，在中国学术史上有重要影响。内藤湖南说：

古文的书籍一经出现，就成为学问从实用走向纯粹学术的阶梯。……当时学问之所以成为像样的学术，是因为出了古文。以刘向、刘歆为主，调查了这些书。……这些就是中国的学问之所以成为像样的学问的开端。在此之前，一般不过考虑学问究竟在政治上、社会上如何起作用的问题。可是，那些深层次的学问只有少数人研究，一般人需要其他的知识。

校勘之学在前汉末期就已出现。成帝时，刘向校勘天子的秘籍，是其开端。当时他校对了许多典籍，开始制作定本。……就这样，朝廷方面的校勘之风盛行。另一方面，从事学问的人，也都认为校勘是必要的。……这表明，这时的学问和过去有所不同。过去是单纯地把学问作为思想的产物，书籍和学派都是随着新思想的产生而产生的。而现在则是进入了一个对已有的学问做出各种思考，并通过复杂的程序进行研究的时期。如果学问没有相当的进步，这种状况是不会出现的。……学问开始带有校勘学、考古学的性质。它已不单纯是思想的产物，而变成了附有历史内容的学问，这是后汉学问的一个显著的倾向。[1]

中国学问成为像样学问的开端，是在两汉之际。具体表现，就是学问从实用学术走向纯粹学术。具体事件，就是刘向、刘歆父子基于“广道术”目的的整理“古文旧书”。徐建委亦认为：

刘向、刘歆父子积二十余年校理中秘书，除了新书整理缮写的完成，

[1] 〔日〕内藤湖南：《中国史通论》，夏应元、钱婉约等译，九州出版社 2018 年版，第 259 ~ 260、316 页。

《别录》、《七略》的编纂外，另一个重要的影响便是拧动了学术风气、思想方式转变的重要枢纽。直至刘向，整个西汉帝国的学术、思想性格还是与战国学术有着密切关联，总体上仍然是战国学术的延续。五经博士之学、天文律历数术之学、诗赋文章等均切于政治、日用，纯粹的知识与学术取向，是颇难寻觅的。但到了汉成帝时期，刘向父子接触秘府图书，勘校排比秘府古文，其校勘过程本身就已经与政治、日用趋远，而渐近于知识与学术了。由此，相对纯粹的以古书文本为对象的学问，在刘氏父子之后日见其重。[1]

两汉之际之所以成为中国学术史上的重要转折时刻，就是因为刘向、刘歆父子“拧动了学术风气、思想方式转变的重要枢纽”，开始从事“纯粹的以古书文本为对象的学问”，体现出“纯粹的知识和学术取向”。

四、刘歆与《世经》：基于五德终始说的天道历史秩序构建

在两汉之际，刘向、刘歆父子掀起的知识、学术的重大变革，除了前述通过校书中秘编撰《别录》《七略》掀起的“文本革命”，构建的“文本秩序”和“知识秩序”，通过争立《左传》等“古文旧书”于学官以“广道术”，通过表彰《周官》以张扬儒家理想的政治愿景，还有就是编撰《洪范五行传论》《五纪论》《三统历》《世经》等著述，构建天道历史秩序。

构建“知识秩序”，是刘向、刘歆父子学术工作的主要目标。如

[1] 徐建委：《文本革命：刘向、〈汉书·艺文志〉与早期文本研究》，中国社会科学出版社 2017 年版，第 321 页。

果说以《别录》《七略》为代表的著述，是为清理学术知识系统，构建学术知识秩序，那么，以《洪范五行传论》《五纪论》《三统历》《世经》为代表的著述，则是为整理历史知识秩序，构建古代历史系统，建立天道历史秩序。

刘向、刘歆父子通过改造邹衍五行相胜五德终始旧说，建立五行相生五德终始新说。以五行相生五德终始新说为理论基础，整理和综合周秦以来学者的历史知识和历史叙事，构建起集人文、天文、历史于一体的新型历史知识系统和天道历史秩序。刘向、刘歆父子构建的这个历史知识系统和天道历史秩序，在中国古代史上产生了重要影响。但是，长期以来，学者或以为刘向、刘歆父子的这套理论，是为媚莽助莽篡汉立新，而鄙弃之；或以为是历史循环论和神学目的论，而轻视之。我们认为：在唯物史观的对照下，五德终始说固然是历史循环论和神学目的论，有其历史局限，但是，在古代中国的政治文化语境中，这套理论普遍奉行，行之有效，经久不衰。对王氏擅权深恶痛绝的刘向和“非复欲令莽居摄”的刘歆，在主观上为王莽篡汉立新构筑理论支撑和寻求历史依据的可能性不大。可能的情况，是刘向、刘歆父子基于学术兴趣创造了五行相生五德终始说和天道历史秩序，而王莽利用他们这套学说作为篡汉立新的理论支撑和历史依据。

1. 从“五行相胜”至“五行相生”：五德终始说的发展与演变

近代以来，对五德终始说及其对古代政治和历史的影响研究最充分、深入，搜寻史料最完备、系统的，当推顾颉刚《五德终始说下的政治和历史》一文。但是，研究最充分、深入，并不意味着研究的结论最正确。顾颉刚秉承晚清以来刘逢禄、康有为、崔适等今文家的观点，以为刘歆伪造史料和史迹，为王莽篡汉立新和托古改制提供史实依据；通过改造五行相胜五德终始旧说，建立五行相生五德终始新说，并在此基础上构建天道历史秩序，是为王莽篡汉立新提供理论支撑。我们认为，这种观点，是今文家的门户之见，与历史事实并不符合。但是，他在史料发掘和整理，以及对五德终始说产生、发展、演变过程的研究方面，确有不可忽略的价值。

何谓"五德终始说"？顾颉刚解释说：

> 五德，为得到五行中的某行而成天子者的所据之德。五行以次循环，以次用事，终而复始，得到五德的天子也跟着它循环，跟着它用事，终而复始。哪一行用事，那时的人所穿的衣服也当跟着这一行的颜色而改变。[1]

在中国历史上，五行观念起源甚早，但依据五行观念解释政治和人事，建立五德终始说，则是起于战国后期的邹衍。史称邹衍著《主运》，"称引天地剖判以来，五德转移，治各有宜，而符应若兹"[2]。关于五行之间的关系，国人亦早有五行相生和五行相胜两种学说。邹衍创建五德终始说，是以五行相胜原理解释政治和人事。五行配五德，五德按照土、木、金、火、水五行相胜原理依次转移，周而复始，终始循环。

[1] 顾颉刚：《五德终始说下的政治和历史》，见顾颉刚编著《古史辨》（五），上海古籍出版社 1982 年版，第 417 ~ 418 页。

[2] 司马迁：《史记·孟子荀卿列传》，见《史记》，中华书局 1982 年版，第 2344 页。

即“新朝之起必因前朝之德衰，新朝所据之德必为前朝所不胜之德”[1]。依据这套理论，邹衍推演五德终始，自黄帝至于周（即黄帝、夏、商、周）四朝，依次按土、木、金、火次序转移。实际上，这还不是一个完整的循环。待秦朝之兴，自命水德，五行相胜的五德循环方才由始到终，完成一周的循环。以上是邹衍五德终始说的大概。

邹衍的五德终始说，无疑是历史循环论，是天命学说。其创设目的，据顾颉刚说：

> 邹衍创立五德终始说，给人两个暗示。第一个暗示是不可妄冀非分，凡无五德之运的决做不成天子。第二个暗示是天命不永存，此德衰而彼德兴，则易姓受命之事便立刻显现。这两个暗示如果是他创说的本意，则上一事是用以对一般人说法的，下一事是用以对君主说法的。他希望没有人争为天子，天子亦不以“时日曷丧”而暴虐天下。[2]

应该说，这种理论虽然是历史循环论，是天命学说，但有一定的进步意义，即警告君王可能因为暴虐天下而丧失天命。

秦朝自命水德，加入五德终始循环，五德终始说首次实践于政治生活中。西汉时，关于汉朝所据之德有过长期争议。汉初高帝、惠帝，在帝国草创之际，无暇五德推演，便沿袭秦制，自命水德。到汉文帝时，反对水德、倡立土德的呼声不断发出，但亦因不断受挫而未能实现，如贾谊首倡之，受阻于绛灌之徒；公孙臣继倡之，受阻于张苍；新垣

---

[1] 顾颉刚：《五德终始说下的政治和历史》，见顾颉刚编著《古史辨》（五），上海古籍出版社 1982 年版，第 418 页。

[2] 顾颉刚：《五德终始说下的政治和历史》，见顾颉刚编著《古史辨》（五），上海古籍出版社 1982 年版，第 465 ~ 466 页。

平再倡之，见杀于文帝；赵绾、王臧又倡之，见杀于窦太后。至窦太后崩，汉武帝独立执政，汉朝的土德才终于落定。

《宋书·符瑞志》说："五德递王，有二家之说，邹衍以相胜立体，刘向以相生为义。"邹衍五德终始说和汉人据此推演的汉为土德，皆是按照五行相胜原理展开。至西汉中后期，新的情况渐次发生，学者逐渐不满足以五行相胜原理推演五德，开始尝试用五行相生原理推演五德，尤其是在刘向、刘歆父子手里，一种按照五行相生原理推演的五德终始新说逐渐构建完成。顾颉刚认为，用五行相生原理改造邹衍五行相胜五德终始说，始于刘向，完成于刘歆。事实上，据钱穆考察，早在董仲舒《春秋繁露》里，就有《五行相胜》和《五行相生》两篇，就有以五行相生原理搭配五德递王的做法，以五行相生原理改造五行相胜五德终始旧说，并不始于刘向。他说："在董仲舒的书里早已采用，不俟到刘向，更何论于刘歆、王莽。""五德终始的改造，似乎不用到刘歆时才发动。"[1] 的确，以五行相生原理改造五行相胜五德终始旧说，构建五行相生五德终始新说，开先例者，不是刘向、刘歆。但是，将这项理论进行完善地、系统地、成熟地构建，并在此基础上建立天道历史秩序，则是完成于刘向、刘歆父子之手。

据徐建委说：

> 西汉末世，五德终始理论遂盛行，刘向乃是此间在理论上最具创造性的人物。刘歆的变法，实有继承乃父的方面。刘向在邹衍五德相胜的基础上，利用早已存在的五行相生学说，创立了五德相生的新终始理论。

[1] 钱穆：《评顾颉刚〈五德终始说下的政治和历史〉》，见顾颉刚编著《古史辨》(五)，上海古籍出版社 1982 年版，第 624 ~ 625 页。

其创立背景，乃是西汉王朝对德运、服色、制度的讨论。[1]

刘向著有《五行传记》《五纪论》等与五行思想相关的著作。但是，《五行传记》仍然秉承传统的五行相胜说，其五行相生说主要体现在《五纪论》中，刘歆正是通过深究《五纪论》之微眇而作《三统历》以说《春秋》。[2] 因此，我们认为：刘向虽然是五行相生五德终始新说的重要构建者，但他仍未完全采用这种理论来构建他的学说。而刘歆的独异之处，就是以五行相生说改变《洪范五行传》的文本结构，最终完成以五行相生原理改造五行相胜五德终始旧说，构建起五行相生五德终始新说。

2. 五行相生五德终始新说下的天道历史秩序

在历史知识基础上构建的历史秩序，本是一个客观存在的历史事实。但是，刘向、刘歆父子基于五行相生五德终始新说构建的历史秩序，是在客观历史知识和历史秩序的基础上，以五行相生五德终始说解读历史，构建历史，整合历史，改造历史，使理论与实际有机统一。如此构建的历史秩序，就不再是客观的历史秩序。在客观历史知识和历史秩序中渗透五行相生五德终始新说的天道、天命内容。因此，我们称刘向、刘歆父子构建的历史秩序为“天道历史秩序”。

刘歆在刘向学说之基础上，精研深究乃父《五纪论》之微眇，“作

---

[1] 徐建委：《文本革命：刘向、〈汉书·艺文志〉与早期文本研究》，中国社会科学出版社 2017 年版，第 332 ~ 333 页。

[2] 徐建委：《文本革命：刘向、〈汉书·艺文志〉与早期文本研究》，中国社会科学出版社 2017 年版，第 328、334 页。

《三统历》及《谱》以说《春秋》，推法密要”[1]。撰著《三统历》和《世经》，将政治、历史、历法等融为一炉，构建起系统周密的五行相生五德终始说和天道历史秩序。如果说《三统历》着重天人系统的重新诠释，那么《世经》则是侧重古史系统的梳理构建，两者共同构成自成体系的天道历史秩序。或者说，这个天道历史秩序的构建，理论依据是五德终始说，构建方法是五行相生原理。

刘歆《三统历》，以五行相生原理解释三统运行。此前，五德终始说和三统论是两种相互独立的理论。学者认为：“刘歆《三统历》最具开创意义的工作是将五行和三统结合了起来。”[2]《三统历》不是一部纯粹的历法著作，而是将历法、历史和德运统合起来，构成的一部阐释《春秋》的理论著作。[3]学者认为，“《三统历》的终极追求，不是精确的历法，而是完美的宇宙”，它“更注重的是历法的形而上学建构，甚至不惜迂回计算，曲解历史，以达到律历合一，德运符契”。[4]在“完美的宇宙”中构建新型天人关系。徐建委说：“刘歆统合《易》、《春秋》、数术、律历诸学，目的是创建新的天人系统。在其天人关系中，他的理论重心从重人事转向重天道。”[5]所以，“相比董仲舒、刘向，刘歆所关注的天人关系有一个重要的变化。董仲舒、刘向的天

[1] 班固：《汉书·律历志》，见《汉书》，中华书局1962年版，第979页。

[2] 徐建委：《文本革命：刘向、〈汉书·艺文志〉与早期文本研究》，中国社会科学出版社2017年版，第342页。

[3] 班固《汉书·律历志》说：刘歆精研深究刘向《五纪论》之微眇，“作《三统历》及《谱》以说《春秋》，推法密要”。（《汉书》，中华书局1962年版，第979页）

[4] 徐建委：《文本革命：刘向、〈汉书·艺文志〉与早期文本研究》，中国社会科学出版社2017年版，第342～344页。

[5] 徐建委：《文本革命：刘向、〈汉书·艺文志〉与早期文本研究》，中国社会科学出版社2017年版，第322页。

人关系，其重心在人事；刘歆的天人关系重心则在天道”[1]。

《世经》一书，依据五行相生五德终始说构建起天道历史秩序。其作者，大体可以确认为刘歆。顾颉刚说：

> 《世经》这部书，在别的地方从没有引用过，只见于刘歆的《三统历》。以那时的学风而论，伪书是大批地出现，刘歆又是造伪书的宗师，则此书颇有亦出于刘歆的可能。话说得宽一点，此书也有出于刘歆的学派的可能。[2]

说刘歆是“造伪书的宗师”，这是今文家的门户之见。说《世经》可能出自刘歆或刘歆学派之手，倒是事实。他认为：班固《汉书》和荀悦《汉纪》都说五德终始说的历史系统是“刘向父子”所立。刘向有三个儿子，长子伋和中子赐在政治和学术上都不占地位，不可能作《世经》。刘向自己亦不可能作《世经》，《世经》的作者就是刘歆。他说：

> 刘向固然可以创立相生的五德终始说，但决不能创立《世经》的历史系统。因为《世经》的历史系统是从王莽的《自本》上出发的，其基础实建筑于王氏代刘氏上。刘向对于王凤等的擅权已经痛哭流涕了，如何肯帮助王莽去取得代汉的符应！何况成帝末年，向已死了，他又怎能豫为王莽留下这代汉的符应！所以用了相生的五德终始说作成《世经》的历史系统，这是刘向所不知道的，想不到的。刘向既不能作，伋和赐

[1] 徐建委：《文本革命：刘向、〈汉书·艺文志〉与早期文本研究》，中国社会科学出版社2017年版，第341页。

[2] 顾颉刚：《五德终始说下的政治和历史》，见顾颉刚编著《古史辨》（五），上海古籍出版社1982年版，第451页。

在政治上和学术上也都不占地位，赐又早卒，然则只有为王莽典文章的刘歆是有著作的资格了。[1]

刘伋和刘赐不可能作《世经》，《世经》只能出自刘歆之手，这个结论大体可靠。但他认为“刘向父子”作《世经》，建立五行相生五德终始说和天道历史秩序，是为助莽篡汉立新，亦是今文家的门户之见。准确地说，这部《世经》，这个依据五行相生五德终始说构建的天道历史秩序，酝酿或草创于刘向，完成于刘歆。[2]

自战国以来，关于古代历史知识和历史系统之说最为纷纭，古史秩序最为杂乱。据顾颉刚统计，《国语》《礼记》《五帝德》《帝系》《吕氏春秋》《庄子》《管子》《易传》《战国策》《淮南子》《史记》等文献里，都有详略不同的古史系统。据《汉书·律历志》，《世经》构建的天道历史秩序为：太皞—炎帝—黄帝—少皞—颛顼—帝喾—尧—舜—禹—汤—武王—刘邦。这个天道历史秩序的特点，据顾颉刚说：“《世经》的系统，第一是不遵守五德相胜的次序，第二是把朝代伸展了两倍。因此，本来以‘土、木、金、火、水’为次的，现在改以‘木、火、土、金、水’为次了；本来到秦代刚凑满五德之

[1] 顾颉刚：《五德终始说下的政治和历史》，见顾颉刚编著《古史辨》（五），上海古籍出版社 1982 年版，第 595 ~ 596 页。

[2] 徐建委说：“《世经》是班固在刘歆《三统历谱》的基础上编成，其前身是刘向的《五纪论》。”（《文本革命：刘向、〈汉书·艺文志〉与早期文本研究》，中国社会科学出版社 2017 年版，第 333 页）刘歆《三统历谱》是在精研深究刘向《五纪论》之微眇的基础上撰成，故《五纪论》是《三统历谱》的前身。《世经》是与《三统历谱》相关的著作，其作者是刘歆，不可能是班固。或者只能说是班固在《汉书·律历志》中转录了《世经》。

数的，现在到周代已经是第三次终始了。”[1]《世经》这个天道历史秩序，是在邹衍五行相胜五德终始说的古史系统基础上，综合战国以来各家的历史知识和古史系统，利用五行相生五德终始理论统合整理而成。

采用五行相生原理改造五德终始旧说，构建五德终始新说；改造战国以来纷纭的古史系统和杂乱的古史秩序，建构新型古史系统。这两项工作，是在刘向、刘歆父子手里完成的。这两项工作密切相关，一个是理论，一个是实践。新五德终始说是新古史系统的理论基础，新古史系统是新五德终始说的实践支撑。两者共同构成刘歆构建的天道历史秩序。

刘歆构建天道历史秩序，既有理论依据，亦有现实需求。邹衍用五行相胜原理解释朝代变更，创为五行相胜五德终始说。但是，顾颉刚说：

> 朝代的递嬗原有两种方式，一是革命，一是禅让，革命如商周，禅让如虞夏。五行相胜的原理可以适用于商周的革命，但不可适用于虞夏的禅让。以前的五德终始说，黄帝之后便是夏，这个牴牾还不显明。但经了西汉人的宣传，古史的系统既甚伸展，向来说为一帝的又往往说成一代，那就显出了支吾的样子。[2]

亦就是说，邹衍的五行相胜五德终始说，既不能解释伸展了的古史系统，亦不能解释禅让式的改朝换代，于是便有改革五德终始旧说的

[1] 顾颉刚：《五德终始说下的政治和历史》，见顾颉刚编著《古史辨》（五），上海古籍出版社 1982 年版，第 453 页。

[2] 顾颉刚：《五德终始说下的政治和历史》，见顾颉刚编著《古史辨》（五），上海古籍出版社 1982 年版，第 484 页。

必要。

那么，需要追问的是，刘向、刘歆父子构建五行相生五德终始说和天道历史系统，其最终目的为何？是基于纯粹的学术追求，还是有现实的政治目的？我们认为，刘向、刘歆父子本有浓厚的学术兴趣和纯粹的学术追求，其所处时代，亦是中国学术史上纯粹学问和学术开端的时代。[1] 所以，刘向、刘歆父子改造五德终始旧说和建立天道历史秩序，当有纯粹学术兴趣和学术追求的成分在。当然，任何理论都有现实目的，都是缘于现实需要。西汉中后期的政治危机表现得相当突出，当时社会出现两种强烈呼声：一是建议汉家求索贤人，禅以帝位；二是汉室再受命，重建天下。在这种情势下，“汉为火德”说和“汉为尧后”说被先后提出，因为当时社会确实需要理论创新来为社会政治危机寻找出路。我们认为，刘向、刘歆父子构建五德终始新说，建立天道历史秩序，正是从理论和史实两个层面为当时社会政治危机寻找出路。他们这种理论，确实充分证实了“汉为火德”说和“汉为尧后”说。但其目的和动机，与其说是为王莽篡汉立新张本，不如说是为了论证汉家神圣。因为他们毕竟是汉室大臣，是汉家宗室。

清代中后期以来的今文家，以及顾颉刚的《五德终始说下的政治和历史》，皆以为刘歆在学术上的所作所为，是为帮助王莽篡汉立新

[1] 〔日〕内藤湖南说：“校勘之学在前汉末期就已出现。成帝时，刘向校勘天子的秘籍，是其开端。……这表明，这时的学问和过去有所不同。过去是单纯地把学问作为思想的产物，书籍和学派都是随着新思想的产生而产生的。而现在则是进入了一个对已有的学问做出各种思考，并通过复杂的程序进行研究的时期。如果学问没有相当的进步，这种状况是不会出现的。……学问开始带有校勘学、考古学的性质。它已不单纯是思想的产物，而变成了附有历史内容的学问，这是后汉学问的一个显著的倾向。”（《中国史通论》，夏应元、钱婉约等译，九州出版社 2018 年版，第 316 页）

和托古改制，甚至认为他不择手段伪造史籍和史实助莽篡汉立新。我们认为，这确是今文家的门户之见。事实正如钱穆所说：“五德终始说的改造，似乎不用到刘歆时才发动。”“当时据五行相生说而定汉属火德的，决不止刘向歆父子一家私议，更不是刘歆一人伪造。”他的结论是：

> 1. 五德转移改取相生说，不取相胜说，远在刘向前。2. 重新主张汉为火德说，在刘向同时稍前。3. 汉为尧后说，也起刘向前。[1]

所以，说刘向、刘歆父子构建五行相生五德终始新说，建立天道历史秩序，论证“汉为火德”和“汉为尧后”，当是属实；说刘歆伪撰史籍和伪造史料，是为王莽篡汉立新张本，绝无可能，亦缺乏依据。一方面是因为刘向、刘歆之前已有这种学说或理论存在，亦有近似古史系统的建立。刘向、刘歆父子仅是通过综合整理，使之更加系统化、条理化、理论化。再说，这套理论由刘向、刘歆父子共谋完成，如果说刘歆尚有可能助莽篡汉立新，那么对王氏擅权深恶痛绝和痛哭流涕的刘向，则绝无这种可能。其实，考察刘歆在“新政”时期的所作所为，说一向“非复欲令莽居摄”的刘歆赞助王莽托古改制，尚有可能；说他助莽篡汉立新，则绝无可能。

3. 刘歆《世经》与王莽《自本》

据《汉书·元后传》说，王莽撰《自本》，自谓黄帝之后。《自本》

[1] 钱穆：《评顾颉刚〈五德终始说下的政治和历史〉》，见顾颉刚编著《古史辨》（五），上海古籍出版社 1982 年版，第 625、627、628 页。

已佚，据推测，其可能是近似家谱或自传之类的著述，当时亦确有创作此类作品的风气，如扬雄便有类似的著述。[1] 关于此书，顾颉刚说：

> 此书的主要之点凡三：一、他为黄帝之后，黄帝的土德是表现在他的名号上的，永远不变的，故他亦应据有土德。二、他为舜后，汉为尧后，舜是受尧的禅让的，所以他们应把这禅让的故事复演一回。三、“阴为阳雄”，故他应藉了姑母的力量而得国；“土火相乘”，故他应以土德代汉的火德。禅让的次序这样定了，五德相生的次序又这样定了，他尚能不做皇帝吗！他不做皇帝，是上天所不许的了。于是《世经》系统中的人物就一一跳跃而出，各各坐在他的新座位上，古代的历史就为之作全部的改观了。[2]

顾颉刚秉持今文家的看法，以为刘歆推扬《左传》，表彰《周官》，倡立古文，构建五行相生五德终始说，建立天道历史秩序，论证“汉为火德”和“汉为尧后”，等等，一切学术上的所作所为，均是为帮助王莽篡汉立新和托古改制。其撰《世经》亦不例外，他说：“《世经》的历史系统是从王莽的《自本》上出发的，其基础实建筑于王氏代刘氏上。”[3]

通过比较，可以发现，《世经》的古史秩序与《自本》的古史系统，的确非常相近。两者之间必有某种渊源关系，或者说，必定是其中一个抄袭了另外一个。那么，到底是谁抄谁呢？为什么要抄袭呢？顾颉刚

[1] 参见汪文学：《扬雄与六朝之学》，贵州人民出版社 2020 年版，第 293 ~ 296 页。

[2] 顾颉刚：《五德终始说下的政治和历史》，见顾颉刚编著《古史辨》（五），上海古籍出版社 1982 年版，第 560 页。

[3] 顾颉刚：《五德终始说下的政治和历史》，见顾颉刚编著《古史辨》（五），上海古籍出版社 1982 年版，第 595 ~ 596 页。

坚信刘歆死心塌地助莽篡汉立新和托古改制，故他认为是刘歆《世经》依据或抄袭王莽《自本》，依据王莽《自本》的古史系统，构建五行相生五德终始说下的古史秩序，是为论证王莽自为龙种的真实性和篡汉立新的合法性。刘歆论证“汉为火德”，根据五行相生五德终始说，火生土，是为证明新莽的土德说；刘歆通过五行相生五德终始说坐实“汉为尧后”，依据尧舜禅让故实，即可证明汉新禅让的合理性。

《世经》和《自本》，孰先孰后，今已不可详考。我们认为：作为汉家宗室和汉室大臣的刘歆，作为“非复欲令莽居摄”的刘歆，绝无可能死心塌地帮助王莽篡汉立新。刘歆在“新政”期间的所作所为，即可证实这点。他或有可能基于儒家政治理想主义精神和礼制改革主义立场，支持王莽托古改制，但绝无可能支持王莽篡汉立新。他基于五行相生五德终始说构建天道历史秩序，或是出于纯粹的学术兴趣，或有可能是论证汉家神圣，但绝无助莽篡汉的用意。可能的情况是，如同刘歆表彰《周官》，王莽则假借《周官》托古改制。刘歆撰著《世经》，构建天道历史秩序，论证“汉为土德”和“汉为尧后”。王莽为了论证“新政”的合法性，依据刘歆《世经》的古史秩序，创作《自本》，编造出王氏出自黄帝之后的家族史；依据“汉为火德”说，创造出新为土德说；依据“汉为尧后”说，创造出新为舜后说。

概言之，不是刘歆为王莽篡汉立新和托古改制创造理论依据和史实支撑，而是王莽利用刘歆学说作为自己篡汉立新的理论依据和托古改制的史实支撑。不是刘歆创造理论去媚莽助莽，而是王莽利用刘歆的理论篡汉立新和托古改制。

4. 刘歆天道历史秩序的意义和影响

刘歆《世经》构建的天道历史秩序，绝不是为王莽篡汉立新创造理论依据和提供史实支撑，亦不仅是为论证汉家神圣。徐建委说：

> 刘歆努力完善的五德相生德运说的确有“要为西汉末年政治危机寻求出路”的动机，但又有深厚的学术历史资源作依托。虽然这套理论客观上的确有利于王莽的禅代，但我们也不应将其宏大的理论建设完全视为阿奉之作。[1]

即是说，刘歆这套宏大理论，虽然有利于王莽禅代，亦有助于论证汉家神圣，但这不是刘歆创造这套理论的根本动机和主要目的。他的根本动机，是要梳理周秦以来的历史知识，整理周秦以来的古史系统，建立一个集政治、历史、人文、天文于一体的历史秩序。他的主要目的，是要完成一个“完美的人文、历史、宇宙的统一性建构”，“创建一套完美的、新的天人关系系统”。所以，这套宏大理论，“《易》、《春秋》、五德相生、历法、数术、天文的统合，显示出刘歆欲将天人纳入一个‘规律性的’、‘不可逆转的’和‘可预知的’循环系统之中的雄心”。[2]

刘歆这套宏大理论在中国历史上影响深远。顾颉刚说：

> 《世经》这篇文字，是中国上古史材料中最重要的一件。二千年来的传统的上古史记载以及一般人的上古史观念，谁能不受它的支配。

[1] 徐建委：《文本革命：刘向、〈汉书·艺文志〉与早期文本研究》，中国社会科学出版社 2017 年版，第 345 页。

[2] 徐建委：《文本革命：刘向、〈汉书·艺文志〉与早期文本研究》，中国社会科学出版社 2017 年版，第 343、344 页。

（《世经》）这个系统是从什么地方出来的呢？大家不知道。然而大家都沿用它，无论作古史的和作通史的都依照着它。我们现在看到的历史书，从皇甫谧的《帝王世纪》直到吴承权的《纲鉴易知录》，没有不这样写的，也没有敢不这样写的。它是成了正统了！它是成了偶像了，它是成了大权威者了。[1]

亦就是说，《世经》的天道历史秩序，确定了中国人的上古史知识和上古史系统，奠定了中国人的历史观念。

刘歆这套宏大理论的建立，亦是中国古代学术转型发生在两汉之际的标志性事件之一。徐建委说：

刘向、刘歆父子积二十余年校理中秘书，除了新书整理缮写的完成，《别录》、《七略》的编纂外，另一个重要的影响便是拧动了学术风气、思想方式转变的重要枢纽。……刘向学问的风格，还有战国之风，存留有士的精神在，这从其《上封事》诸篇奏议以及论灾异之文不难看出。至刘歆，则其学问风格已经以古文之学为主……刘歆的古学又是东汉经学学术极为重要的源头，反之，刘向的学问则类似战国秦汉学术的最后回响。中国早期学术的转型大体发生在两汉之际，而刘向父子之间所存在的学术上的断裂，正是这个转型期最为清晰的界限。[2]

以刘歆为代表的学者所推动的两汉之际的学术转型，其标志就是从切于政治、日用的学术转向纯粹的知识和学术。其具体表现有两个方面：

---

[1] 顾颉刚：《五德终始说下的政治和历史》，见顾颉刚编著《古史辨》（五），上海古籍出版社 1982 年版，第 495、453 ~ 454 页。

[2] 徐建委：《文本革命：刘向、〈汉书·艺文志〉与早期文本研究》，中国社会科学出版社 2017 年版，第 321 页

一是以《七略》为代表，在对古代知识学术进行“文本革命”的基础上构建的“文本秩序”和“知识秩序”，二是以《左传》为基础，以《世经》为代表，以五行相生五德终始说为理论依据建立的天道历史秩序。

第七章 玄思大义：扬雄在两汉之际的思想史意义

一、扬雄：两汉之际的“异端”思想家

在汉代的知识群体里，无论从个人追求和人生形态看，还是就人生行事和性情好尚说，抑或是就治学方法和学术旨趣言，扬雄皆是一个“另类”人物。在个人追求上，他不与世事，是“新政”的旁观者，故范望称其为“朝隐”。在人生形态上，他与一般汉儒的“道德地政治形态”或“政治地道德形态”不同，他是“知识型人生形态”，近似西方所谓智者形态的人物，有好奇、好胜、好深、好博的特点。在人生行事上，他“简易佚荡”，与汉儒的经明行修、动如节度不同，与六朝名士风尚颇为接近。在性情好尚上，他“一往情深”，与六朝名士的风流媚趣有诸多相似处。在学术旨趣上，他追求“玄思大义”，与汉儒的章句训诂之风迥异。在学术方法上，他“不述而作”，追求“约卓简要”，与汉儒的述而不作、拘泥繁琐不同。以上种种表现，放在两汉知识群体中看，确属“另类”，的是“异端”。

1.“新政”的旁观者：扬雄的人生追求与人生形态

扬雄一生行事简单。早年在家乡郫县活动，以成都严均平为师，过亦耕亦读生活。有感于屈原的不幸遭遇，他仿《离骚》作《反离骚》等以伤之。钦仰乡人司马相如赋，他拟之以为式，作《成都城四隅铭》等。四十岁以后，因其文似相如，得蜀人杨庄推荐而入京，他先后献《甘泉赋》《河东赋》《羽猎赋》《长杨赋》于成帝，除为郎，给事黄门，与王莽、刘歆同官。哀帝初，与董贤同官。扬雄恬于势利，哀帝时，丁、傅、董贤用事，诸依附者或起家至二千石，扬雄泊如自守。以为早期喜好的赋是“雕虫篆刻”，便辍赋不为，乃究心学术，仿《周易》著《太玄》，仿《论语》著《法言》，编撰《方言》。自成帝至哀、平间，董贤、王莽用事，权倾人主，所荐莫不拔擢，而扬雄三世不徙官。王莽以符命篡汉，即位后，欲断其原，贬杀早先以符命进者。扬雄受牵连，自度不能免，自投于天禄阁。王莽以为扬雄“素不与事”而“有诏勿问”，复召为大夫，撰《剧秦美新》，受诏撰《元后诔》，年七十一而卒。其生平经历，大体如此。

东汉以来，关于扬雄的评价，重点涉及两个方面：一是屈节美新，二是《法言》和《太玄》的学术价值。其取向，大致有两种意见：一是否定其学术价值，批评其屈节事莽；二是肯定其学术价值，为其美新辩护。

扬雄晚年因受符命案牵连，有“投阁之悲”；因撰写“典而不实”的《剧秦美新》，有“美新之诟”。但是，我们发现，汉晋间学者论扬雄，基本不涉及扬雄投阁和美新二事。最早拿此二事批评指责扬雄者，是北朝颜之推。他说：

（扬雄）著《剧秦美新》，妄投于阁，周章怖慑，不达天命，童子之为耳。桓谭以胜老子，葛洪以方仲尼，使人叹息。此人直以晓算术，解阴阳，故著《太玄经》，数子为所惑耳。其遗言余行，孙卿、屈原之不及，安敢望大圣之清尘？且《太玄》今竟何用乎？不啻覆酱瓿而已。[1]

颜之推因人论学，说扬雄“妄投于阁”“德败美新”，是“不达天命，童子之为”，认为其人其学皆不足道。这种对扬雄其人的否定，在宋代比较普遍。如程颐认为“扬雄去就不足观”[2]，他说：

汉儒之中，吾必以扬子云为贤，然于出处之际，不能无过也。……古之所谓言逊者，迫不得已，如《剧秦美新》之类，非得已者乎？……黾勉于莽、贤之间，畏死而不敢去，是安得为大丈夫哉？[3]

程颐虽以扬雄为汉儒中的贤人，但对其在“新政”时期的“出处”或“去就”，仍不免微辞。胡寅说：

先与董贤同官，后又臣事王莽，黾勉迟留，至有《美新》之文，投阁之耻，何其懵然不智耶？[4]

方王莽盗汉时，或洁身去之，或守死不屈，盖多有其人，雄号为知数，岂不知死生之有命，奚至于惶怖投阁哉？且作《美新》之文，谓莽过于伊尹，

---

[1] 颜之推：《颜氏家训·文章》，见王利器《颜氏家训集解》，上海古籍出版社1980年版，第242页。

[2] 程颐：《程氏遗书》卷十八。按，以下未注明版本信息者，皆转引自刘韶军《杨雄与〈太玄〉研究》之“附录：历代学者评杨雄和《太玄》”，人民出版社2011年版。

[3] 程颐：《程氏遗书》卷四。

[4] 胡寅：《致堂读史管见》卷三。

是何言也？[1]

胡寅还只是批评扬雄之“不智”，而钱时则指责张禹、孔光、刘歆、扬雄诸子是“曾狗彘之不若”[2]。朱鹤龄说扬雄是“伪儒”，是“贼莽之佐命元臣”，认为扬雄标举的“清静寂寞”，是“求以成名，而非真有得于内者也”。[3] 黄震亦说：“扬雄为王莽大夫，《剧秦美新》为万世羞。”[4]

在学者普遍对扬雄美新和投阁开展批评时，亦不乏为扬雄辩护者。司马光就是其中的代表，他以设问方式为扬雄辩护。如或问：“扬子为汉臣，汉亡不能死，何也？”他说：

向使扬子据将相之任，处平、勃之地，莽篡国而不死，良可责也。今位不过郎官，朝廷之事，无所与闻，奈何责之以必死乎？

或问：“扬子不死可也，何为仕莽而不去？”他说：

知莽将篡而去者，龚胜是也。莽聘以为太子师友，卒不食而死。扬子名已重于世，苟去而隐处，如揭日月潜于蒿莱，庸得免乎？

[1] 胡寅：《斐然集》卷二十九。

[2] 钱时：《两汉笔记》卷八。

[3] 朱鹤龄：《愚庵小集》卷十一《扬雄论》。

[4] 黄震：《古今纪要》卷二。

或问："扬子不去则已，何必誉莽以求媚，岂厌贫贱思富贵乎？"他说：

> 扬子作《法言》，品藻汉兴以来将相名臣，而独不及莽，莽能无耻且忿乎？此杜预所谓"吾但恐为害，不求益也"。……古今之人，能安恬如此者几希，而子乃疑其求媚而思富贵，不亦过乎？使扬子果好富贵，则必为莽佐命，不在刘、甄之下矣。[1]

一般批评扬雄其人者，皆认为扬雄在两汉之际的去就，最上是为汉尽节而死；若不能尽节死，亦不当仕莽；若被迫仕莽，亦不该誉莽求媚。故司马光以此三问为扬雄辩护。

继司马光后，为扬雄辩护者，还有王世贞，他说：

> 扬雄氏之出处，其先亦未有訾之者，独不能不有微恨于《剧秦美新》，而紫阳氏之著《通鉴纲目》，直书之曰"莽大夫扬雄死"……于是雄之名遂溷人之齿颊，而其身毋所容于圣门之藩篱矣。及考其传而推之，则事不必尽然，而情亦有大可原者。……则其不附王莽可知。然所以濡滞而不去者，以去则莽必恨之，恨之则必追而戮之，即不恨，必且召，而有龚胜之事。雄见夫莽虽奸，然自唐虞以后所创有，而未尝称干戈以剪刘氏之社稷，而身又不当扞圉之任……是以浮沉待尽，以存五世一线之息耳。至于《剧秦美新》，故不见本传，即有之，亦投阁之后，不得已，冀以瓦全。[2]

王世贞举证扬雄不附王莽，《剧秦美新》虽为扬雄之"微恨"，但亦是"冀

[1] 司马光：《法言集注》卷十。

[2] 王世贞：《读书后》卷二《书扬雄传后》。

为瓦全”，不得已而为之，其“情亦有大可原者”。孙复说：

千古诸儒，咸称扬子云作《太玄》以准《易》，今考子云之书，观子云之意，且见其非准《易》而作，盖疾莽而作也。何哉？昔者哀、平失道，贼莽乱常，包藏祸心，窃弄神器，违天咈人，莫甚于此，虽火德中否，而天命未改，是以元元之心犹戴于汉。是时不知天命者争言符瑞，称莽之功德，以济其恶，以苟富贵，若刘歆、甄丰之徒，皆位至上公，独子云耻从莽命，以圣王之道自守，故其位不过一大夫而已。子云既疾莽之篡位，又惧来者蹈莽之迹，复肆恶于人上，乃上酌天时行运盈缩消长之数，下推人事进退存亡成败之端，以作《太玄》。[1]

孙复首揭扬雄《太玄》“非准《易》而作，盖疾莽而作”。陈本礼亦以为“子云作《玄》，义在刺莽，非准《易》”。他著《太玄阐秘》，即为揭示扬雄《太玄》“疾莽”“刺莽”之意图。他说：

汉成帝时，奏赋为郎，迨事哀、平，值大盗移国，汉室丘虚，雄以一执戟郎，既不克专刃贼腹以抒忠愤，又不获脱身归隐高揖松乔，于是托草《玄》以讽刺。推皇极之历运，述阴阳之消长，俾知大宝不可以妄干，天诛之所必殛。爰特艰深其辞，隐晦其义，以避忌讳，使人不知其为刺莽也。[2]

“疾莽”“刺莽”或非扬雄撰著《太玄》之本意，但孙复、陈本礼为扬雄辩护之本心，却是昭昭可鉴。

[1] 孙复：《孙明复小集·辨扬子》。

[2] 陈本礼：《太玄阐秘·自序》。

另外，焦竑通过对扬雄经历时间的考释，证明扬雄无仕莽、投阁、美新之事。[1] 范涞从理、言、行、历年图、汉唐诸儒之论五个方面，证明扬雄不仕于莽。[2] 周亮工以为："扬子云恬澹寡营，不竞时名，以卖文自赡，不虚美，人多恶之。及卒，其怨家取《法言》，援笔益之曰：周以来，未有汉公之懿也，勤劳则过于阿衡云云，缮写行世，至今靡有白其心迹者。"[3] 或以为投阁、美新是谷子云所为，与扬子云无关。甚至如朱少文《史论》所称，扬雄是"千古第一不幸者"[4]。

综上，学者对扬雄其人的评价，大体上，宋代以前褒评占主流，宋代以后贬评占多数。或褒或贬，各执一端。虽然褒者有理解之同情，贬者不乏意气用事，但皆非知人论世之论。我们认为，应当结合扬雄本人的政治疏离态度，联系扬雄所处时代的忠义观念，评论扬雄在两汉之际的去就和出处。

扬雄对政治有很强的疏离感，无论是对"汉政"还是"新政"，他皆缺乏一般儒者的热情和激情。他在成帝时献四大赋，固有仿效乡前辈司马相如献赋获官的动机，但其本性对政治没有太大兴趣。他自称："默而好深湛之思，清静亡为，少耆欲，不汲汲于富贵，不戚戚于贫贱，不修廉隅以邀名当世。"[5] 夫子自道，应是实话。他的性格，用班固的话说，是"用心于内，不求于外"。即便为官，亦心不在焉。他热衷的是学术，甚至在生活极度贫困的状态下，他"愿不受三岁之奉，

[1] 焦竑：《焦氏笔乘》卷二《扬子云始末辩》。

[2] 范涞：《新修扬子云草玄堂记》，《雍正四川通志》卷四十二。

[3] 周亮工：《书影》卷二。

[4] 陈本礼：《太玄阐秘·外编》。

[5] 班固：《汉书·扬雄传》，见《汉书》，中华书局1962年版，第3514页。

且休脱直事之繇，得肆心广意，以自克就”于学术。[1] 所以，在汉成、哀、平三世，昔日同官之董贤、王莽，“皆为三公，权倾人主”，而他“方草《太玄》，有以自守，泊如也”，结果是“三世不徙官”。及至王莽篡位，“谈说之士用符命称功德获封爵者甚众，雄复不侯，以耆老久次转为大夫”。因此，即使王莽，亦说他是一位“素不与事”的学者。所以，班固说他“恬于势利乃如是。实好古而乐道，其意欲求文章成名于后世”[2]，当是实情。他不仅疏离“新政”，亦疏离“汉政”。他对政治根本就没有兴趣，他的兴趣在学术。

作为儒者的扬雄，处在儒家理想主义精神高涨和改制主义理念风行的时代，他虽无其他儒者那种政治理想精神和浪漫改制激情，但亦受时代风气感染。所以，与其他儒者一样，他对王莽寄予厚望，以为王莽才是解决社会危机的最佳人选。因此，他对作为安汉公的王莽亦有颂扬。如《法言·孝至》说：

> 周公以来，未有汉公之懿也，勤劳则过于阿衡。汉兴二百一十载而中天，其庶矣乎！辟雍以本之，校学以教之，礼乐以容之，舆服以表之，服其井、刑，勉人役，唐矣夫。[3]

他称颂王莽其人，是称颂作为安汉公的王莽；称颂王莽的作为，是称颂王莽作为安汉公时的作为。

诚如徐复观所说：“扬雄对王莽的关系则相当复杂。在王莽未

[1] 扬雄：《答刘歆书》，见张震泽《扬雄集校注》，上海古籍出版社 1993 年版，第 264 页。

[2] 班固：《汉书·扬雄传》，见《汉书》，中华书局 1962 年版，第 3583 页。

[3] 汪荣宝：《法言义疏》，中华书局 1987 年版，第 559 ~ 562 页。

篡汉以前是一种态度，对王莽篡汉以后另是一种态度。”[1] 作为儒者的扬雄，认可作为安汉公的王莽的改制。但是，与刘歆一样，他亦“非复欲令莽居摄”，对王莽篡汉立新不认可，不支持。如《法言·五百》说：“彤弓卢矢，不为有矣。”[2] 就是对王莽于元始五年（5）加九锡的否定。“新政”时期，他人用符命、称功德而获封爵，扬雄不与，故不获封侯，仅因“耆老久次转为大夫”，说明他确是“恬于势利”。他撰写《剧秦美新》，成为学者鄙薄他的把柄。其实，他撰写《剧秦美新》和受命草拟《元后诔》一样，是不得已而为之，是“冀以瓦全”。况且，其所美之“新政”，亦主要侧重在王莽托古改制所恢复的理想制度上。总体言，在“新政”期间，扬雄对政治是冷漠疏离，他主要是在天禄阁校书，并未参与“新政”的政治活动。如果说刘歆是“新政”的参与者，那么扬雄则只是“新政”的旁观者。

扬雄未为汉室死节，成为后世学者批评他的口实。其实，当王莽篡汉立新时，为汉室死节者寥寥无几，甚至起兵反抗王莽的军事行动，往往即起即灭，亦未获得社会的广泛参与。疏离“汉政”的扬雄，他毋需为汉室的败亡负责，亦毋需为汉家天下死节。正如徐复观所说：“他无为汉死节之义，亦无为汉引避之心。”[3] 因为，

> 由东汉所开始形成的君臣间的凝固的关系，由宋儒所强调的君臣大义的关系，在西汉知识分子中，是相当的稀薄。扬雄生于此一大的时代背景之中，自然影响到他对现实政治的态度。朱元晦在他的《纲目》里

[1] 徐复观：《两汉思想史》（二），九州出版社 2014 年版，第 420 页。

[2] 汪荣宝说：“彤弓卢矢，谓九锡之事。……此莽篡国以后，子云追感前事，私愤窃叹之辞。”（《法言义疏》，中华书局 1987 年版，第 274 页）

[3] 徐复观：《两汉思想史》（二），九州出版社 2014 年版，第 421 页。

面写下“莽大夫扬雄死”以为诛责，后人又龂龂为扬雄争辩，都是大可不必的。[1]

如此理解扬雄的“投阁之耻”和“美新之诟”，才符合知人论世之旨，亦才符合实情。

总之，扬雄的兴趣不在政治，扬雄热衷的是学术。他不仅疏离“新政”，亦疏离“汉政”。他是“汉政”的疏离者，是“新政”的旁观者。他的人生追求是学术而不是政治。

在两汉知识群体中，扬雄的“异端”特质之一，就是他对知识、学问的执着而又纯粹的追求。或者说，他是两汉历史上少见的纯粹的知识型学者。他“不汲汲于富贵，不戚戚于贫贱”，其人生终极目标是“欲求文章成名于后世”。他的兴趣是“好古而乐道”，主张“诎人从道”和“安贫乐道”，对道的探索和体察成为他一生的主要工作。他之所以能够安贫，是因为他乐道，对以道为核心的知识和学问的探寻，有着常人不能体会的兴趣。

据扬雄《答刘歆书》说：

雄为郎之岁，自奏少不得学，而心好沉博绝丽之文，愿不受三岁之奉，且休脱直事之徭，得肆心广意，以自克就。有诏可，不夺奉，令尚书赐笔墨钱六万，得观书于石室。[2]

扬雄“留职停薪”，是为了“休脱直事之徭”，能够“肆心广意”于

[1] 徐复观：《两汉思想史》（二），九州出版社 2014 年版，第 419 ~ 420 页。

[2] 张震泽：《扬雄集校注》，上海古籍出版社 1993 年版，第 264 页。

学术研究。即便是在“家产不过十金，乏无儋石之储”的境况下，他仍上书请求“不受三年之奉，且休脱直事之繇”，以专心于知识和学问之探讨。本来家境就不宽裕的扬雄，做出如此决定，是需要勇气的，此亦充分体现他超越世俗功利得失而究心于知识学问之执着精神。他整理汉代语言资料，编撰《方言》，可谓费尽一生心力。居贫草《玄》，亦体现他对学术学问之深情与执着。据扬雄《自叙》说：

> 哀帝时，丁、傅、董贤用事，诸附离之者或起家至二千石。时雄方草《太玄》，有以自守，泊如也。[1]

泊如自守，是因其对学术有真兴趣，有真感情。这种一往情深的学术追求，常人往往不能理解。如刘歆说：“空自苦，今学者有禄利，然尚不能明《易》，又如《玄》何？吾恐后人用覆酱瓿耳。”[2] 这是不能理解扬雄为学术而学术之苦心。

扬雄的追求，与汉代一般学者以知识和学术为利禄阶梯之做法有显著区别，主要表现在以下三个方面：

其一，在利禄的诱惑下，两汉一般知识群体是“学为利禄”，或者如刘歆争立古文经那样，是“为术而学”；而扬雄则是“为道而学”，为追求纯粹的知识和学问而学。这亦许是刘歆争立古文并移书责让太常博士而引起当时知识界之巨大震荡时，扬雄不置一词的主要原因。

其二，在利禄的诱惑下，两汉一般知识群体治经，重师法家法，固守今文与古文之壁垒，有极强的门户之见。而扬雄治学，本着对知

---

[1] 班固：《汉书·扬雄传》，见《汉书》，中华书局 1962 年版，第 3565 页。

[2] 班固：《汉书·扬雄传》，见《汉书》，中华书局 1962 年版，第 3585 页。

识和学问的单纯追求，超越师法家法，出入今古之间，兼采儒道之善，体现了一位纯粹学者的独立立场和兼容胸怀。

其三，还是在利禄的诱惑下，汉代一般知识群体治经，皆或轻或重地沾染时风，讲阴阳谶纬，灾异谴告。而扬雄拒言谶纬灾异，特别留心于知识学问的真伪之辨，体现了一位纯粹学者以求知为目的的理性立场。

扬雄在两汉知识群体中的这种“异端”特质、“另类”态度和超越立场，徐复观评价说：

> 两汉特出的知识分子特性之一，是道德感的政治性，或者也可以说是政治性的道德感，非常强烈。这些人物的形态，可以概略地称为“道德的政治形态”，或称为“政治的道德形态”。扬雄在这一大倾向中，却主要是以好奇好异之心，投下他整个生命去追求知识。他当然也谈到政治问题、道德问题，但他都是以知识人的态度去谈，有点近于冷眼旁观，而不将自己介入地去谈。所以他是一个“知识型”的人生形态。近于西方所谓“智者”形态的人物。这在两汉是非常突出的形态。[1]

能够置身功名利禄外，怀着“好奇好异之心”，投下“整个生命去追求知识”，在两汉四百年间，扬雄是屈指可数的几个人之一。能够以知识人的立场，对政治、道德取冷眼旁观态度，专心于知识本身的探讨和思想学问的求索，在两汉四百年间，扬雄亦是屈指可数的几个人之一。因此，他与一般汉儒那种“道德地政治形态”和“政治地道德形态”不同，他的人生形态，是“知识型人生形态”，是真正的“智者”。

[1] 徐复观：《两汉思想史》（二），九州出版社 2014 年版，第 421 页。

2. 简易佚荡与一往情深：扬雄的人生行事和性情好尚

扬雄一生行事的基本特征，可称之为“简易佚荡”。他自称“为人简易佚荡”。“简易”，即“通侻”，“简易”作为一种人生行为方式，是与繁琐相对而言。在汉代，一般儒生是拘文牵俗，动如节度，故其行为处事拘泥繁琐。与之相对的是“简易”，即简化礼仪，易于行事。如果说“简易”侧重与礼仪之繁琐相对，那么“佚荡”则着重与守礼之拘泥相对。“简易佚荡”，即因“简易”而“佚荡”，因不修威仪而洒脱自由。扬雄一生行事，体现“简易佚荡”者，有如下数端。

其一，不为名所累。扬雄《自叙》称：“清静亡为，少耆欲，不汲汲于富贵，不戚戚于贫贱，不修廉隅以邀名当世。”[1]汉代一般学士文人皆有较强的功名意识，往往“汲汲于富贵，戚戚于贫贱”，常常重名尚节，以砥砺名节为人生最高追求，故其时多有修廉隅异操以邀名当世者，此固为儒家思想影响下的必然产物。修廉隅异操以邀名，砥砺名节以扬世，均不免拘文牵俗，动如节度，实有拘泥繁琐之弊。而扬雄，因其有“清静亡为，少耆欲”之资质，故能忘怀富贵与贫贱，超越繁琐之礼俗，表现出自由洒脱、简易佚荡之特征。

其二，不为利所牵。扬雄《自叙》说：“家产不过十金，乏无儋石之储，晏如也。”贫穷伴随扬雄一生之始终，出身于“有田一廛，有宅一区，世世以农桑为业”之家庭，决定其人生一起步就与贫穷为伴；桓谭为之张罗丧事，侯芭为之负土起坟，其人生之晚境亦是在贫穷中结束。贫穷虽然伴随扬雄一生，但他并不以贫穷为意。他不为利所牵，即便是在相当困难的生活处境中，亦能“晏如”自处，这说明他已经完全超脱世俗社会的功利得失和富贵贫贱，而这亦正体现他性情上的

[1] 班固：《汉书·扬雄传》，见《汉书》，中华书局1962年版，第3514页。

"简易佚荡"一面。千里迢迢从长安归葬其子扬乌于成都，在别人看来是"自令多费，而至贫困"的愚蠢之举；而于扬雄则不然，这是他超越物质的"佚荡"之举。他上书朝廷请求"不受三年之奉，且休脱直事之徭"，以用心于学术，亦体现他超越功利、忘怀得失的"简易"之举。他拒绝"蜀富人赍钱千万，愿载于书"[1]的请求，更能体现他的超越情怀。而一篇《逐贫赋》，虽是游戏文字，亦确是自明心志之作。

其三，值得注意，亦能体现扬雄"简易佚荡"性情者，还有其之嗜酒。据《汉书·扬雄传》称："（子云）家素贫，耆酒，人希至其门。时有好事者载酒肴从游学，而巨鹿侯芭常从雄居，受其《太玄》《法言》焉。"[2]扬雄嗜酒，著有《酒赋》。正如他的孤独和贫俭一样，酒亦成为他的一个具有标志性意义的身份符号。故后世文人说到扬雄，多言其嗜酒。如《抱朴子·酒诫》说："扬云酒不离口，而《太玄》乃就。"[3]陶渊明《饮酒》（其十八）说："子云性嗜酒，家贫无由得。时赖好事人，载醪祛所惑。觞来为之尽，是咨无不塞。有时不肯言，岂不在伐国。仁者用其心，何尝失显默。"[4]刘勰《文心雕龙·程器》说："相如窃妻而受金，扬雄嗜酒而少算。"[5]据现存文献，文人嗜酒，因为嗜酒而撰写专门文章，当自扬雄始。后人谈论文人与酒之关系，而特别关注的早期人物，亦是扬雄。笔者认为，六朝时期，名士风流，饮酒成为名士生活之时尚，追溯其渊源，或当始于扬雄。六朝名士之嗜酒风尚，或始于扬雄。扬雄和六朝名士，皆是深明酒中真味与趣味

[1] 王充：《论衡·佚文》，见黄晖《论衡校释》，中华书局 1990 年版，第 869 页。

[2] 班固：《汉书·扬雄传》，见《汉书》，中华书局 1962 年版，第 3585 页。

[3] 杨明照：《抱朴子外篇校笺》（上），中华书局 1991 年版，第 589 页。

[4] 逯钦立：《陶渊明集》，中华书局 1979 年版，第 97 ~ 98 页。

[5] 范文澜：《文心雕龙校注》，人民文学出版社 1958 年版，第 719 页。

的文人。[1] 扬雄之嗜酒，正体现其性情中“简易佚荡”的一面。

总之，扬雄家贫而嗜酒，或不为名所累，或不为利所牵，充分体现他性情上“简易佚荡”的一面。此种性情，在汉代固属“另类”，而在六朝则是名士风流。“简易佚荡”之性情，在礼法之士看来，固属“另类”或者“异端”，而风流名士却常常以此自期，因此自诩。扬雄在《自叙》中并不讳言自己“为人简易佚荡”，亦有自期自诩之意，故其精神与六朝名士颇为接近。所以，我们认为，六朝名士风流起于扬雄。

扬雄一生的性情好尚，可称之为“一往情深”。考察扬雄一生所作所为和所思所想，特别是其日常生活中的一些细节，我们发现，他并非拘文牵俗、动如节度的谨厚儒者。或者说，表面上冷静客观、谨厚拘泥的扬雄，内里却是简易佚荡，一往情深，与六朝名士的风流媚趣有诸多相似处。扬雄一生经历，最能体现其一往情深之性情好尚者，主要有以下几件事情：

一、读《离骚》而痛哭流涕，体现其一往情深。汉人甚重屈原其人其文，或讽诵之以作人生乐趣，如朱买臣等人；或高度评价其人格情操，如司马迁谓其“与日月争光可矣”；或搜罗其作品编纂成集，如刘向《楚辞》；或为之诠释解诂，如刘安《离骚传》和王逸《楚辞章句》；等等。但是，据现存文献，能深刻理解屈原其人其文，并被

[1] 陶渊明《饮酒》（其十四）诗云：“悠然迷所留，酒中有真味。”（逯钦立：《陶渊明集》，中华书局 1979 年版，第 171 页）《晋故征西大将军长史孟府君传并赞》云：“（桓）温常问君：酒有何好，而卿嗜之？君笑而答曰：明公但不得酒中趣尔。”（同上）王瑶解释说：“其实所谓酒中趣即是自然，一种在冥想中超脱现实世界的幻觉。……陶诗言‘酒中有真味’，真即‘任真’之真，也即自然。……所以酒中趣正是任真地酣畅所得的‘真’的境界，所得的欢乐。”（王瑶：《文人与酒》，见《中古文学史论集》，古典文学出版社 1956 年版，第 34 ～ 35 页）

其深深感动者，当首推扬雄。扬雄读《离骚》，“悲其文，读之未尝不流涕”；著《反离骚》，“自岷山投诸江流，以吊屈原”；还模仿屈原创作系列作品。汉人读《离骚》，因“悲其文”而“未尝不流涕”者，扬雄一人而已，其所受感动之深，说明他是一个一往情深的性情中人。或者说，扬雄之一往情深与屈原共鸣，故而“读之未尝不流涕”。因有深深的感动，才有著文“自岷山投诸江流”以吊屈原的浪漫举动，才有大量仿作之冲动与激情。《离骚》以情胜，故深于情者，常好诵读之。六朝名士风流浪漫，一往情深，故亦常有诵读屈原《离骚》之雅好。六朝名士之诵读《离骚》，与扬雄之读《离骚》一样，皆因被《离骚》之深情所感动。或者说，扬雄与六朝名士一样，皆是一往情深的性情中人。因此可以断言：六朝名士诵读《离骚》之风尚，始于扬雄。

二、归葬其子耗尽家财而导致家贫，体现其一往情深。《法言·问神》云：“育而不苗者，吾家之童乌乎！九龄而与我《玄》文。”李轨注云：“童乌，子云之子也。仲尼悼颜渊苗而不秀，子云伤童乌育而不苗。”“颜渊弱冠而与仲尼言《易》，童乌九龄而与杨子论《玄》。”[1]桓谭《新论·识通》说：

> 扬子云在长安，素贫约，比岁已甚，亡其两男，哀痛不已，皆归葬于蜀，遂至困乏。子云达圣道，明于死生，宜不下季札。然而慕恋死子，不能以义割恩，自令多费。[2]

笔者认为：扬雄“比岁已甚，亡其两男”，“慕恋死子”，“归葬于

[1] 汪荣宝：《法言义疏》，中华书局1987年版，第166页。

[2] 朱谦之：《新辑本桓谭新论》，中华书局2009年版，第44页。

蜀，遂至困乏”，正显示其一往情深之真性真情。因其有真性真情，故不惜耗费巨资将两男归葬于蜀。此与六朝名士之深情近似。如《世说新语·伤逝》云：“王戎丧儿万子，山简往省之，王悲不自胜。简曰：孩抱中物，何至于此？王曰：圣人忘情，最下不及情；情之所钟，正在我辈。简服其言，更为之恸。”[1] 而桓谭批评他“不能以义割恩，自令多费”，是未能深悉扬雄之深情。所以，汪荣宝《义疏》批评说：“九龄与《玄》，可谓智百常童。育而不苗，甚于夫人之动恸；持归葬蜀，以成人之道待之，亦情之不容已。而谓‘不能以义割恩，自令多费’，斯鄙夫之见也。”[2]

三、好学深思而执着于学术，体现其一往情深。一般言，深情之人，常常非常执着，深情于某人或某事，往往就会执着追求，甚而至死不渝。在汉代知识群体中，扬雄是一位深情之人，亦是一位执着之士。他执着于对知识和学术的追求，抛开一切功利目的和世俗干扰，潜心演绎《太玄》，至死追求圣道，并旁及历史、地理、语言、文学的研讨，是典型的“知识型人生形态”。大体言，汉代学者治学，多为利禄之学，皆牵涉到具体的功利得失，极少有如扬雄这样纯粹的为学术而学术的精神。因深于情而富有执着精神的扬雄，对知识学问有极大的兴趣，实有为学术而学术的自觉精神。

综上所述，扬雄“恬于势利”，不为名所累，不为利所牵，家贫而嗜酒，故其为人有“简易佚荡”之风。读《离骚》而痛哭流涕，慕恋死子而至困乏，超越世俗功利而究心于知识学问，故其为人有“一往情深”之致。正是其为人上的“简易佚荡”和性格上的“一往情深”，

[1] 余嘉锡：《世说新语笺疏》（修订本），上海古籍出版社 1993 年版，第 637 页。

[2] 汪荣宝：《法言义疏》，中华书局 1987 年版，第 167 页。

使他成为汉代知识群体中的“异端”或“另类”；亦正是此种“异端”或“另类”做派，使他成为六朝名士风范之先行者。

扬雄在人生行事上之“简易佚荡”，在性情好尚上之“一往情深”，其共同特征，就是对个体自我生命和情感的珍爱与重视。其为人之“简易佚荡”，是对个体自由生命状态的呈显；其性情之“一往情深”，是对个体生命真实情感之流露。无论是“简易佚荡”，还是“一往情深”，皆是人的感性生命的呈现，与汉儒拘文牵俗、动如节度的人生状态不同，与六朝名士风范确有诸多相似处。从这个意义上，可以说六朝名士风范始于扬雄。

二、扬雄在学术观念和治学方法上的创新

在两汉学术思想史上，扬雄的“异端”特质和“另类”表现，不仅体现在他的人生追求、人生形态、人生行事和性情好尚上，亦表现在他的学术理念、治学方法和学术旨趣上。具体言，主要有以下几个方面：

其一，体现在他以圣人的姿态从事著述上。《汉书·扬雄传》载：“诸儒或讥以为扬雄非圣人而作经，犹春秋吴楚之君僭号称王，盖诛绝之罪也。”[1]“非圣人而作经”，在普遍崇尚圣人的汉代，可谓大逆不道，确属“异端”。

其二，体现在他于学术资源兼容儒道、治学取径出入今古上。扬雄治学之学术资源，兼容儒道；其治学取径，出入今古。作为经学家，扬雄具有“异端”特质，或者说他是一位“例外的经学家”。学术取

[1] 班固：《汉书》，中华书局1962年版，第3585页。

资上的儒道兼综和学术取径上的出入今古，体现了扬雄学术思想的“异端”特质。

其三，体现在他提出的“道可因革”论、“经可损益”论、“道有新敝”论等学术新观点上。在汉代儒学意识形态化后，“五经”处于至高无上之地位，圣人被神化，“天不变，道不变”之观念深入人心。在这种背景下大讲“因革”论、“损益”论和“新敝”说，确有明显的“异端”特质。

总之，无论是在汉代经学史上，还是在汉代学术思想史上，扬雄皆属“另类”，皆是“异端”。他既非今文家，亦与古文家不同，而是兼采今古文；他既主张明道、征圣、宗经，而又大讲“因革”论、“损益”论和“新敝”说。正是这种“异端”特质和“另类”倾向，体现了扬雄在汉代学术思想史上的创新精神。

概括地说，扬雄在学术观念和学术方法上的创新，主要体现在以“不述而作”为核心的创造意识上，以“约卓简要”为核心的博通取径上，以“玄思大义”为内容的思辨精神上。正是这种创造意识、博通取径和思辨精神，使他成为汉代章句之学的掘墓人和六朝之学的开创者，从而在中国学术思想史上发生重要影响。

1. 不述而作：扬雄的创造意识

扬雄是否可称作一位创造型的思想家，在学术史上有较大争议。争议的焦点聚集在扬雄作品的模拟上，据《汉书·扬雄传》说：

> （扬雄）实好古而乐道，其意欲求文章成名于后世，以为经莫大于《易》，故作《太玄》；传莫大于《论语》，作《法言》；史篇莫善于《仓

颉》，作《训纂》；箴莫善于《虞箴》，作《州箴》；赋莫深于《离骚》，反而广之；辞莫丽于相如，作四赋。皆斟酌其本，相与放依而驰骋云。[1]

扬雄的主要作品皆出自模仿，故学者以此否定其创造成就。我们认为，扬雄的学术思想虽然常常是以模拟形式和复古面貌呈现，即所谓“斟酌其本，相与放依而驰骋”，但是，扬雄往往是在复古中创新，在模拟中创造。许结说：“如果说中国文化思想普遍存在着复古与回旋中嬗变的演进规律，那么扬雄实为一典型。他的文化思想中的复古，主要是寄托着先哲的改革愿望和社会理想，而其创作思想也有着由摹拟到反思、由反思到求变的方法、过程。”[2]

扬雄学术思想的创造性，首先体现在他“不述而作”的学术追求上。扬雄“不述而作”，是与孔子“述而不作”相对而言。所谓“述作”，其初起之义是“述作”礼乐，即“知礼乐之情者能作，识礼乐之文者能述”。秦汉以后学者论“述作”，多指述旧与创始。另外，“述作”之分，有圣贤之别，即“作者之谓圣，述者之谓明”。只有圣人可称“作”，其他则皆称“述”。即便是圣人孔子，亦自谦是“述而不作”，可见“作”之不易。

与一般学者相比，扬雄“作”的意识相当明显。如果说汉代一般章句学者对经书的阐释，是“述”，是“我注六经”；那么，扬雄则是“六经注我”，是“作”。《汉书·扬雄传》说扬雄的创作，“皆斟酌其本，相与放依而驰骋”。“相与放依”，是模仿，但这仅是其表象；“斟酌其本”而“驰骋”才是其实质，即在把握经典文本大义

[1] 班固：《汉书》，中华书局 1962 年版，第 3583 页。

[2] 许结：《汉代文学思想史》，人民文学出版社 2010 年版，第 194 ~ 195 页。

的基础上，“驰骋”想象与思辨，构建自己的思想。所以，杨慎说扬雄著《太玄》，是“准《易》”，而非“拟《易》”。[1] 扬雄不讳言《太玄》之“作”。据《法言·问神》云：“或曰：述而不作，《玄》何以作？曰：其事则述，其书则作。”[2] 学者以为：《太玄》经是述，传是作，《太玄》有述有作的撰著风格，独立于汉代今文经学系统外，有开风气之先的意义。[3] 他的《法言》虽是模仿《论语》撰著，但亦有“作”的意图，亦有仿圣人为世人立法的目的。据《论衡·案书》说：“董仲舒著书，不称子者，意殆自谓过诸子也。”[4] 这当是汉代学者之通例，故扬雄著书称《法言》而不称《扬子》，其度越诸子齐比圣人以立法之意图，昭然可鉴。

“作者”仿圣人为世人立法，“作者”当有思想之深度与理论的高度。《太玄·玄莹》说：

> 夫作者贵其有循而体自然也。其所循也大，则其体也壮。其所循也小，则其体也瘠。其所循也直，则其体也浑。其所循也曲，则其体也散。故不攫所有，不强所无。譬诸身，增则赘，而割则亏。故质干在乎自然，华藻在乎人事也，其可损益与！[5]

即是说，“作者”当对宇宙时空中根本问题发表见解，当以“自然”为研究对象，因为自然是独立于人类意识而存在的客观实在，一切的

[1] 杨慎：《丹铅杂录》，商务印书馆丛书集成初编本。

[2] 汪荣宝：《法言义疏》，中华书局 1987 年版，第 164 页。

[3] 解丽霞：《扬雄与汉代经学》，广东人民出版社 2011 年版，第 26 页。

[4] 黄晖：《论衡校释》，中华书局 1996 年版，第 1170 页。

[5] 司马光：《太玄集注》，中华书局 1998 年版，第 190 页。

学说，只有契合于自然的本质，才能成为真理。或者说，真正的“作者”，当“遵循客观自然，以自然为体，并且使自己所‘作’的思想结构体系及其内容都要合乎自然”，“要以自然、世界、人类的重大问题为思考对象”。[1]

“作”是创造，“述”是因循；作者为圣，述者为明。在先秦两汉时期，或作或述，有身份和地位的限定。受此传统观念影响，即便力图“究天人之际，通古今之变，成一家之言”的司马迁，亦羞于称“作”。[2]而能突破此种身份或地位限定，摆脱羞怯姿态，勇于承认自己之“作”者，当自扬雄始。或者说，在中国古代学术思想史上，“述”“作”资格的下放，是从扬雄开始的。非圣人而作经，因作《太玄》而被称作“圣人”，突破“述”“作”资格之限定，而能勇于“作”，扬雄有开风气之先的意义。

在扬雄影响下，桓谭、王充等人对“作”的态度就不再暧昧和羞怯。首先，他们皆认为扬雄“才智开通，能入圣道”，“不述而作，材拟圣人”，对其“作”持肯定态度。其次，他们皆突破“作”的身份限定，肯定士人有“作”的权利。如桓谭说：“余为《新论》，术辨古今，亦欲兴治也，何异《春秋》褒贬耶！”敢于将自己的著作与《春秋》相提并论，就是对自己“作”《新论》的自信。又说：

> 诸儒睹《春秋》之文，录政治之得失，以为圣人复起，当复作《春

[1] 刘韶军：《杨雄与〈太玄〉研究》，人民出版社2011年版，第229页。

[2] 司马迁《史记·太史公自序》说：“余尝掌其官，废明圣盛德不载，灭功臣世家贤大夫之业不述，堕先人所言，罪莫大焉。余所谓述故事，整齐其世传，非所谓作也，而君比之于《春秋》，谬矣。”（《史记》，中华书局1982年版，第3299～3300页）

> 秋》也。自通士若太史公，亦以为然。余谓之否，何则？前圣后圣，未必相袭也。夫圣贤所陈，皆同取道德仁义，以为奇论异文，而俱善可观，犹人食皆用鱼肉菜茹，以为生熟异和而复俱美者也。[1]

即前圣后贤之著作，“未必相袭”，具有同等重要的价值。或者说，前圣可“作”，后贤亦有“作”的权利。

王充在扬雄、桓谭基础上，更进一步，他推崇扬雄之“作”，其《论衡·超奇》将文人之述作分为四等：其一是谷子云、唐子高之流，“说书于牍奏之上，不能连结篇章”；其二是司马迁、刘向之流，“抽列古今，纪著行事”，“累积篇第，文以万数”，故超过谷子云、唐子高，但是却“因成纪前，无胸中之造”；其三是陆贾、董仲舒之流，“论说世事，由意而出，不假取于外”，然而“浅露易见，犹曰传记”；其四是阳城子长、扬雄之流，“造于眇思，极窅冥之深，非庶几之才，不能成也。孔子作《春秋》，二子作两经，所谓卓尔蹈孔子之迹，鸿茂参贰，圣之才者也”。[2] 其褒贬轩轾相当明显。他对桓谭“作”《新论》，亦极推崇。《论衡·定贤》说：

> 周道弊，孔子起而作之，文义褒贬是非，得道理之实，无非僻之误，以故见孔子之贤，实也。……是非不分，然否不定，桓君山论之，可谓得实矣。……孔子不王，素王之业，在于《春秋》；然则桓君山不相，素丞相之迹，存于《新论》者也。[3]

[1] 桓谭：《新论·本造》，见朱谦之《新辑本桓谭新论》，中华书局 2009 年版，第 1 页。

[2] 黄晖：《论衡校释》，中华书局 1996 年版，第 607 ~ 608 页。

[3] 黄晖：《论衡校释》，中华书局 1996 年版，第 1122 页。

将扬雄《太玄》、桓谭《新论》与孔子《春秋》相提并论，就是重其“作”。他在《论衡》一书里专著《对作》一篇，讨论“述作”问题。他的观点很明确：“言苟有益，虽作何害？”“故夫有益者，虽作无害也。”[1]

总之，在中国古代学术思想史上，从“述而不作”到“不述而作”，扬雄是一个重要转折人物。述作，就是因循与创新。在汉代学术思想史上，由“述”而“作”，以及由此导致东汉学术风尚之变迁和六朝文化思想的新变，扬雄亦是一个重要转扭人物。

2. 约卓简要：扬雄的博通取径

作为两汉学术思想史上具有“异端”特质的学者，扬雄不仅在学术理念上勇于向传统势力挑战，“非圣人而作经”，主张“不述而作”，而且在学术方法上亦一反汉代章句学风，追求博通，以“约卓简要”为治学方法。其“约卓简要”的治学方法是由“不述而作”的学术理念所决定。因为“不述”，故能避免繁琐冗杂之弊；因为追求“作”，故必以“约卓简要”的途径实现之。

汉代社会文化风尚，无论是学风、士风，还是文风，一个最明显的特征，就是繁富。就学风言，在汉代占主流地位的今文经学，“一经说至百余万言”，或者“说五字之文，至于二三万言”，[2]其繁琐之弊，已为学者诟病。就文风言，在汉代占主流地位的赋体文学，“推类而言，竟使人不能加也”，其繁富之征，亦是学者共识。就士风言，汉代儒生大多拘文牵俗，动如节度，恪守礼仪，好修廉隅异操以邀名，亦有繁琐拘泥特征。汉晋社会文化风尚之变迁，在士风上从经明行修

[1] 黄晖：《论衡校释》，中华书局1996年版，第1184页。

[2] 班固：《汉书·艺文志》，见《汉书》，中华书局1962年版，第1723页。

至简易通俛，在学风上从渊综广博至清通简要，在文风上从错彩镂金到清水芙蓉，扬雄极可能是其中的一位关键人物。因为无论是他的学术研究、文学创作，还是人生行事和个人追求，皆是对汉代社会文化风尚的反动。他在文学创作上的“辍赋”行为，虽说是有感于赋体之“劝百讽一”，但同时亦是由于它的“雕虫篆刻”，是对汉代文学繁富铺陈风尚的抗拒。在人生行事上，他“简易佚荡”“不修廉隅”“一往情深”，是对汉代士风拘文牵俗、动如节度风尚的反动。在学术取径上，他主张“约卓简要”，更是对汉代繁琐迷信之章句学风的抵制。

对扬雄言，人生行事上的“简易佚荡”与学术取径上的“约卓简要”，是互为表里、相辅相成的。性格上的“简易佚荡”，决定他必然采取“约卓简要”的学术取径。因为自扬雄以来，所有诸如桓谭、贾逵、王充、马融等“好博览而不守章句”的学者，皆有“简易佚荡”之作风。亦就是说，新学风与新士风往往集于一身，新学风是由新士风之推动发展起来的。

扬雄治学，崇尚博通简要。简要并非苟简，而是简而得其要；博通非仅渊博，而是博而能通。简而得其要之前提，是博而能通。故尚简要者，必求博通；有博通之质者，其治学必尚简要。自西汉中后期以来，今文学家治章句，重家法师法，儒家固有的繁琐之弊，便充分地呈现出来。[1]章句学者的缺点，就是博而不通，“一经说至百余万言”，确实渊综广博。但是，博而不能返约，则必然流于执障拘泥，繁琐冗杂，必然是不通。简则通，只有简要才能博通，故通人恶繁。通则简，只有博通才能约简，故通人尚简。所以，刘勰《文心雕龙·论说》说：“通人恶烦，羞学章句。”[2]

扬雄治学重博通，自称为学“博览无所不见”。桓谭《新论》论扬雄，一再指出其学问之博通，如《启寤》称“通人扬子云”，《正经》说扬雄“才智开通，能入圣道，卓绝于众，汉兴以来未有此人也”。[3]因其治学尚博通，故鄙薄章句之学，自称“少而好学，不为章句，训诂通而已”。其《答刘歆书》亦说：“雄少不师章句，亦于五经之训诂所不解。”[4]他在《解嘲》中批评章句学者说：“当其亡事也，章句之徒相与坐而守之，亦亡所患。故世乱则圣哲驰骛而不足，世治则庸夫高枕而有余。”[5]此“庸夫”即指章句之徒。他批评章句学者，就在他们博而不通。扬雄尚通，重通人，认为“道”即有“通”的特点，

[1] 相对于道家崇尚清简，儒家固有一种趋向繁富的特点，故司马谈《论六家要旨》说儒家“博而寡要，劳而少功”，说道家“事少而功多”。儒家固有的趋繁特点，可能与其“推”的学术方法有关。儒家重“推”，如孔子说：“己所不欲，勿施于人。”重推己及人。孟子论学，最尚“推”，他说：“老吾老以及人之老，幼吾幼以及人之幼。”“推恩足以保四海，不推恩无以保妻子。”“刑于寡妻，至于兄弟，以御于家邦。”皆是“推”的方法。推类而言，便趋繁琐。故扬雄论汉赋之繁琐，则曰：“必推类而言，竟使人不能加也。”其实，在儒学独尊之汉代，赋体文学成为最受重视的文学样式，必与儒家思想的影响有关。儒家“推”的学术方法与赋体“推类而言”的创作方法之间，有相当明显的因缘关系。

[2] 范文澜：《文心雕龙注》，人民文学出版社 1978 年版，第 328 页。

[3] 桓谭：《新论》，见朱谦之《新辑本桓谭新论》，中华书局 2009 年版，第 41 页。

[4] 张震泽：《扬雄集校注》，上海古籍出版社 1993 年版，第 263 ~ 264 页。

[5] 张震泽：《扬雄集校注》，上海古籍出版社 1993 年版，第 182 页。

其云："道也者，通也，无不通也。"[1]"明道"之儒，应当是通博之儒，不是章句之儒。故《法言·君子》曰："通天、地、人曰儒，通天、地而不通人曰伎。"[2]其著《太玄》，亦以"纪天、地、人之道"为宗旨。[3]

为学尚通博者，必有简要之作风。扬雄在《法言》《太玄》中对"约卓简要"之治学取径有具体说明。《法言·吾子》云："多闻则守之以约，多见则守之以卓。寡闻则无约也，寡见则无卓也。"[4]"多闻""多见"是必要的，因为它是"约卓"的前提。但"多闻""多见"之博，是通博，不是"杂博"，故当博而通之，守以"约卓"。或者说，"约卓"与"通博"互为前提，唯有"通博"方能"约卓"；唯有"约卓"才能"通博"，故《太玄·玄莹》说："不约则其指不详，不要则其应不博。"[5]扬雄正是以"约卓简要"的原则评价道和经。《法言·吾子》云："君子之道有四易：简而易用也，要而易守也，炳而易见也，法而易言也。"[6]是说"道"有"简要"特点。又云："孔子之道，其较且易也。或曰：童而习之，白纷如也，何其较且易？曰：谓其不奸奸，不诈诈也。如奸奸而诈诈，虽有耳目，焉得而正诸？"[7]是为"道"的"简要"特点辩护。《法言·寡见》云："或问：司马子长有言曰：《五经》不如《老子》之约也，当年不能极其变，终生不能究其业。曰：若是，则周公惑，孔子贼。古者之学耕且养，三年

[1] 汪荣宝：《法言义疏》，中华书局1987年版，第109页。

[2] 汪荣宝：《法言义疏》，中华书局1987年版，第514页。

[3] 桓谭：《新论》，见朱谦之《新辑本桓谭新论》，中华书局2009年版，第40页。

[4] 汪荣宝：《法言义疏》，中华书局1987年版，第77页。

[5] 司马光：《太玄集注》，中华书局1998年版，第190页。

[6] 汪荣宝：《法言义疏》，中华书局1987年版，第79页。

[7] 汪荣宝：《法言义疏》，中华书局1987年版，第76页。

通一。今之学也，非独为之华藻，又从而绣其鞶帨，恶在《老》不《老》也。或曰：学者之说可约邪？曰：可约解科。”[1]《法言·五百》云：“或问：天地简易，而圣人法之，何《五经》之支离？曰：支离盖其所以为简易也，已简已易，焉支焉离？”[2]是为“经”的“简要”特点辩护。

一般言，以“简要”方法治学，其突出表现，就是追求学术思想之“大义”或“大体”，不作繁琐冗杂之章句训诂和名物考证。今文学者的问题，就是背离古代学者“存其大体，玩经文而已”的“简要”学风，走上“碎义逃难，便辞巧说，破坏形体”的道路。以扬雄为代表的一批“异端”学者，就是要矫正这种学风，倡导通过“约卓简易”的学术方法以获取学术“大义”或“大体”。“大义”或“大体”成为扬雄以后学者治学之目标。桓谭《新论》中有《言体》一篇，就是讨论“大体”“大义”之专文。他说：

> 大体者，皆是当之事也。夫言是而计当，遭变而用权，常守正，见事不惑，内有度量，不可倾移，而诳以谲异，为知大体矣。如无大材，则虽威权如王翁，察慧如公孙龙，敏给如东方朔，言灾异如京君明，及博见多闻，书至万篇，为儒教授数百千人，祗益不知大体焉。

只有“大材”才能知“大体”，他认为：“非有大材深智，则不能见其大体。”[3]其所谓“大材”，就是他在《新论》中一再提到的“通人”。他认为：只有“通人”才能知“大体”；只有“博通”之士，才能做到“约

[1] 汪荣宝：《法言义疏》，中华书局1987年版，第222页。

[2] 汪荣宝：《法言义疏》，中华书局1987年版，第262页。

[3] 桓谭：《新论·言体》，见朱谦之《新辑本桓谭新论》，中华书局2009年版，第12页。

卓简要”；只有“约卓简要”，才能识“大体”。

扬雄倡导的博通简要风尚，对汉魏以后学术文化的影响，约而言之，有如下数端：其一，扬雄在学术观念上博通儒道、兼采诸子的取径，暗示时代思想和学术兴趣的新变化，对六朝之学有重要影响。其二，扬雄在治学方法上崇尚简要，追求大义，对六朝学者执一统万、以少总多、以简驭繁之治学方法有重要启示。其三，扬雄在文学创作上对“简而奥”文风的自觉追求，影响了六朝文风尚简的一面。[1] 其四，扬雄在人生行事上的“简易佚荡”，对六朝“通侻”“蹈荡”士风有重要启示。

3. 玄思大义：扬雄的思辨精神

在两汉知识界，扬雄不仅在学术立场上有“异端”特质，还在探求的知识内容上有“另类”倾向，有明显的超越性特征。这种知识内容上的超越性特征，就是由具体的道德、政治、人事转向抽象的自然宇宙本体，就是避实就虚。王充《论衡·案书》说：“子长少臆中之说，子云无世俗之论。”[2]“少臆中之说”，是说司马迁《史记》的实录精神；“无世俗之论”，是说扬雄关注超越尘世的自然宇宙本体问题。

扬雄治学“无世俗之论”，暗示着汉晋学术风气之变迁。汉晋学者研讨的知识学问，有明显差别。于此，汤用彤言之甚详。他认为：汉晋学术之变迁，呈现出“由具体事实至抽象原理，由切近人事至玄远理则”之发展趋势。[3] 六朝时期，“学贵玄远，则略于具体事物而

[1] 详见本书第八章“古典美构建：扬雄在两汉之际的文学史意义”。

[2] 黄晖：《论衡校释》，中华书局 1996 年版，第 1170 页。

[3] 汤用彤：《魏晋玄学论稿》，中华书局 1962 年版，第 17 页。

究心抽象原理。论天道则不拘于构成质料，而进探本体存在。论人事则轻忽有形之粗迹，而专期神理之妙用”[1]。在汉晋间的这个学术转向中，扬雄有开创先路之作用，如汤用彤说：

> 溯自扬子云以后，汉代学士文人即间尝企慕玄远。凡抗志玄妙者，“常务道德之实，而不求当世之名。阔略杪小之礼，荡佚人间之事”（冯衍《显志赋》）。“逍遥一世之上，睥睨天地之间。不受当世之责，永保性命之期”（仲长统《昌言》）。则其所以寄迹宅心者，已与正始、永嘉之人士无或异。……则贵玄言，宗老氏，魏晋之时虽称极盛，而于东汉亦已见其端矣。[2]

无论是就其探讨知识和学问的立场看，还是就其探讨的内容言，扬雄在两汉知识界，皆有超越性质，有“异端”特征，有“企慕玄远”之倾向。这种“企慕玄远”的超越特质，主要表现在他提倡的“玄思”学术思维上。

“玄”之一词，首次出现在《老子》一书中。在扬雄的学术思想体系里，“玄”是一个核心概念。概括言，其义有二：一是作为研究对象的“玄”，作为世界本体的“玄”，称为“玄体”；二是作为研究方法的“玄”，作为思维方式的“玄”，称为“玄思”。扬雄正是以具有抽象思辨特征的“玄思”构建具有本体意义的“玄体”，从而对六朝玄学的思辨方法和本体论产生直接启发和影响。

大体言，儒家的学术方法是经验性的，讲求类推；道家的学术方法是抽象性的，讲求“玄览”或“玄鉴”。扬雄之“玄思”，近于道家的“玄览”或“玄鉴”，亦与孔、孟关于“思”的见解相关。

[1] 汤用彤：《魏晋玄学论稿》，中华书局 1962 年版，第 26 ~ 27 页。

[2] 汤用彤：《魏晋玄学论稿》，中华书局 1962 年版，第 48 页。

儒者治学，尤重经验性的类推思维，孔、孟皆是如此。至汉代，儒生的章句学和文人的辞赋创作，皆是经验性类推思维之产物。儒家遭致"博而寡要，劳而少功"[1]的批评，亦与此有关。但早期儒者如孔、孟，在强调类推方法时，亦比较重视"思"的作用，如孔子说："学而不思则罔，思而不学则殆。"[2]又云："吾尝终日不食，终夜不寝，以思，无益，不如学也。"[3]兼顾到学与思两方面。因为"人类知识，有得之自学问者，则好古敏求之事，经验界之事也。有得之于自己思索者，则慎思明辨之事也"[4]。如果说孔子还是学与思兼顾，是"学思并重"，那么，孟子则有"去学而重思"的倾向。如《孟子·告子》云：

> 公都子问曰：”钧是人也，或为大人，或为小人，"何也？孟子曰："从其大体为大人，从其小体为小人。"曰："钧是人也，或从其大体，或从其小体，何也？"曰："耳目之官不思而蔽于物，物交物，则引之而已矣。心之官则思，思则得之，不思则不得也。此天之所与我者。先立乎其大者，则其小者弗能夺也。此为大人而已矣。"[5]

对于这段话，张君劢解释说：

> 孟子所以去学而侧重于思者，非不知耳目之知、闻见之知与经验之知，为思之成分之一。然其所以去学而重思者，则于其深知一切判断皆

[1] 司马谈：《论六家要旨》，见《史记》，中华书局1982年版，第3289页。

[2] 《论语·为政》，见刘宝楠《论语正义》，上海书店1986年版，第31页。

[3] 《论语·卫灵公》，见刘宝楠《论语正义》，上海书店1986年版，第346页。

[4] 张君劢：《孟子哲学》，见《义理学十讲纲要》，中国人民大学出版社2006年版，第72页。

[5] 焦循：《孟子正义》，上海书店1986年版，第467页。

由思来也。黑白之色，多少之分，异同之辨，由思来矣。人之所以为人，与物之所以为物之分，由思来也。不论为泥土，为草木，为鸟兽，为人群，一切名之曰有曰存在，由思来也。宇宙之全体，非目之所能见，手之所能触，而各人心中，存一宇宙之见解，由思来也。如是，举思一端而学自在其中矣。世人但知耳闻目见之为真有其物，为实有其事，然黑白多少同异之辨，何一不由闻见与触觉之一部，而推知为全部。如是所谓“思则得之，不思则不得也”云云，正所以明思之无深不入，无远不届，而非经验界之闻见接触所能与比也。此为孟子继孔子后之大发明，而由程、朱、陆、王为之昌大者也。[1]

所以，张氏认为：孔、孟“在哲学方面根本之不同，莫如孟之言思”[2]，以为“孟子所给予后起哲学家之基准是：称尧舜，道性善，主能思之心，养崇高之德”。他因此断言：“在儒学中，以思想为哲学思索契机者，孟子为第一人。”“孟子之重‘思’，实开中国观念论之先河。”[3] 因此，他认为：“孟子实为一有过于孔子之伟大哲学家。”[4]

在汉代，孔子“学思并重”和孟子“去学而重思”，皆被一般知识群体所抛弃，偏偏将其类推方法发挥到极致，具体表现在辞赋创作和章句之学里。张氏以为孟子“去学而重思”的“大发明”，是由宋明程、朱、陆、王为之发扬光大。此言不诬，宋明学者之理学和心学，

[1] 张君劢：《孟子哲学》，见《义理学十讲纲要》，中国人民大学出版社 2006 年版，第 73 ~ 74 页。

[2] 张君劢：《孟子哲学》，见《义理学十讲纲要》，中国人民大学出版社 2006 年版，第 73 页。

[3] 张君劢：《孟子哲学之意义》，见《义理学十讲纲要》，中国人民大学出版社 2006 年版，第 62 页。

[4] 张君劢：《孟子哲学之意义》，见《义理学十讲纲要》，中国人民大学出版社 2006 年版，第 59 页。

与孟子重“思”论“心”有明显渊源关系。但是，在这段思想史发展链条上，张氏遗漏一个重要环节，即在两汉之际尊信孟子、以孔孟道统自居的扬雄，他对孟子之“思”的承继与发挥。

扬雄推崇孟子，在孟子“去学而重思”理念启发下，强调“思”的重要性，提出“玄思”思维方法。如他在《太玄·玄莹》里说：

> 古者不霆不虞，慢其思虑，匪筮匪卜，吉凶交渎，于是圣人乃作蓍龟，钻精倚神，箝知休咎，玄术莹之。是故欲知不可知，则拟之以乎卦兆；测深摹远，则索之以乎思虑。二者其以精立乎！夫精以卜筮，神动其变，精以思虑，谋合其适，精以立正，莫之能仆，精以有守，莫之能夺。故夫抽天下之蔓蔓，散天下之混混者，非精其孰能之。[1]

扬雄以为：“思”是人的基本特性。[2]在民众“不霆不虞”的上古纯朴时代，“思”或无所用，故其时之人“慢其思虑”。而在“吉凶交渎”之时代，圣人之所以能“作蓍龟”以“箝知休咎”，就是因为他们“钻精倚神”，深沉思考。所以，在扬雄看来，欲“测深摹远”，则必“索之以乎思虑”；欲“抽天下之蔓蔓，散天下之混混”，亦必“精”而思之。“思”于社会人生之重要性，于此可见一斑。故《法言·学行》说：“学以治之，思以精之，朋友以磨之，名誉以崇之，不倦以终之，可谓好学也已乎。”[3]《修身》说：“修身以为弓，矫思以为矢，立

[1] 司马光：《太玄集注》，中华书局 1998 年版，第 189 ~ 190 页。

[2] 徐复观《两汉思想史》（二）说：“《太玄》以‘思’代表人的特性。”（九州出版社 2014 年版，第 465 页）

[3] 汪荣宝：《法言义疏》，中华书局 1987 年版，第 12 页。

义以为的，奠而后发，发必中矣。”[1]“修身”“立义”是儒者之通论，并无新义。其有新见，最能体现扬雄思想之特色者，是他在“修身”“立义”之外强调“矫思”，对“思”的重视。应该说，扬雄的观点，与孟子是一脉相承的。[2]

在扬雄《法言》一书中，与“思”义相关的是“潜”。《法言·问神》云：

> 或问神：曰：心。请问之。曰：潜天而天，潜地而地。天地，神明而不测者也。心之潜也，犹将测之，况于人乎？况于事伦乎？……神在所潜而已矣。[3]

“问神”而以“心”作答，并非仅是说“心”有“神”的特点，而是说“心”可以通“神”，“心”能通“神”。以“心”通“神”之途径是“潜”。何谓“潜”？真德秀解释说：

> 扬子默而好深湛之思，故其言如此。“潜”之一字，最宜玩味。天惟神明，故照知四方；惟精粹，故万物作类。人心之神明精粹，本亦如此。惟不能潜，故神明者昏，而精潜者杂，不能烛理而应物也。[4]

“潜”即精思、覃思或玄思之义。“心”通过“潜”而通“神”，故而“心”

[1] 汪荣宝：《法言义疏》，中华书局 1987 年版，第 84 页。

[2] 孟子曰：“心之官则思，思则得之，不思则不得也。”（《孟子·告子》）孟子“以心为人生之主体”，认为“思为心官之能”，其论“思”与“心”之关系，对扬雄亦有影响。扬雄论“思”，亦涉及“心”。此事尚需进一步深究。

[3] 汪荣宝：《法言义疏》，中华书局 1987 年版，第 137 页。

[4] 《性理大全》卷五十八。

本身亦有“神”的特点，所以《问神》云：“人心其神矣乎！操则存，舍则亡。能常操而存者，其惟圣人乎？”[1]最能以“心”通“神”者，是圣人，故《法言·修身》云：“或问众人，曰：富贵生。贤者，曰：义。圣人，曰：神。”[2]

扬雄不仅在理论上阐释“思”是人之特性，“思”于知识学问之重要价值，而且其本人亦是好学深思之人，故其《自叙》自称“默而好深湛之思”。学者评论扬雄，亦多称道他能深思，好覃思，如刘歆《与扬雄书从取〈方言〉》称道扬雄所著《方言》说：“非子云澹雅之才，沈郁之思，不能经年锐精以成此书，良为勤矣。”[3]王充《论衡·超奇》说扬雄“造于眇思，极窅冥之深”。班固《汉书·扬雄传》说他“覃思浑天，参摹而四分之，极于八十一”。又说：“渊哉若人，实好斯文。初拟相如，献赋黄门。辍而覃思，草《法》纂《玄》。”其《答宾戏》说：“刘向司籍，辨章旧闻。扬雄覃思，《法言》《太玄》。”张衡《与崔瑗书》说：“《玄》四百岁，其兴乎？竭已精思，以揆其义，更使人难论阴阳之事。”范望《太玄解赞》说：“子云志不申显，于是覃思，耦《易》著《玄》。”葛洪《抱朴子·外篇·酒戒》说：“扬雄通人，才高思远。”左思《蜀都赋》说：“扬雄含章挺生，幽思绚道，摛掞天庭。”刘勰论扬雄文学，亦屡言其为文之用“思”，如《文心雕龙·时序》说：“子云锐思于千首。”[4]《才略》说：“子云属意，辞人最深。观其涯度幽远，搜选诡丽；而竭才以钻思，故能理赡而辞坚矣。”[5]

[1] 汪荣宝：《法言义疏》，中华书局1987年版，第140页。

[2] 汪荣宝：《法言义疏》，中华书局1987年版，第104页。

[3] 张震泽：《扬雄集校注》，上海古籍出版社1993年版，第273页。

[4] 范文澜：《文心雕龙注》，人民文学出版社1978年版，第672页。

[5] 范文澜：《文心雕龙注》，人民文学出版社1978年版，第699页。

《哀吊》说："扬雄吊屈，思积功寡。意深文略，故辞韵沉膇。"[1]《杂文》说："扬雄覃思文阔，业深综述。"[2]《封禅》说扬雄《剧秦美新》"骨掣靡密，辞贯圆通。自称极思，无遗力矣。"[3] 另外，朱熹亦说："扬子云为人深沉，会去思索。如阴阳消长之妙，他直是去推求。"[4] 孙承恩《扬子云像赞》说："扬子好学，研精覃思。"[5] 等等。总之，古代学者凡论及扬雄者，无不指出其为学重"思"的特点。可以说，思之于扬雄，如同酒之于扬雄、贫之于扬雄、独之于扬雄，在中国文化史上，均有标志性意义。

单独讲"思"，是指抽象的思辨能力和深邃的辨识能力。进一步讲"玄思"，即有"玄"之特色的"思"，则有妙悟、神解和体味的成分在，并不仅仅是冷静客观的逻辑思辨。桓谭评价扬雄"勤味道腴"，此"味"字几近于"玄思"。陶渊明自称"好读书，不求甚解。每有会意，便欣然忘食"[6]。所谓"会意"，其"会"几近于"玄思"，其"意"则指"大义"，即以"玄思"悟其"大义"。

扬雄开启的这种"玄思"之法，其直接的学术影响何在？笔者认为，"玄思"是为求"大义"，明"大体"。张衡《与崔瑗书》说："《玄》四百岁，其兴乎？竭已精思，以揆其义，更使人难论阴阳之

[1] 范文澜：《文心雕龙注》，人民文学出版社 1978 年版，第 241 页。

[2] 范文澜：《文心雕龙注》，人民文学出版社 1978 年版，第 254 页。

[3] 范文澜：《文心雕龙注》，人民文学出版社 1978 年版，第 394 页。

[4] 黎靖德：《朱子语类》，中华书局 1986 年版，第 3260 页。

[5] 孙承恩：《文简集》卷四十一。

[6] 陶渊明：《五柳先生传》，见逯钦立《陶渊明集》，中华书局 1979 年版，第 175 页。

事。”[1] 扬雄“竭已精思”之目的，是“揆其义”，即通过“玄思”以追寻“大义”。“玄思”是追求“大义”的重要手段，故刘劭《人物志·材理》说：“思心玄微，能通自然。”汉代一般儒者治章句训诂之学，由于普遍缺乏此种具有抽象思辨特征的“玄思”能力，因而只能从事具有经验性质的类推式学术，不能体察经典中的大义，不能把经典中具有普遍性的理论问题揭示出来，从思辨的层次加以提升。因而其所重者，是经验性的“学”，其本身亦只是知识积累型学者，其所呈现的是知识的广度，是得言忘意。而有“玄思”能力之学者，不拘泥于章句训诂和名物考证，以直探本义为学术旨归，是思想创造型学者。因此，与章句学者重“学”不同，他们重视的是抽象的“识”。所以，其所呈现的是思想的深度，是得意忘言。

扬雄立玄，其所企慕之“玄远”和所着力之“玄思”，自东汉以来，受到学者的广泛关注。东汉以来文人多有言玄之作，如张衡《思玄赋》、刘騊駼《玄根》、蔡邕《玄表》、潘勖《玄达》等，都是在扬雄“玄远”论和“玄思”说影响下的创作。扬雄开启的“玄思”和所立的“太玄”，对六朝之学的影响显而易见。刘韶军说：

> 把杨雄“太玄”与魏晋玄学放在一起进行分析，有重要的意义。从《老子》的道论开始，到杨雄的“太玄”论，是一个发展，再到魏晋玄学的思辨，又是一个发展。……把这几个思想史的代表作放在一起来看，就会发现这是中国古代思想史的发展长河中的一个重要链条，即思辨性的链条。……杨雄就是沿着这条致思路向继续往前行进的思想家。这样的思想家在汉代并不多见，甚至可以说是仅见者。……整个汉代，学者

[1] 严可均：《全后汉文》卷五十四，见《全上古三代秦汉三国六朝文》，中华书局1959年版，第773页。

们都没有像杨雄那样往思辨的路线上开拓前进，只有到了魏晋玄学时代，学者之中才出现了思想家，把由《老子》开创的以道为中心的思辨性致思路线延续下去。从这个意义上讲，《老子》、杨雄与魏晋玄学是一脉相承的思辨性思想家，这个中国古代思想史中的独特链条，既有老子这样的开拓者，也有杨雄这样的中继者，更有魏晋玄学家如王弼等人那样的创新义者，他们各据擅场，前后一致，遥相呼应，使中国古代思想史长河中的思辨性链条得以承继和延续，为开启中国人的深层思辨而各自做出了自己的卓越贡献，其功不可谓不巨，其业不可谓不著。[1]

这个关于扬雄在古代中国思辨性链条上的重要贡献的评价，恰如其分。如前所述，扬雄之“玄”，有作为世界本体而成为研究对象的“玄”，称为“玄体”；有作为研究方法或思维方式的“玄”，称为“玄思”。就其对六朝之学的具体影响言，主要侧重在具有抽象思辨特质的“玄思”方面。因为六朝玄学虽然被命名为“玄学”，但它不是以“玄”为主要研究对象，它与老子的道论和扬雄的“太玄”不同。[2] 六朝玄学家重点探讨的是有无、本末、言意、体用、形神、性情等问题，之所以被称作“玄”或者被命名为“玄学”，是由于这些问题本身具有超越性特征，有“玄远”特质；是由于探讨这些问题所采用的方法，不是经验性的归纳和推理，而是有抽象思辨性质的“玄思”。或者说，六朝玄学之“玄”，不是其对象本身为“玄体”的研究，而是其研究对象有“玄远”之特点和致思路线有“玄远”的特色。扬雄“玄思大义”于六朝之学的影响，主要体现在这个层面。

总之，在儒道兼综的学术背景下，扬雄接受孔子“学思并重”和

[1] 刘韶军：《杨雄与〈太玄〉研究》，人民出版社 2011 年版，第 370 ~ 371 页。

[2] 刘韶军：《杨雄与〈太玄〉研究》，人民出版社 2011 年版，第 363 页。

孟子“去学而重思”的影响，参之以老庄“玄鉴”或“玄览”之玄想思维，形成在两汉知识群体中特别突出的“玄思”思维方式和治学方法，成为两汉知识群体中最具抽象思辨能力的学者之一。

三、以“太玄论”为代表的扬雄学术思想及其影响

1. 扬雄学术思想及其影响概说

用今天的名头说，扬雄是汉代的思想家、文学家、语言学家。在汉代学者中，他涉及面最广，著述最多。学术思想代表作是《法言》和《太玄》，文学代表作是以《甘泉赋》《河东赋》《羽猎赋》《长杨赋》为主的四大赋，语言学代表作是《方言》。其为学重模仿，“以为经莫大于《易》，故作《太玄》；传莫大于《论语》，作《法言》；史篇莫善于《仓颉》，作《训纂》；箴莫善于《虞箴》，作《州箴》；赋莫深于《离骚》，反而广之；辞莫丽于相如，作四赋。皆斟酌其本，相与放依而驰骋云”[1]，实际是在仿效中创造，在因循中发明。

扬雄的学术思想，主要体现在仿《周易》所著的《太玄》里，仿《论语》所著的《法言》中。因此，东汉以来，学者对扬雄学术思想的褒贬，集中围绕《太玄》和《法言》展开，尤其是《太玄》，成为争论扬雄学术思想的焦点。大体言，北宋以前学者对扬雄学术思想多持褒评，北宋以后贬评居多。

桓谭是第一位高度评价扬雄学术思想的学者，他说：

[1] 班固：《汉书·扬雄传》，见《汉书》，中华书局1962年版，第3583页。

凡人贱近而贵远，亲见扬子云禄位容貌不能动人，故轻其书。昔老聃著虚无之言两篇，薄仁义，非礼学，然后世好之者尚以为过于五经，自汉文景之君及司马迁皆有是言。今扬子之书文义至深，而论不诡于圣人，若使遭遇时君，更阅贤知，为所称善，则必度越诸子矣。[1]

王公子问："扬子云何人耶？"答曰："才智开通，能入圣道，卓绝于众，汉兴以来未有此人也。"国师子骏曰："何以言之？"答曰："通才著书以百数，惟太史公为广大，余皆丛残小论，不能比之，子云所造《法言》、《太玄经》也，《玄经》数百年外，其书必传，顾谭不及见也。世咸尊古卑今，贵所闻，贱所见。见扬子云禄位容貌不能动人，故轻易之。老子其心玄远，而与道合。若遇上好事，必以《太玄》次五经也。[2]

张子侯曰："扬子云，西道孔子也，乃贫如此？"吾应曰："子云亦东道孔子也。昔仲尼岂独是鲁孔子？亦齐、楚圣人也。[3]

概括起来，桓谭对扬雄学术思想的评价，要点有三：一是扬雄著作是"汉兴以来未有"的大著作，二是扬雄著作"度越诸子"，三是扬雄堪称圣人。桓谭之后，王充和张衡对扬雄学术思想亦有极高评价。王充说：

或能陈得失，奏便宜，言应经传，文如星月。其高第若谷子云、唐子高者，说书于牍奏之上，不能连结篇章。或抽列古今，纪著行事，若司马子长、刘子政之徒，累积篇第，文以万数，其过子云、子高远矣，

[1] 班固：《汉书·扬雄传》，见《汉书》，中华书局1962年版，第3585页。

[2] 桓谭：《新论》卷九《正经》，见朱谦之《新辑本桓谭新论》，中华书局2009年版，第41页。

[3] 桓谭：《新论》卷十五《闵友》，见朱谦之《新辑本桓谭新论》，中华书局2009年版，第62页。

然而因成纪前，无胸中之造。若夫陆贾、董仲舒，论说世事，由意而出，不假取于外，然而浅露易见，观读之者，犹曰传记。阳成子长作《乐经》，杨子云作《太玄经》，造于眇思，极窅冥之深，非庶几之才，不能成也。孔子作《春秋》，二子作两经，所谓卓尔蹈孔子之迹，鸿茂参贰圣之才者也。[1]

汉家极笔墨之林，书论之造，汉家尤多。阳成子张作《乐》，杨子云造《玄》，二经发于台下，读于阙掖，卓绝惊耳，不述而作，材疑圣人。[2]

张衡说：

吾观《太玄》，方知子云妙极道数，乃与五经相拟，非徒传记之属，使人难论阴阳之事，汉家得天下二百岁之书也。复二百岁，殆将终乎？所以作者之数，必显一世，常然之符也。汉四百岁，《玄》其兴矣。[3]

王充和张衡的评价近似，皆以为扬雄是圣人之才，或将《太玄》与《春秋》并论，或以为《太玄》“与五经相拟，非徒传记之属”。这样比拟圣人的评论，亦见于三国陆绩，他说：

雄受气纯和，韬真含道，通敏睿达，钩深致远，建立《玄经》，与圣人同趣。虽周公繇《大易》，孔子修《春秋》，不能是过。论其所述，终年不能尽其美也。考之古今，宜曰“圣人”。[4]

[1] 王充：《论衡·超奇》，见黄晖《论衡校释》，中华书局 1996 年版，第 607 ~ 608 页。

[2] 王充：《论衡·对作》，见黄晖《论衡校释》，中华书局 1996 年版，第 1182 ~ 1183 页。

[3] 范晔：《后汉书·张衡传》，见《后汉书》，中华书局 1965 年版，第 1897 页。

[4] 陆绩：《述玄》，见司马光《太玄集注》，中华书局 1998 年版，第 231 页。

唐代韩愈对扬雄亦有高度评价，虽然扬雄未进入韩愈构建的道统，因为在他看来，扬雄学术思想有“择焉而不精”“大醇而小疵”的缺点，[1]但他依然认为扬雄是“圣人之徒”。他说：

> 始吾读孟轲书，然后知孔子之道尊。……晚得扬雄书，益尊信孟氏，因雄书而孟氏益尊，则雄者亦圣人之徒与！[2]

作为《太玄集注》的作者，司马光对扬雄有极高评价，他说：

> 呜呼！扬子云真大儒邪！孔子既没，知圣人之道者非子云而谁？孟与荀殆不足拟，况其余乎？观《玄》之书，昭则极于人，幽则尽于神，大则包宇宙，小则入毛发，合天地人之道以为一，括其根本，示人所出，胎育万物而兼为之母，若地履之而不可穷也，若海挹之而不可竭也。盖天下之道虽有善者，蔑以易此矣。……概之以六经之言而不悖，藉使圣人复生，视《玄》必释然而笑，以为得己之心矣。[3]

一般学者论扬雄学术思想，未必对之有深入研究，故多泛论或空谈。而司马光精研扬雄学术思想，故其所论，应当可靠。

大体言，对扬雄学术思想的否定性评价，从宋代才开始盛行。虽然两汉之际的刘歆，对扬雄《太玄》说过这样的话：“空自苦，今学者有禄利，然尚不能明《易》，又如《玄》何？吾恐后人用覆酱瓿也。”[4]

[1] 韩愈：《昌黎文集》卷十一《原道》，中国书店1991年据1935年世界书局本影印。

[2] 韩愈：《昌黎文集》卷十一《读荀子》，中国书店1991年据1935年世界书局本影印。

[3] 司马光：《读玄》，见司马光《太玄集注》卷首，中华书局1998年版。

[4] 班固：《汉书·扬雄传》，见《汉书》，中华书局1962年版，第3585页。

但此仅就《太玄》之艰深而不为一般人理解言，无关学术思想本身的评价，可置而不论。从宋代开始，对扬雄学术思想的贬评逐渐盛行。如苏洵说：

> 扬雄之《法言》，辨乎其不足问也，问乎其不足疑也，求闻于后世而不待其有得，君子无取焉耳。《太玄》者，雄之所以自附于夫子，而无得于心者也。……盖雄者好奇而务深，故辞多夸大，而可观者鲜。[1]

苏洵所谓“无得于心”，“辞多夸大，可观者鲜”，几乎是对扬雄学术思想的全盘否定。朱熹说：

> 扬雄则全是黄老，某尝说扬雄最无用，真是一腐儒，他到急处只是投黄老。……如《法言》一卷议论不明快，不了决，如其为人。他见识全低，语言极呆，甚好笑。[2]

正如他在《通鉴纲目》里说“莽大夫扬雄死”，是为扬雄其人定性一样，在此，他一句“见识全低，语言极呆”，亦是对扬雄学术思想的全盘否定。另外，陆九渊说：

> 今世所传揲蓍之法，皆袭扬子云之谬，而千有余年，莫有一人能知之者。子云之《太玄》，错乱蓍卦，乖逆阴阳，所谓君不君，臣不臣，父不父，子不子。由汉以来，杨墨强盛，以至于今，尚未反正。而世之儒者，犹依《玄》以言《易》，重可叹也。[3]

[1] 苏洵：《嘉佑集》卷八。

[2] 朱熹：《朱子语类》卷一百三十七。

[3] 陆九渊：《象山集》卷十五《与吴斗南》。

杨时说：

> 扬雄作《太玄》准《易》，此最为诳后学。后之人徒见其言艰深，其数汗漫，遂谓雄真有得于《易》，故不敢轻议，其实雄未尝知《易》。[1]

像这样的对扬雄学术思想的贬评，在宋代以后，比较普遍，不胜枚举。其实，这些贬评，或多或少都有因人废文的意思。因为这种对扬雄学术思想的贬评，与对扬雄其人的否定性评价，是在宋代以后差不多同步开展起来的。

文如其人，因人废文，是中国古代文学批评和学术评论的惯例。客观地说，扬雄其人所遭遇的“投阁之悲”和“美新之诟”，当有后人以今律古的过度批评。扬雄的学术思想，自有其不可磨灭的价值。大体言，主要体现在他的“太玄论”、“尚智论”、“品藻论”、乡土观念和地域意识等几个方面。“太玄论”是扬雄代表性学术思想，下文将有专论，兹就后四者做简要陈述。

在扬雄的学术思想中，值得重视并对汉魏以后学术发生重要影响的，有其“尚智论”。《法言·问明》云：“或问：人何尚？曰：尚智。”[2] 在中国古代思想史上，崇尚智慧的观点屡见不鲜，但多与仁、义、礼、信并列而同举，如此旗帜鲜明专门标举“尚智”，这是第一次。《法言·修身》云：“天下有三门：由于情欲，入自禽门；由于礼义，入自人门；由于独智，入自圣门。”[3] 在中国古代思想史上，如此特别彰显圣人之智慧和聪明，这亦是第一次。扬雄“尚智”，崇尚“大知”“先

[1] 杨时：《龟山集》卷十一，清康熙杨氏刊本。

[2] 汪荣宝：《法言义疏》，中华书局 1987 年版，第 186 页。

[3] 汪荣宝：《法言义疏》，中华书局 1987 年版，第 104 页。

知”“独智”。所谓“智”，即是一种认知能力和辨别能力。因为“尚智”，以智为安心立命之地，使之成为一位纯粹的为学术而学术的学者，成就其知识型或智者型的人生形态。扬雄“尚智”，表现在人生行为上，便是推崇“明哲保身”的人生哲学，以“明哲”或“智”为标准品鉴历史人物；体现在学术活动中，则是对纯粹知识学问的浓厚兴趣和执着追求，注重对各种附会虚妄的真伪之辨。学者对扬雄的“尚智”有高度评价，如徐复观以为“智性是扬雄真正的出发点”，他说：“扬雄承述儒家仁义礼智信之通义，然其真正有得者乃在‘智’的这一方面，因为他一生的努力，都可以说是智性的活动。”[1]金春峰以为：“《法言》思想的极有价值的贡献是对‘智’的重视和强调，以及由此显示的理性精神。”[2]陈启云说：“对扬雄来说，礼和义不像智力那么重要。”“王莽时代的著名思想家和学者扬雄（公元前53年~公元18年）的著作代表了前汉儒家理想主义和乐观主义的顶峰，他也是不满现实和批判的辨识力的早期表现；这种辨识力在后汉思想中变得更加显著。”[3]此种“批判的辨识力”，就是在“尚智”观念影响下培养起来的能力。扬雄高扬的“尚智论”，对六朝文人理性精神之影响和启发，主要体现在两个方面：一是对智慧和才能的高度重视，二是强烈的批判意识和求真精神。[4]

品鉴人物是六朝名士圈子中普遍开展、影响深远的一项社会活动，

[1] 徐复观：《两汉思想史》（二），九州出版社2014年版，第478页。

[2] 金春峰：《汉代思想史》，中国社会科学出版社2006年版，第374页。

[3] 陈启云：《中国古代思想文化的历史论析》，北京大学出版社2001年版，第189、191页。

[4] 参见汪文学：《扬雄与六朝之学》第五章“扬雄的学术思想与六朝之学”之“扬雄的‘尚智’论与六朝文人的理性精神”，贵州人民出版社2019年版。

其间既有关于人物品鉴的理论著作——刘劭《人物志》，亦有汇集人物品鉴资料的专书——刘义庆《世说新语》，由此形成的品鉴之学，对六朝学术思想和文学艺术皆产生了极为深远的影响。学者一般认为，六朝之学始于汉末，起于汉末人物品鉴。笔者认为，六朝之学始于两汉之际，两汉之际的扬雄于六朝之学有导夫先路之功，六朝时期盛行的人物品鉴，以及在此基础上形成的品鉴学和形名学，与扬雄有重要关联。人物品鉴之“形名学”是六朝玄学的两大思想源头之一，扬雄与此思想源头亦有重要关联。扬雄《法言》中的人物品评和名实讨论，实为汉魏之际品鉴之学和名理之学的先驱。如果说汉魏之际的品鉴之学和名理之学是六朝玄学之近源，那么《法言》中的人物品评和名实讨论则是其远源。刘劭《人物志》开启一代新学风，对六朝玄学之形成有重要影响。扬雄的诸多观点，特别是其人物品评和名实之辩，对刘劭《人物志》有直接影响。[1]

传统中国人的乡土意识、家族观念和地域意识，产生于秦汉时期，自觉于汉魏之际，成熟于六朝时期，盛行于唐宋以后。自东汉中后期以来，因朝廷内部外戚与宦官势力此起彼伏地控制皇权，导致皇权旁落，大一统中央政治集权衰微，地方豪族势力迅速发展。整个东汉时代，就是地方势力逐渐发展壮大的时代。从光武帝刘秀依凭南阳豪强势力起家，进而有意眷顾和培育南阳地域豪族集团，到东汉中后期地方豪族势力的迅猛发展，进展到中央政府不能控制的局面。因此，在汉末六朝，随着社会急剧动荡，皇权旁落，国家大一统盛况衰微，整个社会的政治、经济、文化之重心存在着由上而下、由中央到地方的

[1] 参见汪文学：《扬雄与六朝之学》第五章“扬雄的学术思想与六朝之学”之“扬雄的‘品藻’论与六朝品鉴之学”，贵州人民出版社 2019 年版。

下移发展趋势。地方势力之崛起，国家政治、文化中心之下移，导致的必然结果，就是地方社会地域观念之增强，而地域观念之强化所推动形成的，就是乡土意识和家族观念的自觉。在此种观念或意识的发生和发展过程中，扬雄扮演着比较重要的角色。扬雄是在巴蜀地域文化之涵孕和培育下成长起来的文人，身上有比较浓厚的地域观念、乡土意识和家族意识。因此，他的文学创作和学术研究，乃至其人生行为，皆深受地域、乡土观念和家族意识之影响。其《方言》之编撰，是缘于地域观念；其《蜀王本纪》《蜀都赋》等作品的创作，是缘于乡土意识；其归葬二子和自撰《家牒》，是缘于家族意识。在中国文化史上，秉持浓厚地域、乡土观念和家族意识开展文学创作和文化创造，扬雄是第一人。六朝文士持有浓厚的乡土意识，积极推扬本土人才，当源于扬雄；六朝文人地域文化观念发达，积极撰写地记和郡书，当受到扬雄《蜀王本纪》和《蜀都赋》之启发；六朝文士家族观念极强，热衷于谱牒之编撰，其源头亦在扬雄这里。[1]

我们认为：扬雄的“尚智论”，直接启发了六朝文人的理性精神，以及对才情和智慧的推崇；扬雄的“太玄论”，特别是其“玄思”方法，对六朝玄学有重要影响；扬雄的“品藻论”，对刘劭《人物志》，于六朝时期的人物品鉴，有直接影响；扬雄浓厚的乡土意识和地域观念，对六朝文人自觉地域意识之形成，有重要启示；扬雄的《蜀都赋》《蜀王本纪》《扬氏家牒》，于六朝地记、郡书和谱牒创作，亦有较大影响。

2. 扬雄的“太玄论”

“玄”之名，出自《老子》。《老子》首章曰：“常无，欲观其

[1] 参见汪文学：《扬雄与六朝之学》第五章“扬雄的学术思想与六朝之学”之“扬雄的乡土意识与六朝社会的地域文化观念”，贵州人民出版社2019年版。

妙；常有，欲观其徼。此两者同出而异名。同谓之玄，玄之又玄，众妙之门。”[1] 此为扬雄“太玄”和六朝“玄学”名义之所本。在《老子》一书中，“玄”是“道”的修饰词，扬雄对《老子》的“玄”加以改造，以之作为世界的本源，万物之本根。[2] 即把作为修饰性的“玄”，改造成名词性的“玄”，并取代其修饰的对象。

“太玄”一词，为扬雄首创。扬雄“太玄”，义近于“道”。如《太玄·玄摛》云：

> 玄者，幽摛万类而不见形者也。资陶虚无而生乎规，关神明而定摹，通同古今以开类，摛措阴阳而发气。[3]

与老子对“道”的定义相近。故桓谭《新论·正经》说：

> 扬雄作《玄》书，以为玄者，天也，道也。言圣贤制法作事，皆引天道以为本统，而因附续万类、王政、人事、法度。故宓羲氏谓之易，老子谓之道，孔子谓之元，而扬子谓之玄。[4]

扬雄之“玄”近于“道”却不用“道”这个概念，刘韶军解释说：

> 《太玄》之“玄”是杨雄提出的一个终极性概念，即关于整个世界的根本性原理。这个世界按杨雄看来，主要分为天、地、人三大类，而

[1] 朱谦之：《老子校释》，中华书局 1984 年版，第 6 ~ 7 页。

[2] 郑万耕：《扬雄及其太玄》，北京师范大学出版社 2009 年版，第 42 页。

[3] 司马光：《太玄集注》，中华书局 1998 年版，第 184 页。

[4] 朱谦之：《新辑本桓谭新论》，中华书局 2009 年版，第 40 页。

> 各有其道，但又归总于“玄”，“玄”是所有事物的具体之道的终极之道。杨雄没有用“道”的说法，其实“玄”与“道”在本质上是一样的，但说法既然不同，则其侧重也就有所不同。“玄”侧重于“道”的某种属性，如道的神秘、玄妙性，而“道”则侧重于阐明“道”的本质属性，即它是一切事物的必由的根本之路和终极之理。[1]

扬雄之“玄”取自《老子》之“玄”而有所改造，其义有二：一是近于老子之“道”，是一个终极性概念，是关于整个世界的根本性原理。这是对老子之“玄”的借用，并赋予其新义，以代替老子之“道”。二是沿用老子之“玄”之本义，即是修饰、形容“道”的词汇，意谓幽深、幽微、神秘、玄妙。如《太玄·玄告》说：“玄者，神之魁也。天以不见为玄，地以不形为玄，人以心腹为玄。”[2]《玄攡》说：“玄者，幽攡万类而不见形者也。”[3]所谓“不见”、“不形”或“不见形”，皆指其幽远深微、神秘玄妙之属性。所以，“玄”在扬雄，既是其构建的宇宙之根本性原理，亦是对其根本性原理之属性的描绘。

扬雄之“太玄”，是力图构建一个贯穿天人、包罗万象的宇宙模式。[4]《太玄·玄图》说：“夫玄也者，天道也，地道也，人道也，兼三道而天名之，君臣父子夫妇之道。”[5]即天地万物运动变化之规律和人事理则，皆包含在“玄”里。扬雄“太玄”理论，与《周易》相比，有以下几个重要特征：

[1] 刘韶军：《杨雄与〈太玄〉研究》，人民出版社 2011 版，第 360 页。

[2] 司马光：《太玄集注》，中华书局 1998 年版，第 215 ~ 216 页。

[3] 司马光：《太玄集注》，中华书局 1998 年版，第 184 页。

[4] 参见郑万耕：《扬雄及其太玄》，北京师范大学出版社 2009 年版，第 46 页。

[5] 司马光：《太玄集注》，中华书局 1998 年版，第 212 页。

其一，在“太玄”理论中，扬雄以《老》释《易》，崇尚道家的自然论。这种观点，来自其师严君平的影响。《华阳国志·蜀都士女》称严君平“专精《大易》，耽于老庄”，著《道德指归》，以《周易》释《老子》，重自然无为。他卜筮成都，“依蓍龟言利害”，“闭肆下帘而授《老子》”，是《老》《易》双修，相互发明。《老子》以为“道法自然”，“道常无为，而无不为”，道“周行而不殆”。扬雄的“太玄”理论，就是以“法自然”为基础构建起来的。如果说《老子》是“道法自然”，《太玄》则是“玄法自然”。以道家自然论解说“玄”，体现扬雄学术儒道兼综、《老》《易》结合的特点。其对六朝玄学的影响，显而易见。

其二，扬雄“太玄”儒道兼综的特点，还表现在他以儒家之仁义弥补道家“搥提仁义”之不足。扬雄依据“道法自然”构建“太玄”理论，但他对老子“搥提仁义”，则不能苟同。《法言·问神》云：“或曰：《玄》何为？曰：为仁义。”[1] 即以“仁义”和“法自然”为依据构建“太玄”理论。《法言·问道》云：“老子之言道德，吾有取焉耳。及搥提仁义，绝灭礼学，吾无取焉耳。”[2] 儒道兼综的态度很鲜明。故徐复观说：“《太玄》是以老子的道德为体，以儒家的仁义为用所建立起来的。”[3]

其三，扬雄“太玄”的抽象思辨特点，是其理论中最有价值的部分，亦是他对六朝玄学影响最大的部分。扬雄通过以《老》解《易》构建的“太玄”理论，虽亦颇重义理，但基本架构还是象数，还是“偏重于天地运行之物理”，与汉代宇宙生成论一样，讲的是“阴阳五行

[1] 汪荣宝：《法言义疏》，中华书局 1987 年版，第 168 页。

[2] 汪荣宝：《法言义疏》，中华书局 1987 年版，第 114 页。

[3] 徐复观：《两汉思想史》（二），九州出版社 2014 年版，第 448 页。

以及象数”，与六朝玄学“论天地万物之本体”有本质区别。或者说，扬雄“太玄”，兼具本体论与构成论之两面，是义理学与象数学并重。

扬雄构建的“太玄”论本身，未能完全摆脱汉代宇宙生成论之局限，故其在思想史上的价值有限，而其构建“太玄”论的手段，即“玄思大义”的思维方式，在思想史上的价值和影响，或者反在其“太玄”论本身之上。徐复观讨论扬雄“太玄”论之价值，即特重其“运思”方式。他认为：“扬雄的《太玄》，是卦气说的发展”，其思想性不明显，在知识上是全盘落空的。但是，对其构建“太玄”论的运思方式，则予以极高评价。他说：

> 从思想史上看，西方许多人在哲学上的成就，不能受今日知识的考验，一直到近代的莱布尼兹、斯宾诺塞、黑格尔等。但他们求知的精神及其运思的方式，哲学史家不能不承认他们在思想史上的地位。准此，尽管《太玄》这一大系统，在知识上是虚假的，但它运思的既精且密，不是西方许多形而上学家中的本体论者所能企及。所以不应因其知识的虚假性，而否定扬雄此一辛勤工作在思想史上的意义。桓谭称其不仅为“西道孔子，亦为东道孔子”，张衡称其“竭己精思”与五经“相似”。在宋代思想中，又再发生巨大影响，不是偶然的。[1]

扬雄构建“太玄”论的运思方式，可命名为“玄思”。所谓“玄思”，用刘劭《人物志》的话说，就是“思心玄微”。构建幽深玄妙的“太玄”论，“玄微”之“思心”即“玄思”是必要的。正如刘劭《人物志》所说：“思心玄微，能通自然。”构建以“自然”为旨归的“太玄”论，必须具备以“玄微”为特点的“思心”。

[1] 徐复观：《两汉思想史》（二），九州出版社 2014 年版，第 457 ~ 458 页。

扬雄《太玄》之得与失，在当时即有两种不同的评价。一是以刘歆为代表的批评意见。据《汉书·扬雄传》载："诸儒或讥以为雄非圣人而作经，犹春秋吴楚之君僭号称王，盖诛绝之罪也。"[1]诸儒所讥，乃扬雄拟经的行为，非对《太玄》学术本身的评判，可置而不论。刘歆的批评，亦不是对《太玄》学术价值的评判，而是因为《太玄》艰深难解，不可能获得一般读者的认同和理解。扬雄撰《解嘲》和《解难》，回应时人的批评，亦不是对《太玄》本身学术价值的辩护。如《解难》之作，是由于"客有难《玄》太深，众人之不好也，雄解之，号曰《解难》"。[2]如《解嘲》之作，是因为"或嘲雄以玄为白，而雄解之，号曰《解嘲》"。所谓"以玄尚白"，即"作黑未成，仍是白的，双关作《太玄》而未得禄位"。[3]总之，时人对扬雄《太玄》的批评，或斥其非圣人而作经的僭越之举，或难其"太深"而不合时宜，或嘲其"空自苦"而未获禄位，皆未涉及对《太玄》本身学术价值的评判，说明当时的批评者亦并未完全否定《太玄》的学术价值。

二是以桓谭为代表的表彰意见。桓谭是历史上第一位充分肯定《太玄》的学者。其《新论》云：

> 王公子问：扬子云何人耶？答曰：才智开通，能入圣道，卓绝于众，汉兴以来未有此人也。国师子骏曰：何以言之？答曰：通才著书以百数，惟太史公为广大，余皆丛残小论，不能比之，子云所造《法言》《太玄经》也。《玄经》数百年外，其书必传，顾谭不及见也。……若遇上好事，必以《太

[1] 班固：《汉书·扬雄传》，见《汉书》，中华书局1962年版，第3585页。

[2] 张震泽：《扬雄集校注》，上海古籍出版社1993年版，第199页。

[3] 张震泽：《扬雄集校注》，上海古籍出版社1993年版，第176页。

玄》次《五经》也。[1]

虽然仍未具体从学术价值评判《太玄》，但他将之与“五经”并列，以为“能入圣道”，认为是必传之佳作，可谓评价至高。桓谭之后，王充把《太玄》和圣人之作并提，与桓谭的评价近似。王充之后，张衡亦极为推崇《太玄》，认为《太玄》“与五经相拟，非徒传记之属”[2]。可见，将《太玄》与“五经”并举，并非桓谭之私见，而是当时多数学者的共识。

“汉四百岁，《玄》其兴矣”，张衡的预言得到应验。在汉末魏初，的确兴起过一个《太玄》研习高潮。其研习情况，大体分为两派：

一是以宋衷为代表的荆州学者。建安时期，在刘表的支持和奖掖下，荆州成为全国的学术中心，学者如宋衷、王粲等云集于此，开展学术研究，以《易》学研究最负盛名。作为荆州五业从事的宋衷，最善古学，尤长《易》学。宋衷研究《周易》而及于扬雄《太玄》，似为学术研究之自然延伸。汉魏之际荆州《太玄》研究，今可考者，有宋衷、李譔、王肃三人，又以宋衷为核心人物。

二是以陆绩、虞翻为代表的江东学者。陆绩著有《周易注》《太玄注》《浑天图》等，《太玄注》是为纠正宋衷《太玄解诂》之缺失而作。他认为宋衷《太玄解诂》未曾关注《太玄》的占筮，其注之重点就是补充宋衷《解诂》缺失的占筮内容。虞翻为江东《易》学大家，其注《太玄》，沿袭陆绩之途径，重视《太玄》之占筮揲蓍，以补宋衷《解诂》之失，故与陆绩《太玄注》性质类似。另外，陆凯注《太玄》十三卷，

[1] 朱谦之：《新辑本桓谭新论》，中华书局2009年版，第41页。

[2] 范晔：《后汉书·张衡传》，见《后汉书》，中华书局1965年版，第1879页。

据称亦是侧重占筮的著作。汉魏之际江东《太玄》研究，今可考者，有陆绩、虞翻、陆凯三人，又以陆绩为核心人物。

汉魏之际的《太玄》研究，有如上所述之荆州派和江东派。关于两派之特点，概括言，荆州《太玄》研究重义理，故宋衷《太玄解诂》不注《太玄》之“本经三卷”，而注《首》《测》等“解剥玄体”、阐释“太玄”大义的十一篇。江东《太玄》研究重象数，侧重占筮揲蓍，无论是陆绩还是虞翻，皆有感于宋衷重义理而轻象数，故而侧重占筮揲蓍研究，弥补荆州《太玄》研究之不足。

扬雄《太玄》对六朝玄学的影响，是通过荆州《玄》学实现的。据汤用彤《魏晋思想的发展》说：“我们回溯魏晋思潮的源头，当然要从汉末三国时荆州一派易学与曹魏‘形名家’言的综合说起。”他指出：

> “新学”（玄学）的生成有两个主要因素：（一）研究《周易》、《太玄》……而发展出的一种“天道观”；（二）是当代偏于人事政治方面的思想，如现存刘劭《人物志》一类那时所谓“形名”派的理论，并融合三国时流行的各家之学。上述二者才是“玄学”所以成为魏晋时代特有思想的根源。[1]

汤用彤关于六朝玄学以《易》学“天道观”和品鉴“形名学”为思想源头的观点，可谓探本溯源的不刊之论。在此，汤氏已经注意到作为玄学思想根源的“天道观”与扬雄《太玄》的关系。他以为三国时期的《易》学有三派：一是在江东，以虞翻、陆绩等人为代表；二

[1] 汤用彤：《魏晋玄学论稿》，中华书局1962年版，第126页。

是在荆州，以宋衷等人为代表；三是在北方，以郑玄、荀融等人为代表。其中荆州派见解最新，江东派颇受荆州新学影响，北派最旧，多传习汉儒之象数。所以，荆州派《易》学，是魏晋玄学的两大思想源头之一。关于荆州《易》学之特点，汤用彤说："当时讲《易经》的又多同时注意《太玄》。宋衷对扬子《太玄》《法言》两书，素称名家。虞翻、陆绩辈既是《易》学专门，也都诵习《太玄》，可以为证。"[1]六朝玄学的思想源头是荆州《易》学，荆州《易》学的核心人物是宋衷，而宋衷又是研究《太玄》《法言》的专家，宋衷《易》学是在扬雄《太玄》基础上构建起来的。因此，说荆州《易》学是六朝玄学之原点，毋宁说以宋衷为代表的荆州《玄》学才是六朝玄学的源头。[2]扬雄《太玄》与六朝玄学之关系，于此可见一斑。

扬雄《太玄》与六朝玄学的学理关联，亦如上述。具体言，扬雄及其《太玄》对六朝玄学的启示和影响，主要体现在以下几个方面。

其一，在学术取径上的启发。六朝玄学儒道兼综、《老》《易》结合的学术取径，与扬雄有明显渊源关系。大体言，六朝玄学是以老庄思想为骨架，调和儒道，会通"自然"与"名教"的一种哲学思潮。儒道兼综是玄学的知识取径，如玄学家王弼、何晏"祖述老庄""好老氏之学"。然王弼注《周易》，又注《老子》，还撰有《论语释疑》。何晏注《道德经》，撰《道德论》，又著《论语集解》，儒道兼综特点相当显著。实际上，他们就是以《老》注《易》，以老子思想解释儒家经典，调和"自然"（道）与"名教"（儒）之关系，从而构建

[1] 汤用彤：《魏晋玄学论稿》，中华书局 1962 年版，第 123 页。

[2] 解丽霞亦认为："真正兴起《太玄》研究的是宋衷。""宋衷是《太玄》与魏初玄学联结的重要纽带。"（《扬雄与两汉经学》，广东人民出版社 2011 年版，第 292、297 页）

起玄学新理论。

学者治学在知识取径上兼综儒道，可谓源远流长，在汉初陆贾《新语》、刘安《淮南子》等著作中已见端倪。不过，自觉兼通儒道并据此构建学术思想体系者是扬雄。玄学家儒道兼综的学术取径，便是取资于扬雄。另外，玄学家儒道兼综的又一个重要表现，就是以《老子》、《庄子》和《周易》为“三玄”，将《老子》与《周易》互通互释。其实，以《老》释《易》，此风起于严君平，发扬光大于扬雄。扬雄“太玄”论的一个重要知识支撑，就是以《老》解《易》，《老》《易》通释。

其二，在思想方法上的影响。一种哲学新体系之建立，必有赖于一种思想新方法的被发现和被利用。六朝玄学新体系之建立，则有赖于玄学家在思想方法上的突破，此新方法，一是汤用彤揭示的“言意之辨”，[1]二是冯友兰揭示的“辨名析理”。六朝玄学家就是通过“言意之辨”和“辨名析理”新方法的发现和使用，构建起玄学新体系。这两种新方法，与扬雄关系如何，目前尚难定论。但是，可以肯定的是，在扬雄的著作中，确有关于言意关系的讨论。《法言·问神》说：

> 言不能达其心，书不能达其言，难矣哉！惟圣人得言之解，得书之体，白日以照之，江河以涤之，灏灏乎其莫之御也。面相之，辞相适，捈中心之所欲，通诸人之嚍嚍者，莫如言；弥纶天下之事，记久明远，著古昔之㖧㖧，传千里之忞忞者，莫如书。故言，心声也；书，心画也。声画形，君子小人见矣。声画者，君子小人之所以动情乎！[2]

[1] 汤用彤：《言意之辨》，见《魏晋玄学论稿》，中华书局1962年版，第26页。

[2] 汪荣宝：《法言义疏》，中华书局1987年版，第160页。

很显然，扬雄的言意论，介于“言尽意论”（圣人）与“言不尽意论”（众人）之间，与老庄的“言不尽意论”和“得意忘言说”均有区别。其与玄学家“言意之辨”的关系，尚需进一步研究，兹不具论。

另外，玄学家“辨名析理”的新方法，即“名理之学”或“形名之学”，亦与扬雄有关联。在扬雄著作中，名实关系亦是一个经常讨论的问题，如《法言·君子》云：“人必先作，然后人名之。”[1]《孝至》云：“不为名之名，其至矣乎！为名之名，其次也。”[2]《重黎》云：“名者，谓令名也。”[3]《渊骞》云：“东方生，名过其实者。”[4]又云：“妄誉，仁之贼也；妄毁，义之贼也。贼仁近乡原，贼义近乡讪。”[5]《问神》云：“或曰：君子疾没世而无名，盍势诸名卿？可几也。曰：君子德名为几。”[6]此外，扬雄还著有《十二州箴》《百官箴》，其中劝谏州牧、百官各尽职守的“名分之理”，亦属“名理之学”范畴。还有，扬雄《法言》之《重黎》《渊骞》二篇，品鉴人物，虽未专门阐发人物品鉴之原理，但与在汉末人物品鉴之基础上兴起的以“辨名析理”为特点的“名理之学”或“形名之学”，亦有一定关系。总之，玄学家构建玄学体系的思想方法“言意之辨”和“辨名析理”，在扬雄著作中皆有先期体现，其间的渊源影响关系，比较明显。

其三，在运思方式上的影响。扬雄《太玄》与六朝玄学，虽然在概念上均以“玄”命名，但其研究对象却稍有区别。刘韶军说：

[1] 汪荣宝：《法言义疏》，中华书局 1987 年版，第 515 页。

[2] 汪荣宝：《法言义疏》，中华书局 1987 年版，第 531 页。

[3] 汪荣宝：《法言义疏》，中华书局 1987 年版，第 367 页。

[4] 汪荣宝：《法言义疏》，中华书局 1987 年版，第 484 页。

[5] 汪荣宝：《法言义疏》，中华书局 1987 年版，第 490 页。

[6] 汪荣宝：《法言义疏》，中华书局 1987 年版，第 173 页。

> 魏晋玄学虽然称为玄学，却不是直接以“玄”这个概念进行研究而探讨其内涵的，这与《老子》的道论和杨雄的“太玄”论是有所不同的，这一点必须首先明确。魏晋玄学的学者是以有无、本末、体用、言与意、形与神、性与情等一组组的概念为中心，从高度抽象思辨的层次探讨相关的理论问题，并由此而形成了一种玄思之风。[1]

如前所论，“玄”之于扬雄，当有二义：一是作为研究对象的“玄”，作为究世界本体的“玄”，义近老子之“道”，称为“玄体”；二是作为研究方法的“玄”，作为思维方式的“玄”，称为“玄思”。笔者认为，扬雄于六朝玄学之启示和影响，其运思方式（“玄思”）当远远大于“太玄”论（“玄体”）本身。扬雄《太玄》对玄学的影响，主要在他开启的“玄思大义”和“玄远之风”。

“玄”之本义是玄妙、玄微、玄远。“玄体”因“玄思”而具有“玄远”的特征。关于“玄思大义”，前已详论，兹不赘述，此就“玄远之风”之影响略作申述。“玄学”即“玄远之学”，六朝学者常以“玄远”称“玄学”，如《世说新语·德行》注引《魏氏春秋》说：“上曰：天下之至慎者，其惟阮嗣宗乎？每与之言，言及玄远，而未尝评论时事，臧否人物。”《规箴》说：“王夷甫雅尚玄远。”陆澄《与王俭书》说：“于时政由王、庾，皆隽神清言，能言玄远。”何劭《荀粲传》说：“（傅）嘏善名理，而（荀）粲尚玄远。”等等。“玄远”或称“玄虚”“虚胜”，如《晋书·嵇含传》引嵇含《吊庄周图文》说：“借玄虚以助溺，引道德以自奖。”《世说新语·文学》说：“傅嘏善于虚胜，荀粲谈尚玄远。”孙盛《老聃非大贤论》说：“昔裴逸民作《崇

[1] 刘韶军：《杨雄与〈太玄〉研究》，人民出版社 2011 年版，第 363 页 。

有》《贵无》二论，时谈者或以为不达虚胜之道。”裴頠《崇有论》说：“立言藉其虚无，谓之玄妙。”王衍临终之际说：“吾曹虽不如古人，向若不祖尚浮虚，戮力以匡天下，犹可不至今日。”[1]是知“玄远”“玄虚”是玄学的外在特征。玄学之“玄”，其义亦在“远”、在“虚”，与扬雄“太玄”之“玄”的本体意义完全不同。故汤用彤说：

> 夫玄学，谓玄远之学。学贵玄远，则略于具体事物而究心抽象原理。论天道则不拘于构成质料，而进探本体存在。论人事则轻忽有形之粗迹，而专期神理之妙用。[2]

又云：“玄者玄远。宅心玄远，则重神理，而遗形骸。”[3]而此种“宅心玄远”新风尚，在汤用彤看来，是起于扬雄，发展于东汉，而盛行于六朝，他说：

> 溯自扬子云以后，汉代学士文人即间尝企慕玄远。凡抗志玄妙者，“常务道德之实，而不求当世之名。阔略杪小之礼，荡佚人间之事”（冯衍《显志赋》)。“逍遥一世之上，睥睨天地之间。不受当世之责，永保性命之期”(仲长统《昌言》）。则其所以寄迹宅心者，已与正始、永嘉之人士无或异。……则贵玄言，宗老氏，魏晋之时虽称极盛，而于东汉亦已见其端矣。[4]

扬雄与六朝玄学“玄远之风”之亲密关系，由此可得到进一步证明。

---

[1] 《晋书·王衍传》，见《晋书》，中华书局 1974 年版，第 1238 页。

[2] 汤用彤：《言意之辨》，见《魏晋玄学论稿》，中华书局 1962 年版，第 26 ~ 27 页。

[3] 汤用彤：《言意之辨》，见《魏晋玄学论稿》，中华书局 1962 年版，第 39 页。

[4] 汤用彤：《魏晋玄学论稿》，中华书局 1962 年版，第 48 页。

第八章 古典美构建：扬雄在两汉之际的文学史意义

以温柔敦厚为特质的中国文学古典美品格，有一个从自然呈现到自觉构建到理论阐释的发展过程，还有一个从建构到解构到重构的演绎过程。中国文学古典美品格的构建，两汉之际是一个重要转捩点，扬雄是其中的关键人物。具体说，两汉之际以前是中国文学古典美的自然呈现时期，“乐而不淫，哀而不伤”“好色而不淫，怨诽而不乱”的《诗经》，是其源头，是其典范。《诗经》的古典美是自然的呈现，或者说，因其符合后人的古典美理想而被追认为古典美典范。两汉之际是古典美的构建和实践时期，亦是古典美的自觉追求时期，扬雄是其中一位承上启下的人物。概言之，中国文学古典美，建构于扬雄、阐释于刘勰、解构于韩愈、重构于顾随。[1]

[1] 汪文学：《温柔敦厚：中国古典诗学理想》，贵州人民出版社 2020 年版。

一、扬雄："文儒"传统的开创者

扬雄在中国文学史上的转折性意义，前贤时彦均有详略不同的指示。如刘勰《文心雕龙·才略》说："自卿、渊已前，多俊（役）才而不课学。雄、向以后，颇引书以助文。"[1] 以为文学创作从"役才而不课学"发展至"引书以助文"的关键人物，是扬雄和刘向。近代学者刘咸炘说："西汉儒者犹有质行之意，能持宗旨，无骛于文者，骛文自扬雄始，桓谭继之。""大氐宋儒未出以前，儒者醇谨多文者皆扬雄之流。"[2] 以扬雄为"文儒"之始，是"文儒"传统的开创者。傅斯年说："西汉扬子云的古典主义与东汉近，反和西汉初世中世甚远；东汉的文章又和魏晋近，和西汉远。"[3] 以为扬雄是"古代文学"到"古典文学"之间的转折性人物。陆侃如《中古文学系年》以扬雄开篇，虽未陈述如此安排的理由，鉴于他对扬雄有过专门研究，曾著文考证扬雄生平和经历，故此安排并非率意而为，实亦体现他以扬雄为中古文学起点的意义。许结认为："文学思想方面，扬雄由语言文学口语型向文字型转变。"在汉代文学史上，扬雄"堪称由正而变的转扭"。[4] 还有学者以为扬雄是中国文学史上文学自觉时代的开创性人物。总之，皆在揭示扬雄在两汉之际文学创作中的转折性意义，在中国文学发展史上的开创性意义。

[1] 范文澜：《文心雕龙注》，人民文学出版社 1978 年版，第 699 ~ 700 页。

[2] 刘咸炘：《刘咸炘学术论集·子学编（上）》，广西师范大学出版社 2007 年版，第 162、157 页。

[3] 傅斯年：《中国古代文学史讲义》，时代文艺出版社 2009 年版，第 3 页。

[4] 许结：《汉代文学思想史》，人民文学出版社 2010 年版，第 194、203 页。

1. 儒者骛文自扬雄始

扬雄于两汉文学史上的转折意义和在中国文学史上的开创意义，其标志性呈现，就是他对“文”的偏好，对“文”的重视，以及有意为“文”之态度，及其文士与儒士合二为一的“文儒”身份。

扬雄是纯粹的儒者，尚智的学者。与其他儒者的区别，首先表现在他对“文”的偏好和重视。儒者好文，自是先秦以来的传统习惯。在先秦诸子中，对“文”之偏爱与重视，以儒家为称首。然而，先秦儒家以及西汉一般儒者所偏爱和重视的“文”，并非完全是文学意义的“文”，而是侧重礼仪形式的“文”。儒者好“文”，儒者偏爱文学意义的“文”，确是从扬雄开始。虽然司马相如赋有很强的修辞性，其人亦可谓好“文”，但相如不以儒者称，且相如所好之“文”与扬雄偏爱的“文”，仍有本质区别。

作为儒者而自称好“文”者，自扬雄始，他在《答刘歆书》中自称“心好沉博绝丽之文”。作为儒者而被史家称为好“文”者，亦自扬雄始，如《汉书·扬雄传》称其“实好斯文”。作为儒者而自觉以“文”传世，亦自扬雄始，如《汉书·扬雄传》称其“欲求文章成名于后世”。所以，他虽然说过赋是“童子雕虫篆刻”和“壮夫不为”这样的话，还有过“辍赋不为”之举动，但晚年撰写《自叙》，仍将早年的四大赋悉数全文收录，其于“文”之偏爱，于此可见一斑。故刘咸炘所谓“西汉儒者……无骛于文者，骛文自扬雄始”[1]，确非虚言。扬雄于“文”之偏好，或者出于生命之本能。学者以为，屈原是“以文抒情”，贾谊

[1] 刘咸炘：《刘咸炘学术论集·子学编（上）》，广西师范大学出版社 2007 年版，第 162 页。

是“以文自广”，司马迁是“以文立言”，而扬雄则是“以文立命”。[1]此说大体可信。

扬雄雅重文辞，“实好斯文”，是早期中国文学史上有意为文的代表作家。扬雄之有意为文，学者已有明示，如郑媛说：

> 《论语》无意为文而自粲然成文，乃《法言》故为艰险至不可属读，自识者观之，不独《太玄》可覆瓿矣。[2]

扬雄“故为艰险”，其效果暂且不论，但其态度确是有意为之。故与《论语》之“无意为文”形成鲜明对照，扬雄是有意为文。苏轼《与谢民师推官书》说：

> 扬雄好为艰险之辞以文浅显之说，若正言之，则人人知之矣，此正所谓雕虫篆刻者。其《太玄》《法言》皆是也，而独悔于赋，何哉？终生雕虫而变其音节便谓之经，可乎？[3]

可以“正言”却偏要曲折言之，“好为艰险之辞”确有“雕虫篆刻”之特点，但这正体现扬雄有意为文的态度和对独特文辞之追求。叶适《习学记言·序目》说：

> 夫初使难知，已而易识，先设疑论，后乃诚言，始为限碍，终也通达，

[1] 钟志强：《扬雄的“以文立命”及其对文学自觉的影响》，《四川教育学院学报》2009年第3期。

[2] 朱彝尊：《经义考》，中华书局1977年版，第1420页。

[3] 苏轼：《与谢民师推官书》，《东坡全集》卷七十五。

此文人辩士玩弄笔舌之病也。春秋以前诸书犹不若是，有问则答，有蕴则陈而已。至战国、秦汉，然后争为放恣，如雄所云。[1]

扬雄之文，尤其是《法言》，设“疑论”，置“限碍”，目的就是让读者“难知”，增加阅读的障碍，给读者造成一种“陌生化”效果。虽然确有“文人辩士玩弄笔舌之病”，但是，对扬雄言，这是有意为之，这就是他要追求的效果。林艾轩说：“班固、扬雄以下，皆是做文字。已前如司马迁等，只是恁地说出。”[2]“恁地说出”，是自然成文，无意为文；“做文字”，则是有意为文，雕刻成文。王世贞《读扬子》说：

余读扬氏《法言》，其称则先哲，畔道者寡矣。顾其文割裂甚哉！其有意乎言之也。圣人之于文也，无意焉以达其所本，有而不容秘耳，故其辞浅，言之愈深也，深之而不秘也。[3]

“有意乎言之”，则必有雕刻的痕迹，故有“割裂”之表征。此外，《法言》拟《论语》，《论语》载录师徒问答，可能出于实录。而《法言》之问答，并非实有问答之事，而是扬雄有意为之，杜撰问答情境以表达思想观念。苏洵《太玄论上》云：

疑而问，问而辨，问辨之道也。扬雄之《法言》，辨乎不足问也，

[1] 朱彝尊：《经义考》，中华书局 1977 年版，第 661 页。

[2] 朱熹：《朱子语类·论文》，见王水照主编《历代文话》（第 1 册），复旦大学出版社 2007 年版，第 201 页。

[3] 王世贞：《读扬子》，《王弇州崇论》卷七。

问乎不足疑也。求闻于后世而不待其有得，君子无取焉耳。[1]

《法言》之有得与无得，暂且不论，但其形式上之问辨，确非实录，是扬雄有意为之，亦确有“辨乎不足问，问乎不足疑”的地方。胡寅《致堂读史管见》卷三云：

子云贤者也，而有可议者。《论语》乃孔门弟子记诸善言，诚有是人相与问答也。《法言》则假借问答以则《论语》，且有不必问，不必答，不必言者。

扬雄所以这样做，一方面确是为仿《论语》体式，另一方面则是为体现他有意为之以呈显文学意味的意图。

总之，扬雄好文，扬雄重文，扬雄有意为文。无论在理论上还是在实践中，扬雄皆为东汉以来的文学新变导夫先路。故刘勰论文，最重扬雄，《文心雕龙》五十篇，论及扬雄者有二十三篇，共四十余处，这在《文心雕龙》是绝无仅有的。并且，刘勰选文定篇，亦常以扬雄作品为典范。虽然亦偶有批评，但赞扬处居多。故徐复观说：

扬雄的文学活动，给刘彦和以莫大的影响。……扬雄有关文学的言论，皆成为刘彦和论文的准绳。扬雄与文学生活有关的片断，彦和生活中皆为文坛的掌故。扬雄的各种作品，《文心雕龙》无不论列。我以为最能了解扬雄文学的，古今无如彦和。[2]

---

[1] 苏洵：《太玄论上》，《嘉佑集》卷八。

[2] 徐复观：《两汉思想史》（二），九州出版社 2014 年版，第 289 页。

刘勰对扬雄的褒扬，就是肯定扬雄在文学史上的重要影响和转折意义。就两汉文学史之发展看，东汉较西汉尚文，所以，《史记》《汉书》载录西汉文化思想，皆只有《儒林传》，《后汉书》则于《儒林传》外，另著《文苑传》，就反映了东汉尚文之时代风尚，并且的确产生了一批专以创作为务的文人。章学诚《文史通义·诗教上》述论两汉之际著述风尚之迁转，亦说："子史衰而文集之体盛；著作衰而辞章之学兴。"[1] 笔者认为，此种风尚之形成，扬雄有导大先路的作用。

2. 扬雄作为"文儒"的身份特征

在扬雄前，好逞文辞者甚多，如司马相如、枚乘、王褒之流，皆以文辞华赡著称。然其人皆不以儒学名世。以儒学著称，执着于明道、征圣、宗经，而又好逞文辞，且有意为文者，是扬雄。故曰：儒者骛文自扬雄始。刘咸炘说：

> 章学诚曰：东汉儒者通专门而趣博览，著述收子、史而开文集。此说至精，故东汉之儒谓之文儒而已。西汉儒者犹有质行之意，能持宗旨，无骛于文者，骛文自扬雄始，桓谭继之。王充极称雄、谭，几拟之孔、孟，品第儒士，以文儒为高，其自为说不过窃道家之肤，矫经生之陋。充以降，益泛杂无宗旨可持。自王逸、应劭、傅玄以至虞喜、王劭之流，所著书竟成杂记，是宜谓之杂家，不宜蒙儒之号。[2]
>
> 西汉以上儒家皆各有宗旨，能伸其说以抗杂流，未有务于文辞，徒为空阔尊圣之论者。……子云著书非无所为，然词义陈泛实际，罕所发明，徒为品藻，下启桓谭诸人杂论博考之体，混列儒家而无宗要可持，

[1] 叶瑛：《文史通义校注》，中华书局 2014 年版，第 58 页。

[2] 刘咸炘：《刘咸炘学术论集·子学编（上）》，广西师范大学出版社 2007 年版，第 162 页。

故子云者，实儒之衰而文儒之祖也。自汉至北宋之儒家，大氐文人杂论，故皆誉称子云，以并荀、杨，至程、朱然后窥其底里焉。[1]

其评扬雄“无宗要可持”之正确与否，暂且不论。就其论列扬雄开启“文儒”传统和创为“杂论博考”之体于文学创作的影响，实在深可注意。

儒者“骛文自扬雄始”，“东汉之儒谓之文儒而已”，而扬雄“实儒之衰而文儒之祖”。扬雄作为“文儒”之祖，非仅影响东汉，按刘咸炘的说法：“大氐宋儒未出以前，儒者醇谨多文者皆扬雄之流。”[2]即古代中国的“文儒”传统皆受其影响。

“文儒”作为东汉时期备受关注的人物群体，王充《论衡》论之甚详。特别推崇扬雄的王充，对“文儒”有极高评价。他将知识之士区分为文吏、世儒和文儒三个层次。所谓“文吏”，就是在政府行政机构中掌笔墨簿书、施政令科条之职者，近似刀笔之吏。[3]所谓“世儒”，即以经学为业的儒生，故曰：“说经者为世儒。”[4]“文吏”与“世儒”分别属于政府机构中的职员和国家意识形态中的知识之士，王充对之皆有贬抑，或认为“文吏”“无经艺之本，有笔墨之末，大道未足，

[1] 刘咸炘：《刘咸炘学术论集·子学编（下）》，广西师范大学出版社2007年版，第427页。

[2] 刘咸炘：《刘咸炘学术论集·子学编（上）》，广西师范大学出版社2007年版，第157页。

[3] 王充《论衡·量知》说：“夫文吏之学，学治文书也。”（黄晖：《论衡校释》，中华书局1996年版，第552页）“文吏笔札之能，而治定簿书，考理烦事。”（同上，第548页）或如《程材》篇所说，文吏的职责功能是“以朝廷为田亩，以刀笔为耒耜，以文书为农业”（同上，第539页）。

[4] 王充《论衡·书解》说：“世儒说圣人之经，解贤者之传，义理广博，无不实见，故在官常位。位最尊者为博士，门徒聚众，招会千里，身虽死亡，学传于后。”（黄晖：《论衡校释》，中华书局1996年版，第1151页）

而小伎过多”[1]。或以为“世儒”“讲授章句，猾习义理”[2]。总之，皆是“浅略不及，偏驳不纯”[3]之人。

相较而言，王充最推崇“文儒”。所谓“文儒”，据《论衡·效力》说：“使儒生博观览，则为文儒。”“能上书白记者，文儒也。”“著作者为文儒。”[4]文儒是“贤达用文者”[5]。概括地说，“文儒”本质上是“儒”，与“世儒”不同者，是其“博观览”，是其博而能通的知识主义取径。“文儒”兼备“文吏”之功能，“能上书白记”。“文儒”超越“文吏”和“世儒”者，则在其能“用文”，能“著作”。或者说，能“用文”和“著作”，是“文儒”的基本特征。“文儒”既不如“文吏”有官职，亦不如“世儒”开门兴学，故或以为“文儒”“无补于世”，不如“文吏”和“世儒”。对此，《论衡·书解》解释说：

何以谓之文儒之说无补于世？世儒业易为，故世人学之多，非事可析第，故官廷设其位。文儒之业，卓绝不循，人寡其书，业虽不讲，门虽无人，书文奇伟，世人亦传。彼虚说，此实篇。折累二者，孰者为贤？[6]

以为“文儒”是“发胸中之思，论世俗之事，非徒讽古经、续故文也。论发胸臆，文成手中，非说经艺之人所能为也”[7]。因此，他指出：“夫

[1] 王充：《论衡·量知》，见黄晖《论衡校释》，中华书局1996年版，第552页。

[2] 王充：《论衡·谢短》，见黄晖《论衡校释》，中华书局1996年版，第555页。

[3] 王充：《论衡·谢短》，见黄晖《论衡校释》，中华书局1996年版，第557页。

[4] 黄晖：《论衡校释》，中华书局1996年版，第581页。

[5] 黄晖：《论衡校释》，中华书局1996年版，第582页。

[6] 黄晖：《论衡校释》，中华书局1996年版，第1151页。

[7] 王充：《论衡·佚文》，见黄晖《论衡校释》，中华书局1996年版，第867页。

文儒之力，过于儒生，况文吏乎？”[1]王充对“文儒”之界定和推崇，大体如此。

综上，王充理想的“文儒”，特征有四：一是超然物外，不为利禄而学。二是卓绝不循，有充分的文化创造能力。三是质本于儒而不拘于儒，有博览通观的知识主义取径。四是精思著文，连结篇章，有极强的书面写作能力。依此标准，扬雄集儒士身份和文士身份于一体，堪称“文儒”的典型，是早期“文儒”之代表。王充对扬雄特别推崇，其原因亦正在此。如《超奇》说：

> 夫通览者，世间比有；著文者，历世希然。近世刘子政父子、扬子云、桓君山，其犹文、武、周公并出一时也。其余直有，往往而然，譬珠玉不可多得，以其珍也。
>
> 儒生说名于儒门，过俗人远也。或不能说一经，教诲后生。或带徒聚众，说论洞溢，称为经明。或不能成牍，治一说。或能陈得失，奏便宜，言应经传，文如星月。其高第若谷子云、唐子高者，说书于牍奏之上，不能连结篇章。或抽列古今，纪著行事，若司马子长、刘子政之徒，累积篇第，文以万数，其过子云、子高远矣，然而因成纪前，无胸中之造。若夫陆贾、董仲舒，论说世事，由意而出，不假取于外，然而浅露易见，观读之者，犹曰传记。阳成子长作《乐经》、扬子云作《太玄经》，造于眇思，极窅冥之深，非庶几之才，不能成也。孔子作《春秋》，二子作两经，所谓卓尔蹈孔子之迹，鸿茂参贰，圣之才者也。[2]

此正是以“文儒”标准推扬扬雄。总之，儒者“骛文自扬雄始”，文

[1] 王充：《论衡·效力》，见黄晖《论衡校释》，中华书局 1996 年版，第 581 页。

[2] 黄晖：《论衡校释》，中华书局 1996 年版，第 606、607 ~ 608 页。

士以儒学名世亦自扬雄始，扬雄实可称为古代中国“文儒”第一人，古代中国集文士身份与儒者身份于一体之第一人。

二、古典美构建：扬雄在中国文学史上的转折意义

扬雄对中国文学古典美的构建，主要体现在他对文学语言的“雅”和文学内容的“正”的自觉追求上，即以形式上的“雅”和内容上的“正”构建起以“雅正”为核心的中国文学古典美的理想品格。

1. 扬雄在中国文学语言演进中的转折意义

文学是语言的艺术，语言文字的发展变化必然影响文学创作风尚之迁转流变，此乃文学发展之一般规律，古今中外概莫能外。

关于中国文学语言与文字之分别，以及文学语言的特点，吉川幸次郎说：

> （中国古代）文学的语言不是作为日常语言的口语，而是在原则上被要求为具有一定规格的特殊语言。……这个国家的文字记载从其产生的最初起，本就已与口头语言的形态有所不同，不久就进到了积极拒绝口头的语汇与语法以保持书面语的纯粹的境地。……只有近千年产生的虚构的文学是唯一的例外，无论小说或戏曲都被容许以口语作为其使用的语言。文学完全用口语来写，是直到本世纪初的“文学革命”时才开始被看到的。[1]

钱穆说：

[1] 〔日〕吉川幸次郎：《中国诗史》，章培恒等译，复旦大学出版社2001年版，第2页。

> 在中国古代，语言文字，早已分途；语言附着于土俗，文字方臻于大雅。文学作品必仗雅化之文字和媒介为工具，断无即凭语言可以直接成为文学之事。[1]

对崇尚诗道高雅的古代中国文人创作来说，尤其强调语言与文字的分途发展，始终认为文学语言是“具有一定规格的特殊语言”，特别重视“保持书面语的纯粹的境地”。关于中国文学语言的发展，郭绍虞指出：战国至两汉时代，“是中国文学史上一个极重要的时代，因为是语文变化最显著的时代”[2]。关于秦汉时期因语言和文字分途发展对文学发生的影响，于迎春说：

> 在这一时期，中国不仅拥有统一的文字和文字语体系，而且在此基础上，进一步形成了一套体系化的文人文学语言及行文规范和修辞美化方式，这一体系不仅异于人们的日常生活，甚至一般的书面表达也不完全等趣。自此，文言，或者称精准的书面语，遂成为千年来学者和文人写作相沿不替的单一语言系统。[3]

语言与文字分途发展，书面写作语言系统的形成，之所以发生在秦汉时期，是由于当时社会对言说和书写的高度重视。自先秦以来，立言即与立德和立功并列，是实现人生“不朽”的重要手段。但是，其时

[1] 钱穆:《读诗经》，见《中国学术思想史论丛》(一)，台湾东大图书公司 1976 年版。

[2] 郭绍虞：《中国语言与文字之分歧在文学史上的演变现象》，见《照隅室古典文学论集》上册，上海古籍出版社 1983 年版。

[3] 于迎春:《汉代文人与文学观念的演进》，东方出版社 1997 年版，第 130 ~ 131 页。

之立言，虽然包括书写和言说，但重点则是偏向言说。在汉代，言说虽然仍是立言的重要方式，但却明显偏向书写，并逐渐形成以书写成著作的“文人”传统。[1]“文人”以书写为职，以著作立世，精思为文，连结篇章，入雅弃俗，从“恁地说出”到“做文字”，必然导致语言与文字分途发展。言说侧重于言，虽然先秦诸子，尤其是纵横家很重视言说的修饰性，但毕竟是“恁地说出”，故其特征近于语言。书写侧重于文，书写是文人的有意制作，虽然亦有用意模仿口语的制作，但毕竟是“做文字”，故其特征是明显有文。

讨论古代中国语言与文字分途发展，及其对文学创作的影响，最深切著明者，当推傅斯年。他认为：语言与文字本是两回事，不宜混为一谈。他说：

> 把文字语言混为一谈，实在是一大误谬……这一层误谬引起甚多的不便，语言学的观念不和文字学分清楚，语言学永远不能进步。且语、文两事合为一事，很足以阻止纯语的文学之发展。

在古代中国，把语言与文字混为一谈，是从汉代开始的，“正因汉后古文的趋向益盛，以写在书上的古人语代替口头的今人语，于是这层分别（按：语言与文字的分别）渐渐模糊，文即是言，言即是文了”[2]。据傅斯年考察，模糊语言与文字的分别，着力“古文”创作，导致“文即是言，言即是文”的早期代表人物，就是两汉之际的扬雄。

傅斯年考察古代中国语言文字之演进，将其分为“语言”（标准语）、

[1] 龚鹏程：《文人传统之形成》，见《汉代思潮》，商务印书馆 2005 年版。

[2] 傅斯年：《中国古代文学史讲义》，时代文艺出版社 2009 年版，第 13 页。

“文言”和“古文”三个发展阶段。在社会力量，尤其是文人的共同努力下，“语言”在方言、阶级语基础上，逐步发展成为“标准语”。“文言”是在“语言”之“标准语”基础上的进一步发展。“文言”即“文饰之言”，“文言”并非“古文”，“文言还是言，然而不是纯粹的言，自然的言，而是有组织的言”。“文言”的产生是必然的，“因为一个民族有了两三百年的文学发展，总有文言发生”。由“语言”向“文言”发展，有一个渐进过程，即由不得已而为之到有意为之的过程，由不自觉向自觉发展的过程。中国早期的文字书写即有脱离“语言”而呈现出“文言”化的倾向。傅斯年以为，这主要是由于两方面原因：一是汉字不记语音之特质，二是当时书写物质之限制。他说：汉字“以非标音之故，可以只记言辞之整简而不记音素之曲者”，因此“容易把一句话中的词只拣出几个重要的来记下，而略去其他，形成一种‘电报语法’。又或者古来文书之耗费甚大，骨既不见得是一件很贱的东西，刻骨的镞石或铜刀尤不能是一件甚贱的器具。不记语音之一件特质，加上些物质的限制，可以使得文书之作用但等于符信，而不等于记言”。[1] 因此，在《春秋》《论语》时代，语言与文字是分离的，书写的文字与口传的语言是两件事情，书写的文字已经有了明显的“文言”化倾向，这当然是因为物质的限制，是不得已而为之。至战国时期，如《孟子》《庄子》《荀子》，以及记录纵横家辞令之《国语》和《战国策》，其文辞之装饰性就比较明显，“文言”特征就相当显著。至以屈原、宋玉为代表的“楚辞”作家，以及以司马相如为代表的汉赋作家的创作，则是典型的“文言”，即文饰之言。此种语言与文字的分离，及其日益彰显的“文言”特点，显然不是书写物质的限制，但

[1] 傅斯年：《中国古代文学史讲义》，时代文艺出版社 2009 年版，第 16 页。

亦还不能完全算是有意为之和自觉追求。

在中国文学史上，司马相如是第一位自觉追求“文言”的文人，因为无论在句法还是词汇方面，相如赋皆排除了简单和平淡的成分。在他的作品里，语言不再只是被看作表达思想和感情的工具，而是被当作组成音乐美和建筑美的工具，语言本身亦被当作一种对象来欣赏，纯粹以美感为目的文字在司马相如作品里正式成立。[1] 所以，到司马相如时代，确是进入了傅斯年所说的“文自是文，话自是话”的“文和话分别”的时代，进入到“文言”时代。

从“语言”到“文言”，是一个自然的发展过程，再进一层，便进入到所谓的“古文”时代。“古文”与“文言”的分别，据傅斯年说，“文言虽文，到底是言，所以人们可以拿文言作讲话的材料”，然而“古文”不同，“古文的生命只在文书金石刻上”，如《国语》、《战国策》、《楚辞》、相如赋、马迁文，“这些仍然都是文言，都不是古文，因为他们在文辞上的扩张，仍是自己把语言为艺术化的扩张而已，并不是以学为文，以古人之言为言”，“这样的文辞，并不曾失去口语中的生命，虽然已不能说是白话”。据此，“文言”是“文饰之言”，根本上还是今人之言。而“古文”则是“以学为文，以古人之言为言”。

从“文言”发展至“古文”，是在西汉后期。傅斯年说：

> 自昭、宣后，王子渊、刘子政、谷子云的文章，无论所美在笔札，所创作在颂箴，都是以用典为风采，引书为富赡，依陈言以开新辞，遵典型而成已体。从此语言与文辞断然地分为两途，言自言，文自文。从这时期以下的著作我们标作“古文”。

[1] 〔日〕吉川幸次郎：《中国诗史》，章培恒等译，复旦大学出版社 2001 年版，第 85 页。

此种以“用典”“引书”为能事，以“依陈言”“遵典型”为路径的“古文”创作，其标志性人物是两汉之际的扬雄。傅斯年说：“自扬子云以来，依经典一线下来之文章变化，已经脱离了文言的地步而入古文了。”[1]

傅斯年以扬雄为“文言”到“古文”之间的转折人物，很有启发意义。比如，被认为最能理解扬雄文学之刘勰，[2]在《文心雕龙》中就有与此近似的说法，如《才略》说：

> 自卿、渊已前，多俊（役）才而不课学；雄、向以后，颇引书以助文。[3]

“引书助文”就是以“学”为文。《事类》说：

> 夫经典沉深，载籍浩瀚，实群言之奥区，而才思之神皋也。扬、班以下，莫不取资，任力耕耨，纵意渔猎，操刀能割，必列膏腴。是以将赡才力，务在博见。
>
> 观夫屈、宋属篇，号依诗人，虽引古事，而莫取旧辞。唯贾谊《鵩赋》，始用《鹖冠》之说，相如《上林》，撮引李斯之书，此万分之一会也。及扬雄《百官箴》，颇酌于诗书；刘歆《遂初赋》，历叙于纪传，渐渐综采矣。至于崔、班、张、蔡，遂捃摭经史，华实布濩，因书立功，皆后人之范式也。[4]

《时序》论汉代文学风气变迁说：

---

[1] 傅斯年：《中国古代文学史讲义》，时代文艺出版社 2009 年版，第 20 ~ 23 页。

[2] 徐复观《两汉思想史》（二）说：“我以为最能了解扬雄文学的，古今无如彦和。”（九州出版社 2014 年版，第 431 页）

[3] 范文澜：《文心雕龙注》，人民文学出版社 1978 年版，第 699 ~ 700 页。

[4] 范文澜：《文心雕龙注》，人民文学出版社 1978 年版，第 615 ~ 616 页。

中兴之后，群才稍改前辙，华实所附，斟酌经辞，盖历政讲聚，故渐靡儒风者。[1]

刘勰以为扬雄开创的“引书助文”“酌于诗书”“捃摭经书”的创作风尚，开启东汉六朝“斟酌经辞”“因书立功”的文学创作新“范式”，实为傅氏说所本。

扬雄开启的“引书助文”或“以学为文”创作新特点，对六朝文风的影响，乃至在中国文学发展史上的意义，实堪注意。傅斯年讨论中国古代文学史的分期，甚重扬雄在其中的转折性意义，他说：

我们总不便把政治的时代作为文学的时代，唐朝初年的文学只是隋朝，宋朝初年的文学只是唐季，西汉扬子云的古典主义和东汉近，反和西汉初世中世甚远；东汉的文章又和魏晋近，和西汉远。诸如这样，故我们不能以政治的时代为文学的时代。

因为在他看来，“文学时代之转移每不在改朝易代之时，所以我们必求分别文学时代于文学之内，不能出于其外，而转到了政治之中”。[2]的确，文学的时代不能以政治的时代划分，应当在文学内部根据其发展的“内在理路”来判定其时代之界限，如此，许多文学问题或可获得新解，许多作家在文学史上的地位和影响，或可获得重新评价。扬雄的文学贡献及其在文学史上的影响，就当依此论定。

基于此种认识，傅斯年以为唐代是中国古今文学转移之关键，唐代以前是“古代文学”，唐代以后则是“近世文学”。就唐代以前的“古

[1] 范文澜：《文心雕龙注》，人民文学出版社 1978 年版，第 673 页。

[2] 傅斯年：《中国古代文学史讲义》，时代文艺出版社 2009 年版，第 3 页。

代文学”言，“以自殷周至西汉末为古代文学之正身，以八代为古代文学之殿军者，正因周汉八代是一线，虽新文学历代多有萌芽，而成正统大风气之新文学，至唐代方见到滋长”。[1] 在“古代文学”阶段，以西汉末为界，以扬雄为标志，前期是“古代文学”，后期是“古典文学”，扬雄即是从“古代文学”到“古典文学”的转折性人物。他说：

> 至于以古代文学之盛，断自哀平王莽，则以其下之八代为“乱”者，乃因周秦西汉是古代文学的创作期，八代之正统文学则不然。扬子云而前，中国只有文学，没有古文，虽述作并论，究未若东汉魏晋六朝之正统文学中典型观念之重。[2]

认为“扬子云正是古典文学的大成就”[3]，因为“自扬子云开始，求整，用古，成为文学之当然风气”[4]。扬雄在唐前文学史上的转折性意义，就在他的“求整”和“用古”，就在他于“文言”基础上，“捃摭诗书”“引书助文”，以促成“古文”之确立。扬雄而后之“古文”确立并日趋兴盛，文人“以写在书上的古人语代替口头的今人语”，造成“文即是言，言即是文”之混同局面。[5] 中国文学之发展，因扬雄的创作而呈现出由“口语型向文字型之转变”。[6]

概括地说，学者或以为扬雄开启“引书以助文”之新风气，或以

[1] 傅斯年：《中国古代文学史讲义》，时代文艺出版社 2009 年版，第 3 页。
[2] 傅斯年：《中国古代文学史讲义》，时代文艺出版社 2009 年版，第 4 页。
[3] 傅斯年：《中国古代文学史讲义》，时代文艺出版社 2009 年版，第 29 页。
[4] 傅斯年：《中国古代文学史讲义》，时代文艺出版社 2009 年版，第 4 页。
[5] 傅斯年：《中国古代文学史讲义》，时代文艺出版社 2009 年版，第 13 页。
[6] 许结：《汉代文学思想史》，人民文学出版社 2010 年版，第 194 页。

为“儒者骛文自扬雄始”，或以为扬雄开创了“古典文学”创作新风尚，或认为扬雄是中古文学之起点，或以为扬雄引导了文学创作由“口语型向文字型”的新转变。总之，皆在揭示扬雄在两汉文学史上的转折性意义，在中国文学史上的开创性意义，在古代审美观念史上的承上启下意义。我们认为，扬雄在中国文学史上的转折性或开创性意义，就在他率先自觉构建起以古典美为核心的中国文学理想新范式。

2. 扬雄关于中国文学古典美的理论构建

扬雄开启的“引书助文”和“以学为文”创作新风尚，促成了中国文学古典美形式范式的确立。扬雄关于中国文学古典美的构建，还体现在他对文学内容的“正”的追求上，具体表现就是他建立起明道、征圣、宗经三位一体的古典文学思想。

大体言，以明道为中心的明道、征圣、宗经三位一体的“文以明道”或“文以载道”论，起源于孔孟，发展于扬雄，定型于刘勰，而流变于唐宋古文家和道学家。扬雄和刘勰在其中起着关键作用，并且前者对后者有直接影响。

扬雄论文，以明道为核心，建立起以明道、征圣、宗经三位一体的文学思想。扬雄所谓之“道”，是“天道”或“天地之道”。“天地之道”幽远难测，颜渊尚且“未达一间”，常人更是等而下之。能以大聪明之资质潜心于天地之间，而通达“天地之道”者，唯有圣人。故学者欲明道，则必须征圣。在汉代知识群体中，扬雄之征圣，最为突出。据统计，在《法言》书中，“圣人”一词凡五十八见，单称“圣”者有十五例，另有“圣门”“圣行”“圣言”“圣道”等复合词，共有八十四例。[1] 其征圣之言论，屡见不鲜。扬雄之征圣，与今文学者以孔子为“素王”的观点不同，亦与汉代一般学者因征圣而神化孔子的取向迥异。他之征圣，主要是将孔子理解为真理之掌握者或者道的传承者，强调孔子的智慧德性和理性精神。所以，他说：“天下有三门：由于情欲，入自禽门。由于礼义，入自人门。由于独智，入自圣门。”[2] 圣人异于常人处，就在“独智”。他说：“圣人聪明渊懿，继天测灵，冠乎群伦。”[3] 圣人之所以能够“继天测灵”，能够“冠乎群伦”，就在他的“聪明渊懿”。所以，他之论道与征圣，皆富有明显的理性主义精神，在今文经学繁琐和迷信的现实文化背景下，确有卓尔不群的“异端”特质。

抽象隐秘的“天地之道”，经过圣人的体察而得以呈现，经过圣人之言说而得以彰显。圣人言说道的方式有两种：一是聚徒以言传身教之，二是撰为著述以传承之。无论是对道的言说还是书写，唯有圣人方能担当。《法言·问神》云：

> 言不能达其心，书不能达其言，难矣哉！惟圣人得言之解，得书之体。白日以照之，江、河以涤之，灏灏乎其莫之御也。[4]

“心”有“神”性，所以，有人问“神”，扬雄即以“心”作答。[5]

---

[1] 郭君铭：《扬雄〈法言〉研究》，巴蜀书社 2006 年版，第 42 页。

[2] 汪荣宝：《法言义疏》，中华书局 1987 年版，第 104 页。

[3] 汪荣宝：《法言义疏》，中华书局 1987 年版，第 571 页。

[4] 汪荣宝：《法言义疏》，中华书局 1987 年版，第 159 页。

[5] 扬雄《法言·问神》云：“或问神。曰：潜天而天，潜地而地。天地，神明而不测者也。心之潜也，犹能测之，况于人乎？况于事伦乎？”（汪荣宝：《法言义疏》，中华书局 1987 年版，第 137 页）

圣人体察“天地之道”而存于心，故心即道，道即心，皆有“神”性，故而难测难言。于常人言，“言不能达其心，书不能达其言”，唯有圣人，因其“得言之解，得书之体”，故能“潜心”于道，成为道之体察者和传承者。圣人之言说和书写，形诸文字，即为经典。学者明道，必然征圣，必须宗经。因此，作为“恒久之至道，不刊之鸿教”的经典，不仅是言说、书写之准绳，亦是日常生活的依据。他以为，《五经》为“济道”之途径，为众说中最富于“辩”者，故为“众说郛”。[1]“言天地人”而与“经”相符，则称有“德”。[2]所以，扬雄宣称：“书不经，非书也；言不经，非言也。”[3]人类的一切言说和书写，皆当以“经”为准绳，此之谓“宗经”。

概括言，在扬雄思想中，明道、征圣、宗经是三位一体的，明道是人生之终极追求，在人类群体中，于道之体察与把握最深且透，并能付诸生活以践行者，无过于圣人。故学者明道必须征圣。圣人于道，或言说之，或书写之，或践行之，著为言辞，则称为“经”。故征圣必要宗经。

扬雄以明道为核心的文学思想，在中国文学理论史上有承上启下之意义。明道观念，起于孔孟，较早正式提出明道思想，可称为明道、征圣、宗经文学观念之先驱者，是荀子。扬雄的明道文学思想，是在荀子基础上提出来的，而比之更深入具体、更具理论色彩和系统特征。完备周详、旗帜鲜明地提出明道、征圣和宗经之文学理论，并以此为

[1] 扬雄《法言·问神》云：“大哉！天地之为万物郭，《五经》之为众说郛。”（汪荣宝：《法言义疏》，中华书局1987年版，第157页）

[2] 扬雄《法言·问神》云：“曰：言天、地、人，经，德也；否，愆也。”（汪荣宝：《法言义疏》，中华书局1987年版，第177页）

[3] 扬雄：《法言·问神》，见汪荣宝《法言义疏》，中华书局1987年版，第164页。

论文之枢纽者，是刘勰《文心雕龙》。[1]

以明道为核心的文学思想，体现在文学创作中，就是对文学内容的“正”的追求，具体表现就是“文质相副”和“事辞相称”。

“文质论”是中国古代文化史上的一项重要理论，涵盖学术思想、礼仪举止和文学艺术等方面。早期儒者讲文质关系，均属礼仪文化范畴，与文学无直接关联，如《论语·雍也》说：

> 子曰：质胜文则野，文胜质则史。文质彬彬，然后君子。[2]

《颜渊》说：

> 棘子成曰：君子质而已矣，何以文为！子贡曰：惜乎！夫子之说君子也，驷不及舌。文犹质也，质犹文也，虎豹之鞟，犹犬羊之鞟。[3]

皆就儒家理想的君子风范言说文质关系，未涉及文学艺术。学者认为，中国文学史上第一个提出文学上的“文质相副”论者，是扬雄。在扬雄前，孔子等人的“文质”说，并非文学理论；在扬雄后，刘勰提出的文质说，则是继承扬雄等人的文学思想而加以发展。是扬雄首次将“文质”说引入到文学理论，并首次就文与质的轻重关系，提出“文质相副”论。在先秦两汉时期，儒者言“文”，强调“文质彬彬”，但包括儒者在内的一般学者，特别是法家和道家学者，大体皆持“以

[1] 汪文学：《扬雄与六朝之学》第七章第一节“扬雄‘明道’论之学术内涵和历史影响”，贵州人民出版社 2019 年版。

[2] 刘宝楠：《论语正义》，上海书店 1986 年版，第 125 页。

[3] 刘宝楠：《论语正义》，上海书店 1986 年版，第 267 页。

文害质”的观点，有重质轻文的倾向。以司马相如为代表的辞赋家，又过分追求文辞的装饰性，重文轻质，确有“文丽用寡”之弊病。扬雄提出“文质相副”说，就是为了“救汉儒以文害质和汉赋家文丽用寡之病”[1]。

扬雄的“文质相副”论，固然是取资于传统儒家的“文质彬彬”说，故其在《太玄·文》中阐发了世间万物皆当遵循文质统一的思想，于《太玄·饰》中阐发了学术文化亦应遵照文质相称的观念。值得注意的，是他首次将此论运用于文学作品的分析和文学理论之探讨。《太玄·玄莹》说：

> 文以见乎质，辞以睹乎情。观其施辞，则其心之所欲者见矣。[2]

“心之所欲者”是为“质”与“情”，此“质”与“情”通过“文”与“辞”而得以呈现。《法言·问神》说：

> 故言，心声也；书，心画也。……声画形，君子小人见矣。声画者，君子小人之所以动情乎！[3]

“心声”“心画”乃“君子小人之所以动情”，呈现此“情”与“质”之工具是“言”和“书”。“言”和“书”要有效传达“情”与“质”，则非“文”和“辞”不可，故曰“文以见乎质，辞以睹乎情”。必须

[1] 束景南、郝永：《论扬雄文学思想之“文质相副”说》，《文艺理论研究》2007年第4期。

[2] 司马光：《太玄集注》，中华书局1998年版，第190页。

[3] 汪荣宝：《法言义疏》，中华书局1987年版，第160页。

有“文”与“辞”，方才能够“见乎质”和“睹乎情”。其于“文”之重视，于此可见。因此，《法言·寡见》说：

> 或曰：良玉不雕，美言不文，何谓也？曰：玉不雕，玙璠不作器。言不文，典谟不作经。[1]

作为“经”的前提，就是其“言”必须要有“文”。“经”是圣人的制作，他定义“圣人”说：

> 圣人，文质者也。车服以彰之，藻色以明之，声音以扬之，诗、书以光之。笾豆不陈，玉帛不分，琴瑟不铿，钟鼓不抎，则吾无以见圣人矣。[2]

以“文质”定义“圣人”，这里的“文质”是偏正词型，不是通常意义上的联合词型。即“文质”之“文”作动词用，是“修饰使彰显”的意思；“质”是指内在的、根本性的存在，其核心是儒家之道。在这里，“文”获得前所未有的重要功能，成为“道”的表征。[3]“质”因“文”而显，“道”由“文”而彰，圣人的职责就是以“文”彰显“道”之“质”。所以，他说：“或问圣人表里？曰：威仪文辞，表也；德行忠信，里也。”[4]“君子言则成文，动则成德，何以也？曰：以其绷中而彪外也。”[5]

---

[1] 汪荣宝：《法言义疏》，中华书局1987年版，第221页。

[2] 扬雄：《法言·先知》，见汪荣宝《法言义疏》，中华书局1987年版，第291页。

[3] 李春青：《论中国古代“鉴赏批评”的形成》，《文艺理论研究》2012年第6期。

[4] 扬雄：《法言·重黎》，见汪荣宝《法言义疏》，中华书局1987年版，第365页。

[5] 扬雄：《法言·君子》，见汪荣宝《法言义疏》，中华书局1987年版，第496页。

“文质相副”论的另一种表述，就是“事辞相称”说。《法言·吾子》说：

> 或问：君子尚辞乎？曰：君子事之为尚。事胜辞则伉，辞胜事则赋，事辞称则经。足言足容，德之藻矣。[1]

“事辞”义近“文质”，二者之间，“事之为尚”，以质为重。“事胜辞则伉，辞胜事则赋”，正如孔子所谓“质胜文则野，文胜质则史”。“事辞称则经”，亦如孔子所谓“文质彬彬，然后君子”。不同的是，孔子是就君子人格言，扬雄则是就书写或言说言。扬雄甚重言说和书写，《法言·问神》说：“弥纶天下之事，记久明远，著古昔之昏昏，传千里之忞忞者，莫如书。”[2] 而言说与书写当以“经”为准，因为“事辞相副”之典范是“经”，故云：“书不经，非书也；言不经，非言也；言、书不经，多多赘矣。”[3]

扬雄在继承传统“文质”说之基础上，提出“文质相副”论和“事辞相称”说，是有现实意义的。因为自战国、秦汉以来，言说或书写大体朝着两个方向发展：一是传统儒家尚质重事，虽不完全否定文与辞，但明显是以质与事为本，以文与辞为末；二是秦汉以来的辞赋家尚文重辞，以至“虚辞滥说”，过分追求言说和书写的修饰性。扬雄提出“文质相副”论和“事辞相称”说，正是针对这两种发展方向的纠偏与补失。一方面提升文与辞之地位，使其与质和事处在相副、相

[1] 汪荣宝：《法言义疏》，中华书局 1987 年版，第 60 页。

[2] 汪荣宝：《法言义疏》，中华书局 1987 年版，第 160 页。

[3] 扬雄：《法言·问神》，见汪荣宝《法言义疏》，中华书局 1987 年版，第 164 页。

称的同等水平，是以儒者身份重视文辞，体现重文的倾向。另一方面则是以辞赋家的身份提升质与事之地位，纠正辞赋创作中“虚辞滥说”之弊病，使之走上“文质相副”和“事辞相称”的良性发展轨道。

扬雄的“文质相副”论和“事辞相称”说影响深远，它为汉魏以后的文学发展指示了一条稳健而平实的道路。学者以为，扬雄始“尚辞”，终“明理”，拈出“事辞相称”说，为东汉赋家指明了创作方向。桓谭、张衡、班固等人，即承扬雄晚年“事辞相称”思想而来。刘勰《文心雕龙》提出的“理懿而辞雅”说，其理论渊源亦在扬雄这里。[1]扬雄提出“文质相副”论和“事辞相称”说，构建以明道为核心的明道、征圣、宗经三位一体的文学思想，其在中国文学史上的影响，于文学创作言，是渐染儒风。[2]于作者言，是导致文士身份与儒士身份渐趋合一，形成具有独立身份意义的“文儒”群体。

总之，文学之构成，不外形式和内容两端。扬雄开启“斟酌经辞”“因书立功”“引书助文”“以学为文”的创作新风尚，构建起以“雅”为特质的中国文学古典美在形式上的新范式。扬雄以明道为中心，建立起明道、征圣、宗经三位一体的文学思想，构建起以“正”为特质的中国文学古典美在内容上的新范式。雅正是中国文学古典美的基本特征，扬雄是中国文学古典美的构建者。

[1] 孙少华：《先秦两汉诸子“辞”“理”之辨的理论范畴与文学实践》，《文史哲》2013 年第 3 期。

[2] 刘勰《文心雕龙·时序》说：“自安、和已下，迄至顺、桓，则有班、傅、三崔，王、马、张、蔡，磊落鸿儒，才不时乏，而文章之选，存而不论。然中兴之后，群才稍改前辙，华实所附，斟酌经辞，盖历政讲聚，故渐靡儒风者也。”（范文澜：《文心雕龙注》，人民文学出版社 1978 年版，第 673 页）刘永济说：“东汉中兴以后，顺、桓以前，稍改西京之风，渐靡经生之习，由丽辞而为儒文，此四变也。”（刘永济：《文心雕龙校释》，中华书局 1962 年版，第 168 页）

第九章 王莽、刘歆和扬雄关系述论

两汉之际的社会剧变，是政治剧变、学术剧变、思想剧变和文学剧变。社会剧变是在长期的历史发展进程中，社会变革因子由量变到质变所促成。促进社会剧变的根本力量是人，因此，时代性的关键人物对社会剧变的推动，不可忽略。促成两汉之际社会剧变和历史转折的关键人物，有政治人物王莽、学术人物刘歆、思想和文学人物扬雄。或者说，在社会政治文化基础和时代变革潮流充分具备的条件下，是王莽、刘歆和扬雄三位时代关键人物的联袂登场，共同导演了这场社会剧变和历史转折。

此前各章，我们在述论两汉之际社会剧变的政治环境和思想背景之基础上，分别探讨了作为理想主义者和改革主义者的王莽的托古改制，作为宗室、经师和国师的刘歆的知识秩序构建，作为纯粹思想型学者的扬雄的"玄思大义"和古典美构建，呈现了作为"新政"执行者的王莽、参与者的刘歆和旁观者的扬雄，于两汉之际在政治、学术、思想和文学领域的作为和影响。我们认为，是王莽的政治、刘歆的学术、扬雄的思想和文学共同构成了中国历史上的"两汉之际"。

我们深信，生活在同一时空背景下的王莽、刘歆和扬雄，他们有共同的文化思想背景，有任职黄门的共同经历，有比较频繁的交接往来。因此，他们面临时代的剧烈变化，聚焦时代社会、政治和文化问题，其所思所想所作所为，必然发生相互关联和互动影响。或者说，在同一时空背景下产生的王莽政治、刘歆学术、扬雄思想和文学，必然发生互动关联。正是王莽、刘歆和扬雄在政治、学术、思想和文学上的互动关联，促成当时的社会剧变和历史转折，构成中国历史上的"两汉之际"。本章讨论王莽、刘歆和扬雄三人的关系，包括两个层面：一是三人彼此的交接往来，二是三人的学术文化互动关联。

一、王莽、刘歆和扬雄的个人关系

王莽、刘歆和扬雄三人年龄大体相当。扬雄生于甘露元年（前53），王莽生于初元四年（前45），刘歆生年不详。据钱穆推测，刘歆"其年当较王莽稍长"，"雄、歆年盖相若，子云犹或稍长"。[1]大体言，扬雄最长，刘歆次之，王莽最小，三人年龄差距不过七八岁，算是同一时代同一年龄层次的人。

1. 王莽与刘歆的交接往来

王莽、刘歆和扬雄三人首次聚首并共事，或说是在黄门侍郎任上。据《汉书·刘歆传》载："莽少与歆俱为黄门郎，重之。"[2]《汉书·扬雄传》称："初，雄年四十余，自蜀来至游京师，大司马车骑将军

[1] 钱穆：《刘向歆父子年谱》，见《两汉经学经今古文平议》，商务印书馆2001年版，第40页。

[2] 班固：《汉书·刘歆传》，见《汉书》，中华书局1962年版，第1972页。

王音奇其文雅，召以为门下史，荐雄待诏，岁余，奏《羽猎赋》，除为郎，给事黄门，与王莽、刘歆并。”[1]《汉书·王莽传》载：“阳朔中，世父大将军凤病，莽侍疾，亲尝药，乱首垢面，不解衣带连月。凤且死，以托太后及帝，拜为黄门郎。”[2]三人皆曾给事黄门，可以确定无疑，但在时间上可能或有先后，而非同时。扬雄因奏《羽猎赋》而除为郎，钱穆以为，当在元延二年（前 11），扬雄时年四十三岁。王莽拜黄门郎的时间，《汉书·王莽传》明言是在阳朔年间王凤死后，钱穆据此推定为阳朔三年（前 22），王莽时年二十四岁。刘歆生年不详，给事黄门的时间不能确认。据《汉书·刘歆传》载：“莽少与歆俱为黄门郎，重之。”莽、歆当是前后给事黄门，可能曾经聚首共事。扬雄奏《羽猎赋》而给事黄门，但《汉书·扬雄传》谓扬雄“给事黄门，与王莽、刘歆并”，却有疑问。扬雄给事黄门在元延二年（前 11），王莽给事黄门在阳朔三年（前 22），中间相距十一年，王莽不可能在黄门郎职位上待十一年。事实上，王莽于永始元年（前 16）便离职黄门，迁骑都尉光禄大夫侍中。因此，三人先后给事黄门无疑，王莽与刘歆可能有共事黄门的经历。而扬雄虽然给事黄门，但没有与王莽、刘歆共事黄门的经历。

《汉书·刘歆传》谓“莽少与歆俱为黄门郎，重之”，钱穆谓“莽、歆关系始见此”。王莽给事黄门的时间，从阳朔三年（前 22）到永始元年（前 16），前后五年左右。期间，王莽和刘歆共事黄门，俱为青年才俊，相顾相惜，王莽“重之”，当是二人关系亲密的时期。王莽后来的一些执政理念和改制理想，刘歆关于知识秩序构建的设想，可

[1] 班固：《汉书·扬雄传》，见《汉书》，中华书局 1962 年版，第 3583 页。

[2] 班固：《汉书·王莽传》，见《汉书》，中华书局 1962 年版，第 4039 页。

能便是萌芽于二人共事黄门期间的切磋讨论中。

据《汉书·刘歆传》载：“哀帝初即位，大司马王莽举歆宗室有材行，为侍中太中大夫，迁骑都尉、奉车光禄大夫，贵幸。复领《五经》，卒父前业。歆乃集六艺群书，种别为《七略》。”[1] 据此，刘歆的职位升迁和“复领《五经》”，以及获得的“贵幸”，与其“材行”尤其是才学有关，与王莽的推举和眷顾有关。王莽看重刘歆，推举和眷顾刘歆，主要就是因为他的才学。

王莽推举刘歆为光禄大夫和“复领《五经》”后不久，刘歆即请立《左氏春秋》及《毛诗》等于学官，并移书让太常博士，“由是忤执政大臣，为众儒所讪，惧诛，求出补吏，为河内太守”[2]。此时王莽病免家居，不再担任大司马。没有王莽的支持，刘歆的学术事业便遭遇挫折。尽管哀帝出面调停，说刘歆请立《左氏春秋》等于学官，是为“广道术”，亦无济于事。

在哀帝初期，王莽先是病免家居，后又避丁、傅外家而就国新都，一直到元寿元年（前2）哀帝崩，才被征还京师，再为大司马，时年四十四岁。据《汉书·刘歆传》载：“会哀帝崩，王莽持政……白太后，太后留歆为右曹太中大夫，迁中垒校尉，羲和，京兆尹，使治明堂辟雍，封红休侯。典儒林史卜之官，考定律历，著《三统历谱》。”[3] 据《汉书·王莽传》载：“诸哀帝外戚及大臣居位素所不说者，莽皆傅至其罪。……于是附顺者拔擢，忤恨者诛灭。王舜、王邑为腹心，甄丰、甄邯主击断，平晏领机事，刘歆典文章，孙建为爪牙。丰子寻、歆子

[1] 班固：《汉书·刘歆传》，见《汉书》，中华书局1962年版，第1967页。

[2] 班固：《汉书·刘歆传》，见《汉书》，中华书局1962年版，第1972页。

[3] 班固：《汉书·刘歆传》，见《汉书》，中华书局1962年版，第1972页。

棻、涿郡崔发、南阳陈崇皆以材能幸于莽。”[1]是知王莽被征还京师，再度为大司马，执掌朝政，便立即向太后推举刘歆，用他典文章，任命他为羲和官。这亦是王莽对刘歆才学的器重。

综上，在为安汉公前，王莽对刘歆很器重，尤其推崇刘歆的才学，在他两任大司马时，皆鼎力推举刘歆。刘歆亦因此而“贵幸”，可见两人的关系比较亲近。在为安汉公后，王莽萌发篡汉之心，对刘歆的态度便稍有变化。

元始元年（1）王莽为安汉公，上书言：“臣与孔光、王舜、甄丰、甄邯共定策，今愿独条光等功赏。”[2]于是太后以孔光等四人为“四辅”，其中没有刘歆。居摄元年（6）王莽居摄后，“白太后下诏曰：故太师光虽前薨，功效已列。太保舜、大司空丰、轻车将军邯、步兵将军建皆为诱进单于筹策，又典灵台、明堂、辟雍、四郊，定制度……功德茂著。封舜子匡为同心侯，林为说德侯，光孙寿为合意侯，丰孙匡为并力侯。益邯、建各三千户”[3]。钱穆说：“莽、歆关系虽密，尚在此诸人后。歆子棻虽以才智见幸，不在同心、说德、合意、并力之伍。”[4]作为宗室的刘歆，“非复欲令莽居摄”是他的基本政治立场，因为他深知居摄便是篡汉的前戏。王莽为安汉公，尤其是居摄后，篡汉之心亦日趋膨胀，于是对作为宗室的刘歆便有了防范之心。所以，在他居摄后，便有意疏离刘歆，上述白太后下诏的封赏中便没有刘歆父子。

当然，王莽亦并未完全疏离刘歆，文化、礼制方面的工作，仍然

[1] 班固：《汉书·王莽传》，见《汉书》，中华书局 1962 年版，第 4044 ~ 4046 页。

[2] 班固：《汉书·王莽传》，见《汉书》，中华书局 1962 年版，第 4046 页。

[3] 班固：《汉书·王莽传》，见《汉书》，中华书局 1962 年版，第 4086 ~ 4087 页。

[4] 钱穆：《刘向歆父子年谱》，见《两汉经学今古文平议》，商务印书馆 2001 年版，第 117 页。

需要刘歆。如元始三年（3）聘王莽女为皇后，诏刘歆等杂定婚礼。元始五年（5）诏刘歆等四人治明堂、辟雍。初始元年（9），王莽母功显君死，诏刘歆与博士诸儒议其服。

始建国元年（9），王莽篡汉立新，封四辅、三公、四将。刘歆为四辅之一，封嘉新公，称国师。这个封赏和任命，当是王莽对刘氏宗室的安慰。亦就是在这一年，王莽收捕言灾异者，刘歆子棻、泳及其门人丁隆皆遇难。[1] 地皇四年（23），刘歆谋反自杀。据《汉书·王莽传》载：道士西门君惠好天文图谶，以为"刘氏当复兴，国师公姓名是也"，卫将军王涉、大司马董忠等信其言，以语刘歆。刘歆不信，王涉等言："诚欲与公共安宗族，奈何不信涉也？"史称"歆怨莽杀其三子，又畏大祸至，遂与涉、忠谋"，后事泄，董忠被杀，刘歆、王涉皆自杀。[2] 据此可知，刘歆谋反的原因有三：一是为了"安宗族"，二是"怨莽杀其三子"，三是"畏大祸至"。

据《汉书·王莽传》载：

> 初，甄丰、刘歆、王舜为莽腹心，倡导在位，褒扬功德。"安汉""宰衡"之号及封莽母、两子、兄子，皆丰等所共谋，而丰、舜、歆亦受其赐，并富贵矣，非复欲令莽居摄也。居摄之萌，出于泉陵侯刘庆、前辉光谢

---

[1] 据《汉书·扬雄传》载："王莽时，刘歆、甄丰皆为上公，莽既以符命自立，即位之后欲绝其原以神前事，而丰子寻、歆子棻复献之。莽诛丰父子，投棻四夷，辞所连及，便收不请。"（《汉书》，中华书局1962年版，第3584页）据《汉书·王莽传》载："莽以诈立，心疑大臣怨谤，欲震威以惧下，因是发怒……收捕寻。寻亡，丰自杀。……辞连国师公歆子……棻，棻弟……泳，大司空邑弟……奇，及歆门人……丁隆等，牵引公卿党亲列侯以下，死者数百人。"（同上，第4123页）这两处说的是一件事。

[2] 班固：《汉书·王莽传》，见《汉书》，中华书局1962年版，第4184～4185页。

嚣、长安令田终术。莽羽翼已成，意欲称摄。丰等承顺其意，莽辄复封舜、歆两子及丰孙。丰等爵位已盛，心意既满，又实畏汉宗室、天下豪杰。而疏远欲进者，并作符命，莽遂据以即真，舜、歆内惧而已。[1]

这段文字对刘歆与王莽的关系有比较全面的总结。其一，早期刘歆是王莽“腹心”，确有“倡导在位，褒扬功德”之举。其二，王莽为“安汉”“宰衡”，是“丰等所共谋”，身为宗室的刘歆，或不与之，但“亦受其赐，并富贵矣”。其三，刘歆“非复欲令莽居摄”，王莽居摄，刘歆未参与，亦不赞成，尽管其两子获封。其四，王莽即真，“歆内惧而已”。此为王莽与刘歆交接往来之大概。

2. 王莽与扬雄的交接往来

相对刘歆与王莽的频繁交接，扬雄与王莽的交往不多。虽然他们早年都曾给事黄门，但肯定没有共事经历。《汉书·扬雄传》称扬雄“奏《羽猎赋》，除为郎，给事黄门，与王莽、刘歆并”。此记载有误，前已辩明，兹不赘言。

扬雄对王氏家族的态度，与刘歆不同。首先，他没有刘歆的宗室身份，故与王氏家族交接，没有刘歆那样的矛盾和尴尬，王氏家族于他亦没有像对刘歆那样的猜忌和怀疑。其次，作为宗室的刘歆，在早年，皇上“欲以为中常侍，召取衣冠，临当拜”而被外戚王凤以为不可而叫停，这段经历决定了他一生对王氏家族的基盘感情，虽然他是“新政”的参与者。扬雄早年颇得王氏眷顾，班固《汉书·扬雄传》赞称：“初，雄年四十余，自蜀来至游京师，大司马车骑将军王音奇其文雅，

[1] 班固：《汉书·王莽传》，见《汉书》，中华书局1962年版，第4123页。

召以为门下史，荐雄待诏，岁月，奏《羽猎赋》，除为郎，给事黄门。”关于扬雄来游京师时的年龄是四十余还是三十余，“奇其文雅”的王氏是王音还是王根，学者认识有分歧。但可以肯定的是，扬雄早期“自蜀来至游京师”，得到过王氏家族的眷顾和推引。这段经历奠定了扬雄对王氏家族的基盘感情，虽然他是“新政”的旁观者。

在黄门侍郎任上，史籍载录了扬雄两件事情：一是建平二年（前 5），“朱博为丞相，临延登受第，有大声鸣殿中，以问黄门侍郎扬雄及李寻”；二是建平四年（前 3）扬雄上书谏不许单于朝。在此期间，丁、傅、董贤用事，王莽避帝外家而就国，扬雄闭门草《太玄》，两人无甚交接。

据《汉书・王莽传》载，元始五年（5），王莽居摄后，以为“汉家地广二帝三王，凡十二州，州名及界多不应经。《尧典》十有二州，后定为九州。汉家廓地辽远，州牧行部，远者三万余里，不可为九。谨以经义正十二州名分界，以应正始”[1]。王莽依据经义进行地方行政区划改革，将朔方并入凉州，把包括朔方在内的十三州更改为十二州。扬雄著《十二州箴》，其中无朔方州，这是扬雄回应王莽地方行政区划改革的创作。

据《汉书・王莽传》载，元始五年（5），“征天下通一艺教授十一人以上，及有《逸礼》、古《书》、《毛诗》、《周官》、《尔雅》、天文、图谶、钟律、月令、兵法、《史篇》文字，通知其意者，皆诣公车。网罗天下异能之士，至者前后千数，皆令记说廷中，将令正乖缪，壹异说云”[2]。这是王莽居摄后发起的一项重大文化工程，目的是“正

[1] 班固：《汉书・王莽传》，见《汉书》，中华书局 1962 年版，第 4077 页。

[2] 班固：《汉书・王莽传》，见《汉书》，中华书局 1962 年版，第 4069 页。

乖缪，壹异说”，一统知识、学术和文化。这项工程，可能是由刘歆主导，扬雄参与并主导其中的小学部分工作，编著《训纂》一书。[1]

据《汉书·扬雄传》载：

> 王莽时，刘歆、甄丰皆为上公，莽既以符命自立，即位之后欲绝其原以神前事，而丰子寻、歆子棻复献之，莽诛丰父子，投棻四裔，辞所连及，便收不请。时雄校书天禄阁上，治狱使者来，欲收雄，雄恐不能自免，乃从阁上自投下，几死。莽闻之曰：雄素不与事，何故在此？间请问其故，乃刘棻尝从雄学作奇字，雄不知情。有诏勿问。……雄以病免，得召为大夫。[2]

“素不与事”是王莽对扬雄的评价，这个评价是客观的，扬雄除了参与王莽“新政”的改制工作（如著《十二州箴》）和文化工作（如著《训纂》《方言》），基本没有参与“新政”政治层面上的事情。王莽“有诏勿问”，后又“召为大夫”，说明王莽对作为文化学者的扬雄的认同，两人在文化思想上有相通之处。

因为早年“自蜀来至游京师”，得到过王氏家族的眷顾和推引，扬雄对王氏家族虽然没有特别的感恩之意，但亦无明显的恶感或排斥。疏离政治和恬于势利，是他一贯的人生态度。虽然他对王莽不怀恶感，但亦未对他的篡汉立新做主动的助力。王莽篡位，“谈说之士用符命称功德获封爵者甚众，雄复不侯，以耆老久次转为大夫”。因此，即

[1] 班固《汉书·艺文志》载：“元始中，征天下通小学者以百数，各令记字于庭中。扬雄取其有用者以作《训纂篇》，顺续《苍颉》，又易群书所载略备矣。”（《汉书》，中华书局1962年版，第1721页）

[2] 班固：《汉书·扬雄传》，见《汉书》，中华书局1962年版，第3584～3585页。

使王莽，亦说他是一位“素不与事”的学者。王莽篡汉立新后，扬雄确有对王莽的颂扬。如《法言·孝至》称颂王莽其人说：

> 周公以来，未有汉公之懿也，勤劳则过于阿衡。汉兴二百一十载而中天，其庶矣乎！辟雍以本之，校学以教之，礼乐以容之，舆服以表之，服其井、刑，勉人役，唐矣夫。[1]

他称颂王莽其人，是称颂作为安汉公的王莽；称颂王莽的作为，是称颂王莽作为安汉公时的作为，重点是在礼制改革上。他撰写《剧秦美新》称颂王莽“新政”，成为学者鄙薄他的把柄。或者是不得已而为之，有“冀以瓦全”之目的。其实，《剧秦美新》所美之“新政”，亦主要侧重在王莽托古改制所恢复的理想制度上。

总体言，在“新政”期间，扬雄对政治是冷漠疏离，他主要在天禄阁校书，并未参与“新政”的政治活动。如果说刘歆是“新政”的参与者，扬雄则是“新政”的旁观者。虽然他处在儒家理想主义精神高涨和改制主义理念风行的时代，受时代风气感染，对王莽寄予厚望，以为王莽是解决社会危机的最佳人选，但他对政治根本没有兴趣，他的兴趣在学术。

据现存史料，刘歆与扬雄之间的交接往来，亦不是很密切。虽然他们都曾给事黄门，但并没有共事黄门的经历。刘歆于绥和二年（前7）典五经，校书天禄阁，前后凡十六年时间。扬雄和刘歆有同时校书天禄阁的经历，《后汉书·桓谭传》称桓谭“数从刘歆、扬雄辩析疑异”，可能就是两人同时校书天禄阁的时期。据《汉书·扬雄传》载：哀帝时，

[1] 汪荣宝：《法言义疏》，中华书局1987年版，第559～562页。

丁、傅、董贤任事，扬雄草《太玄》，刘歆说：“空自苦，今学者有禄利，然尚不能明《易》，又如《玄》何？吾恐后人用覆酱瓿耳。”[1]是刘歆不能理解扬雄创作《太玄》的用心。另外，据传刘歆有《与雄索取方言书》，扬雄有《答刘歆书》。钱穆认为：“雄、歆往返二书，殆赝物也。”[2]故可置而不论。

二、政治秩序、知识秩序和思想秩序的共谋：王莽、刘歆和扬雄的学术关联

1. 王莽、刘歆和扬雄发生学术关联的可能性

王莽、刘歆和扬雄三人同处两汉之际这个社会剧变的时间与空间中，都受到西汉中后期的时代思潮——儒家政治理想主义和礼制改革主义的深刻影响。他们面临着共同的社会问题，其所思所想所作所为皆围绕着“新政”展开，三人之间有或疏或密的交接往来，彼此之间发生着理解与不理解、认同与不认同的个人关系。因此，三人的学术思想必然彼此关联，有着或深或浅的相互影响。并且，王莽“新政”既是一个政治事件，亦是一个文化思想事件，相较而言，它的文化思想属性大于其政治属性，其文化思想史意义重于其政治史意义。因此，“新政”的文化思想史意义可能与刘歆、扬雄的学术思想之间存着某种关联性。换句话说，王莽构建的政治秩序、刘歆构建的知识秩序和扬雄构建的思想秩序之间，可能具有一种共生共谋关系，是他们共同

[1] 班固：《汉书·扬雄传》，见《汉书》，中华书局1962年版，第3585页。

[2] 钱穆：《刘向歆父子年谱》，见《两汉经学今古文平议》，商务印书馆2001年版，第108页。

构成了中国历史上的“两汉之际”。

王莽“新政”具有重要的文化思想史意义，王莽的政治秩序与刘歆的知识秩序之间，可能存在一种共生共谋关系。一般认为，刘歆学术与王莽政治之间，就是学术服务政治的关系，如王夫之认为，刘歆是“窃先生之道”以媚莽篡汉立新和助莽托古改制。皮锡瑞认为，刘歆是“经学之大蠹”，“党王莽篡汉，于汉为不忠”。刘逢禄、崔适、康有为、顾颉刚等人以为，刘歆是以知识学术媚莽篡汉立新，伪造史实和编撰典籍助莽托古改制，甚至认为“王莽要什么刘歆有什么”，等等。

我们认为：这些看法，皆不免今文家的偏见，刘歆学术与王莽政治之间，并非简单的服务与被服务的关系。作为宗室的刘歆，“非复欲令莽居摄”，虽然他不像乃父刘向那样“显讼宗室，讥刺王氏”，但亦不会“党附篡逆”，以学术媚莽篡汉立新。作为国师的刘歆，“以革新政教相翼”，他与“新政”的契合点，是“革新政教”，是托古改制，而非助莽篡汉立新。所以，他编撰《七略》，在“文本秩序”之基础上构建“知识秩序”，编织中国知识、学术和思想的“意义之网”，是为“正乖缪，壹异说”，进行知识、学术和文化的一统工作，是为实现与政治大一统相适应的知识、学术和思想的大一统。他基于政治理想主义和礼制改革主义立场表彰《周官》，是对儒家政治理想愿景的传播和张扬。他推扬《左传》，是为“广道术”。他编著《世经》，建立五行相生五德终始说，是为构建集天文、人文、政治、历史于一体的历史知识系统和天道历史秩序。刘歆的知识整理和学术创制，是儒术独尊以来学术思想发展的必然产物，客观上契合于王莽“新政”的礼制主义改革，主观上并不存在媚莽助莽的功利之心。

如果说刘歆与王莽“新政”走得较近，是“新政”的参与者，那么，扬雄与王莽“新政”的关系则比较疏远，是“新政”的旁观者。关于扬雄思想与王莽政治的关系，学者有媚莽和刺莽两种截然相反的意见。如颜之推以为扬雄是“德败美新”，程颐认为扬雄“去就不足观”，胡寅认为扬雄“有《美新》之文，投阁之耻，何其懵然不智”，钱时以为扬雄“曾狗彘之不若”，朱鹤龄说扬雄是“伪儒”，是“贼莽之佐命元臣”，等等。以上是说扬雄之媚莽。为扬雄辩护者亦代有其人，如司马光为扬雄“汉亡不能死”“仕莽而不去”“誉莽以求媚”辩护。王世贞举证扬雄不附王莽，以为“美新”虽为扬雄之“微恨”，但“情亦有大可原者”。孙复以为扬雄《太玄》是“疾莽而作”。陈本礼以为“子云作《玄》，义在刺莽”。焦竑考释证明扬雄无仕莽、投阁、美新之事。周亮工以为《法言》中的誉莽之辞，是怨家所添加，或者《剧秦美新》的作者是谷子云而非扬子云，等等。

我们认为：无论是媚莽说还是刺莽说，抑或是坐实扬雄之“美新”，或者为扬雄之“美新”辩护，皆不免臆说曲解。作为“知识型人生形态”的扬雄，他的兴趣在学术探索与思想构建，他的人生追求是学术而非政治，“素不与事”是他的人生特点，他始终对政治持疏离态度，无论是“新政”还是“汉政”，他都是一个旁观者角色。无论是《剧秦美新》对“新政”的赞誉，还是《法言·孝至》对王莽的称颂和批评，都是他基于文化学术的立场的观点，是西汉中后期以来儒家政治理想主义和礼制改革主义影响下的产物。他建立明道、征圣、宗经三位一体的思想，以及在此基础上构建起以“雅正”为特质的中国文学古典美新范式，与刘歆在“文本秩序”之基础上构建的“知识秩序”相呼应，是西汉中后期儒术独尊以来儒家理想主义精神在文学上的具体表现。

他开启“玄思大义”，构建起集人文、天文、政治、历史于一体的“玄体”论，与刘歆的天道历史秩序相呼应，是西汉中期以来儒家理想主义大一统精神在思想上的具体表现。

所以，我们认为：刘歆的知识秩序、扬雄的思想秩序和王莽的政治秩序，并非简单的服务与被服务、利用与被利用的关系，而是在同一时空背景下，在西汉中后期以来儒术独尊的学术环境中，在儒家政治理想主义和礼制改革主义精神的影响下，针对共同面临的社会问题，提出的政治、学术和思想方面的解决方案。因此，王莽的政治秩序、刘歆的知识秩序和扬雄的思想秩序，三者之间存在着彼此关联和互相呼应的关系，共同构成在中国历史上发生深远影响的“两汉之际”。

2. 王莽、刘歆和扬雄的学术关联

在西汉中后期儒家政治理想主义和礼制改革主义大背景下产生的王莽政治、刘歆学术和扬雄思想，皆是针对面临的共同政治社会和文化思想问题，分别从政治、学术和思想三个方面做出的回应或解答。因此，即便三人的立场各异和取向有别，其间亦必然发生相互影响、彼此呼应、互相促进的关联。就其大者而言，主要有以下几个方面。

其一，在儒家理想主义精神的影响下，在儒学独尊的时代思想氛围中，王莽、刘歆和扬雄分别从政治、学术和思想等方面，推动宗经、尊孔思想的发展，推进儒学国教化的完成，从而奠定了中国古代社会国家的意识形态基础和政治文化发展方向。

儒学思想发端于孔、孟，发展于周、秦。它虽为当时之显学，但并未取得独尊地位。儒学独尊始于汉武帝时代，但武帝之独尊儒学，是为“缘饰”政治，并未完全按照儒学思想运作政治，儒学思想亦未

对社会政治和现实人生发生实际影响。真正按照儒学思想运作政治，使儒学与政治社会之间构成共生共谋关系，乃至成为国家意识形态和社会主导思想，是在王莽“新政”时期。比较而言，如果说汉武帝推进的是“儒学官学化”，王莽推进的则是“儒学国教化”。所以，宫崎市定说：“将儒教公开定为国教始于王莽。”[1]西嶋定生说：“王莽才是儒学国教化的完成者。”[2]其具体表现，就是推进礼制国家性质的形成和礼教政治体系的完成。

与王莽在政治上推进儒学国教化进程相呼应的，是刘歆构建的知识秩序中的尊儒重孔倾向和扬雄构建的思想秩序中的宗经尊圣特征。

刘歆《七略》，通过“辨章学术，考镜源流”，在“文本秩序”基础上构建“知识秩序”，建立知识的等级序列，确立儒家思想的优先地位和核心地位。“七略”依次按照六艺略、诸子略、诗赋略、兵书略、术数略、方技略顺序排列，“首六艺而后诸家”，以六艺略居首，赋予六艺之学在整个知识秩序中的先导地位。“诸子略”论列九流百家，按照儒、道、法、名、墨、纵横、杂、农、小说次序排列，体现儒学在整个知识序列中的优先地位。他提出诸子是“六经之支与流裔”说和“诸子出于王官”说，这两个观点，毋论是否是历史事实，或者是出于替汉制寻求历史依据的现实需要，皆体现了刘歆通过“总百家之绪”构建知识秩序的努力，以六艺之学统构知识秩序的意识，重建知识秩序与政治秩序共生共谋关系的意图。刘歆这种尊经重儒观念，与王莽推进的儒学国教化进程，是遥相呼应的。

[1] 〔日〕宫崎市定：《中国史》，焦堃、瞿柘如译，商务印书馆（香港）有限公司 2018 年版，第 158 页。

[2] 〔日〕西嶋定生：《秦汉帝国——中国古代帝国之兴亡》，顾姗姗译，社会科学文献出版社 2017 年版，第 443 页。

扬雄构建的思想秩序，树立起明道、征圣、宗经三位一体的学术思想。他说："天下有三门：由于情欲，入自禽门。由于礼义，入自人门。由于独智，入自圣门。"[1] 以为"圣人聪明渊懿，继天测灵，冠乎群伦"[2]。抽象隐秘的"天地之道"，经过圣人的体察而得以呈现，经过圣人之言说而得以彰显。无论是对道的言说，还是有关道的书写，唯有圣人方能担当。圣人之言说和书写，形诸文字，即为经典。学者明道，必然征圣，必须宗经。他以为，《五经》为"济道"之途径，为众说中最富于"辩"者，故为"众说郛"。[3]"言天地人"而与"经"相符，则称有"德"。[4] 所以，他说："书不经，非书也；言不经，非言也。"[5] 人类的一切言说和书写，皆当以"经"为准绳，此之谓"宗经"。概括言，在扬雄的思想秩序中，明道、征圣、宗经是三位一体的，明道是人生之终极追求，在人类群体中，于道之体察与把握最深且透，并能付诸生活以践行者，是圣人。故学者明道必须征圣。圣人于道，或言说之，或书写之，或践行之，著为言辞，则称为"经"，故征圣必要宗经。

总之，扬雄思想秩序中的明道、征圣、宗经思想，和刘歆知识秩序中六艺之学的优先地位及核心地位，与王莽政治秩序中的儒学国教化进程，是彼此关联和相互呼应的。

---

[1] 汪荣宝：《法言义疏》，中华书局 1987 年版，第 104 页。

[2] 汪荣宝：《法言义疏》，中华书局 1987 年版，第 571 页。

[3] 扬雄《法言·问神》云："大哉！天地之为万物郭，《五经》之为众说郛。"（汪荣宝：《法言义疏》，中华书局 1987 年版，第 157 页）

[4] 扬雄《法言·问神》云："曰：言天、地、人。经，德也；否，愆也。"（汪荣宝：《法言义疏》，中华书局 1987 年版，第 177 页）

[5] 扬雄：《法言·问神》，见汪荣宝《法言义疏》，中华书局 1987 年版，第 164 页。

其次，与“新政”时期的儒学国教化相关的，是王莽、刘歆和扬雄共同推进的礼制国家特色和礼教政治体系的形成。

儒教即礼教，儒制即礼制，儒治即礼治。儒家治国之首务是制礼作乐。儒者理想的国家形态，是礼制国家；儒家理想的政治形态，是礼教政治。所以，与法家务求实效、追求功利的改革方略不同，儒家改革虽以“重礼制”和“恤民生”相号召，但其侧重点则是重礼制，以构建礼制国家和推行礼教政治，为治国平天下之首务。

在独尊儒术的大背景下，在儒家政治理想主义精神的影响下，礼制改革主义是西汉中后期的时代潮流。王莽“新政”的托古改制，其核心要义就是礼制改革，就是依据“奉天法古”之准则，参照经义追复古礼，通过“立名定制”之路径，以实现“复千载之废，矫百世之失”为目标。史称王莽执政以后，“意以为制定则天下自平，故锐思于地里，制礼作乐，讲合《六经》之说。公卿旦入暮出，议论连年不决，不暇省狱讼冤结民之急务”[1]。“制定则天下自平”，是儒家的政治追求，亦是王莽“新政”的核心理念。因此，王莽“新政”，托古改制，就是奉天法古，依经立制。其改革内容，着重定“制”，侧重立“名”，以为“名正则言顺”，认为“制定则天下自平”。注重立名定制，是王莽“新政”的主要特点。比如，依据《周官》更改中央和地方官制、官名，是为立名；更改全国各地地名和建筑物名称，亦是为立名；更改中央对周边少数民族政权的称谓，亦是为立名。他从辅政到执政，不遗余力地开展改名、更名、正名工作。因“名”而定“制”，正“名”是为定“制”。

古代中国国家政治的特色是重礼制和礼教，礼制大于法制，礼教

[1] 班固：《汉书·王莽传》，见《汉书》，中华书局 1962 年版，第 4140 页。

大于法教。以礼治国，以礼教人，这种政治形态，可称为礼教政治。古代中国政治形态和国家性质的定型，就发生在两汉之际，其雏形就是王莽“新政”。

作为宗室和国师的刘歆，“非复欲令莽居摄”，反对王莽篡汉立新；但对王莽的托古改制，尤其是“新政”的国家礼制和政治礼教建设，便是积极参与。“以革新政教相翼”，是他作为国师，作为“新政”参与者的主要作为。作为儒家政治理想主义和礼制改革主义者的刘歆，亦深信“立名定制”，深信建立国家礼制和推进礼教政治，是治国平天下之首务。因此，他移书责让太常博士，批评当时学者“至于国家将有大事，若立辟雍、封禅、巡狩之仪，则幽冥而莫知其原”[1]。意谓当时学者仅通士礼，于辟雍、封禅、巡狩等国家礼仪或天子礼仪，则“幽冥而莫知其原”。他发现《周官》、表彰《周官》、尊奉《周官》，就是为了推进礼制国家和礼教政治的形成。因为《周官》认为“惟王建国，辨方正位，体国经野，设官分职，以为民极”，其书是“周公致太平之迹”，是“周公所建官政之法”，是国家礼制的集大成之作，是古代理想政治的传世典章，是儒家政治理想主义的依托和礼制改革主义的依据。因此，他推扬《周官》，就是为了推动中国礼学从“士礼”向“天子礼”转变，推进国家礼制的建设。刘歆本人亦是一位典型的政治理想主义者和礼制改革主义者，他与同时代其他儒者和儒者官僚一样，皆寄望于托古改制以拯救当时的政治危机，都视王莽为当代周公，支持王莽依据“周公致太平之迹”的《周官》托古改制。所以，刘歆之推扬《周官》，实在是与王莽“新政”的礼制改革遥相呼应、彼此关联的。

[1] 班固：《汉书·刘歆传》，见《汉书》，中华书局 1962 年版，第 1970 页。

刘歆推扬《周官》，与王莽据《周官》改制，二者遥相呼应，共同推进礼制国家和礼教政治的形成。作为政治疏离者和旁观者的扬雄，他的兴趣在纯粹的学术研究，对礼制政治没有太多的兴趣。但是，我们发现，他对于王莽及其“新政”的认同，主要还是在国家礼制建设方面。如他在《法言》中称颂王莽说：“周公以来，未有汉公之懿也，勤劳则过于阿衡。汉兴二百一十载而中天，其庶矣乎！辟雍以本之，校学以教之，礼乐以容之，舆服以表之，服其井、刑，勉人役，唐矣夫。”[1] 他称颂王莽其人，重点在王莽的礼制改革。他撰写《剧秦美新》，颂美“新政”，重点亦是在“新政”的礼制建设上，如他批评汉朝“帝典阙而不补，王纲弛而未张”，颂美新朝“发秘府，览书林，遥集乎文雅之林，翱翔乎礼乐之场，胤殷周之失业，绍唐虞之绝风，懿律嘉量，金科玉条，神卦灵兆，古文毕发，焕炳照曜，靡不宣臻。式軨轩旂旗以示之，扬和鸾肆夏以节之，施黼黻衮冕以昭之，正嫁娶送终以尊之，亲九族淑贤以穆之。夫改定神祇，上仪也；钦修百祀，咸秩也。明堂雍台，壮观也；九庙长寿，极孝也；制成六经，洪业也；北怀单于，广德也；若复五爵，度三壤，经井田，免人役，方甫刑，匡马法。恢崇祇庸烁德懿和之风，广彼搢绅讲习言谏箴诵之途”，于是，“帝典阙者已补，王纲弛者已张，炳炳麟麟，岂不懿哉”。[2] 所以，扬雄虽未直接参与“新政”的礼制建设，但他对王莽托古改制和刘歆推扬《周官》，是认可的，是支持的。

其三，两汉之际，经王莽、刘歆和扬雄的共同努力，推进儒学国

[1] 汪荣宝：《法言义疏》，中华书局 1987 年版，第 559 ~ 562 页。

[2] 扬雄：《剧秦美新》，见《文选》卷四十八，上海书店 1988 年据世界书局影印清胡克家刻本影印。

教化进程，构建以儒学为基准的政治秩序、知识秩序和思想秩序，还在此基础上建立起集天文、人文、政治和历史于一体的大一统政治文化模式。葛兆光说：

> 纪元前后的西汉东汉之际，中国思想世界最引人注目的大概是思想的一统取向，所谓“一统”，不仅指知识背景的文化整合大体完成，理论阐发的经典依据大体落实，思想体系的思路框架大体确定，而且也指思想、学术与政治意识形态之间的大体协调，用传统的说法，即“道统”、“学统”与“政统”的合流。[1]

两汉之际知识秩序整合的大体完成、经典依据的大体落实、思想框架的大体确定、思想与政治的大体协调，此种政治文化思想大一统模式的构建，就出自王莽、刘歆、扬雄之手。

王莽“新政”的重要贡献之一，就是建立起国家信仰的天道系统。古代中国的国家信仰，从祖先崇拜发展到天道崇拜，是在两汉之际。王莽通过重建明堂、封禅和郊祀等礼制，把祭天仪式以礼制形式固定下来。祭天理论被接受，祭天仪式被实施，祭天地点被确定，这些导致国家信仰体系发生根本变化的事件，都发生在两汉之际。所以说，古代中国国家信仰的转折，发生在西汉中后期，定型于王莽时代。王莽创制的祭天理论和仪式，意义有二：一是开启“中国的皇帝首先以祭天为己任”的惯例，并且确定“祭祀在京都附近的地点举行”；二是开启“从神意的角度来寻求道德和智能上的根据以使他们的统治合法”。陆威仪说：“王莽统治时期出现的最大的宇宙崇拜是祭天仪式，

[1] 葛兆光：《七世纪前中国的知识、思想与信仰世界 —— 中国思想史》（第一卷），复旦大学出版社 1998 年版，第 420 页。

虽然它经常被人认为是向周朝看齐，但事实上，它标志着帝国本性在仪式上的实现。”“对‘天’的崇拜直到王莽当政时期才被确立为国家主要的宗教。”[1]这个制度的确立，代表着中国国家基本礼制的肇始，意味着中国王朝基本礼仪的定型。

与王莽在政治秩序中构建天道崇拜的国家信仰相关的，是刘歆在知识秩序构建中创建的天道历史秩序。刘歆通过表彰《左传》以整理历史知识体系，构建历史知识秩序，建立起太昊伏羲氏、炎帝神农氏、黄帝轩辕氏、少昊金天氏、颛顼高阳氏、帝喾高辛氏、帝尧陶唐氏、帝舜有虞氏、伯禹夏后氏、夏、商、周、汉这样一个一脉相承的古史系统。通过撰著《世经》，改造邹衍五行相胜五德终始旧说，建立起五行相生五德终始新说，并用五德终始新说解释这个一脉相承的古史系统，构建起天道历史秩序。简言之，刘歆《世经》这个天道历史秩序，是在邹衍五行相胜五德终始说的古史系统基础上，综合战国以来各家的历史知识和古史系统，利用五行相生五德终始理论统合整理而成。采用五行相生原理改造五德终始旧说，构建五德终始新说；改造战国以来纷纭的古史系统和杂乱的古史秩序，构建新型古史系统。这两项工作，是在刘向、刘歆父子手里完成的。这两项工作密切相关，一个是理论，一个是实践。新五德终始说是新古史系统的理论基础，新古史系统是新五德终始说的实践支撑。两者共同构成刘歆构建的天道历史秩序。

刘歆创建的天道历史秩序，是通过梳理周秦以来的历史知识，整理周秦以来的古史系统，建立的一个集政治、历史、人文、天文于一

[1] 〔美〕陆威仪：《早期中华帝国：秦与汉》，王兴亮译，中信出版社2016年版，第102～103、192页。

体的历史秩序。他的目的，是要完成一个“完美的人文、历史、宇宙的统一性建构”，“创建一套完美的、新的天人关系”。所以，这套宏大理论，“《易》、《春秋》、五德相生、历法、数术、天文的统合，显示出刘歆欲将天人纳入一个‘规律性的’、‘不可逆转的’和‘可预知的’循环系统之中的雄心”[1]。

与王莽政治秩序中构建的以天道崇拜为核心的国家信仰体系和刘歆知识秩序中构建的天道历史秩序相关的，是扬雄的太玄论。桓谭《新论·正经》说：

> 扬雄作《玄》书，以为玄者，天也，道也。言圣贤制法作事，皆引天道以为本统，而因附续万类、王政、人事、法度。故宓羲氏谓之易，老子谓之道，孔子谓之元，而扬子谓之玄。[2]

《太玄·玄告》说：“玄者，神之魁也。天以不见为玄，地以不形为玄，人以心腹为玄。”[3]《玄攡》说：“玄者，幽攡万类而不见形者也。”[4]所以，“玄”在扬雄，既是其构建的宇宙之根本性原理，亦是对其根本性原理之属性的描绘。扬雄之“太玄”，是力图构建一个贯穿天人、包罗万象的宇宙模式。[5]《太玄·玄图》说：“夫玄也者，天道也，地道也，人道也，兼三道而天名之，君臣父子夫妇之道。”[6]即天地

[1] 徐建委：《文本革命：刘向、〈汉书·艺文志〉与早期文本研究》，中国社会科学出版社 2017 年版，第 343、344 页。

[2] 朱谦之：《新辑本桓谭新论》，中华书局 2009 年版，第 40 页。

[3] 司马光：《太玄集注》，中华书局 1998 年版，第 215 ~ 216 页。

[4] 司马光：《太玄集注》，中华书局 1998 年版，第 184 页。

[5] 参见郑万耕：《扬雄及其太玄》，北京师范大学出版社 2009 年版，第 46 页。

[6] 司马光：《太玄集注》，中华书局 1998 年版，第 212 页。

万物运动变化之规律和人事理则，皆包含在“玄”里。

总之，无论是王莽创建的国家信仰天道体系，还是刘歆构建的天道历史秩序，抑或是扬雄创立的集天道、地道、人道于一体的玄体论，皆与当时社会儒家理想主义者的大一统政治模式相互呼应、彼此关联。

第十章 两汉之际在中国历史上的转折意义

以上各章，我们在综述两汉之际政治和文化剧变一般情况之基础上，以王莽、刘歆和扬雄为代表，探讨由他们推动发生的社会剧变与历史转折，揭示其剧变的政治基础、文化背景和历史影响。具体言，在西汉中后期儒家政治理想主义精神和礼制改革主义理念高度膨胀的背景下，研究作为理想主义者和改革主义者的王莽的所思所想所作所为，分析"新政"兴起和败亡的原因，论述"新政"的改制内容和社会影响。在两汉之际社会剧变的大背景下，研究具有宗室、经师和国师等多重身份的刘歆的知识追求和学术理想，分析其整理"文本秩序"和构建"知识秩序"的意义和影响，研究其构建五德终始新说和天道历史秩序的目的和意义，揭示其构建的学术知识秩序和天道历史秩序的知识史意义与学术史价值。在两汉之际文化剧变的大背景下，研究作为思想家和文学家的扬雄的思想追求和文学理想，呈现其开启的"玄思大义"在思想史上的意义，研究其构建的古典美审美品格在文学史上的影响，揭示其思想追求和文学理想在中国文化史上的意义和价值。

我们认为，无论是王莽的政治改革，还是刘歆的知识秩序构建，抑或是扬雄的“玄思大义”和古典美构建，其本身的政治史意义、学术史价值、思想史影响和文学史意义，皆因王莽“新政”这个政治篡逆事件而蒙尘，致使其重大政治、文化转折意义被忽略和被误解，亦使两汉之际社会剧变所蕴含的重要历史意义被遮掩。我们的目的，就是还原历史场境，揭示历史真相，在比较视角中彰显两汉之际由王莽、刘歆和扬雄共谋的社会剧变的历史意义，及其在中国历史上的转折意义。

一、两汉之际政治和文化剧变的历史意义

两汉之际社会政治和思想文化的时代剧变与重大转折，皆围绕王莽“新政”事件展开。或者说，王莽“新政”的建立与败亡，导致两汉之际社会政治和思想文化的时代剧变和重大转折。两汉之际社会政治和思想文化时代剧变和重大转折的历史意义，就是王莽“新政”建立和败亡的历史意义。王莽“新政”裹挟着儒家学说发生、发展，它的建立和败亡，既是一个社会政治事件，亦是一个文化思想事件，而且更主要是一个文化思想事件。单纯作为一个篡汉立新的政治事件和托古改制的改革事件，它的社会影响和历史意义是有限的，因为这样的外戚篡权和社会改革，在中国历史上时有发生，并不少见。王莽“新政”建立和败亡的社会影响与历史意义，主要体现在它作为一个文化思想史事件方面。阎步克说：

> 极可注意的是，王莽是以“变法”“改制”作为夺权号召和施政纲领的，他发动了一场规模巨大、轰轰烈烈的“奉天法古”的改革运动。这一事件，放在整个中华帝国的历史上看就显得分外突出了，并使得我们不能等量

齐观，以一般的王朝覆灭来看待西汉末年的历史。这一事件所包含的政治文化意义，是超出了一般的王朝覆灭之外的。[1]

所以，他指出："对于这一次近乎闹剧似的政变成功，只有在把整个西汉、以至先秦儒生政治思想和社会势力的变迁消长考虑在内的时候，才能得到理解。"[2] 我们认为：两汉之际围绕王莽"新政"发生的社会剧变和历史转折，既有社会政治史意义，亦有文化思想史意义；其文化思想史意义大于其社会政治史意义。

王莽"新政"有两个特点：一是它如同"秦政""隋政"，维持时间二十年左右，有速起速落的特点；二是它的建立和败亡，均裹挟着儒家学说，有学术与政治相互缠绕的特点。陈启云说：

王莽的得势，在现实上代表了儒士的地位和力量的巅峰，在精神上代表了儒家改革理想的极至。而王莽的失败，则显露出儒士在现实权力架构和政治运作中（包括立法的原意）的弱点和缺失，以及儒家改革理想和现实脱节的悲剧后果。王莽改革的失败，对东汉乃至中国中古思想文化更深沉的影响是儒家改革理想的幻灭。[3]

因此，王莽"新政"的历史意义，包括两个层面和四个方面。所谓两个层面，即政治史层面和文化史层面；所谓四个方面，即"新政"的建立和败亡的政治史意义，"新政"的建立和败亡的文化史意义，"新政"建立的政治史意义和文化史意义，"新政"败亡的政治史意

[1] 阎步克：《士大夫政治演生史稿》，北京大学出版社 1996 年版，第 360 页。

[2] 阎步克：《士大夫政治演生史稿》，北京大学出版社 1996 年版，第 387 页。

[3] 陈启云：《荀悦与中古儒学》，高专诚译，辽宁大学出版社 2000 年版。

义和文化史意义。过去学者研究王莽“新政”，多重视其政治史意义，而忽略其文化史意义。在儒家学说的影响下，王莽“新政”速起速落，它的建立，有重要的政治史意义和文化史意义；它的败亡，亦有重要的政治史和文化史意义。过去的研究，学者一般强调王莽“新政”建立的意义，包括开启禅位篡权先例的政治史意义和儒家理想主义精神大获全胜的文化史意义，而对“新政”败亡导致的儒家理想主义激情和改革主义精神的破产，以及由此发生的学术思想格局之变动和儒者精神世界的变迁所呈现出来的意义，则普遍忽略。

1. 王莽“新政”建立的历史意义

概括言，王莽“新政”的建立，包括篡汉立新和托古改制两项内容。王莽篡汉立新，在当时确是惊天动地的大事件，但是，置于中国历史长河中考察，却是一个屡见不鲜的外戚辅政、阴谋篡权的政治事件。虽然这个事件对当时社会政治有地动山摇的重大影响，但在长时段历史中，它的影响和意义，确是相当有限。因此，虽然篡汉立新是托古改制的前置条件，但是，比较言，托古改制的历史意义和影响，远大于篡汉立新。所以，论证王莽“新政”建立的政治史和文化史意义，侧重点应当是在托古改制上。

王莽托古改制，要点是重礼制和恤民生。大体言，为恤民生而展开的经济改革，实施中央经济统制政策，逆时代潮流而动，脱离实际，是失败的改革，亦是导致“新政”败亡的重要原因之一。其礼制改革，促进儒学国教化的完成，奠定中国古代王朝政治的基本制度，影响深远且深刻，是成功的改革。因此，王莽“新政”的建立，对汉魏以后中国政治、文化的影响，在中国政治、文化史上的意义，主要在礼制改革方面。

王莽的礼制改革，包括改革庙制、郊祀制，建造明堂，实施两都制，改革官制官名、区划地名，改革车服、婚礼、学校、二王后制，等等，基本原则是参照经义和追复古礼，简言之，就是托古改制。

作为“儒学国教化的完成者”，确定这些礼制，体现了他对儒家礼制教化的虔诚信仰和“制定则天下自平”的政治理想。东晋次说：

> 在汉朝濒临灭亡之际，王莽及其身边的官员乃至平民百姓都渴望社会得到净化与圣化。在王莽的青年时期，社会问题和自然灾害频频发生，奢靡腐败、违法乱纪的风气在皇帝和王氏一族等外戚高官之间蔓延。王莽心中会产生改革意识，应该与当时社会世风日下、人心不古不无关系。笔者认为，以古代圣人制定的圣制净化现世，应该就是王莽依据儒家学说“制礼作乐”的本意，而“制礼作乐”的终极目标自然就是仿照“井田圣制”实行王田制。[1]

在今日看来，这些徒具形式的礼制改制，在古代，尤其是在慕学周公治国理政的西汉中后期，却具有无比重大的社会意义。因为他们坚信“制定则天下自平”，相信“以古代圣人制定的圣制净化现世”是拯救社会危机的主要方案。

比如郊祀制，在西汉中后期经历长达三十余年的争论，经过五次变更，而最终确定于王莽时代。[2] 郊祀祭仪的定型，在中国古代史上

[1] 〔日〕东晋次：《王莽——儒家理想的信徒》，李天蛟、臧鲁宁译，四川人民出版社 2021 年版，第 296 ~ 297 页。

[2] 钱穆说：“长安南北郊之议，起于匡衡，至是三十余年，凡五徙，亦汉廷一大争论。莽、歆之见，远承韦、匡复古之思，非凭空伪撰以欺世也。”（《两汉经学今古文平议》，商务印书馆 2001 年版，第 100 页）

有重要意义和深远影响。首先，它标志着古代中国国家信仰体系的重大变化。大体言，殷周时期的国家信仰是祖先崇拜，汉魏以后的国家信仰是对天的崇拜，而其转折时期，就是在两汉之际。中国人的天命思想起源甚早，但是，把天作为人间秩序合理性的背景，以宇宙秩序作为人间秩序的合法性依据，对这个解释自然与历史的宇宙法则，论述得最充分的是董仲舒。这套理论被完全接受，并运用到现实政治生活中，则是在西汉后期，特别是在王莽“新政”时期。所以，鲁惟一说：

> 约在公元前 31 年以后，帝国崇拜发生了一次重大的变化，当时这些祭祀被祭天的仪式所代替。……但是，皇帝的崇敬从五帝、后土和泰一转移到天的过程在公元前 31 年决没有完全或最后完成。转移的决定几次引起讨论，结果转移和恢复交替发生。最后，在王莽的影响下，才坚决决定应该祭天，祭祀应在京都附近的地点举行。从那时（公元 5 年）起直到帝制时代结束，中国的皇帝首先以祭天为己任。[1]

祭天理论被接受，祭天仪式被实施，祭天地点被确定，这些导致国家信仰体系发生根本变化的事件，都发生在两汉之际。所以说，古代中国国家信仰的转折，发生在西汉中后期，定型于王莽时代。其重大意义在于：

> 汉代把一个长达两千年基本上保持原状的帝国理想和概念传给了中国。在汉之前，帝国政府是试验性的，并且名声不佳；在汉以后，它已被接受为组织人的正统的规范形式。……这个形式的政体毫无疑问地几

[1] 〔英〕崔瑞德、鲁惟一编：《剑桥中国秦汉史》，杨品泉等译，中国社会科学出版社 1992 年版，第 632 ~ 633 页。

乎一直保持到了19世纪之末。……秦代皇帝和汉初诸政治家们满足于从物质的角度，如版图和武功，来为他们行使的权力辩解，但汉代诸帝很快就从神意的角度寻求道德和智能上的根据以使他们的统治合法化，追求这类根据并不容易，也不是短时期能做到的；追求的几个阶段可以说就是这两个世纪的政治史。到王莽时代（公元9—23年）和后汉（公元25—320年），这个追求的过程已经成功地完成；必要的前提已经建立；哲学理论已与帝国的行政实践牢固地挂上了钩；中国历朝历代的皇帝从此以后就能坚持说，他们的权威来自上天无形的神明。[1]

在鲁惟一看来，王莽创制的祭天理论和仪式，意义有二：一是开启“中国的皇帝首先以祭天为己任”的惯例，并且确定“祭祀在京都附近的地点举行”；二是开启“从神意的角度来寻求道德和智能上的根据以使他们的统治合法”。这两方面对中国古代礼制文化和政治文化的深远影响，不言而喻。所以，陆威仪亦说：

王莽统治时期出现的最大的宇宙崇拜是祭天仪式，虽然它经常被人认为是向周朝看齐，但事实上，它标志着帝国本性在仪式上的实现。这个仪式通常被放在洛阳城南郊（或者其他任何后代的都城），因此它强调了都城作为礼仪中心的重要性。

对“天”的崇拜直到王莽当政时期才被确立为国家主要的宗教……对“天”的崇拜的形成和皇家祖先崇拜的急剧减少有关。……强调皇帝作为天子的地位，而皇帝祖先的力量的重要性降低了。[2]

[1] 〔英〕崔瑞德、鲁惟一编：《剑桥中国秦汉史》，杨品泉等译，中国社会科学出版社1992年版，第98～99页。

[2] 〔美〕陆威仪：《早期中华帝国：秦与汉》，王兴亮译，中信出版社2016年版，第102～103、192页。

把对天的崇拜确立为国家的主要宗教，其结果：一是导致“皇帝祖先的力量的重要性降低”，二是“强调皇帝作为天子的地位”；其意义是：强调皇帝是天之子，淡化皇帝是祖先的后人；其目的是：张扬皇帝的权威性和绝对性。这个制度的确立，对古代中国皇权政治有重要影响。西嶋定生认为：郊祀制度的定型，“意味着儒学正一步一步走向国教化”，意味着中国王朝基本制度的定型。他特别注意到两汉之际皇帝与天子称谓的职能分离，及其呈现的意义。[1] 认为“西汉末期出现的皇帝与天子的职能分离以及体现了这一现象的六玺制度，都与上述的郊祀、宗庙制度一样，代表着中国王朝基本制度的肇始”[2]。

王莽确定的这些礼制，代表“中国王朝基本制度的肇始”，对汉魏以后政治文化的影响，相当深刻，特别久远。如西嶋定生说：

> 当时朝廷主张不论是宗庙制还是郊祀制都必须遵循儒家的古礼，从元帝时期起，儒家官僚跻身并活跃于政界，而且引起了改革论的最终诞生，然而真正将这些改革成果作为国家制度固定下来，并使之成为中国历代王朝所承袭的基本国家礼仪的历史人物则是因篡夺汉王朝政权而恶名昭著的王莽。那么，当考虑儒学国教化这一问题时，就不能否定王莽这一人物登上历史舞台的重要性。

[1] 〔日〕西嶋定生说：在两汉之际，“皇帝与天子分担不同的职能，这不仅能从纬书的说明中看到，而且在现实中也确切地被体现了出来。……皇帝的称号是对内的，而天子的称号则是对外的。……虽然同为一人，但君主在分别称皇帝与称天子的场合下，其职能却各不相同。称皇帝时表现出的职能是面向国内的，这时皇帝作为下凡到世间的煌煌上帝施行其绝对的权威。与此相对，称天子时所具有的职能，则用于祭祀天地鬼神以及对外关系时”。(《秦汉帝国——中国古代帝国之兴亡》，顾珊珊译，社会科学文献出版社 2017 年版，第 365 ~ 366 页)

[2] 〔日〕西嶋定生：《秦汉帝国——中国古代帝国之兴亡》，顾珊珊译，社会科学文献出版社 2017 年版，第 368 页。

> 在恢复古制的名义下展开的西汉末年的礼制改革，最终使其固定下来的是王莽，就此意义而言，王莽才是儒学国教化的完成者，尽管他备受非议，但其制定的礼制一直被沿袭传承了下来。[1]

王莽以周公为楷模，基于制礼作乐的历史使命，将早期儒家理想化的礼制确定下来，作为国家制度实施于政治生活中。所以，汉人视他为周公，他亦自命为周公，他真不愧是汉代的周公。他的理想，就是仿效周公完成制礼作乐大业，使儒学思想和制度实现于当代社会生活中。儒学国教化在他手里得以完成，东汉以后，他确定的这些礼制，便成为历代王朝的基本国家礼仪。我们认为，王莽“新政”的建立，在中国古代政治史和文化史上的意义，就在于此。

比较言，如果说汉武帝推动的是儒学官学化，那么王莽推动的则是儒学国教化。儒学国教化的直接结果，就是礼制国家和礼教政治的形成。东晋次说：

> 王莽政治活动的动机是否纯粹，则是个见仁见智的问题。但无论如何，我们都无法否认王莽在儒家思想的制度化方面所做出的巨大成绩。……秉持“制礼作乐”精神的王莽在完善仪礼方面做出很多贡献。东汉王朝继承其依据儒家学说创立的诸多国家仪礼，于是后世各代王朝的礼教国家的形态逐渐完备。换句话说，如果说东汉王朝是中国各代王朝礼教国家形态的原型，那么王莽政权则是导致这一原型出现的诱因。[2]

[1] 〔日〕西嶋定生：《秦汉帝国——中国古代帝国之兴亡》，顾珊珊译，社会科学文献出版社 2017 年版，第 356 ~ 357、443 页。

[2] 〔日〕东晋次：《王莽——儒家理想的信徒》，李天蛟、臧鲁宁译，四川人民出版社 2021 年版，第 295 ~ 297 页。

古代中国国家政治的特色是重礼制和礼教，礼制大于法制，礼教大于法教。以礼治国，以礼教人，这种政治形态，可称为“礼教政治”。古代中国政治形态和国家性质的定型，就发生在两汉之际，其雏型就是王莽“新政”。

王莽“新政”在政治形态和国家性质上的定型，其意义，可与始皇“秦政”相提并论，相互补充。鲁惟一说：

> 帝制之取得胜利及其连绵不绝的传授下来，其部分原因却是起源于两个在中国传统中一直加以诋毁的短命的政权，此即秦始皇的政权和王莽的政权。……而后世的朝代如果不乞灵于在王莽时代已明显地表现出来的这类宗教的和文化的支持，便无法宣告自己有权进行统治。[1]

在他看来，王莽帝制建设的贡献，与始皇“秦政”有同等价值。中华帝国帝制建设，发动于始皇“秦政”，成型于王莽“新政”。

概括地说，中华帝国帝制的构成，有行政制度和礼仪制度两个方面，法家侧重于行政制度建设，儒家侧重于礼仪制度构建。秦始皇走的是法家路线，王莽采用的是儒家策略。因此，如果说秦始皇的贡献和影响于后世的是行政制度，如地方郡县制、中央三公九卿制等等，那么，王莽的贡献和影响于后世的则是礼仪制度，如庙制、郊祀制、明堂制等等。“秦政”贡献的行政制度，影响中国历史二千余年，因其是具体的行政运作，所以更有实际效益，是内容大于形式。“新政”贡献的礼仪制度，亦影响中国历史二千余年，因其主要是礼制仪式的展演，所以更具表演性质，是形式大于内容。以今日眼光看，前者是“有

[1] 〔英〕崔瑞德、鲁惟一编：《剑桥中国秦汉史》，杨品泉等译，中国社会科学出版社 1992 年版，第 708 页。

用”的，后者是“无用”的。因此，一般人往往重前者而轻后者，重“秦政”而轻“新政”，强调或者重视“秦政”在中国古代政治史上的影响，忽略或者轻视“新政”在中国古代政治史上的价值。实际上，置于古代中国政治文化语境中考察，两者具有同等价值，因为帝国政治既需要实际的行政制度保证运转，亦需要形式上的礼制仪式装点门面。甚至在古代中国人心目中，礼仪制度重于行政制度，就像一般总认为儒生高于文吏一样。因为古代中国是礼仪之邦，古代中国文化是礼乐文化，古代中国国家是礼制国家，古代中国政治是礼教政治，“制礼作乐”是古代中国政治生活中的头等大事，“礼崩乐坏”是帝国政治分崩离析的重要标志。

2. 王莽“新政”败亡的历史意义

在中国古代政治文化思想史上，占据主导地位的是儒家和法家。始皇“秦政”以法家策略治国理政，单纯以法家思想作为政治统治思想，结果不到二十年时间便亡国丧家。王莽“新政”以纯儒治国理政，单纯以儒家思想作为政治统治思想，结果不到二十年便败亡覆灭。

“秦政”的灭亡，对法家的打击是致命的。正如陈启云所说：秦朝统治下法家改革的伤痛经历，对于中国思想在随后的发展具有深远的意义，“从长远的观点来看，秦法家所造成的灾难不但毁灭了法家，甚至损害了中国思想中所有的哲学思想体系”，导致后世学者对法家思想的反感和不信任。虽然“在新的帝国政府中，在处理政治事务的专门技能和管理国家的实际知识方面，法家却仍旧发挥着他们的作用”，但是，“秦朝之后的法家人物不能再公开从事法家思想的研究，也不能再公开倡导法家的理论”。[1]

王莽“新政”的败亡，对儒家的打击，是毁灭性的。过去学者普遍强调秦始皇“焚书坑儒”对儒家的打击。其实，“焚书坑儒”对儒家的破坏和打击实在有限，它并未对儒书和儒者焚尽坑绝，只是迫使儒家思想的传播由公开转入秘密、由上层转到民间。待秦亡后，儒者又浮出水面，并四处活动和传播儒家思想。所以，汉代儒者对秦“焚书坑儒”并无深刻记忆，亦无惨烈教训。而王莽“新政”的覆灭，对儒家的打击才是最沉重的，亦是最致命的。王莽“新政”给儒家前所未有的绝大希望，燃烧起儒者经邦治国、实现理想的激情，而又给儒者狂热的政治理想主义激情和礼制改革主义理念以彻底的毁灭，这种打击才是致命的，亦是最沉重的。不同的是，始皇“秦政”的败亡，导致人们对法家思想的反感，对法家学说的不信任；王莽“新政”的败亡，虽然使儒家遭遇致命打击，但是，正如阎步克所说：“新政终结后，儒术在意识形态上的正统地位反而更为稳固了”[2]。

王莽“新政”的败亡，对儒家打击沉重，导致儒者精神、儒家知识群体和儒学思想发生深刻变化，具体表现在以下几个方面。

其一，王莽“新政”的败亡，导致儒家理想主义精神的转向，即从政治理想主义转向道德理想主义。

如果说怀疑主义是魏晋玄学的基本特征，那么，理想主义则是两汉儒学的主要特点。两汉儒学的理想主义，包括政治理想主义和道德理想主义两种形态。两汉之际，在儒学思想和儒家精神发展史上，是

[1] 陈启云：《中国古代思想文化的历史论析》，北京大学出版社 2001 年版，第 264 ~ 265 页。

[2] 阎步克：《士大夫政治演生史稿》，北京大学出版社 1996 年版，第 413 页。

一个重要转折点。概括言，以王莽“新政”的败亡为转折点，之前的西汉儒家秉持的是政治理想主义精神，之后的东汉儒家秉持的是道德理想主义精神。王莽“新政”的建立，是儒家政治理想主义精神的顶峰；王莽“新政”的败亡，是儒家政治理想主义精神的失败。王莽“新政”的建立和败亡，是儒家理想主义精神从政治理想主义向道德理想主义发展的转折点。

相对其他诸子言，理想主义是儒家显而易见的特征。儒家的理想主义精神，包括政治的和道德的两个层面，这两种精神在孔子身上皆有表现。或者说，孔子的理想主义，包括政治理想主义和道德理想主义。专注发展孔子仁学的孟子，提倡“仁政”，构建道德政治，倾向道德理想主义；侧重发展孔子礼学的荀子，重礼重法，提倡礼法政治，偏向政治理想主义。

富于理想主义精神的儒者，在春秋、战国诸侯纷争年代，往往因为迂阔而被边缘化。直到汉武帝时期独尊儒术，儒者才登上政治舞台，进入权力中心。但是，这并非因为儒学本身在政治上的实用价值，而是武帝为了借儒术缘饰政治。当然，我们亦看到，自荀子以来，儒者为适应现实政治需要，在逐渐朝着实用主义的方向发展。在汉初，直至元帝以前，儒者大体倾向政治实用主义，力图通过政治实用主义路径获得社会地位和政治影响。据陈启云说：西汉初期“新法家”之“文法吏事”，助长了一种重实用的倾向。儒家亦受到这种实用主义态度的影响，如陆贾、贾谊。汉初儒家注重实用的方法非常成功，“在某种意义上，儒家的胜利是全面的。可是，随着儒家注重实效的手段的成功，儒家学说渐渐离开其务实的主张而倾向于理想主义了”。[1]的确，我们看到，汉初儒者，如陆贾、贾谊、叔孙通、董仲舒等人，都难称纯儒，皆有实用主义特点，都有法家化或杂家化特征。在西汉中后期，随着独尊儒术的逐步开展，儒家理想主义精神明显高涨，儒学思想和儒者精神的发展，有从实用主义向理想主义演变的特点，从杂儒向纯儒演化的过程。其演变的时间节点，是在武帝“独尊儒术”后，尤其是在元帝时期。

汉元帝以后，儒者从实用主义走向理想主义，主要原因还在于儒家的底色就是理想主义。所以在汉初走向实用主义，是为屈就现实政治环境，不得不改变初衷以迎合当下政治需要。在武帝时期，尤其是在元帝后，儒者逐渐从后台走上前台，获得朝廷的尊重和支持，便又逐渐抛弃实用主义而亮出理想主义底色。因此，陈启云“用儒法合流、实用主义来形容元帝以前的汉儒，用理想主义来形容汉元帝至王莽时期的儒生”，符合实际。他说：

> 儒学在昭、宣、元、成诸帝时获得全面胜利以后，儒生们无须再在法吏乃至君王权势之下战战兢兢，谨慎务实，而是变得意气风发。但儒生们获得全胜之后，并不因为要维护已得之利益而变得保守反动，反而是更理想主义化，认为太平可致，而更不满于现实了。[2]

政治理想主义精神的高涨，是西汉中后期儒者的显著特征。陈启云说：

[1] 陈启云：《中国古代思想文化的历史论析》，北京大学出版社 2001 年版，第 183 ~ 184 页。

[2] 陈启云:《儒学与汉代历史文化》，广西师范大学出版社 2007 年版，第 29 ~ 30 页。

在武帝时期（公元前 141—前 87 年），儒家的这种理想主义只是用作对改革的一般呼吁，和对皇帝所作所为的各种措施的一种论评。到了元帝（公元前 49—前 33 年在位）时代，这种理想主义在许多著名的、地位崇高的儒家人士的思想中，变得根深蒂固。因此，在前汉后期的儒家学说中，理想主义逐渐压倒了实用主义。[1]

西汉中后期儒者的理想主义，是政治理想主义。即把上古三代作为理想社会，力图通过对当下社会政治的改革，实现上古三代的政治理想。其发展进程，又分两个阶段，即批判阶段和实践阶段。自武帝至元帝时期，是儒者秉持政治理想主义精神，致力对当下政治社会现状的批评和对改革社会现状的呼吁。其中，以盐铁会议上的贤良文学为代表，他们高调登场，放言高论，慷慨激昂，声色俱厉地批判当时社会政治，显示出强烈的理想主义精神和浪漫主义激情。至元、成时期，这种理想精神和浪漫激情，在儒者官僚身上，便有充分表现。自哀帝至王莽“新政”，则是儒者政治理想主义的实践阶段。他们主要致力将儒家政治理想实践在政治生活中，或者献计献策，或者直接运作，发起一系列以周公为榜样、以《周官》为蓝本的改制行动。王莽“新政”的建立及托古改制的推行，标志着儒家政治理想主义达到顶峰。

如果说政治理想主义是“外王”之学，那么，道德理想主义则是“内圣”之学。王莽“新政”的覆灭，宣告儒家乌托邦政治理想改革的失败，标志着儒家政治理想主义精神的覆灭，同时亦导致儒家理想主义精神的转向，即从政治理想主义转向道德理想主义。

经历两汉之际重大变故的儒者，通过反思和反省，重新发现内在世界的意义和价值，从而转向专注个人道德之修为和品格的涵养。同

[1] 陈启云：《中国古代思想文化的历史论析》，北京大学出版社 2001 年版，第 187 页。

时，亦逐渐失去西汉儒者那种狂热的政治热情，为理想而奋斗的浪漫激情。他们对社会改革，尤其是政治社会的“根本变革”，不再想，亦不敢想。或者说，王莽“新政”的覆灭，导致东汉时期儒者个人与国家的分裂。陈启云说：

> 后汉文献显示出个人和国家间的分裂，与西汉思想家所抱有的包罗万象的大一统世界的理想，形成了鲜明的对比。……在西汉，个人的评价是根据他在政府事务中的成就来判定，而不是根据他的个人品德或家庭伦理来判定。……在后汉，政府公务和个人私事的对比价值有了很大的改变。[1]

个人从国家政治中分裂出来，走向社会，以个人人格魅力形成道德感召，从而间接影响和作用于国家政治，这大概便是东汉儒者的生存状态。所以，陈启云说：

> 许多西汉儒生在“向外”寻求一种宇宙论的秩序以矫正社会—政治体系和陶冶人的道德时犯下了错误，那么，把注意力集中在人的“内在”道德和精神力量上面的东汉儒生则希望把这种力量向外扩展，以便影响社会和国家，进而对于宇宙的和谐发生作用。[2]

的确，东汉儒者更加注重内在道德和精神力量，并以此影响社会和国家政治。东汉后期由党人引领的清议运动，是对朝廷政治腐败和道德坠落的抗议，是儒家道德理想主义的高调登场。如果说王莽“新政”

[1] 陈启云：《中国古代思想文化的历史论析》，北京大学出版社 2001 年版，第 210 页。
[2] 陈启云：《中国古代思想文化的历史论析》，北京大学出版社 2001 年版，第 277 页。

是由儒者发起的政治改革运动，其支撑是儒家政治理想主义精神；那么，东汉末年的清议运动，则是由儒者发起的道德改革运动，其支撑是儒家道德理想主义精神。

王莽“新政”的覆灭，宣告了儒家政治理想主义的破产，此后，儒者不再言“根本变革”，亦逐渐丧失政治理想主义立场和态度。东汉末年的党锢之祸，对儒家道德理想主义亦是一个沉重打击。所以，东汉以后，由“清议”转为“清谈”，学者远离时务，渐趋玄虚。这亦是中国文化思想史上的一个重要变局。

其二，王莽“新政”的败亡，不仅导致儒家理想主义精神的转向，亦致使儒家知识群体即“经学士族”内部发生分化。

在西汉中后期和王莽“新政”时期，以儒者为主体的“经学士族”，是一个以儒学思想为文化背景的联合体，他们面对当时社会的政治危机，怀着儒家政治理想主义精神，强烈呼吁以礼制改革拯救社会危机，大都认为王莽是担当大任的最佳人选。因此，王莽发动的托古改制，获得了他们的普遍支持。王莽“新政”的建立，亦未引起他们的过度反感。但是，王莽“新政”的败亡，则给予他们的政治理想主义精神和浪漫主义改革热情以沉重打击，从而导致“经学士族”内部发生分化。据陈启云说：

(A) 汉儒的改革乃至革命理念理想是王莽兴起的很重要因素；(B) 秉持此理想的汉儒并不反对王莽，他们一部分在新莽覆亡时与王莽共同身殉；未丧生者或则公开表示“不食周（汉）粟”，成为隐逸独行中人，或则对天下大同理想感到幻灭，退而求其次（小康理想），注重宗亲、乡党之和好，而成为六朝士族的远祖。东汉光武政权失去了这种儒士和儒学理想的支持，日益保守堕落，是日后外戚宦官当权的渊薮。清议、党锢、黄巾事件，正是这两种趋势最后冲突的结果。准此，王朝政治改革、革命的理念理想不但是理解汉儒的要义，也是分析西汉、新莽和东汉兴亡不可或缺的因素。[1]

“新政”败亡后，“经学士族”分化为三种类型：一是“与王莽共同身殉”者；二是远离政治的“隐逸独行中人”；三是退居地方，“注重宗亲、乡党之和好”的地方精英。其中，后两种类型比较普遍，或者是二者兼具一身。陈启云说：“自从后汉王朝建立以来，许多对政治失望并拒绝在政府供职的儒者，采取了道家无为、保身和退隐的态度。他们之中很多是地方精英或豪门大族的优秀分子。”[2]

王莽“新政”败亡后，“经学士族”分化成三种类型，这三种类型与当时儒家思想的三种形态大体吻合。陈启云认为，东汉儒家思想大致有三种形态：

儒化的法家，他们关心实际的政治措施或改革；儒家的守旧派，他们专心致力于维持学术和仪礼的传统以及王朝统治的正统力量；儒家中的道家，他们对外界世事采取蔑视态度，而在道德和精神领域中寻求心安和慰藉。这种三分法，与当时官员、文人学士和地方精英三种不同人物的背景和立场是互应的。[3]

东汉儒家思想的这三种形态，实际上就是在遭遇王莽“新政”败亡事

[1] 陈启云：《儒学与汉代历史文化：陈启云文集二》，广西师范大学出版社 2007 年版，第 38 页。

[2] 陈启云：《中国古代思想文化的历史论析》，北京大学出版社 2001 年版，第 202 页。

[3] 陈启云：《中国古代思想文化的历史论析》，北京大学出版社 2001 年版，第 199 页。

件后，儒家思想的内部分化。所以，它与“经学士族”的分化，是大体相呼应的。

值得注意的是，经历王莽“新政”败亡事件的沉重打击后，“经学士族”内部发生分化，导致个人与国家政治分离，产生了两个引人注目的社会现象：一是避世隐逸之风的出现；二是地方精英势力的崛起。

个人与国家政治分离，避世隐逸之风出现，是东汉时期一个备受关注的现象。范晔《后汉书》首列《隐逸传》，便是因为社会上前所未有地批量出现的隐逸人物，无法纳入其他类型的人物传记，必须专列“隐逸传”载录。很显然，隐逸之风的出现，就是因为王莽“新政”败亡后，一些早先有政治理想主义精神的杰出人物，对朝廷政治感到失望而选择远离政治，洁身自好。

个人与国家政治分离，地方精英势力崛起，更是东汉时期特别突出的社会现象。陈启云说：

> 在后汉早期，有一些杰出的人物对朝廷政治感觉失望，以致拒绝接受政府职务。后汉衰落时，这种行为在精英分子中成为风尚，成为一种新的理想，既吸引了卓越的儒家学者，又吸引了许多州郡的著名人士和地方权贵。他们不再是在行政机构中的失落者；他们常常是兴旺的庄园的所有者，高门大族的家长或族长，或者是在州郡社会中有良好社会关系和声望的人。[1]

整个东汉，就是地方势力逐渐发展壮大的时代。从光武帝刘秀依

[1] 陈启云：《中国古代思想文化的历史论析》，北京大学出版社2001年版，第210页。

恃南阳豪强势力起家，进而有意眷顾和培育南阳地域豪族集团，到东汉中后期地方豪族势力迅猛发展，进展到中央政府不能控制的局面。汉末党人运动亦主要是由汝、颍地方势力发起，导致地方势力与中央政权抗衡的局面。因此，在汉末六朝，随着社会的急剧动荡，皇权旁落，国家大一统盛况衰微，整个社会政治、经济、文化重心存在着由上而下、由中央到地方的下移发展趋势。这种社会状况的出现，与王莽“新政”败亡后，从“经学士族”中分化出来的地方精英势力的发展，密切相关。

其三，王莽“新政”的败亡，不仅导致儒家理想主义精神转向和儒家知识群体内部分化，同时亦致使儒者精神从浪漫激情向理性批判发展。

王莽“新政”的覆灭，托古改制的失败，对于秉持政治理想主义精神和礼制改革主义理念的儒者，是一个史无前例的沉重打击。陈启云说：

> 对于汉儒来说，这场经历比秦朝的灭亡伤害更大。王莽政权的失败使人对一大堆汉儒的学说产生了严重的疑问，这些学说包括：圣王观、天命观、太平世观，以及社会—政治、道德和宇宙秩序大一统的观念。[1]

相对秦朝的“焚书坑儒”，王莽“新政”败亡的经历，对儒者的打击，是深刻的，甚至是致命的。如果说秦朝“焚书坑儒”对儒者的伤害是外在的，短暂的，那么，王莽“新政”败亡对儒者的打击，则是内在的，长期的，根本性的。秦始皇“焚书坑儒”后，儒者由前台转入后台，隐溺民间，其学术思想本身并未发生根本性变化；而王莽“新政”

[1] 陈启云：《中国古代思想文化的历史论析》，北京大学出版社2001年版，第181页。

的败亡，却导致了儒家理想的破灭。葛兆光说：

无论王莽是哗众取宠还是故作姿态，但那时他的举措无疑刺激了士人阶层的自信心，鼓励了一种近乎苛刻的人格理想与政治理想，使他们能在这种理想立场中坚持他们的信念，凸显他们的存在，而王莽的最终失败，即使不是决定性的，也是在一定程度上导致了这种理想的破灭。[1]

理想破灭产生的严重后果，导致儒者精神的明显变化，儒家知识群体的内部分化，儒者对其信奉学说的深刻反思。简言之，就是东汉儒家内部一片混乱。陈启云说：

后汉时期，许多思想家处在一种幻灭和迷惑的心境之中。……前汉朝廷所树立的官方儒学和后汉时期由儒者自动发起对这“官学”的怀疑批判之间的紧张情况，不但表明了汉代儒家学说的多样性和复杂性，也标志了从前汉到后汉总体思想趋势上的重要变化。[2]

儒者的幻灭、迷惑和深刻反思，导致儒家思想和儒者精神的重要变化。即从政治理想主义向道德理想主义的变化，从“外王”向“内圣”的变化，从浪漫激情向理性批判的变化。

自王莽“新政”败亡后，西汉中后期以来儒者那种对当时政治放言高论、激烈抨击的政治浪漫主义激情，推动社会政治“根本变革”的政治理想主义精神渐不复闻，乃至彻底消失。吕思勉说：

---

[1] 葛兆光：《七世纪前中国的知识、思想与信仰世界——中国思想史》（第一卷），复旦大学出版社 1998 年版，第 423 页。

[2] 陈启云：《中国古代思想文化的历史论析》，北京大学出版社 2001 年版，第 181 页。

中国之文化，有一大转变，在乎两汉之间。自西汉以前，言治者多对社会政治，激烈攻击。东汉以后，此等议论，渐不复闻。[1]

概括地说，无论从理念上，还是在态度上，抑或是在行动上，王莽“新政”败亡后的儒者，对社会政治做彻底改造的浪漫激情，逐渐降温；对乌托邦社会理想的宏阔追求，逐渐放弃；对社会政治进行“根本变革”的远大理想，逐渐丧失。取而代之的，是理性的社会认识和现实的社会批判，更多的理性精神和现实态度。虽然他们并未放弃儒家那些最基本的东西，但是，把高悬的政治理想与现世政治区别开来，不再侈谈上古三代，确是事实。[2] 即便还有像杜甫那种“致君尧舜上，再使风俗淳”的政治表达，亦只是学士文人一厢情愿地说说而已。

在东汉时期，理性主义精神和现实主义思潮逐渐高涨，士人普遍从理想主义回复到现实主义，无论是国家政策、君王性格，还是士人风尚、文艺美学，都明显朝着理性主义和现实主义方向发展。陈启云说：

王莽的失败在东汉思想中引发了一种批判的和分析的精神。尽管后汉的许多思想家仍然怀有道德理想，他们已渐渐怀疑前汉儒家结合道德与自然的整体论的构思了。他们了解，政治的运作不同于教化；政治的

[1] 吕思勉：《秦汉史》，上海古籍出版社 2006 年版，第 174 页。

[2] 侯外庐说：“汉末学者稍敢说话的人，多不侈谈三代，而以取法文宣为已足，左雄、王符、崔寔都是如此。”“左雄的革新条陈，在理想上并不算高，仅仅希望政治清廉一点，以继文宣。”“左雄的言论，和王符相似，并不希望上世（理想的）治道，而仅以‘追配文宣中兴之轨’，苟安垂祚而已。”“崔寔以为‘文宣拟式，亦至隆平’。”（《中国思想通史》第二卷《两汉思想》，人民出版社 1957 年版，第 416 ~ 419 页）

> 成就不单单是个人修养发挥作用的结果；良好的社会秩序不只是内心道德善性的外在化；政治和经济改革的动力应当依靠政治和经济的而不是道德的基础。[1]

其具体思想取向，一是侧重理性和现实，着重实效或功利；二是注重精神自由或道德修为。前者代表法家思想，后者代表道家思想，是“在两汉儒学独尊时，潜伏在儒家名义下的法家和道家两大流派思想的重新抬头”[2]。这种富于理性精神和现实态度的思想取向，与西汉中后期儒者基于“奉天法古”的政治理想主义精神和礼制改革主义理念，完全不一样。

东汉时期的理性社会批判，体现在桓谭、王充、王符、仲长统、崔寔等人的著述里。桓谭对西汉儒家理想主义的批判，“打击了前汉儒家关于学术与政治整合，或社会、政治、道德和宇宙秩序互应的思想”[3]。王充对西汉儒家理想主义的清算，“粉碎了儒家提出的社会、政治、道德和宇宙的秩序一体化的假定”[4]。崔寔的政治理想，不再如西汉儒者那样放言高论，言必三代，而是变得非常理性和实际，以为“文宣拟式，亦至隆平”，他在《政论》中说：“济时救世之术，岂必体尧蹈舜，然后乃治哉！期于补绽决坏，枝柱邪倾，随形裁割，取时君所能行，要厝斯世于安宁之域而已。”这是很理性、很切合实际的观点，代表汉末一般学者的看法。

其四，王莽“新政”的败亡，不仅促使儒者精神从浪漫激情向理

[1] 陈启云：《中国古代思想文化的历史论析》，北京大学出版社 2001 年版，第 189 页。

[2] 陈启云：《中国古代思想文化的历史论析》，北京大学出版社 2001 年版，第 199 页。

[3] 陈启云：《中国古代思想文化的历史论析》，北京大学出版社 2001 年版，第 193 页。

[4] 陈启云：《中国古代思想文化的历史论析》，北京大学出版社 2001 年版，第 195 页。

性批判发展，亦导致儒家理想中的君王形象，从“圣王”理想向“王圣”理想发展。

曲利丽研究“两汉之际文化精神的演变”，在综述当时政治、经学、士人风尚、思想、文学等文化现象基础上，提出“圣王”和“王圣”两个概念，分别用来概括西汉和东汉的政治文化精神。所谓“圣王”，即只有圣人才能称王，王权的合法性来自于王者为万民造福、实现社会公义的圣德，强调德行在王权合法性中的重要性。所谓“王圣”，即以帝王为圣人，以为君王之所以君临天下，是因为上天的福佑和眷顾。因为是天子，所以是圣人。其合法性和权威性是从天命中获得。曲利丽认为：在“王圣”与“圣王”两者间，体现的儒生气象和精神格局不大相同：一为公天下，一为家天下；一要君主为民负责，一要君主对祖宗负责。[1]

“圣王”理想古亦有之，先秦孔、孟，即是代表。西汉儒者继承孔、孟“非圣人莫之能王”的政治理念，笃守“古之治天下者必圣人”的政治理想。因此，在儒术独尊的西汉中后期，儒者对理想君王的想象和当代君王的评判，皆以“圣王”为标准，以“圣王”塑造和匡正当代帝王。他们鄙弃酷吏，以纯儒自居；鄙弃“霸道”，以“王道”辅佐当代君主。

西汉中后期的君王，虽然心向儒学，倾慕“王道”，但皆不符合儒者心中的“圣王”标准。从当时的社会舆论看，只有王莽才是儒者心中的圣人，符合“圣王”条件。因此，在当时社会，普遍以王莽比拟周公，王莽亦以周公自拟。王莽执政，实现了儒者“治天下者必圣人”的期望；王莽“新政”，实现了儒者认为只有“圣王”才能实施的“王

[1] 曲利丽：《两汉之际文化精神演变研究》，中华书局 2017 年版，第 7 页。

道”理想。

然而，随着王莽“新政”的败亡，“王道”政治理想的破产，理想“圣王”退出历史舞台。在东汉时期，儒者理想的君王不是“圣王”，而是“王圣”。或如学者所说，东汉的政治文化精神是“王圣”精神，班固《白虎通德论》是“王圣”精神的体系化表达。因此，在东汉及其以后时代，儒者虽未完全放弃“致君尧舜上，再使风俗淳”的“王道”理想，但对“圣王”理想的追求，已经不再执着。经过“新政”败亡这个残酷现实的沉重打击，儒者通过反思与反省，逐渐从理想主义回到现实主义，从浪漫激情回到理性面对，不再试图改造现实，而是企图适应现实。所以，学者认为：两汉之际政治文化精神从“圣王”转向“王圣”，标志着中国历史的发展被权力绳索又扣紧了一环。[1]

其五，王莽“新政”的败亡，不仅导致儒家理想君王从“圣王”向“王圣”的发展，亦直接促成中国士大夫政治形态的形成。

阎步克研究中国古代政治史，认为士大夫政治是中国古代政治的主要形态。而士大夫政治的演生，是在两汉之际。因此，学者“把东西汉之交，视为政治文化史上的分水岭之一”[2]。他认为，“中国古代的士大夫政治，是经由周政、秦政、汉政、新政这一系列复杂曲折的政治变迁过程之后，而演生出来的”，而“王莽变法事件标志着中国古代士大夫政治演生史上的又一个阶段，它的结束则导致了一个新阶段的开始”。[3]

士大夫政治形态的演生，发生在两汉之际，由王莽“新政”的败

[1] 曲利丽：《两汉之际文化精神演变研究》，中华书局 2017 年版，第 7 页。

[2] 阎步克：《士大夫政治演生史稿》，北京大学出版社 1996 年版，第 361 页。

[3] 阎步克：《士大夫政治演生史稿》，北京大学出版社 1996 年版，第 477、361 页。

亡直接促成。阎步克认为，“西汉后期儒家理想主义的‘魔化’，导致西汉儒生理性精神之薄弱，其复古化、神道化的倾向，造成了王莽企图以上古模式、经典教条和谶纬神学来构建理想乌托邦的尝试”。王莽“新政”乌托邦政治理想的失败，导致儒家政治理想主义和礼制改革主义的破产。东汉儒者逐渐放弃这种政治理想主义精神，转而理性地面对现实政治。阎步克说：

> 在王莽“奉天法古”的变法改制破灭之后，又一个新的深刻政治文化转变发生了。这就是那种“高度现实主义的经世精神”的回归，它体现于东汉时期的王朝“经术”与“吏化”并重的政治路线，儒家政治思想之援法入儒，以及此期儒生和文吏的日益融合之上。[1]

其具体表现，就是“努力使儒术和文法达成协调，既牢牢抓住文法吏治一环，使专制官僚体制有一个坚实的运转基础，避免重蹈‘新政’覆辙，同时也力崇儒术，充分利用其约束君主、调节政治、整合社会之功能，防止秦政之再现。……‘秦政’和‘新政’在文法和儒术上是相互排斥而偏枯了一方，东京汉政则力图使二者各自在其‘适宜’层面上发挥不同作用”[2]。这种政治形态，就是阎步克所谓的“士大夫政治”。

士大夫政治是在王莽“新政”败亡后，儒者官僚通过对“新政”的反思和反省而逐渐构建起来的。这种政治形态一经形成，便成为汉魏以后中国政治文化的主要形态。它在中国政治史上的重要意义，正

[1] 阎步克：《士大夫政治演生史稿》，北京大学出版社 1996 年版，第 398 页。
[2] 阎步克：《士大夫政治演生史稿》，北京大学出版社 1996 年版，第 422 ~ 423 页。

如阎步克所说："这在中华帝国的政治文化史上，是一个具有决定性意义的变动。""两汉四百年的政治演进，已经为中华帝国的士大夫政治模式，奠定了牢固的基础。"[1] 正是在这个意义上，学者认为，"东西汉之交，是中国政治文化史上的分水岭之一"。

综上，两汉之际的重大历史转折，围绕王莽"新政"事件展开。王莽"新政"的建立和败亡，既是一个政治事件，亦是一个文化思想事件，它的文化思想史意义大于政治史意义。它的建立与败亡，导致儒家理想主义精神从政治理想主义向道德理想主义转折，促使儒家知识群体即"经学士族"内部发生分化，致使儒家精神从浪漫激情向理性批判发展，促使儒家理想君王形象从"圣王"理想向"王圣"理想发展，导致中国士大夫政治形态的形成。这就是两汉之际社会政治剧变的文化思想史意义。

3. 两汉之际学术文化剧变的历史意义

两汉之际的学术文化剧变，以王莽篡汉立新和托古改制为背景，主要体现在刘歆的知识秩序构建里，扬雄"玄思大义"的思想转型里，以及古典审美理想构建中。是刘歆的学术革新、扬雄的思想革命与文学改良，共同构成了两汉之际知识、学术和思想的剧变。在前面讨论刘歆、扬雄的章节里，我们对刘歆的学术革新、扬雄的思想革命与文学改良的重要意义和历史影响有过具体讨论，于此再做简要总结，以明两汉之际学术文化剧变的历史意义。

两汉之际刘歆的学术革命，主要表现在以下三个方面：

一是通过知识秩序的构建促进学术文化的变迁。刘向、刘歆父子

---

[1] 阎步克：《士大夫政治演生史稿》，北京大学出版社 1996 年版，第 413 页。

通过对周秦知识及学术的搜集、整理和总结，发动“文本革命”，建立“文本秩序”。刘歆在“文本革命”和“文本秩序”基础上，通过“辨章学术，考镜源流”，构建起“知识秩序”，编织成一张知识、学术和思想的“意义之网”。这张包括“文本秩序”和“知识秩序”的“意义之网”，不仅规约后世学者对周秦历史、文化、学术、思想的认知范围和想象空间，亦圈定中国文化、学术、思想发展的时空边界，对中国文化学术的发展方向和基本特征产生深刻影响。

二是刘歆表彰《周官》，以《周官》为“经”，称《周官》为《周礼》。王莽据《周官》改制，郑玄以《周官》为“三礼”之首，推动《周官》成为礼学中的显学，促进中国礼学从“士礼”向“天子礼”转变。通过《周官》呈显儒家的理想政治愿景，奠定古代中国中央集权国家的理想政治模式。

三是刘歆表彰《左传》和撰著《世经》，改造邹衍五行相胜五德终始旧说，构建起五行相生五德终始新说；在“广道术”之基础上，梳理周秦以来的历史知识，整理周秦以来的古史系统，构建历史知识秩序，建立起集政治、历史、人文、天文于一体的天道历史秩序。这个天道历史秩序，固化了中国人的上古史知识，奠定了中国人的历史观念。

两汉之际扬雄的学术文化贡献，主要表现在他的思想革新和文学改良两个方面。

在思想革新方面。扬雄的思想革新，表现在学术观念和思想方法的创新，即以“不述而作”为核心的创造意识上，以“约卓简要”为核心的博通取径上，以“玄思大义”为内容的思辨精神上。正是这种创造意识、博通取径和思辨精神，使他成为汉代章句之学的掘墓人和六朝之学的开创者，从而在中国学术思想史上发生重要影响。特别是他在儒道兼综的学术背景下，接受孔子“学思并重”和孟子“去学而重思”的影响，参之以老庄“玄鉴”或“玄览”的玄想思维，形成在两汉知识群体中特别突出的“玄思”思维方式和治学方法，成为两汉知识群体中最具抽象思辨能力的学者之一。扬雄通过“玄思”以探“大义”，开启“玄微之思”和“玄远之风”，是思想创造型学者，是六朝之学的源头。

在文学改良方面。中国文学的古典美，建构于扬雄、阐释于刘勰、解构于韩愈。扬雄的文学改良，主要表现在古典美的构建上。他的古典美构建，体现在对文学语言的“雅”和文学内容的“正”的自觉追求上，即以形式的“雅”和内容的“正”构建起以“雅正”为核心的古典美理想品格。他开启“斟酌经辞”“因书立功”“引书助文”“以学为文”的创作新风尚，构建起以“雅”为特质的古典美在形式上的新范式。以明道为中心，建立起明道、征圣、宗经三位一体的文学思想体系，构建起以“正”为特质的古典美在内容上的新范式。所以，扬雄开创“古典文学”创作新风尚，引导文学创作由“口语型向文字型”的新转变，是中古文学的起点，是中国文学发展史上的重要转折。

两汉之际刘歆的学术革新、扬雄的思想革命与文学改良有着重要价值和重大影响，主要表现如下：

其一，在刘歆和扬雄的推动下，两汉之际呈显出一统知识、学术、思想和文化的时代性特征。葛兆光说：

> 纪元前后的西汉东汉之际，中国思想世界最引人注目的大概是思想的一统取向，所谓“一统”，不仅指知识背景的文化整合大体完成，理

论阐发的经典依据大体落实，思想体系的思路框架大体确定，而且也指思想、学术与政治意识形态之间的大体协调，用传统的说法，即“道统”、“学统”与“政统”的合流。[1]

两汉之际知识秩序整合的大体完成、经典依据的大体落实、思想框架的大体确定、思想与政治的大体协调，此种文化思想“一统”工作的完成，就出自刘歆、扬雄之手。

刘歆把周秦时期的零散文献进行重新编排，构建出“文本秩序”；把周秦时期的碎片化知识进行重新整理，构建出“知识秩序”。以此为基础，重构成一张集周秦知识、学术、思想和作者在内的，包括时间和空间两个维度的“意义之网”。梳理周秦以来的历史知识，整理周秦以来的古史系统，建立起集政治、历史、人文、天文于一体的天道历史秩序。知识上“意义之网”的构建和历史上天道历史系统的建立，显示出刘歆一统知识和学术的意图。

扬雄构建的“玄”这个终极性概念，是关于整个世界的根本性原理。《太玄·玄图》说：“夫玄也者，天道也，地道也，人道也，兼三道而天名之，君臣父子夫妇之道。”[2] 宇宙由天、地、人构成，三者各有其道，又归总于“玄”，“玄”是一切事物必由的根本之路和终极之理。天地万物运动变化之规律和人事理则，皆包含在“玄”里。《太玄》构建的这个贯通天人、包罗万象的宇宙模式，显示出扬雄一统思想和文化的意图。

所以，徐复观认为：刘歆《三统历》和扬雄《太玄》，它们所努

[1] 葛兆光：《七世纪前中国的知识、思想与信仰世界——中国思想史》（第一卷），复旦大学出版社 1998 年版，第 420 页。

[2] 司马光：《太玄集注》，中华书局 1998 年版，第 212 页。

力的目标，是同一性质的工作，即皆力图将乐律与时历组合成一个综合性的大系统，构建一个集知识、学术、思想和文化于一体，包括历史、政治、人文、天文的大一统体系。[1]

其二，在刘歆和扬雄的推动下，两汉之际的学术、思想呈现出由实用性向纯粹化发展的特征。无论是刘歆还是扬雄，都有纯粹的学术追求和思想取向。以刘歆为代表的学者推动的学术转型，其标志就是从切于政治、日用的知识和学术转向纯粹的知识和学术。内藤湖南说：

> 古文的书籍一经出现，就成为学问从实用走向纯粹学术的阶梯。……当时学问之所以成为像样的学术，是因为出了古文。……这些就是中国的学问之所以成为像样的学问的开端。在此之前，一般不过考虑学问究竟在政治上、社会上如何起作用的问题。
>
> 这时的学问和过去有所不同。过去是单纯地把学问作为思想的产物，书籍和学派都是随着新思想的产生而产生的。而现在则是进入了一个对已有的学问做出各种思考，并通过复杂的程序进行研究的时期。……学问开始带有校勘学、考古学的性质。它已不单纯是思想的产物，而变成了附有历史内容的学问，这是后汉学问的一个显著的倾向。[2]

徐建委亦说：

> 刘向、刘歆父子积二十余年校理中秘书，除了新书整理缮写的完成，

[1] 徐复观认为：刘歆所以讥《太玄》为“吾恐后人用覆酱瓿也”，不仅因为《太玄》难解，实际亦是对用心同、方向同，但在思辨与形式上却不相同的扬雄，多少含有一些妒意。［《两汉思想史》（二），九州出版社 2014 年版，第 450 页］

[2] 〔日〕内藤湖南：《中国史通论》，夏应元、钱婉约等译，九州出版社 2018 年版，第 259 ~ 260、316 页。

《别录》、《七略》的编纂外，另一个重要的影响便是拧动了学术风气、思想方式转变的重要枢纽。直至刘向，整个西汉帝国的学术、思想性格还是与战国学术有着密切关联，总体上仍然是战国学术的延续。五经博士之学、天文律历数术之学、诗赋文章等均切于政治、日用，纯粹的知识和学术取向，是颇难寻觅的。但到了汉成帝时期，刘向父子接触秘府图书、勘校排比秘府古文，其校勘过程本身就已经与政治、日用趋远，而渐近于知识与学术了。由此，相对纯粹的以古书文本为对象的学问，在刘氏父子之后日见其重。……中国早期学术的转型大体发生在两汉之际，而刘氏父子之间所存在的学术上的断裂，正是这个转型期最为清晰的界限。[1]

如果说刘歆的学术，尤其是他表彰《周官》《左传》，撰著《世经》，与社会政治还有一定的关联，那么，扬雄以“玄思大义”为核心的思想革命和以构建文学古典美为内容的文学改良，则更具超越性，有更为突出的远离社会政治的纯粹性质。与刘歆作为“新政”的参与者不同，扬雄是“新政”的旁观者。他不仅疏离“新政”，亦疏离“汉政”。无论是他以“玄思大义”为核心的思想革命，还是以“雅正”为特点的古典美构建，皆表现出超越政治、日用的纯思想、纯文学取向。所以，徐复观说他与一般汉儒的“道德地政治形态”和“政治地道德形态”不同，他是“知识型人生形态”，近似西方所谓智者形态的人物，他的人生追求就是好智或尚智。

刘歆和扬雄对纯粹知识、学术、思想和文学的兴趣，是文化自觉的表现。因此，可以说，中国古代的学术自觉、思想自觉和文学自觉，

[1] 徐建委：《文本革命：刘向、〈汉书·艺文志〉与早期文本研究》，中国社会科学出版社 2017 年版，第 321 页。

皆发生在两汉之际。

其三，两汉之际，由刘歆、扬雄等学者构建的知识、学术、思想和文化的一统化体系，推动的学术、思想和文学的纯粹化发展，致使当时“知识背景的文化整合大体完成，理论阐发的经典依据大体落实，思想体系的思路框架大体确定”。这些成就，在中国学术思想发展史上具有总结性意义和典范性价值，对汉魏以后中国文化的发展产生深刻影响。孙少华说：

> 两汉之际，是中国传统学术、文化的大裂变、大发展时期。中国古代各门学科，都得到了极大发展与演进。……扬雄、刘歆、桓谭、王充等人的一系列学说，都是对此前文化的大反思。一个迥异于先秦、汉初的崭新的学术思想体系，逐步建立起来，奠定了后来中国封建社会发展的基本方向。……此后，中国古代学术与文学思想，基本上走上了一个看似“正规”的轨道，与西汉乃至先秦截然不同。……汉代自刘向、刘歆、扬雄、桓谭之流的学者开始，他们对此前学术、文学认识，具有总结性意义；对此后如何认识学术、文学，具有一定的典范意义。[1]

两汉之际经由刘歆、扬雄等人构建的学术文化思想的意义和影响主要体现在两个方面：一方面，对周秦学术思想有总结性意义，“东汉以后对先秦、西汉的理解，基本上是在扬雄、刘歆、桓谭等人确立的阐释思想基础上展开的”。另一方面，对汉魏以后学术思想的发展有典范性价值，“两汉之际诸多思想与学术，都成为后世思想与学术的先导”。所以，“了解两汉之际思想学术，基本上就把握了中国古

[1] 孙少华：《文本秩序：桓谭与两汉之际阐释思想的定型》，中华书局 2019 年版，第 2 ~ 3 页。

代学术的大致走向”[1]。这就是两汉之际学术思想剧变在中国学术文化史上的意义和价值。

二、两汉之际在中国历史上的转折意义

1. 文化发展和文明演变：中国史阶段分期之标准与依据

历史发展的阶段划分与重要社会转折密切相关，无论是以政治、经济标准，抑或是以文化、思想标准划分历史阶段，都有一个阶段之间的分界点，某个历史时刻成为某两个历史阶段之间的分界点，就是由于这个历史时刻是社会发展的重要转折点。因所持划分历史阶段的标准不同，其阶段之间的分界点就不一样。同样，因所持观察角度或标准不同，对社会发展重要转折点的认识就不一样。

将一国历史进行阶段划分，是历史学家的主要职责，亦是历史研究的重要内容。因对社会发展大势和历史演变规律认识的差异，对历史阶段的划分，亦就因人而异，人言人殊。如梁启超《五千年史势鸟瞰》之《地理及年代》说：

> 旧史皆以帝王纪年，盖舍此亦实无良法。……历史阶段当着何分划耶？强分时代如抽刀断水，欲求绝对的精确标准，为事殆不可能。近今史家卒将欧史区分为古、中、近之三世……以资研究之方便而已。中国欲仿其例，颇极困难。依严格的理论，秦以前为一时代，自秦统一迄民国为一时代，两者分野最为严明。然此区分，则每时代所包含时代太长，

[1] 郑杰文：《文本秩序：桓谭与两汉之际阐释思想的定型·序》，见孙少华《文本秩序：桓谭与两汉之际阐释思想的定型》，中华书局 2019 年版。

几与不区分相等。……故吾以为论次国史，或以不分时代为较宜。

的确，一国之历史是一个整体，前朝与后事之间总有千丝万缕的联系，以抽刀断水之势做绝对精准的阶段划分，为事实所不可能，亦难以获致普遍认同。旧史讲求史事的断代和断限，以帝王纪年，以政权或朝代的起讫分期划段编史，实出于编撰之便利；或者为了政治上论正闰之目的，而着眼于微观的体例和笔法。近代以来，西学东渐，史学家受西方史学影响，或者仿欧西史学上古、中古、近世的历史三段论，划分中国历史阶段；或者援用马克思主义社会发展史观，把中国历史划分为原始社会、奴隶社会、封建社会、资本主义社会和社会主义社会五阶段。或者如梁启超所说，把中国历史分为两阶段，“秦以前为一时代，自秦统一迄民国为一时代”。上述各种关于中国历史的阶段划分，在二十世纪二三十年代引起了著名的“社会史论战”。

旧史讲求体例和笔法，以帝王纪年，以朝代断限，这种典型的封建帝王史观遭遇了近代学者的普遍批评。像梁启超那样的两分法，又过于简单，“几与不区分等”。欧西史学的三段论和马克思主义史学的五段论，是否适合中国的国情，亦有很多争议。所以，历史发展的阶段性特征客观存在，但力求精准划分历史发展的阶段，又相当困难。有鉴于此，梁启超干脆说：“吾以为论次国史，或以不分时代为较宜。”

我们认为：梁启超的这个态度不可取，历史发展的阶段性特征客观存在，不能忽视。虽然精准划分历史阶段有困难，但为探求历史发展规律，达成“究天人之际，通古今之变”的目的，将一国历史划分成若干阶段开展研究，很有必要。陈启云说：

历史分期并不是“如抽刀断水”，把历史的发展或延续的史事割断，而是要把历史发展的大体趋势，所经历的重要段落、及其在不同时代的不同特点、用分期的方法使其更突出地显示出来，以便人们作整体的观察或整合的研究而已。[1]

历史研究的目的，是为了“通古今之变”，探讨历史发展的大势和规律，将历史进行分期研究，是可能的，亦是必要的。问题的关键，不在于要不要分期，而在于如何分期，依据什么标准分期。欧西史学的三段论和马克思主义史学的五段论值得借鉴，当然必须结合中国历史的实际情况，确定其阶段之间的分界点。其实，学术界争论的焦点亦在这里。例如，借鉴马克思主义史学五段论，古代中国奴隶社会、封建社会的起讫时期在哪里？奴隶社会与封建社会的分界点在哪里？资本主义生产关系发生在什么时段？这些都是长期争论的焦点问题。又如，借鉴欧西史学三段论，古代中国上古、中古、近世的分界点在哪里？这亦是一个争论不休的问题。如关于中国中古的起点，就有秦汉之际、汉魏之际、两汉之际三种观点。

历史发展的阶段性特征客观存在，历史阶段的分界点一般就是社会发展的重大转折时刻；抓住社会发展的重大转折时刻，就可找到历史阶段分期的分界点；找到历史阶段的分界点，历史阶段的划分便有了可能性。当然，一个历史时期，是否社会发展的重要转折时刻，能否成为历史发展阶段的分界点，往往人言人殊，主要由其所持之标准和对史事认识之深浅决定。我们的观点是：历史阶段的划分是可能的，亦是必要的。不同的划分标准，呈现出不同的历史意义。多种划分标

[1] 陈启云：《中国古代思想文化的历史论析》，北京大学出版社 2001 年版，第 30 ~ 31 页。

准和多样的历史分期并存，可以呈现出历史不同面相的意义，增进我们对历史的认识和理解。

关于中国历史阶段的划分，主要有三种：一是古代中国史家普遍采用的以帝王纪年、以朝代断限的历史分期法。二是近代以来的马克思主义史学家采用的基于马克思社会发展史观的五段论。三是近代以来的一些学者借鉴欧西史学的上古、中古、近世三段论进行划分。

以帝王纪年和以朝代断限为标准的历史分期法，在古代中国比较普遍。陈启云说：

> 以王朝断代的史学传统，一方面反映了王朝在中国政治上的重要性和政治在中国历史上的重要性；另一方面是二十四（五）正史陈陈相因的史例的产品。[1]

所以，一部二十五史，除《史记》《南史》《北史》《五代史》等少数例外，其他均是以一姓王朝的起讫分期的断代史。这种分期法，依据政权的变更和朝代的起讫，讲究政权断代和历史断限，涉及政权的正统性问题。首先，这种以政权变更、朝代起讫为标准的历史分期，简单方便，易于操作，但在“通古今之变”，探索历史发展规律和大势上有欠缺，故为“新史学”家摒弃。其次，这种以朝代起讫为标准的历史分期，往往有“纪年存统”的政治意义，政治动机大于史学目的。政权起讫和朝代断限的争议，主要是政治问题，不是史学问题。第三，朝代变更、政权迭代固然是大事件，但它是政治上的大事件，亦仅仅是政治上的大事件，其历史意义是单一的，构不成历史上的大转折；

[1] 陈启云：《儒学与汉代历史文化：陈启云文集二》，广西师范大学出版社 2007 年版，第 44 页。

有的连大事件也说不上，如南朝宋、齐、梁、陈的政权迭代，主要通过宫廷政变方式实现，对社会秩序没有太大影响。这种政权迭代，历史意义相当有限，构不成历史上的大转折，亦就不能成为历史阶段的分界点。

如果说以帝王纪年、朝代断限为标准的历史分期，是基于政治的标准，那么，马克思主义史学家依据马克思社会发展史观的五段论，则主要是基于社会经济关系。一般言，马克思主义史学家基本上都是经济决定论者，以经济基础和生产关系决定社会形态。经济基础决定上层建筑，经济基础的变化和生产关系的变革决定政治、思想和文化的发展走向，导致政治、思想和文化的变革。马克思主义的社会发展史观，是在古希腊、罗马和欧洲中世纪以来的社会现状和历史发展之基础上构建起来的，它对于欧洲社会历史的研究和历史发展阶段的划分，无疑完全适用。它是否适合古代中国的国情，是否可以照搬过来对中国历史阶段进行划分，则很可疑。二十世纪二三十年代的社会史论战，于此便有充分讨论，许多重大问题至今未有定论，如中国奴隶社会、封建社会的起讫时间问题，中国资本主义生产关系的萌芽问题，中国古代是否存在普遍奴隶制问题，等等。虽然当代的中国古代史书写和国史教科书编纂一般都采用这种五阶段历史划分法，但专业学者的学术研究中，对此往往是避而不言。

比较言，如果说帝王纪年、朝代断限的历史分期着眼于政治，马克思主义史学的五段论划分着眼于经济，那么，欧西史学的三段论，则是以历史文化为依据，着眼于文化思想和文明形态。我们以为：这是一种更具普适性的历史分期法。陈启云认为：马克思主义唯物史观的历史分期，“带有预设理论”；欧西史学的三段论，“只是一分期的虚架或标签，本身不带预设理论意义。其意义完全建立在分期各时代中的具体史实上”。[1] 相对言，不仅马克思主义唯物史观的五段论“带有预设理论”，就是古代中国朝代断限的历史分期，亦同样“带有预设理论”，这个预设理论，就是中国古代政治正统论。唯有欧西史学的三段论，它只是提出一个上古、中古、近世的历史叙事框架或标签，各国别史可以依据自身的史实挂靠在这个叙事框架上，所以，它是更具普适性的历史分期法。这种三段论分期法更偏重文化思想和文明形态。一般言，相对政治和经济，文化思想和文明形态是一个社会最深沉、最稳定的部分，政治、经济因时而变，随时而迁，文化思想和文明形态的变迁，往往滞后于政治、经济的变动。所以，一个时代政治、经济的变革，不一定必然导致文化思想和文明形态的变迁。当一个社会的文化思想和文明形态发生剧烈变动时，往往导致政治、经济的急剧变革，从而致使整个社会历史发生重大转折。所以，立足文化思想和文明形态的欧西史学三段论，便是基于社会历史的深层变革、整体变革而立论，因而更具普适性，亦是中国历史研究中最有启发性的分期方法。

如果把以政权变更、朝代起讫为标准的历史分期称为“王朝兴替史观”，将马克思主义史学的五段论称为“社会经济史观”，那么，欧西史学的三段论，则可以称为“文化发展史观”。

相对言，我们认为：按照欧西史学“文化发展史观”的三段论划分中国历史阶段，最适合中国国情。内藤湖南说：

> 如果要作有意义的时代划分的话，就必须观察中国文化发展的浪潮

[1] 陈启云：《中国古代思想文化的历史论析》，北京大学出版社 2001 年版，第 36 页。

所引起的形势变化，从内外两方面加以考虑。……我认为，依照文化的时代特色而划分时代，这是最自然、最合理的方法。[1]

这是内藤湖南对中国历史展开深入研究后得出的结论。他评论中国文化说：

通观中国文化发展的总体，宛如一棵树，由根生干，而及于叶一样，确实形成为一种文化的自然发展的系统，有如构成一部世界史。……在中国文化的发展中，文化确是真正顺理成章、最自然地发展起来的。这与那种受到其他文化的刺激，在其他文化的推动下发展起来的文化，是不同的。[2]

正因为中国文化是“顺理成章、最自然地发展起来的”，并形成了一个自足的发展系统，所以，中国文化自身的发展与转折，乃是中国历史上最深刻、最根本的变化和转折。因此，以文化的时代特色划分中国历史阶段，才是适合中国国情的，最自然、最合理的方法。

再说，古代中国国家性质的文化特色，亦足以说明以文化或文明的发展划分中国历史阶段的合理性。罗素说：“中国实为一文化体而非国家。”雷海宗说：“二千年来的中国，只能说是一个庞大的社会，一个具有松散政治形态的大文化区。”[3] 罗、雷二氏以其慧眼洞悉古代中国文化重于国家的特点，是关于古代中国国家性质的真知灼见。

[1] 〔日〕内藤湖南：《中国史通论》，夏应元、钱婉约等译，九州出版社 2018 年版，第 43 页。

[2] 〔日〕内藤湖南：《中国史通论》，夏应元、钱婉约等译，九州出版社 2018 年版，第 44 ~ 45 页。

[3] 转引自梁漱溟：《中国文化要义》，学林出版社 1987 年版，第 19 页。

的确，古代中国是一个以共同的文化信仰维系着的人类共同体，共同的文化信仰所激发出来的感召力和凝聚力，大大超过国家和国家权力执行者的意志力。在古代中国，国家的灭亡是次要的，最可怕的是文化的灭亡，反对异族入侵的卫国战争，实际上就是捍卫民族文化、反对异族文化侵蚀文化正统的战争。文化代表国家，文化的灭亡亦标志着国家的灭亡，故《礼记·礼运》说："故坏国丧家之人，必先去其礼"。西周王朝的崩溃亦被史家称为"礼崩乐坏"。可以说，一部中国古代政治兴衰史，就是一部礼仁文化的演变史。文化关乎国家之兴亡，在世界史上，古代中国是独一无二的。还有，古代中国人有"天下兴亡，匹夫有责"的意识，但是，他们关注的"天下兴亡"，是指文明、文化的兴亡，而非国家政权的兴亡。"天下"一词包含的主要是文化意义，不是国家政权意义。顾炎武说：

> 有亡国，有亡天下。亡国与亡天下奚辨？曰：易姓改号，谓之亡国；仁义充塞，而至于率兽食人，人将相食，谓之亡天下。……是故知保天下，然后知保其国。保国者其君其臣，肉食者谋之；保天下者，匹夫之贱，与有责焉耳矣。[1]

"亡天下"与"亡国"有不同意义，"保天下"与"保国"有不同主体。章太炎阐述顾氏观点说："余深有味其匹夫有责之说，今人以为常谈，不悟其所重者，乃在保持道德而非政治经济之云。"[2]"保持道德"即"保天下"，"保持政治经济"即"保国"。梁漱溟亦说："在顾

[1] 顾炎武：《日知录》卷十三《正始》，上海古籍出版社 1985 年版。

[2] 章太炎：《章氏丛书》文录卷二。

氏全文中，恰恰没有今世之国家观念存在！恰相反，他所积极表示每个人要负责卫护的，既不是国家，亦不是种族，却是一种文化。”“它不是国家至上，不是种族至上，而是文化至上。”[1]很明显，在他们看来，“亡天下”就是亡道德文化，“保天下”就是保道德文化。亡国固然可怕，但那种易姓改号的改朝换代，是君臣的事情，“肉食者谋之”；更可怕的是亡道德文化，“亡天下”乃是种族之灭亡，文化之灭亡，故匹夫之贱，亦有责焉。欲“保其国”，须先“保天下”，“保天下”是“保其国”的必要条件。文明或文化于中国古代国家政权之重要性，于此可见一斑。

所以，基于古代中国文化自身的自足发展系统，基于古代中国国家的文化特质，从文明或文化角度划分中国历史阶段，是最合理、最恰当的方法。内藤湖南正是基于这样的国情现实，将中国历史划分为四个大的时代：第一期，从开天辟地到后汉中期——上古时代；第二期，从五胡十六国到唐代中期——中世时代；第三期，宋、元时代——近世时代前期；第四期，明、清时代——近世时代后期。四期的划分，实际就是上古、中世、近世三个阶段，其中有两个过渡期：从后汉的后半期到西晋，是第一个过渡期，即从上古到中世的过渡期；从唐末至五代，是第二个过渡期，即从中世到近世的过渡期。[2]

依据文明或文化标准，援用欧西史学三段论划分中国历史阶段，在内藤湖南基础上有进一步深化的，是陈启云。他的分期是：上古时代（由远古至西汉）、中古时代（由东汉至唐）、中古后期或近代初

[1] 梁漱溟：《中国文化要义》，学林出版社 1987 年版，第 166 页。

[2] 〔日〕内藤湖南：《中国史通论》，夏应元、钱婉约等译，九州出版社 2018 年版，第 43 ～ 44 页。

期（由唐末五代至清末）、现代（清末以来）。他认为，这种分期法，是“对中国历史研究最有启发性的分期方法”，“既突出了中国历史文化在四个不同时期发展的趋向和特色，又显示了汉代历史和汉文化传统的重要性”。[1] 陈启云这个分期，在阶段划分和时间起讫上，与内藤湖南大同小异，可置而不论。值得注意的是，他所持的文明演变标准，与内藤湖南所持的文化发展标准，有一定区别。

以文化的时代特色为依据划分中国历史阶段，建立起中国史的新系统，是内藤湖南对中国史学研究的新贡献。但是，正如傅佛果所说：“湖南所说的文化包括十分宽泛的内容，事实上，他在著述中试图将自己的‘近世’时代的划分法应用于自己所定义的所有文化领域。”[2] 内藤湖南并未对文化做具体界定，综合他所论的内容，其所谓文化，包括政治、经济、学术、文学、艺术、乐舞、环保、医学、古物玩赏等方面。陈启云不赞同这种过于宽泛的阐释。他参照中西方学者关于文化和文明的研究，以为文化和文明是两个不同概念。他认为：文化包括低等文化（如史前文化、新石器文化）和高等文化，文明则指达到较高水平（如文字、城邦国家）的文化；文化注重物质经济基础，文明则侧重指精神文明。文明是指在特定时空存在的历史文化整体，如古代中华文明、汉代文明等；文化则指此文明中较为具体、可以分别讨论的成分。在整个文明崩溃后，此文明整体不复存在，是以没有“文明传统”字眼，但此整体中的个别文化因子，则可继续存在。如

[1] 陈启云：《儒学与汉代历史文化：陈启云文集二》，广西师范大学出版社 2007 年版，第 50 页。

[2] 〔美〕傅佛果：《内藤湖南：政治与汉学（1866 ~ 1934）》，陶德民、何英莺译，江苏人民出版社 2016 年版，第 226 页。

汉代文明消逝后，若干汉文化可延续下去成为汉文化传统。[1] 因此，文化与文明是两个不同概念，其外延和内涵均有显著区别。更进一步说，文化发展和文明演变亦有明显区别。他认为：文明演变的重要性远远大于文化发展，文明演变是一个社会最深刻的变革、最重大的转折。文化发展由量变到质变，才最终促成文明演变。所以，不是文化发展，而是文明演变才是历史发展阶段的分界点。他认为：历史阶段的分期，应当基于文明的演变，而不是文化的创造。历史发展阶段划分的分界点，往往就是文明演变的转折点，不是文化发展的转折点。一般学者常常把战国末期或秦朝的统一作为中国上古时代的结束，陈启云认为：这是由于他们“注重文化的创造过于历史文明的演变”，是不正确的。[2] 战国末期或秦统一时期，是中华文化的创造时期，两汉之际是中华文明的演变时期法，两汉之际才是上古与中古的分界点。

综上，关于中国历史发展的分期，主要有三种方法，即以政权变更、朝代起讫为标准的历史分期法，以社会经济发展为标准的马克思主义史学五段论，以文化发展和文明演变为标准的欧西史学三段论。比较言，最后一种才是最适合中国国情的、最自然和最合理的方法。相对言，文明演变标准的三段论比文化发展标准的三段论更适合中国历史发展的阶段划分。

2. 两汉之际在中国历史上的转折意义

讨论两汉之际在中国古代史上的转折意义，实际要回答的问题是：

[1] 陈启云：《儒学与汉代历史文化：陈启云文集二》，广西师范大学出版社 2007 年版，第 43 页。

[2] 陈启云：《儒学与汉代历史文化：陈启云文集二》，广西师范大学出版社 2007 年版，第 50 ~ 51 页。

两汉之际是否可以作为中国史上古与中古的分界点？或者说，两汉之际是否能够成为中国中古史的起点？关于中国史上古与中古的分界点，或者说中国中古史的起点，目前主要有三种观点：一是秦汉之际，二是汉魏之际，三是两汉之际。相对言，秦汉之际影响最大，汉魏之际次之，两汉之际的观点，时有所见，但不普遍。我们认为：三种观点，各有侧重，皆有理据。如果从文化发展和文明演变角度看，两汉之际具有不可忽略的重要转折意义，它至少可以与秦汉之际、汉魏之际并存，作为中国中古史上的重要转折点之一；若就文化发展和文明演变影响之深度和高度言，两汉之际或可超越秦汉之际、汉魏之际，而成为中国中古史的起点。

（1）秦汉之际在中国古代史上的意义

以秦汉之际作为中国史上古与中古的分界点，作为中国古代史的重要转折点，是中外学者最普遍的看法。

近代早期接受欧西史学三段论的中日史家，普遍将秦汉之际作为上古与中古的分界点。日本的学者，如 19 世纪末的那珂通世，其在《支那通史》里，以三段论划分中国史，便以三代至战国结束为上古，以秦汉经隋唐至宋亡为中古，以元明清为近世。他的学生桑原骘藏在《支那史要》里，以太古至秦统一为上古，称为“汉族元胐时代”；以秦统一至唐灭为中古，称为“汉族全盛时代”；以五代至明末为近古，称为“蒙古族极盛时代”。他们皆以秦汉之际为中国史上古与中古的分界点。

近代早期中国学者亦持这种观点，他们通常的做法是：以远古至战国末期（即断代正史之前）为第一时代，称上古；以秦汉统一至清末（即整个断代正史时代）为第二时代，称中古；以西方新文化传入以后（即新史学时代）作为第三时代，称近代。如中国人 Li Ung Bing 于 1914 年撰写而由英国人 Joseph whiteside 代编的英文版《中国史纲》，就以远古至战国末为古代，以秦至宋末为中古，以元至国民革命为现代。1914 年成稿、1934 年由商务印书馆出版的章嵚《中华通史》，以远古至战国末为上古，以秦汉至唐末为中古，以五代至明末为近古，以清至民国初年为近世。1916 年完成初稿、1926—1928 年由北平文化学社出版的王桐龄《中国史》，以远古至秦统一为上古，以秦汉至唐末为中古，以宋至明为近古。[1]

稍后的马克思主义史学家，其所持的历史五段论，与欧西史学的三段论有异，但亦同样把秦汉之际作为中国历史的重要转折点，作为中国奴隶社会与封建社会的分界点。甚至不采用欧西史学三段论和马克思主义史学五段论的史家，亦同样认为秦汉之际是中国古代史上的重要转折点，如梁启超认为中国历史分期极为困难，如果必须分期，“依严格的理论，则秦以前为一时代，自秦统一迄民国为一时代”，认为“两者分野最为严明”。

综上，近代以来，无论是采用欧西史学三段论的学者，还是借鉴马克思主义史学五段论的学者，抑或是不采用三段论和五段论而仅据中国史实本身分段的学者，都不约而同地把秦汉之际视为中国史的重大转折时刻。差别仅在具体时间点上，或以为是战国末期，或以为是秦统一后，或以为是秦灭亡后。笼统说成是秦汉之际，大体不错。

以秦汉之际为中国历史的重大转折时刻，是中国旧史学的传统观

[1] 参见陈启云：《儒学与汉代历史文化：陈启云文集二》，广西师范大学出版社 2007 年版，第 45 ~ 46 页。

点。近代以来中日学者在中国历史阶段划分上，都或多或少受到这种旧史学观的影响。在中国旧史学传统中，存在着把上古三代（班固《汉书》断代正史之前）和秦汉以还的断代正史时代（班固《汉书》为首的朝代史）一分为二的习惯。[1] 汉魏以来的中国文人，习惯称“上古三代”，近代以来的学者习惯将秦汉至清末（两千年断代正史的范围）视为一个历史单元。于是，数千年的中国史便被划分为以秦汉之际为转折点的两大时代，秦汉之际的历史转折意义亦因此得到学者的反复言说和不断阐释，并最终形成定论。

将上古三代作为一个整体历史单元，是旧史学王朝断代观念的产物。据陈启云说：

> 由于上古三代只由《史记》统述，并未分别断代各成一正史，受到王朝断代观念的影响比较轻，所以上古合为一大时代的观念，在中国史学传统里比较强。……从正史入手的史学家常常会有一个幻觉：好像中国历史上一切的重要变化，都在上古时代发生；秦汉以后，统一定局已成，便只有王朝轮替，在政治、经济、社会、文化上都缺少重要的变化了。[2]

在这种意识影响下形成的历史分期观念，自然是以秦汉之际为中国历史的大转折。这种分期，“突出了在春秋战国时期中的剧变及 19 世纪末西方文化的冲击在中国历史上的重要性；但相对地忽视了由秦汉至清末中间两千年中国历史文化所发生的变化，因而也突出了秦汉王

[1] 参见陈启云：《儒学与汉代历史文化：陈启云文集二》，广西师范大学出版社 2007 年版，第 49 页。

[2] 陈启云：《儒学与汉代历史文化：陈启云文集二》，广西师范大学出版社 2007 年版，第 44 ~ 45 页。

朝对这两千年传统文化的重大影响”[1]。或如宫崎市定所说：“历来对秦汉统一天下都很重视，特别是抓住被视作中国史特征的皇帝制度由秦始皇创立并持续到清末这一点，将由战国过渡到秦的期间作为大的时代分界线。”[2]

我们认为，秦汉之际确是中国史上的一个重要转折，但其转折构成的意义和发生的影响，则需进一步论证。秦汉之际社会转折的历史意义，包括两个方面：一是这个社会转折对中国历史发生的影响所构成的意义，这是客观存在的影响和意义；二是班固《汉书》的创作及其开创的断代正史史例彰显出来的意义，以及汉魏以来文人反复言说和不断诠释滋长出来的意义，这是学者构建起来的意义。

汉魏以来学者言说秦汉之际的历史，把秦汉之际视为中国历史的重要转折点，原因无外两个方面：一是它结束春秋、战国数百年的分裂局面，统一疆域，建立起高度集中的中央集权制国家。二是它确立皇帝制度，开展废封建立郡县等社会制度改革，为中央集权制国家奠定制度基础。这两个方面对中国社会发展产生了重要影响，有重要的历史意义。但是，近代以来，当学者逐渐摆脱传统王朝断代史观影响时，对秦汉之际社会转折的历史意义的认识，又有一些新的看法。

其一，就秦王朝结束长期分裂局面，建立统一疆域国家来说，它在中国历史上的意义，尚需进一步评估。内藤湖南认为：“秦朝统一中国疆域这一单纯的理由并不足以将秦朝的建立看作中国历史上的重

[1] 陈启云：《儒学与汉代历史文化：陈启云文集二》，广西师范大学出版社 2007 年版，第 49 页。

[2] 〔日〕宫崎市定：《中国史》，焦堃、瞿柘如译，商务印书馆（香港）有限公司 2018 年版，第 23 页。

要转折点。”[1] 因为在中国历史上，结束长期分裂局面、建立统一疆域国家的历史时刻，在在多有，如西晋结束汉末三国的长期分裂局面，建立起统一疆域国家；隋朝结束东晋以来的南北分裂局面，建立起中央集权国家。但是，魏晋之际和隋唐之际并未因此成为中国历史上特别重要的历史转折时刻，至少历史上的学者并未像重视秦汉之际那样重视魏晋之际和隋唐之际的转折意义。我们认为：魏晋之际和隋唐之际的历史转折，主要侧重政权变更意义上的转折、国家疆域统一层面上的转折、政治史上的转折。或者说，魏晋之际和隋唐之际的历史转折，不是文化发展和文明演进意义上的转折，它的政治史意义比较突出，文化思想史意义相对淡薄。

通过比较，可以发现，中国历史上的秦汉之际和隋唐之际存在着惊人的相似之处，比如，在它们之前都存在着数百年国家分裂局面；它们都以强大武力迅速结束了这几百年的分裂局面，建立起高度集中的中央集权制国家；它们都在短期内建造了在中国历史上有标志性意义的土木工程——秦的长城、隋的大运河；它们的统治都以荒淫残暴著称，都是在短短二三十年间二代而亡；它们都制定了系列影响后世若干年代的政治制度——汉承秦制、隋承唐制；在它们灭亡后的中国社会均进入鼎盛时代——秦亡后的汉、隋亡后的唐。但是，无论是采用欧西史学三段论者，还是马克思主义史学五段论者，一般均未把隋唐之际作为中国历史阶段的分界点，亦未特别强调它在中国历史上的重要转折意义。我们认为，秦汉之际和隋唐之际的社会剧变和历史转折，实可等量齐观。学者重视秦汉之际的历史转折而忽视隋唐

[1] 〔美〕傅佛果：《内藤湖南：政治与汉学（1866—1934）》，陶德民、何英莺译，江苏人民出版社 2016 年版，第 232 页。

之际，最主要的原因，还是受传统王朝断代史观的影响。

其二，秦汉之际的社会变革，主要有两个方面：一是以“焚书坑儒”为标志的思想意识形态领域的变革，二是以废封建立郡县为代表的政治制度领域的变革。这两方面变革的社会影响和历史意义，亦需进一步论证。

关于“焚书坑儒”，它是经李斯建议，秦始皇为了统一思想而发动的一场扼杀儒者势力的事件。我们认为，它在中国文化思想史上的影响，不宜高估。因为它对儒家思想的打击和破坏实在有限。它所焚之书和所坑之儒相当有限，并未对儒书和儒者焚尽坑绝。只是在这种政治高压态势下，儒者和儒书转入民间。待秦亡后，儒者又浮出水面，并四处活动。所以，汉代儒者对秦朝的“焚书坑儒”并无深刻记忆，亦无惨烈教训。可以说，“焚书坑儒”在中国文化思想史上的影响和意义，是汉魏以后学者构建起来的。在当时，它并不是一个影响深刻的文化事件。

关于秦王朝废封建立郡县的制度改革，确是中国政治制度史上的大事件。封建和郡县之辨，自汉代以来，便不断引起争论，确是中国政治史上的大问题。废封建立郡县的制度改革，尽管只是权力分配方式的变化，但是，这个变化却被视作中国历史发展阶段的分水岭。封建制时代是圣贤治理天下的时代，郡县制时代则是缺乏圣人教化的时代。所以，以封建和郡县之别这个富有政治意义的标准来看中国历史，秦汉之际便是中国历史发展阶段的分界点，中国历史亦由此划分为以秦汉之际为分界点的两大时代。这是旧史家的共识。[1]

[1] 郭伟全：《古代中国的历史分期与历史观念——从中西比较的视角出发》，《阅江学刊》2013 年第 4 期。

我们认为，秦汉之际以废封建立郡县为代表的制度改革，在中国历史上固然有相当重要的历史意义，但是，它的意义仅限于政治史领域。内藤湖南说：

> 在武帝以前，所有的社会状况仅仅是自然发生、发展起来的，几乎不存在为政者有目的地加以人为改变的迹象。在战国等时代，在各自分立的国家中，虽然设想过对社会进行人为的变革，但是就整个中国来说，这种变革现象几乎是不存在的。即便是秦始皇统一中国，也仅仅是考虑了天子如何统治这一庞大的国家，而几乎没有想过改造整个中国社会。想到这一点是在武帝时代。[1]

其实，“想改造整个中国社会”的不是汉武帝，而是王莽（详后）。但正如内藤湖南所说，秦始皇确实没有改造整个中国社会的想法。他的改革，“仅仅是考虑了天子如何统治这一庞大的国家”这个现实问题。所以，内藤湖南认为：不能将秦朝的建立看作是中国历史的重要转折点。

吕思勉亦有类似观点，他发现：“先秦之世，言社会改革者，不过儒、道、法、农、墨五家。”“先秦言治之家，所以多欲举社会之根柢，拨乱而反诸正也。”但是，开展这种改造整个中国社会的“根本变革”，需要时机或条件，“改革当在何时邪？力征经营之世，自未暇及此，一统之后，则其时矣”。[2] 他认为，中国历史上有几次开

[1] 〔日〕内藤湖南：《中国史通论》，夏应元、钱婉约等译，九州出版社 2018 年版，第 275 ~ 276 页。

[2] 吕思勉：《大同释义》，见《中国文化思想史九种》，上海古籍出版社 2006 年版，第 627、621、626 页。

展“根本变革”的时机，一是秦始皇时代，他说：

(始皇)统一之后，实在是将社会根本改良最好的时机。苦于最初统一的君主秦始皇帝，其所做的事情，专以固威权、图娱乐为目的，虽然其外征，或者也有为国家立一个长治久安的基础的意思，不必尽出于侈欲，然而在这时候，实非当务之急；而其所用的手段，也不得当。于是第一个机会错过去了。[1]

他评价秦始皇的“焚书坑儒”和废封建立郡县的制度改革说：

始皇之罢侯置守，开千古未有之弘规；其燔诗书百家语，令民欲学法令，以吏为师，亦得古者政教合一、官师不分之意。其所行是否，别是一事，要不可谓非无意于根本改革者。……惜乎运祚短促，其力尽于镇压反侧，攘斥夷狄，而未能及于致治清浊之原也。[2]

他承认秦始皇有开展“根本改革”之意，但他发现秦始皇的心思不尽在此。再加上秦朝国运短促，历史亦就失去了一次开展“根本变革”的机会。

汉朝初年又是一个开展社会“根本改革”的时机，但是，吕思勉认为，从汉高祖到汉武帝，他们皆无“根本改革”之想。他说：

秦灭汉兴，该是第二个可以根本改革的时代……然而刘邦是个无赖子。一时的将相，非武夫，即刀笔吏。刀笔吏是只能做事务官的，建立

[1] 吕思勉：《中国文化思想史九种》(下)，上海古籍出版社2006年版，第716页。

[2] 吕思勉：《中国文化思想史九种》(下)，上海古籍出版社2006年版，第626页。

不出什么政策来；武夫更不必说了；所以只好一事不办。……汉朝到文帝时，才真是可以办事的时候。……然而文帝却只行了一个似是而非的道家政策。……（武帝时桑弘羊）所行的政策，虽有理由，而其意既注重于筹款，则不免将本意抛荒，而只成为一种搜刮的政策……社会政策的意思，一点也不存在。[1]

吕思勉认为，真正开展整个社会的“根本变革”，对中国社会发生深刻影响，引起中国社会的重大转折，可以作为中国历史发展阶段分界点的，是王莽及其所处的两汉之际，而不是秦汉之际。吕思勉说：

自来治史学者，莫不以周、秦之间为史事之一大界，此特就政治言之耳。若就社会组织言，实当以新、汉之间为大界。[2]

另外，陈启云亦认为，秦汉之际的种种创造和改革，构不成中国历史发展的重要转折时刻。所以，他划分中国史的上古时代，跨越秦汉之际，而直达西汉。他说：“这时代的分划和旧日上古时代的最大不同是把汉初时期也归入上古时代，和旧日把战国末期或秦统一作为中国上古时代的结束有异。”把汉初亦归入上古时代，陈启云显然不同意将秦汉之际作为上古和中古的分界点。他基于中华文明演变的视角指出：

从文明史的眼光来看，中华整体文明的诞生乃在秦汉一统帝国的历

[1] 吕思勉：《中国文化思想史九种》（下），上海古籍出版社 2006 年版，第 716 ~ 720 页。

[2] 吕思勉：《秦汉史》，上海古籍出版社 2006 年版，第 1 页。

> 史中落实。在秦以前创造的文化，只是此文明中的个别文化因子，不能代表此文明之整体。就思想史为例，先秦诸子的思想是中华传统思想的基（础）因（子），但不是中国传统思想的整体。……从历史发展的观点来看，中国上古时代一切政治、经济、社会、宗教、思想学术的发展的成果不在战国，亦不尽在秦统一。在战国末这发展正如火如荼，尚未有结局，如果把上古历史在此结束，这发展便变得没有着落。秦统一虽然是此上古历史发展之主要成果，上古时代在此结束，不但过于偏重政治上的帝国形象，而且秦统一帝国只维持了十五年，作为上古文化的成果是太单薄了一点；等到秦亡以后，这文化的发展又变得没有着落了。

这段文字，把秦汉之际不宜作为中国史上古和中古分界点的原因论述得很清楚。主要理由有：第一，战国末至秦朝的统一这段时期，是中华文明正如火如荼的发展期，而不是结晶期。第二，秦朝的统一，主要“偏重于政治上的帝国形象”的建立，有政治史意义，不具备文明史意义。第三，秦朝国祚短促，不足以支撑中华文明的结晶体。从中华文明演进角度看，他认为，中国史上古和中古的分界点应该是在两汉之际。他说：

> 从整个文明发展史来看，中国古代文化发展的总趋向和总成果，是整体中华文明的缔造。战国诸子学说的兴起和秦统一帝国的出现都是这趋向的一端，这发展的一阶次而已。……在上古时代发展出的各种文化因子——物质文化（如铁器）、经济（如土地农耕的自由发展、沟渠河道的开通、商业都会和大商贾的兴起、货币的流通）、社会（封建贵族及宗法传统的破落、自由士人声势的浩荡）、政治（强大的国家组织和政治力量的出现）和学术思想（诸子百家的争鸣）——都要在汉代数百

> 年中相互影响而缔造出整体的中华文明。而这些文化因子亦在此成形的文明整体中落实，而成为汉文化传统的一部分：中国上古文明的发展至此才是名副其实地告一结束。
>
> 在汉代历史本身来看，西汉初年对帝国王朝的重新缔造和对亡秦失调暴政的修正，对古史古籍的收集整理和以儒学为中心对先秦诸子思想的调和综合，西汉中叶农业和地主力量把工商业吞并的发展，以及西汉末政治上的官吏、经济上的地主和学术文化上的儒士等力量的结合而产生的士族，则更是此大时代结束的重要历史过程和文化结晶。[1]

陈启云将两汉之际作为中国史上古与中古分界点的观点，与吕思勉的看法近似。吕思勉著《中国社会变迁史》，讨论古代中国因改革而导致的社会变迁，他说："既然想把中国的社会，弄个明白，自然该从最古的时代，直说到如今了。而此书（引者按，即吕著《中国社会变迁史》）却止于两汉之际，这是何故？"他解释说："东汉以后的社会，根本上无大变迁，所以就略而不及了。"[2]

综上，秦汉之际在中国古代政治史上的重要意义不容忽视，但就整个社会的发展变迁，尤其是就文化发展和文明演变言，它的意义不宜高估，它不宜作为中国史上古与中古的分界点。

---

[1] 陈启云：《儒学与汉代历史文化：陈启云文集二》，广西师范大学出版社 2007 年版，第 50 ~ 53 页。

[2] 吕思勉：《中国文化思想史九种》（下），上海古籍出版社 2006 年版，第 641 页。吕思勉的中国历史三分法，最早见于他的《白话中国史》之"绪论"里。1950 年初，他在《拟中国通史教学大纲》里又说："中国通史依鄙意当分三期，即（一）自上古至新室之末，（二）自后汉至唐天宝，（三）自唐中叶以后至清室盛时。"（转引自张耕华：《吕思勉与唯物史观》，《华东师范大学学报》2013 年第 6 期）

（2）汉魏之际在中国古代史上的意义

比较而言，作为中国中古史上的重要转折点，汉魏之际所受重视的程度，不及秦汉之际，但亦不乏学者将之作为中国历史上的重要转折点，作为中国史上古与中古的分界点。

在中国历史上，从汉高祖刘邦建国（前206）到隋文帝杨坚开国的开皇元年（581），约八百年时间，学术界习惯称之为汉魏晋六朝或汉魏晋南北朝。又以汉魏之际为转折点，把这八百年时间分为两个阶段，即以汉朝四百余年（前206 ~ 220）为第一阶段，以魏晋六朝（220 ~ 581）约四百年为第二阶段。这种划分，是因为以汉魏之际为转折点的汉朝四百年与魏晋六朝四百年，在政治、经济、文化等方面存在显著差异。从政治上看，汉朝四百年是一个大一统局面的统一时期，魏晋六朝四百年则是一个动荡分裂时期。在文化思想领域里的差异，就更是显而易见。概言之，汉代文化思想可称为经验主义的，魏晋六朝文化思想则是自然主义或浪漫主义的。这种差异，体现在士风、学风、文风等几个方面。如，汉代士风以经明行修、砥砺名节为特点，魏晋士风则向着浮华玄虚、简易通侻方向发展。汉代学风有渊综广博、繁琐拘泥的特点，魏晋学风则朝着清通简要、尚识重意方向发展。汉代文学饱满充沛、典雅壮丽，体现出一种“错彩镂金”之美；魏晋文学以清新秀逸、精致空灵为特点，体现出一种“清水芙蓉”之致。

因此，学者认为，汉魏之际是中国古代思想文化发生重大变革的时期。如王国维说：“学术变迁莫剧于三国之际。”[1] 曹聚仁说：“汉

[1] 王国维：《汉魏博士考》，见《观堂集林》卷四，《王国维遗书》第一册，上海古籍书店1983年版。

魏之际，中国学术大变。”[1]于是，六朝之学始于汉末，自东晋南朝以来，已渐成学者共识。如刘义庆《世说新语》反映六朝名士风流媚趣，记录六朝社会时代风尚，往往追溯至汉末，以汉末名士为开端人物。如《德行篇》以陈蕃、徐穉、黄宪、李膺等汉末名士开头，《言语篇》以边让、孔融、祢衡开头，《政事篇》以陈寔开头，《文学篇》以马融、郑玄开头，正有一种直探本源的意义。《世说新语》追溯六朝风流媚趣之源头而归本于汉末名士，正体现刘义庆对六朝之学起于汉末的认识。

以汉末为六朝社会风尚之源头，并非刘义庆的独家创说，乃是东晋南朝时期学者的共识，如葛洪、傅玄推论魏晋社会风尚之偏失，亦往往归之于汉末。如葛洪《抱朴子·名实篇》说：

> 闻汉末之世，灵、献之时，品藻乖滥，英逸穷滞，饕餮得志，名不准实，贾不本物。以其通者为贤，塞者为愚。……其利口谀辞也似辨，其道听途说也似学，其心险貌柔也似仁，其行污言洁也似廉，其好说人短也似忠，其不知忌讳也似直，故多“通”焉。[2]

“通者为贤，塞者为愚”，是六朝时期人物品鉴之总体原则。此种品鉴风尚的形成，葛洪以为，就是起于汉末。《刺骄篇》说：

> 闻之汉末，诸无行自相品藻次第，群骄慢傲，不入道检者，为都魁雄伯，四通八达，皆背叛礼教，而从肆邪僻，讪毁真正，中伤非党，口习丑言，身行弊事。凡所云为，使人不忍论也。夫古人所谓通达者，谓

[1] 曹聚仁：《中国学术思想史随笔》，生活·读书·新知三联书店1986年版，第106页。

[2] 杨明照：《抱朴子外篇校笺》（上），中华书局1991年版，第486、490页。

通于道德，达于仁义耳，岂所谓通于亵黩，而达于淫邪哉？[1]

“通达”之风，正是六朝名士的普遍风尚。此种风尚的形成，葛洪以为，亦起于汉末。另外，傅玄《傅子》论魏晋间的奢侈之习，干宝《晋纪总论》述魏晋间的淫佚之风，亦皆归本于汉末。在当时学者看来，不仅六朝的学术思想源于汉末，社会风尚亦起于汉末。故章太炎《五朝学》说：“魏晋者，俗本之汉，陂陀从迹以至，非能骤溃。”他具体考察葛洪、干宝、傅玄、范晔等人的言论，以为“傅玄、葛洪去汉近，推迹魏、晋之失，自汉渐染，其言公。范晔离于全汉，固亦远矣，徒道其美，不深迹其瑕眚”。他考论魏晋间社会风尚之形成，亦归本于汉末。他说：

汉季张邈从政，号为坐不窥堂，孔伷亦清谈耳。孔融刺青州，为袁谭所攻，流矢雨集，犹隐几读书，谈笑自若，城陷而奔。阮简为开封令，有劫贼，外白甚急，简方围棋，长啸曰：局上有劫，甚急。斯数子者，盖王导、谢安所从受法。及夫蓬发亵服，嘲弄蚩妍，反经诡圣，顺非而博，在汉已然。魏、晋因之，犹时有乐广、嵇绍之伦。[2]

更进一步，晚近学者推论六朝学术、文学之源头，亦常常归本于汉末。如汤用彤《言意之辨》说：“大凡欲了解中国一派之学说，必先知其立身行己之旨趣。汉晋中学术之大变迁亦当于士大夫之行事求之。”他认为：“世风虽有迁移，而魏晋之学固出于汉末，而在在与

[1] 杨明照：《抱朴子外篇校笺》（上），中华书局 1991 年版，第 43 页。

[2] 傅杰：《章太炎学术史论集》，中国社会科学出版社 1997 年版，第 264 ~ 266 页。

人生行事有密切之关系也。”[1]

总之，六朝学术思想和社会风尚始于汉末，此种观点，经傅玄、葛洪、干宝、刘义庆等当时学者提出后，经晚近学者的申论和阐述，几成学界共识。汉魏之际在中国历史上的重要转折意义，亦由此确立。

笔者曾著《汉晋文化思潮变迁研究——以尚通意趣为中心》一书，通过尚通意趣这个汉末魏晋时期具有时代精神性质的独特视角，讨论汉魏晋南北朝八百年间学风、士风、文风变迁，亦明确提出“魏晋之学始于汉末”的观点，亦是把汉魏之际作为中国学术思想史上的重要转折点。[2]

但是，随着阅读的拓展和思考的深入，笔者逐渐对汉魏之际在中国历史上的转折意义的重要性产生怀疑，对“魏晋之学始于汉末”的观点发生质疑。或者说，对六朝之学的源头，更向前推进一步，提出“六朝之学起于西汉末年”的观点。这个观点的提出，还应回溯到笔者撰写的硕士学位论文《汉唐雄风共性论——唐人慕学汉人风范之历史文化心态研究》。在这篇论文中，笔者指出，唐人普遍具有一种追慕汉人、鄙弃六朝的观念，认为“魏晋渺小，齐隋龌龊”，“魏晋已降，事不师古”，“后汉曹魏，气象萎尔。司马氏已来，规范荡悉”，建议“国家革魏晋梁隋之弊，承夏殷周汉之业”，形成一种具有普遍性的追慕、学习汉人风范的历史文化心态。唐人慕学汉人，但是，他们对西汉和东汉又有不同态度，他们慕学的对象主要是西汉人。对东汉人，他们持批评态度，认为东汉开启了魏、晋、周、隋这个乱世，亦

[1] 汤用彤：《魏晋玄学论稿》，中华书局1962年版，第41页。

[2] 汪文学：《汉晋文化思潮变迁研究——以尚通意趣为中心》，贵州人民出版社2003年版，第22页。

是一个衰弊时代，不值得效法。产生这种认识的原因是多方面的，而文化思想之偏离正统，又是其主要原因之一。

首先，从文学艺术看，西汉之文质朴近古，东汉之文渐趋骈体，有绮靡化倾向，开启了六朝文风之先河。如柳宗元《柳宗直〈西汉文类〉序》说："殷周之前，其文简而野；魏晋以降，则荡而靡；得其中者汉氏。汉氏之东，则既衰矣。"以为"文之近古而尤壮丽，莫若汉之西京"。[1] 李汉《昌黎先生集序》亦说："秦汉已前，其气浑然。迨乎司马迁、相如、董生、扬雄、刘向之徒，尤所谓杰然者也。至后汉曹魏，气象萎尔。司马氏已来，规范荡悉。"[2] 韩愈《答刘正夫书》说："汉朝人莫不能为文，独司马相如、太史公、刘向、扬雄为之最。"[3]《送孟东野序》说："汉之时，司马迁、相如、扬雄，最其善鸣者也。"[4] 都说到西汉扬雄为止，不提东汉文人的创作。在他们看来，从东汉起，文章之道便走向衰落。

其次，从思想领域看，佛教自东汉明帝时传入中国，唐代的辟佛人士就常常因此批评东汉开启六朝颓风。如韩愈《论佛骨表》说：

> 佛者夷狄之一法耳，自后汉时流入中国，上古未尝有也。昔者，黄帝在位百年，年百一十岁……帝舜及禹年皆百岁，此时天下太平，百姓安乐寿考，然而中国未有佛也。……周文王年九十七岁，武王年九十三岁，

[1] 柳宗元：《柳河东全集》卷二十一《题序》，中国书店 1991 年据 1935 年世界书局本影印，第 249 ~ 250 页。

[2] 韩愈：《韩昌黎全集》卷首，中国书店 1991 年据 1935 年世界书局本影印。

[3] 韩愈:《韩昌黎全集》卷十八《书》五，中国书店 1991 年据 1935 年世界书局本影印，第 264 页。

[4] 韩愈：《韩昌黎全集》卷六《序》一，中国书店 1991 年据 1935 年世界书局本影印，第 277 页。

穆王在位百年，此时佛法，亦未入中国，非因事佛而致然也。汉明帝时，始有佛法，明帝在位才十八年耳，其后乱亡相继，运祚不长，宋、齐、梁、陈、元魏已下，事佛渐谨，年代尤促。……由此观之，佛不足事，亦可知矣。[1]

他把东汉明帝以来“乱亡相继，运祚不长”之原因，归结到君王敬事佛法，此论虽未必确切，但亦体现了部分唐人对西汉与东汉的区别态度。所以，在唐代文人的心目中，西汉近古，近于上古三代；东汉则开启魏、晋、周、隋之颓风。故唐人慕学汉人，主要侧重慕学西汉人。

唐人这种看法，在宋元以后有广泛影响，基于东汉与六朝的相似性而将之并为一体，作为一个历史单元看待，基本成为宋元以来学者的共识。反思此种历史观念之形成和被接受，对学术文化思想之研究有重要启发，即从学术思想变迁看，东汉六朝实为一个有连续性的整体，两汉之际才是中国古代学术文化思想的重要转折时期。基于此种认识，笔者在《扬雄与六朝之学》一书中，提出“六朝之学起于西汉末年，始于扬雄”的观点。[2]

就两汉之际和汉魏之际在中国历史上发生影响的程度及其侧重点而言，笔者以为，汉魏之际在中国历史上的转折意义，主要侧重于政治格局；两汉之际在中国历史上的转折意义，则主要侧重于文化思想。或者说，两汉之际涌动出现的文化思想新变化，恰逢汉魏之际政治格局的大变动而得以全面彰显。换言之，产生于两汉之际的文化思想新风尚，在东汉是暗流涌动，至汉魏之际，则因遭遇政治格局之新变动而得以由暗流变成明流，所以尤其引人注目。故就其明者言之，六朝

[1] 韩愈：《韩昌黎全集》卷三十九《表状》二，中国书店 1991 年据 1935 年世界书局本影印。

[2] 汪文学：《扬雄与六朝之学》，贵州人民出版社 2019 年版。

之学始于东汉末年；就其暗者言之，六朝之学始于西汉末年。就其近源言，六朝之学始于东汉末年；就其远源言，六朝之学始于西汉末年。

总之，我们认为，在中国历史上，汉魏之际确是一个重要转折时刻。但就其转折所发生的影响，其影响所具有的历史意义言，它的政治意义不如秦汉之际，它的文化发展和文明演变意义不如两汉之际。所以，相对言，它不适合作为中国史上古与中古阶段的分界点。实际上，自近代以来，把汉魏之际作为中国史上古与中古分界点的学者，亦不多见。

（3）两汉之际在中国古代史上的转折意义

综上，秦汉之际在中国古代政治史上的重要意义不容忽视，但不宜作为中国史上古和中古的分界点，这在学界已有共识。汉魏之际亦确是中国古代史上的一个重要转折时刻，但就其转折所发生的影响，其影响所具有的历史意义言，它不如秦汉之际，亦不及两汉之际，因此亦不适合作为中国史上古和中古的分界点。最新研究表明，基于文化发展和文明演进的视角，中国史上古与中古的分界点，是在两汉之际。

中外学者将中国史上古与中古的分界点指向两汉之际，但还有一些含混不清、游离不定的观点，需要提出来加以讨论。

首先是陶希圣关于中国社会史的分析。陶希圣研究中国社会史，有两个特点：一是重视周秦之际而淡化殷周之际，二是将民族精神气质的变化作为社会历史重大转折的依据。他说：

> 我们查中国的历史，从古到今，实有二个大变革：1. 自春秋至汉为第一次变革。2. 帝国主义侵略中国以后尤其是1900年以后至现在，为第

二次变革。[1]

由此，他认为，周秦之际才是中国古代史上的重大转折时刻。

关于周秦之变，学者一般重视政治制度上由封建到郡县的变革。陶希圣则依据中国人精神气质变化的标准，给予周秦之际以新诠释。关于中国人精神气质的形成，王国维认为其起点是周公，其落实是在宗周贵族身上。陶希圣则认为其起点在孔子，其落实则在战国以降的士大夫阶级身上。所以，他侧重从战国以降士大夫阶级的崛起讨论中国人精神气质的变化，论证周秦之际的历史变局。

他认为：决定中国人的精神气质，是以"三父"（父系、父权、父治）制为核心的宗法精神。虽然在殷周之际已建立起宗法制度和封建制度，但中国人的精神气质在此时并没有树立起来。因为宗法制度和封建制度只在宗周的领地内被追认成封建贵族的组织原则，而在其他封建领地内并没有成为封建贵族遵从的制度。这种制度真正赋予中国人的精神特质以决定性影响的时期，恰恰发生在它的崩溃过程中，即在周秦之际。周秦之际社会历史的大变局，主要在于秉承宗法精神的士大夫阶级的形成。他指出：自战国以降，"宗法制度已不存在，宗法势力还存在着"，"封建制度已不存在，封建势力还存在着"。[2]正是这种宗法势力和封建势力，促成士大夫阶级的形成。士大夫阶级是"观念生活阶级"，它的构成是官僚和地主，它在经济上是剥削者，在政治上是支配者，它在政治上、经济上、社会上均有优越地位，在

[1] 陶希圣：《中国社会之史的分析》，商务印书馆 2015 年版，第 167 页。

[2] 陶希圣：《中国社会之史的分析》，商务印书馆 2015 年版，第 15、19 页。

官为官吏，在野为缙绅，在农村为地主。[1]

他认为：从春秋到战国，由于知识从贵族传播到平民，受商业资本和土地私有的双重冲击，宗法制度和封建制度逐渐解体，贵族阶级被士大夫阶级替代，政治力量由贵族阶级转移到士大夫阶级，贵族政治亦逐渐转变为官僚政治，周秦之际社会历史的大变局由此发生。他指出：战国时代，七雄争长，“贵族阶级相随崩坏”，“贵族中的进步者与庶人中的优秀者混成一个士大夫阶级。这个阶级在战国末期，有突进的势力”。秦统一中国，根据法家学说建设集权国家，士大夫阶级因此一时潜伏于市井及田亩，一旦揭竿而起，遂颠覆秦朝政治，几乎把六国争雄的局面再建起来，士大夫阶级的社会势力，无遗恨地尽量表现。但是，刘邦称帝后，仍然力求镇压这个阶级，士大夫阶级一时破坏。到汉武帝独尊儒术后，历史上又发现士大夫阶级再建的痕迹。“前汉的末叶，后汉的全朝，都是士大夫阶级极盛时期。在朝为公卿，在外为守吏，在野为‘月旦’政治及砥砺气节、治理农村的士人。”[2]此后中国的一治一乱，都是由士大夫阶级的内讧引起。这个由士大夫阶级的崛起引发的时代变局，起于周秦之际，完成于西汉中期，贯穿于整个中国古代社会。

陶希圣依据中国人精神气质的变化，研究中国社会历史发展之变局，这是一个很好的选择，很特别的视角。因为精神气质是一个民族、一个社会最深沉、最基本的特征。精神气质和社会风尚的变化，比起政权变更、经济发展等，更能显示社会历史的深刻变化。同时，他认为中国人的精神气质，最基本的内涵是宗法精神和封建意识，或者说，

[1] 陶希圣：《中国社会之史的分析》，商务印书馆 2015 年版，第 9、11 页。

[2] 陶希圣：《中国社会之史的分析》，商务印书馆 2015 年版，第 25 ~ 26 页。

是宗法精神和封建意识决定了中国人的精神气质，这亦切合实际。还有，依据精神气质的变化论定社会历史发展之变局，与我们在前面揭示的，依据文化发展和文明演变的标准论证历史发展的分期和社会演进的阶段特征，亦相当吻合。

所以，对陶希圣持以立论之依据，笔者完全赞同。唯有异议者，是士大夫阶级形成的时间节点。笔者以为，士的崛起与士大夫阶级的形成是两回事。当社会发生急剧变动时，一部分先知先觉者首先行动起来，参与到社会的变革中，此为士的崛起。从部分先知先觉之士的行动，到发展成为一个团体，形成一个阶层或阶级，从自发行动到自觉行为，或者说，发生“士之自觉”，从而在社会上产生大的势力，形成大的影响，必要一个较长的时间。亦就是说，从士的崛起到士大夫阶级的形成，必有一个历史的过程。陶希圣的问题，就是把士的崛起等同士大夫阶级的形成，忽略了中间这个历史过程。

事实上，士大夫阶级的形成，亦即士族阶层的形成，根据金春峰研究，是在两汉之际。他认为：独尊儒术使豪强逐渐和经学、知识相联系，产生一个新的社会阶层，即士族。正是士族这种特定力量，决定了西汉中后期思想领域的变化和政治格局的变迁，“巨大的土地资产、政治权势、门生故吏结成的经学帮派，及经学知识的垄断权，使这一群人成为社会之政治、经济、思想三位一体的中坚力量，新的社会主要基础。这种皇权与经学士族相互依存结合的情况，左右了西汉后期的政治变化”[1]。士大夫阶级或士族阶层的形成，导致政治力量由贵族阶级转移到士大夫阶级，贵族政治转变为官僚政治，由此形成中国政治史上的士大夫政治格局。据阎步克的研究，中国政治史上士

[1] 金春峰：《汉代思想史》，中国社会科学出版社 2006 年版，第 8 页。

大夫政治格局的形成，亦是在两汉之际。他认为，两汉之际是中国古代士大夫政治的重要转折时刻，“东西汉之交，是中国政治文化史上的分水岭之一”，而“王莽变法事件标志着中国古代士大夫政治演生史上的又一个阶段，它的结束则导致了一个新阶段的开始”。[1]

其实，虽然陶希圣一方面提出周秦之际因士大夫阶级的崛起而促成中国社会历史发展的大变局，但是，他同时亦认为，“前汉的末叶，后汉的全朝，都是士大夫阶级极盛时期”。即这个士大夫阶级虽然崛起于周秦之际，但在西汉后期才逐渐站稳脚跟，到东汉时期才进入全盛时代。这与金春峰、阎步克的观点，又大体一致，即皆认为两汉之际才是中国社会政治的重大转折点。

其次，内藤湖南关于中古时段起点的界定，亦有些游离不定。傅佛果说：“湖南讨论从‘上古’向‘中世’发展时所重视的要点，与他讨论从‘中世’向‘近世’过渡时的要点几乎完全一致。……但遗憾的是他对‘上古’向‘中世’过渡的考察显然不如他对‘中世’向‘近世’过渡的考察那么细致。”[2] 内藤史学最具代表性的成果，是研究从中古向近世过渡的“唐宋变革论”。他对上古向中世过渡的考察不太细致，但基本观点和重要论述仍大体可见。首先，他明确指出：秦朝统一中国疆域这一单纯的理由，不足以将秦朝的建立看作中国历史的重要转折点，即中国史上古与中古的分界点，不在秦汉之际。其次，他认为，自战国以来直至秦汉之际，几乎不存在为政者有目的、有计划地改造社会的现象，企图全面改造中国社会的是汉武帝。但汉武帝

[1] 阎步克：《士大政治演生史稿》，北京大学出版社 1996 年版，第 361 页。

[2] 〔美〕傅佛果：《内藤湖南：政治与汉学（1866 ~ 1934）》，陶德民、何英莺译，江苏人民出版社 2016 年版，第 235 页。

全面改造中国社会的意图，只是一个起点，并未真正开展起来，因此，亦不能把武帝时代作为中国史上古与中古的分界点。其三，他认为，中国史上古与中古的分界点，是在东汉后期。他说：

> 所谓中古，大体可视为从后汉末期至唐末。在这一时期，从古代发展而来的中国文化在达到成熟后，由于自身文化的毒害，产生出一种分解作用而逐渐瓦解，其彻底瓦解大体是在东晋时期。此后在中国，又根据在本国萌生出的文化以及从外国传入的文化，生成一种新的文化。当这一文化逐渐成熟后又再次发生分解和崩溃。此次过程发生在南北朝时期至唐代末年。这样看来，中国的中古时期大致可以分为上述两个时期。[1]

据此，内藤湖南的观点很明确：秦汉之际不是中国史上古与中古的分界点，真正设想整体改造中国社会的是汉武帝，中国史上古与中古的分界点，是在中国文化达到成熟的东汉后期。

但是，我们发现，他在讨论中古史的具体论述中，非常关注西汉与东汉的差异，认为两汉之际的时代剧变导致了东汉与西汉的显著差异，实际上又是把两汉之际作为中国中古史的起点。[2]据此，我们认为，内藤湖南在结论上以东汉后期为中国史上古与中古的分界点，而在具体史实的论述中，又特别重视两汉之际在中古史上的起点意义。结论与史实矛盾，我们宁可相信史实的论证，以为两汉之际才是中国史上古与中古的分界点。

另外，陈启云对中国史上古与中古分界点的认识，亦有些游离不

---

[1] 〔日〕内藤湖南：《中国史通论》，夏应元、钱婉约等译，九州出版社 2018 年版，第 275 页。

[2] 参见本书第一章第一节“学者关于两汉之际社会剧变的言说”。

定。前面说过，陈启云坚定地认为，中国史上古和中古的分界点，不在秦汉之际，而是在汉代。他说：

> 在上古时代，构成中华文明之各文化因子之诞生，包括秦朝统一帝国政权之出现，均在汉代以前；但此各文化因子之凝聚为整体之中华文明，则在两汉四百多年之间。此整体中华文明所显露出在政治方面之缺失和弱点，及在文化上的优点和韧力，不在于汉以前的各种个别文化因子本身，而在此等因子在汉代凝聚为整体之中华文明所经过的发展历程。[1]

汉朝四百年，这个分界点具体在这四百年中哪一个时段呢？陈启云说：

> 魏晋政风、士风、思潮、学风及其他各种文化变化，很多在东汉时已经开始。除了王室仍是刘姓一点，东汉和西汉之间的差异，有很多地方比东汉和魏晋之间的差异还大。所以主张把中古时代的开始提早到东汉，公元1世纪中。……中国历史上的中古时代的起点，最早可定在1世纪初，王莽改制失败，士族大姓势力高涨，而汉王朝相对地衰落的时期，稍晚可定在公元184年黄巾之乱以后，一统帝国开始分裂的时期；最晚则在公元304年五胡入侵，南北开始长期分裂时期。[2]

陈启云的观点，与内藤湖南比较近似：一是他们都坚定地认为中国史上古和中古的分界点，不在秦汉之际，而在汉代。二是他们在具体史实的论述上，亦坚定地认为西汉与东汉有显著差别，以为王莽“新政”

[1] 陈启云：《儒学与汉代历史文化：陈启云文集二》，广西师范大学出版社2007年版，第55页。

[2] 陈启云：《儒学与汉代历史文化：陈启云文集二》，广西师范大学出版社2007年版，第53～55页。

是导致东汉、西汉呈现显著差别的重要原因。三是他们又皆在中国史上古与中古分界的具体时间节点上，游离不定。如内藤湖南在史实上认为两汉之际是分界点，而在结论上又说是东汉后期，接近于汉魏之际的说法。陈启云居然提出最早、稍晚、最晚三种说法，之间相距近三百年。而在更多的地方，他又坚定地认为两汉之际才是中国史上古与中古的分界点。

还有，西方学者关于“早期中国”的定义，在时间下限问题上，亦有游离不定的问题。所谓“早期中国”，指的是从人类历史在东亚地区开始之时，到公元 220 年东汉结束这样一个漫长的时期。李峰解释说：

> 我们有足够的理由把早期中国作为中国历史上一个大的、独立的阶段吗？……有三个原因可以说明为何我们把这一段长的历史时期作为研究和教学的一个完整领域。首先，尽管早期阶段的中国文明也会不可避免受到其他地区的影响而有所改变，然而它的演化基本上是基于东亚本土的传统思想、社会和政治制度的一系列发展，也可以在很大程度上被看作这个次大陆的内在成长过程。然而，汉帝国在公元前一世纪扩张至东亚地区，这种扩张使中国开始同世界其他地区的重要文明有了持续的接触。最为重要的是中东和印度，随之而来的佛教的传入把中国文明带入一个完全不同的维度——一个新纪元的戏剧性开端（在西方学术界称为“佛教时代”）。在世界历史上，与这种转折并行的是西方古典时代到基督时代的过渡。[1]

[1] 李峰：《早期中国及其自然与文化界定》，见《早期中国：社会与文化史》书首，刘晓霞译，生活·读书·新知三联书店 2022 年版。

其另外两个原因，分别是“考古学提供的共同的资料基础”和“受惠于古文字学的支持”，因与本论题无关，故不引录。“早期中国”基于“本土的传统思想、社会和政治制度的一系列发展”，是一个长期的过程，“在这个过程中，区域范围内的原始文化特质被逐步改变，并且融合成为有特色的中国文明”。以此定义“早期中国”，与内藤湖南、陈启云等人以文化发展和文明演变划分中国历史阶段，强调中华文明的内在生成过程，比较接近，切合实际。“早期中国”实际上就是学者所谓中国史的上古时代。佛教进入中国，改变了“早期中国”经过长期过程融合成的有特色的自足的中华文明。因此，以中国进入佛教时代，比附西方基督时代的开启，亦比较恰当。问题是，这个时间节点在哪里？李峰亦说过：“公元 220 年也经常被不准确地看作中国进入佛教时代的标志。”佛教进入中国的时间，是在东汉初年的明帝时代。概括地说成是两汉之际，亦大体妥当。还有，西方由古典时代进入基督时代的时间，是在两汉之际。王莽“新政”时期，正值西元纪年的开始，这或许是中西历史发展的一个巧合。所以，我们认为，以两汉之际作为“早期中国”的下限，亦许更符合实际，更具象征意义。

比较而言，中国中古时代的三个重要转折时刻——秦汉之际、两汉之际、汉魏之际，其社会影响和历史意义各有侧重。秦汉之际和汉魏之际，侧重政治史的意义，虽然其间亦不乏文化史或文明史意义。但就社会全局的整体转折言，尤其是从文化发展和文明演变的角度看，两汉之际的社会影响和历史意义，远远大于秦汉之际和汉魏之际。因此，我们认为，两汉之际才是中国史上古与中古的分界点。在中国古代史上，两汉之际是与殷周之际、唐宋之际鼎足而三的重大转折时刻，这三大转折时刻，是中国史上古、中古和近世的三大分界点。

主要参考文献

[1] 刘宝楠：《论语正义》，上海书店，1986。

[2] 焦循：《孟子正义》，上海书店，1986。

[3] 朱谦之：《老子校释》，中华书局，1984。

[4] 苏舆：《春秋繁露义证》，中华书局，1992。

[5] 司马迁：《史记》，中华书局，1982。

[6] 马非百：《盐铁论简注》，中华书局，1984。

[7] 汪荣宝：《法言义疏》，中华书局，1987。

[8] 司马光：《太玄集注》，中华书局，1998。

[9] 张震泽：《扬雄集校注》，上海古籍出版社，1993。

[10] 朱谦之：《新辑本桓谭新论》，中华书局，2009。

[11] 班固：《汉书》，中华书局，1962。

[12] 王先谦：《汉书补注》，中华书局，1983。

[13] 黄晖：《论衡校释》，中华书局，1996。

[14] 范晔：《后汉书》，中华书局，1965。

[15] 王先谦：《后汉书集解》，中华书局，1984。

[16] 严可均：《全上古三代秦汉三国六朝文》，中华书局，1959。

［17］杨明照：《抱朴子外篇校笺》，中华书局，1991。
［18］范文澜：《文心雕龙注》，人民文学出版社，1978。
［19］刘永济：《文心雕龙校释》，中华书局，1962。
［20］柳宗元：《柳河东全集》，中国书店，1991。
［21］韩愈：《韩昌黎全集》，中国书店，1991。
［22］叶瑛：《文史通义校注》，中华书局，2014。
［23］王夫之：《读通鉴论》，《船山遗书》第九册，中国书店，2016。
［24］顾炎武：《日知录》，上海古籍出版社，1985。
［25］皮锡瑞：《经学历史》，朝华出版社，2019。
［26］王国维：《王国维遗书》，上海古籍书店，1983。
［27］傅杰：《章太炎学术史论集》，中国社会科学出版社，1997。
［28］陶希圣：《中国社会之史的分析》，商务印书馆，2015。
［29］汤用彤：《魏晋玄学论稿》，中华书局，1962。
［30］傅斯年：《中国古代文学史讲义》，时代文艺出版社，2009。
［31］吕思勉：《中国文化思想史九种》，上海古籍出版社，2006。
［32］吕思勉：《秦汉史》，上海古籍出版社，2006。
［33］梁漱溟：《中国文化要义》，学林出版社，1987。
［34］钱穆：《中国学术思想史论丛》（一），台湾东大图书公司，1976。
［35］钱穆：《两汉经学今古文平议》，商务印书馆，2001。
［36］钱穆：《国史大纲》（修订本），商务印书馆，1996。
［37］钱穆：《秦汉史》，生活·读书·新知三联书店，2005。
［38］蒙文通：《古学甄微》，巴蜀书社，1987。
［39］顾颉刚：《五德终始说下的政治和历史》，载顾颉刚编著《古史辨》（五），上海古籍出版社，1982。
［40］周予同：《经学和经学史》，上海人民出版社，2012。

［41］曹聚仁：《中国学术思想史随笔》，生活·读书·新知三联书店，1986。

［42］郭绍虞：《照隅室古典文学论集》（上册），上海古籍出版社，1983。

［43］刘咸炘：《刘咸炘学术论集·子学编（下）》，广西师范大学出版社，2007。

［44］冯友兰：《中国哲学史新编》（第四册），人民出版社，1986。

［45］徐复观：《两汉思想史》（二），九州出版社，2014。

［46］张君劢：《义理学十讲纲要》，中国人民大学出版社，2006。

［47］侯外庐：《中国思想通史》第二卷《两汉思想》，人民出版社，1992。

［48］王瑶：《中古文学史论集》，古典文学出版社，1956。

［49］张舜徽：《汉书艺文志通释》，华中师范大学出版社，2004。

［50］叶长青：《汉书艺文志问答》，华东师范大学出版社，2015。

［51］胡适：《中国中古思想史长编》，华东师范大学出版社，1996。

［52］范文澜：《中国通史简编》修订本第二编，人民出版社，1963。

［53］朱东润：《中国文学批评史大纲》，古典文学出版社，1957。

［54］陆侃如：《中古文学系年》，人民文学出版社，1985。

［55］杨联陞：《东汉的豪族》，商务印书馆，2011。

［56］余英时：《士与中国文化》，上海人民出版社，2003。

［57］陈启云：《儒学与汉代历史文化：陈启云文集二》，广西师范大学出版社，2007。

［58］陈启云：《中国古代思想文化的历史论析》，北京大学出版社，2001。

［59］许倬云：《中国文化与世界文化》，贵州人民出版社，1991。

［60］葛兆光：《七世纪前中国的知识、思想与信仰世界——中国思想史》（第一卷），复旦大学出版社，1998。

［61］于迎春：《汉代文人与文学观念的演进》，东方出版社，1997。

［62］龚鹏程：《汉代思潮》，商务印书馆，2005。

［63］李峰：《早期中国：社会与文化史》，刘晓霞译，生活·读书·新知三联书店，2022。

［64］阎步克：《士大政治演生史稿》，北京大学出版社，1996。

［65］许结：《汉代文学思想史》，人民文学出版社，2010。

［66］刘韶军：《杨雄与〈太玄〉研究》，人民出版社，2011。

［67］彭林：《周礼的主体思想与成书年代研究》，中国社会科学出版社，1991。

［68］郑万耕：《扬雄及其太玄》，北京师范大学出版社，2009。

［69］徐建委：《文本革命：刘向、〈汉书·艺文志〉与早期文本研究》，中国社会科学出版社，2017。

［70］孙少华：《文本秩序：桓谭与两汉之际阐释思想的定型》，中华书局，2019。

［71］曲利丽：《两汉之际文化精神演变研究》，中华书局，2017。

［72］解丽霞：《扬雄与汉代经学》，广东人民出版社，2011。

［73］缪哲：《从灵光殿到武梁祠——两汉之交帝国艺术的遗影》，生活·读书·新知三联书店，2021。

［74］汪文学：《汉晋文化思潮变迁研究——以尚通意趣为中心》，贵州人民出版社，2003。

［75］汪文学：《温柔敦厚：中国古典诗学理想》，贵州人民出版社，2020。

［76］汪文学：《扬雄与六朝之学》，贵州人民出版社，2019。

［77］汪文学：《正统论——中国古代政治权力合法性理论研究》，贵州人民出版社，2019。

［78］〔日〕内藤湖南：《中国史通论》，夏应元、钱婉约等译，九州出版社2018年版。

［79］〔日〕吉川幸次郎：《中国诗史》，章培恒等译，复旦大学出版社，2001。

［80］〔日〕东晋次：《王莽——儒家理想的信徒》，李天蛟、臧鲁宁译，四川人民出版社，2021。

［81］〔日〕西嶋定生：《秦汉帝国——中国古代帝国之兴亡》，顾珊珊译，社会科学文献出版社，2017。

［82］〔日〕宫崎市定：《中国史》，焦堃、瞿柘如译，商务印书馆（香港）有限公司，2018。

［83］〔英〕崔瑞德、鲁惟一编：《剑桥中国秦汉史》，杨品泉等译，中国社会科学出版社，1992。

［84］〔美〕陆威仪：《早期中华帝国：秦与汉》，王兴亮译，中信出版社，2016。

［85］〔美〕傅佛果：《内藤湖南：政治与汉学（1866 ~ 1934）》，陶德民、何英莺译，江苏人民出版社，2016。

［86］蒙文通：《论经学三篇》，《中国文化》1991 年第 4 期。

［87］郭伟全：《古代中国的历史分期与历史观念——从中西比较的视角出发》，《阅江学刊》2013 年第 4 期。

［88］孙少华：《先秦两汉诸子"辞""理"之辨的理论范畴与文学实践》，《文史哲》2013 年第 3 期。

［89］束景南、郝永：《论扬雄文学思想之"文质相副"说》，《文艺理论研究》2007 年第 4 期。

［90］李春青：《论中国古代"鉴赏批评"的形成》，《文艺理论研究》2012 年第 6 期。

［91］王葆玹：《礼类经记的各种传本及其学派》，载《中国哲学》编辑部、国际儒联学术委员会合编《经学今诠续编》，辽宁教育出版社，2001。

［92］王启发：《政治经典与经典政治——〈周礼〉与古代理想政治》，载《中国哲学》编辑部、国际儒联学术委员会合编《经学今诠续编》，辽宁

教育出版社，2001。

［93］杨新滨：《刘歆、王莽与〈周礼〉问题考辨》，《文史天地》2015年第12期。

［94］缪哲：《浪井和西王母——与王莽相关的四种画像石主题》，《艺术考古》2007年第1期。

［95］刘敏：《汉新禅代中的刘歆》，《史学月刊》2003年第7期。

“汪文学学术作品集”后记

十五年前出版个人学术论文集《汉唐文化与文学论集》时我写过一篇“后记”，名为“读书·教书·著书——十三年学术研究和教书育人之回顾与展望”。十五年过去了，如今又提笔撰写个人学术作品集之“后记”，对近三十年的学术历程进行回顾和总结。十五年做一次反思，三十年做一次总结，是巧合还是命定？这不好说。但这次总结与前次不同，前次只是一个阶段性的反思，故而简略；此次则是一个转折性（即从专业学术到业余学术）的总结，所以务求详尽。以下，便是我对自己三十年治学经历之回顾与学术工作之反思，以及今后研究方向的展望。

一

过去在大学里从教的时候，我对学生，尤其是刚走进大学校门的新同学，特别强调大学四年的学习生活于人生发展的意义。我以为，大学四年的学习，奠定一个人一生的文化背景，确定其人生发展之方向，决定其人生发展的高度。因此，我常常建议我的学生：你必须学有所长，必须在这四年做出你的人生规划，并根据自己的兴趣和人生规划学习。

其实，这亦是我的经验之谈。我是1987年上的大学，回顾大学四年的学习生活，我记得只做了两件事情：一是写小说，二是学习中国古代文学。大学一、二年级，我的主要工作是写小说。整整两年，我写短篇，写中篇，还写过长篇。记得当时写得很入迷，除上课外，几乎所有课余时间都用在了这上面。大学三、四年级，我的主要工作是学习中国古代文学。之所以放弃写小说，一方面是因为写了两年，没有作品发表过，不免有些丧气；另一方面则是因为我对中国古代文学这门课程发生了浓厚兴趣。不过，现在想来，前两年的写作训练亦没有白费，它在一定程度上培育了我的文字表达能力，养成了我勤于写作的习惯。之所以放弃小说写作转而专心学习中国古代文学，缘于杨树帆先生在“先秦文学”课程上讲的第一课“先秦神话”。先生古今中外旁征博引讲述“神话”的定义、研究方法和研究动态，深深地吸引了我，使我放弃小说的写作，转而重点学习中国古代文学。就是这一节课，改变了我的学习兴趣，确定了我的人生方向。因此，在大学三、四年级这两年中，我把所有课余时间都用在了中国古代文学的学习上，整天就泡在图书馆里读书和抄书，真是达到了如饥似渴的地步。

我大学四年就做了这两件事，但就是这两件事奠定了我的知识背景，决定了我的人生方向。我于1991年大学毕业后顺利考上中国古代文学专业的研究生。与现在硕士研究生的批量招生和规模培养不同，我们那个时代硕士研究生招生数量很少，三位导师带两个学生，就像师傅带学徒一样，完全是手把手地带着读书、写笔记和做论文。导师祁和晖先生，主要从事汉唐文学和巴蜀地域文化研究，精研杜诗。先生待我如子，对我关爱有加，其治学上开阔的境界和独特的视角，使我受益匪浅。在我的治学经历中，博览群书之习惯，跨学科的研究取径，多半得自于先生的教诲和启发。导师何宁先生，主要从事先秦两汉诸子研究，精研《淮南子》，著成《淮南子集释》这样的名山事业。先生秉承乾嘉学者的治学方法，主张一辈子读通一部书。其治学之谨严、待人之宽厚，长者风范，仙风道骨，尤为后学所景仰。很长一段时间，我想做《法言》《人物志》等书之集释或笺注，就是受先生治学精神之影响。导师王发国先生，主要从事中国古代文学理论研究，精研钟嵘《诗品》，其关于《诗品》之考证著述，尤为学界所推崇。我之所以还能做一些考证性的论文，就是直接受益于先生的教育。

作为一位学者，研究方向或者研究课题的选择，与个人兴趣和性格大有关系。记得我在硕士论文选题时，最先尝试的是做初唐诗研究。我大略花了半年多的时间，通读了初唐近百年的诗歌。但是，读完之后，我没有找到任何感觉，亦没有找到研究的切入点，并且发现自己不适合做纯粹的诗词研究。我认为，做纯粹的诗词研究，研究者应当具备较为发达的形象思维能力，具备诗性气质，最好是能够写诗，对诗歌创作本身有比较真切的体验和理解。我不会写诗，形象思维能力较差，这亦是我在小说创作的道路上走不下去的主要原因。自信抽象思维能力比较发达，并且愿意下功夫，比较适合做文化思想史方面的研究。因此，我最后以汉唐文化思想方面的课题作为硕士论文选题，写成《汉唐雄风共性论——唐人慕学汉人风范之历史文化心态研究》一文，有十五六万字。我是基于王勃提出的“唐承汉统”说，研究唐诗中以汉代唐的现象及其原因，探讨唐人慕学汉人之历史文化心态。这篇论文的写作，奠定了我侧重从思想文化角度研究中国传统文化的方向。

在我的学术生涯中，自谓对学术有浓厚的兴趣，有一定的学术精神和学术理想，既能做一些细密的考证，亦能做一点宏观的研究，与三位恩师的教益有直接的关系。三年硕士研究生阶段的学习，坚定了我以学术研究为终生职志的选择，奠定了我侧重从思想文化之角度切入中国传统文化研究的学术取向。所以，硕士研究生学业完成后，我便毫不犹豫地选择去高校从事中国古代文学的教学和研究工作，并且最终如愿以偿。

二

1994 年我硕士研究生毕业，进入贵州民族大学中文系从事中国古代文学的教学和研究工作。我提交给时任系主任李华年先生审查的入职材料，是一本约有五万字的“读扬雄《法言》笔记”。先生对我关爱有加，使我记忆犹新的，是我刚入职不久时先生与我的一次谈话。大意有两点：一是一定要把课讲好，这是在高校立足之根本；二是一定要把学问做好，这是在学界立身之根本。近三十年的教学和科研实践，我算是没有辜负先生的期望。自信比较擅长讲课，亦还能够得到学生的欢迎。如果说有什么秘诀的话，那就是我喜欢将自己的读书心得和研究成果带入课堂，以培养学生的学习兴趣、学术想象力和创造力为教学目的，因而深受学生的欢迎。自信对学术研究有浓厚兴趣，有较强的学术精神和较坚定的学术理想，近三十年先后出版十余种著述，在几个学术专题之研究上，提出了个人的学术见解，亦获得学术界的认同。大体做到以教学促进科研，以科研带动教学，使教学与科研相得益彰。

记得在1994年的夏天，因阅读冯天瑜先生的《中华文化史》而对“正统论”课题发生兴趣。书中零星讨论的“正统论”问题，引起我的注意，并意识到这是一个对中国古代政治文化产生过重大影响而又被学术界严重忽略的课题。于是搜集相关材料，撰成《中国古代正统观论纲》一文，[1]于1995年5月在贵州省中华文化研究会召开的“传统文化与时代精神”学术会上交流，得到与会专家的认可，于是立意开展系统深入的专题研究。从搜集资料到定稿，历时五年，命名为《正统论——发现东方政治智慧》，于2002年交由陕西人民出版社出版。这是我的第一部学术著作，书中提出的“正统论是具有古代中国特色的权力合法性理论”的观点，至今依然自信其是对“正统论”研究的重要补充。

从事人文社科的学术研究，学术积累不可或缺。但是，一个重要学术课题的捕捉，机缘亦是至关重要的。记得在1998年2月，我在《读书》杂志上读到葛兆光先生的《知识史与思想史——思想史的写法之二》一文，其中关于“东汉博学通儒的知识主义倾向，使得当时知识阶层的知识取径大大拓展”，进而“瓦解了儒家经典作为知识的唯一性”，使“各种杂驳的知识就成了人们阅读的热门”一段文字，[2]引起我的极大兴趣。联想到曾经关注过的在东汉中后期知识界备受重视的“通人”群体，我意识到东汉中后期知识界盛行的尚通意趣对汉晋文化思潮变迁的重要影响。因此，从汉末魏晋六朝时期知识界盛行的尚通意趣的角度，研究汉晋文化思潮之变迁，成为我当时关注的重

[1] 《中国古代正统观论纲》，见《传统文化与时代精神》，贵州人民出版社1996年版。

[2] 葛兆光：《知识史与思想史——思想史的写法之二》，《读书》1998年第2期。

点课题。大约花了两年多的时间完成书稿的写作，命名为《汉晋文化思潮变迁研究——以尚通意趣为中心》，于2003年交由贵州人民出版社出版。葛兆光先生的这篇文章，是激发我写作这本书的重要机缘。如果没有这篇文章的启发，我不会想到写作这本书。书中提出的“尚通意趣是汉晋文化思潮变迁之关键”的观点，至今依然自信其是解释汉晋文化思潮变迁的重要视角。

学术研究的开展和学术课题的捕捉，还与个人的人生经历有关系。我出生在一个传统农村家庭中，少时于我影响最深，让我最感亲近的是祖父。记得小时候，祖父经常带着我走亲访友。那时的农村，酒席上摆的是四方桌，什么身份坐什么位置，是有相当讲究的。通常的规矩是：祖孙同凳，父子不同席。这个规矩在乡下讲得很严，我多次亲眼看见村中的年轻人因为不懂得这个规矩，坐错了位置，而被人嘲笑。我一直不明白其中的原因，祖父亦未能给我做出明白的解释，好像亦没有人能够说得清楚。祖父享年七十有五，他是在一个特别阴冷的冬天的傍晚突然中风倒地，就在那天深夜，他靠在我的肩头上离开了人世。祖父去世后，我一直想写点文字纪念那段影响我一生的人伦经历。天生稚拙而沉静的我，最终未能写出这篇纪念文字，倒是由此激发了我对祖孙关系和父子伦理的学术思考，并试图对“祖孙同凳，父子不同席”的礼俗现象做出解释，最终著成《中国古代父子疏离、祖孙亲近现象初探》[1]一文，作为我对祖父的一种理性的追忆或怀念。这段人生经历和这篇论文的写作，激发了我对人伦关系的研究兴趣。大约从2002年秋天开始，我花了近两年的时间，对传统中国人伦关系进行通盘诠释，撰成《传统人伦关系的现代诠释》一书，于2004年交

[1] 《中国古代父子疏离、祖孙亲近现象初探》，《孔子研究》2001年第4期。

由贵州民族出版社出版。

在《传统人伦关系的现代诠释》中，我对中国传统社会的人伦关系进行了饶有兴趣的现代诠释。虽然夫妇关系的探讨在书中占有较大的篇幅，但是，我仍感意犹未尽。因为在我看来，两性关系包括夫妇关系和情人关系。此书限于篇幅和体例，于夫妇关系有较详尽的讨论，而于情人关系则是语焉不详。因此，从那时起，我便萌生出写一部专门讨论两性情爱关系的专著的想法。于是，从 2007 年春开始，我花了近四年的时间，集中精力开展传统中国社会男女两性情爱关系的研究，著成《诗性风月——中国古典文学中的情爱》一书，交由中央编译出版社出版。应该说，这本书是顺着《传统人伦关系的现代诠释》一书的学术理路延伸出来的。实际上，此书的研究和写作已经大大超出我最初的设想，一不小心就写出了四十多万字，并且还意犹未尽，许多话题还萦绕在头脑里，欲罢不能，欲弃不忍。有些问题已经初步涉及，但是尚欠深入，或者未能做出令人信服的解释。

因此，由两性情爱关系之研究引申出来的性别诗学研究进入我的学术视野，于是著成《中国古代性别与诗学研究》一书，于 2012 年交由台湾花木兰文化出版社出版。因研究性别诗学而延展到对中国文学之“古典美”与“现代性”的思考，“中国古典诗学理想”课题又进入我的学术视野，于是便有《温柔敦厚：中国古典诗学理想》一书的写作。此书断断续续写了两年，于 2020 年完成，交由贵州人民出版社出版。因为研究中国古典诗学的理想品格，关注中国诗学的“古典美”，引起我对顾随诗学的极大兴趣。我以为，顾随是中国诗学“古典美”的重构者，于是又撰《读顾随札记》一书，于 2022 年交由贵州人民出版社出版。

三

学术研究方向和研究课题的选择，还与个人的工作经历有关。我于2006年从中文系调到学校图书馆工作，主要从事地域文献的搜集、整理和研究，构建图书馆的馆藏特色；于2010年又从图书馆调到文学院工作，主要从事以地域性、民族性和应用性为特色的中国语言文学学科建设；于2016年以后又先后调入贵州省旅游发展委员会、贵州省文化和旅游厅、安顺市人民政府等行政部门工作，主要从事文化事业和旅游产业方面的工作。于是，地域文化、区域文学、地方文献、地域精神和文化形象的研究，又逐渐进入到我的学术视野。

众所周知，近代以来出版的中国文学批评史，基本上皆以中土主流精英的经典理论为研究对象，很少涉及地域文献，特别是边省地方文献中的文论材料。当然，代表一个时代文学思想之主体特色和重要成就的，主要还是文化中心地区的主流知识精英之观点。但是，撰写“中国文学批评史”，构建“华夏民族文学理论体系”，除了重点考察主流知识精英的文学观念，亦必须关注文化边缘地区的士子对文学的看法；除了重视中土主流人士之文学理论，亦应当兼顾边省少数民族民间艺术家的文学思想。如此“重写”的“中国文学批评史”和重建的“华夏民族文学理论体系”，才是名副其实的。于是，辑录和校释贵州古近代地方文献中的文学理论资料，编著《贵州古近代文学理论辑释》一书，[1] 就是基于这样的学术理念，利用在图书馆工作的便利条件做出来的。

因为编著《贵州古近代文学理论辑释》一书，接触到大量的贵州

[1] 《贵州古近代文学理论辑释》，民族出版社2009年版。

地域文献，尤其是其中关于边省地域影响文学生产和传播的史料，引起我的注意，于是撰写了《地域环境对黔中明清文学创作的影响研究》一文，发表在《江汉论坛》2009 年第 5 期，并被《中国社会科学文摘》2009 年第 9 期转载。随后，便以这篇论文为基础，开展边省地域对文学生产和传播的影响研究，并于 2012 年以“边省地域对文学生产和传播的影响研究——以贵州明清文学为例”为题，申请并获得国家社科基金立项资助。此项工作，历时三年有余，著成《边省地域与文学生产——文学地理学视野下的黔中古近代文学生产和传播研究》一书，于 2016 年交由上海古籍出版社出版。

虽然我的学科背景是中国古代文学，但却时常保持着对文学人类学、文学地理学和文学伦理学等交叉学科的浓厚兴趣，特别是近年来渐成时尚的关于地域学或地方性知识的研究，虽然距离我的学科背景相当遥远，但还是深深地吸引着我。比如赵世瑜先生的《小历史与大历史：区域社会史的理念、方法与实践》一书，就使我大开眼界，恍然大悟：原来学问可以这样做，原来学问必须这样做。无论是作为方法论还是作为研究对象的区域社会史研究，其追求“回到历史现场”的治学理念，其“以民俗乡例证史，以实物碑刻证史，以民间文献证史”的研究方法，其“进村找庙，进庙找碑”的治学路径，的确在史学研究领域树立起一种新的研究“范式”，具有相当重要的启示意义。尤其是对于像我这样从事从文献至文献的中国古代文学研究者来说，确有耳目一新之感。

区域社会史研究尤其重视地方性资料的发现与整理，地方性知识的搜集与描述。实际上，区域社会史的研究就是通过地域性资料的解读和地方性知识的阐释，以构建地方经济社会的发展历史。贵州区域社会史研究，首先面临的突出问题，就是地方性资料的严重欠缺。贵州地域人文传统欠缺和单薄，乃至出现“千年断层”现象；贵州文化长期以来一直处于被忽略、被轻视和被描写的地位，主要就是因为贵州地域文献资料长期以来没有能够得到有效的搜集、整理和传承。由于地方文献资料的严重短缺，必然出现人文传统的“千年断层”；地方文献的大量散佚，体认和构建地域人文传统就缺乏必要的支撑，其文化形象就一直处在被忽略、被轻视和被描写的地位。因为缺乏足够的文献资料，所以不能构建起自我的人文传统和塑造出自我的文化形象，缺乏“我者”的自我“描写”，亦就必然陷入“他者”的“描写”之中，其“被描写”的地位就不可避免。在“被描写”的过程中，因为对象不能提供足够的文献资料，“被描写”的真实性、全面性和正确性就大打折扣，被歪曲、被忽略和被轻视亦就在所难免。基于这样的研究现状，沿着这样的学术思路，搜集、整理贵州地域文献资料，就成为我和我的研究团队特别重视的基础工作，于是编校《道真契约文书汇编》，整理严修《蟫香馆使黔日记》，主编“中国乌江流域民国档案丛刊”“贵州古近代名人日记丛刊”“中国西南布依抄本文献丛刊”“安顺文库”等大型地域文献，就逐渐地开展起来。

2012 年，我负笈桂林，在胡大雷先生的指导下攻读博士学位，撰写题为“扬雄与六朝之学”的博士论文。游学胡门三年，其时先生正在主持国家社科基金重大招标课题“桂学研究”的研究工作。先生关于“桂学”的研究和学科体系的构建，深深地吸引了我，激发我构建“黔学”学科的强烈愿望。亦就是从这时起，我不再满足于做贵州地域文化课题的个案研究和贵州地方文献的个别整理，而是产生了更大的学术理想，就是力图构建具有特色的中国地域之学——黔学，构建黔学研究、贵州精神和多彩贵州三位一体的当代贵州精神文化体系。

黔学能否成为“学”？这是首先必须解决的问题。我认为，“多山多石”的山国地理和“不边不内”的通道地位，以及“割川、滇、湘、粤之剩地”构成的区域地理和因之而形成的“五方杂处”的地域文化，及其以“大杂居、小聚居”为特点的民族分布格局和因之而形成的“和而不同”的民族文化，使贵州的地理特征、地域区位、人文风尚、地域文化和民族性格皆自成一体，与其他地域相比，皆有相当明显的特殊性和独立性。所以，以自古及今与黔地、黔人相关的精神文化为核心内容，构建一门有别于其他地域之学的黔学，不仅是可能的，亦是有学理依据的。黔学的学科基础和学理依据，成为我当时特别关注的课题。

大体上说，贵州精神是灵魂，多彩贵州是形象，黔学研究是基石。三者相辅相成，相得益彰，是构建当代贵州精神文化体系的三大要素。所以，我以为，摆脱长期以来被轻视、被忽略和被描写的尴尬地位，重塑贵州人文形象，重建黔人的文化自信，增强贵州多民族的文化凝聚力和地域认同感，构建当代贵州精神文化体系，是当代贵州经济社会发展建设中必须面对和着力解决的问题。于是，贵州地域文化精神和多彩贵州地域形象便成为我特别关注的课题，并逐步开展起来，先后耗时四年有余，撰成《贵州地域形象史研究》和《贵州地域文化精神研究》二书，于 2020 年交由贵州人民出版社出版。

四

回顾过去近三十年的学术经历，或是由于个人的学术兴趣，或是因为某种偶然的机缘，或者缘于个人的人生经历，或者由于工作之需要，我在几项学术专题上做了一些研究，积累了一些心得体会，养成了个人的学术习惯，发表了一些个人看法，提出了一些学术观点。就学术习惯而言，以下两点，于我是比较受益的。

其一，端正书写的习惯。我的这种习惯养成很早，大约是在小学三四年级的时候，至今依然保持。自认为个人在学术研究上有一点成绩，与这个习惯大有关系。

记得那是四十多年前一个晚春的周末，我随了父亲去乡公所的医务室上班，父亲为乡亲们看病拿药，我闲着无事，就在乡公所的楼上楼下、室里室外闲逛。大厅左侧宣传栏上张贴的一些考试试卷吸引了我，那是当时乡村干部的时事政治考试试卷，经过红笔批改，还写有分数，现在我还记得第一道题目是“党的十一大总路线是什么”，第二道题目是“新时期的总任务是什么”。到底是出于什么目的，我至今依然没有想清楚，反正当时我产生了偷走这些试卷的强烈冲动。我装着若无其事的样子，楼上楼下、室里室外逛了一圈，在确认不会被发现的情况下，迅速扯下这些试卷，立即将它们揉成一团，塞进裤裆里，偷偷地“跑”回家。那一年我八岁，小学三年级学生，这是我一生中干的第一件“偷鸡摸狗”的事情。回到家，我躲在房间里，仔细“研究”这些试卷，通过精心比照，花了两天时间，整理出一份“标准”答案。不知出于什么原因，我很入迷，反反复复地抄写、背诵这些试卷，持续了差不多两年，几乎是一天抄写一遍。我右手中指指节上的那颗蚕豆大小的老茧，就是那时握笔给磨出来的。现在想起来，这件在别人看来毫无意义的事情，对我后来的读书生活产生了重要影响，使我养成工整书写的学习习惯，养成做事认真和爱好整洁的生活习惯。

现在的年轻人都不再用钢笔书写，许多专家学者和年轻人一样，把电脑作为书写的工具。用电脑书写，有方便快捷、便于修改的好处。但是，长期以来，我还是坚持用钢笔书写，大到几十万字的学术专著，小到几千字的学术论文，我都坚持用钢笔在三百字的方格稿纸上一丝不苟地书写。只有这样，我的头脑才是清楚的，思维才是敏捷的，思路才是连贯的。朋友们都笑话我落伍了，但我还是固执地坚持着。我亦这样要求我的孩子和学生。亦许这种做法真的已经落伍，但我还是固执地认为：认真书写对年轻人的成长很重要。我甚至常常偏执地以学生的书写态度论定他的生活态度和工作作风。我以为：你不一定能成为书法家，但你必须提笔书写。一提笔写字，你就得认真。这是一种态度，是学习的态度，亦是生活的态度。

在如今这个信息化时代，资料的获取极其便利，网络环境下的资料搜寻更是方便快捷。再要求学生抄书和背书，的确有些不合时宜。不过，于我个人而言，抄书是有益的，背书是有趣的。从小养成的抄书习惯，一直保持到读研究生那个时候。如今的我已渐渐失去了抄书的热情，虽然为了进行专题研究仍在做一些资料摘录式的读书笔记。但是，我仍然要求我的孩子和学生，在读书阶段应当养成抄书和背书的习惯，应当养成认真书写的习惯。

其二，博览群书的习惯。这种习惯的养成，始于读硕士研究生那几年，至今依然保持。我始终认为，只有博览群书，才能触类旁通，才能博而返约。许多重要的学术突破，往往在学科边缘之际或交叉学科之间产生。只有博览群书，才能捕捉到有价值的学术课题，才能触类旁通，进而提升研究之高度、扩展研究之宽度、掘进研究之深度。个人在学术上能够捕捉到一些有价值的课题，能够有一些心得体会和学术见解，多半缘于这个习惯。

我的专业背景是中国古代文学，研究方向是汉魏晋南北朝文学。但是，长期以来，我一直在做着所学专业以外的事情。比如，《正统论——发现东方政治智慧》一书，据说这项研究应该属于政治学的范畴。《汉晋文化思潮变迁研究》一书，据说这本书又属于思想史的范畴。《传统人伦关系的现代诠释》一书，按照学科分类，应当属于伦理学的范畴。《贵州古近代文学理论辑释》一书，这显然属于文献学和文艺学的范畴。《诗性风月——中国古典文学中的情爱》一书，书名是责任编辑基于图书销售之需要而改定，实际上是关于传统中国文化语境中的两性情爱关系之研究，虽然书中引用了大量的古代文学材料，但本质上不是关于古代文学的研究，其学科归属很难确定。另外，如《焕新：两汉之际的变革和转型》《扬雄与六朝之学》《贵州地域形象史研究》《贵州地域文化精神研究》等，其学科归属亦很不明确，或者大体可以归入历史学或文化学领域。

其实，我的学科疆界划分观念比较淡薄，当我对某个问题产生兴趣，认为它值得研究，并且手边又有一些材料可以利用，以为通过自己的努力能够做得出来的时候，便会毫不犹豫地去做，根本不曾想过它到底属于哪个学科门类，所以常常是一不小心就迈进了别人的地盘。这样的做法，说得好听一点，是知识渊博，兴趣广泛；说得不好听一点，是没有专业方向，是杂家，因此亦就不成其为家。其实，从内心里我很尊敬和佩服那些一辈子只研究一本书或一个人的学者，就像我的老师何宁先生，一辈子就做《淮南子》研究，做成《淮南子集释》这样的名山事业；像我的老师王发国先生，一辈子就以钟嵘《诗品》为中心开展中国古代文学理论研究，做成《诗品考索》这样的不朽著作；或者像我的老师祁和晖先生那样，执着于杜甫诗歌的研究；像我的博士导师胡大雷先生，专注于先秦两汉魏晋南北朝文学和文献的研究，成为当代学界在该领域的领军人物。但是，我总是抑制不住自己的好奇心，因为博览群书，常常见异思迁，往往胡思乱想。有时亦扪心自问：耗上几年的时间去经营那些不断涌现出来的一个又一个“胡思乱想”，是不是代价太大？带着这样的疑惑，我曾专程去拜访一位我向来尊重的前辈学者，他的一番点拨让我茅塞顿开，豁然开朗。他说：学问之道当由博返约、由广入专。四十不惑。四十岁以前不妨博览群书，广泛涉猎；四十岁以后应当从事专门之学，以自成一家。遗憾的是，当我准备收住这些“胡思乱想”，专注于中国古代文学之研究时，却离开了学术界，转行做了公务员。看来，此生只能做一个学术杂家了。

五

回顾过去近三十年的学术经历，总结过去的学术研究，反思已往的治学追求和学术理想，下述三个问题常常萦绕于心，这不仅是我过去近三十年的治学心得，亦可能成为影响我今后学术生涯的重要因素。

其一，学术创新与问题意识之关系。创新是学术研究之灵魂，没有创新价值的学术研究就是伪学术，就是制造学术垃圾。我深信，新材料的发现和新方法、新视角的运用是推动学术创新的重要途径。同时，新问题的捕捉，亦是促进学术创新的重要动力。比如，一条大家都耳熟能详的史料摆在面前，有的人匆匆读过，不曾有任何发现，而有的人却能从中发现新问题、大问题，通过研究进而推动学术发展。这关键在于学者是否具备独到的学术眼光和敏锐的学术洞察力。有学术眼光和敏锐洞察力的学者，常常具有强烈的问题意识，因而能够在常见材料中捕捉到有价值的学术新问题，开展具有创新价值的学术研究。所以，学术研究之成败得失，往往与学术选题有特别密切的关系。一般而言，选题水平与学者的学术素养有关，与学者是否具备敏锐的学术洞察力有关。

学者必须具备强烈的问题意识。问题意识推动学术创新，在他人没有问题的地方发现问题，在他人信以为真的地方产生怀疑，这就是问题意识，这就是学术精神。我甚至以为，学者的学术生命应该由问题构成，一辈子解决几个学术难题，在几个学术大问题上有独特见解，便算是没有枉费此生。更进一步，就个人兴趣而言，我更追求对一个个具体的学术问题做深度的开掘，提出个人的独立见解，而不大乐于做面上的陈述，如文学史、文化史、思想史之类。当然，真正有价值的文化史或文学史之类的著作，必定是在著作者经历了若干个案问题之研究后所撰著。在问题研究中，我追求“一句话结论”的学术境界，即一部数十万字的研究著作，最终当能用一句话来概括结论，如此方才算有见解，有结论。即使这个见解有问题，这个结论有偏颇，亦略胜于通过数十万字的讨论而没有任何结论的著作。比如，在《正统论——发现东方政治智慧》中，讨论唐宋以来影响广泛的“正统论”，与以梁启超、饶宗颐为代表的学者以“正统论”为中国古代史学理论之观点不同，我提出“正统论是古代中国政治权力合法性理论”的观点，基本实现了“一句话结论”的学术追求。在《汉晋文化思潮变迁研究——以尚通意趣为中心》中，讨论汉晋文化思潮之变迁，得出“尚通意趣是汉晋间学风、士风、文风变迁之关键”的结论，亦大体实现了“一句话结论”的学术追求。在《扬雄与六朝之学》中，我用了三十余万字的篇幅，研究扬雄影响六朝之学的可能性，讨论扬雄对六朝之学的具体影响，提出“六朝之学始于扬雄”这个观点，亦算是得出了“一句话结论”。在《焕新：两汉之际的变革和转型》中，我以为，由王莽的政治、刘歆的学术、扬雄的思想和文学共同构成的“两汉之际”，在中国中古史上，是可以与秦汉之际、汉魏之际并论的三大历史转折点；在中国古代史上，是可以与殷周之际、唐宋之际相提的三大重要转折时刻，亦算是得出了“一句话结论”。其他如《诗性风月——中国古典文学中的情爱》《边省地域与文学生产——文学地理学视野下的黔中古近代文学生产和传播研究》《温柔敦厚：中国古典诗学理想》等等，亦大体实现了“一句话结论”的学术追求。总之，我并不反对其他形式的学术表述，仅是出于个人学术兴趣而偏爱以问题切入研究的学术表达，乐于以问题意识构建自己的学术生命，偏爱“一句话结论”的学术研究模式。

其二，学术高度与研究深度的统一。2012年，我负笈桂林，游学胡门。大雷先生以为：学术研究当是高度与深度的统一，即以某人或某书为出发点，研究一个时代、一种思潮或者一个流派，既有微观的研究以示其深度，又有宏观的展现以示其高度。大雷先生的用意，我能理解，传统中国的学问博大精深，过于宏观的论述往往流于空疏，过于细微的研究容易陷入琐碎。你必须成为某一局部领域的研究者，你必须是古代某位学者文人或专书的研究专家，你在学术界才有立足之地。宏观的研究应当从某人或某书出发，才能达到高度与深度的统一。

学术研究的深度与高度之统一，就是以小见大的问题。在《汉晋文化思潮变迁研究——以尚通意趣为中心》一书中，我从当时知识界普遍流行的尚通意趣这个被一般学者普遍忽略的视角，对汉魏晋南北朝八百年间文化思潮之变迁进行通盘诠释。虽然不是以专书或专人为出发点，但亦基本上做到了小题大做，算是既有高度亦有深度的作品。又如《扬雄与六朝之学》一书，就是基于高度与深度相统一的治学理念展开的。若专注于扬雄之研究，亦许有深度，但可能没有高度；若专注于六朝之学的研究，则有可能流于空疏，有高度而无深度。而研究扬雄与六朝之学之渊源影响关系，则或可能达到高度与深度的统一。又如《焕新：两汉之际的变革和转型》一书，我以王莽政治、刘歆学术、扬雄思想和文学为研究对象，通过对王莽篡汉立新和托古改制、刘歆知识秩序构建、扬雄“玄思大义”和古典美构建等重要政治事件和文化事项，所发生的背景、内容、意义和影响的深度阐释和综合研究，揭示其间政治和文化的互动影响和相互关联，呈现两汉之际在中国古代史上的意义和影响，证成两汉之际是中国古代史上的重大转折时刻，亦算是达到了高度与深度的统一。

其三，阵地战或者游击战的问题。我常常把学术研究比喻成行军打仗。打仗有两种类型：一是阵地战，二是游击战。正规军一般打的是阵地战，虽然偶尔亦打游击战。学术研究亦是如此，以学术为职志之学者往往打的是阵地战，即以一两个学术问题为中心向周边延展，或者以一个问题为起点向前延伸。虽然亦偶尔对其他问题发生兴趣，打打游击，但其重点则主要是在一两个阵地上。

回顾过去近三十年的学术研究，我打的是阵地战，主要是在以下三个学术阵地上经营。

一是以“正统论”研究为起点的学术阵地。在2002年出版的《正统论——发现东方政治智慧》一书中，我从权力合法性理论的角度，对古代中国上层政治权力和政治秩序展开研究。为了全面认识古代中国社会的结构特点，必须对民间社会秩序有一个全面的研究。于是，我又潜心于传统社会人伦关系的研究，著成《传统人伦关系的现代诠释》一书，这是学术研究的自然拓展。在本书中，我用一章的篇幅讨论传统社会的婚姻关系和爱情理想，但因论题、体例和篇幅的限制，许多问题尚未完全展开讨论，尤其是爱情理想和情人关系。于是，我又专注于传统社会情爱关系之研究，企图通过传统中国人的情爱生活视角，研究华夏族人的文化心理和诗性精神，著成《诗性风月——中国古典文学中的情爱》一书。传统中国人的情爱生活有浓厚的诗性精神，传统中国人的诗学理想有明显的女性化特征，于是性别诗学又进入我的学术视野，因而有了《中国古代性别与诗学研究》一书。再进一步，因对中国古代诗学之研究，古代诗学的“古典美”与“现代性”问题引起我的关注，于是就有了《温柔敦厚：中国古典诗学理想》一书。又进一步，因为对中国诗学“古典美”的关注，发现顾随诗学的特异之处，以为顾随的“情操诗学理论”是中国诗学“古典美”的重建，代表中国诗学“古典美”的集大成成就，于是又有了《读顾随札记》一书。此研究阵地，将来可能发生的延展，目前尚难预料。

二是汉晋文化与文学研究领域。我在2000年前后近三年的时间，着力于从汉末魏晋时期知识界普遍流行的尚通意趣之视角，对汉魏晋南北朝八百年间学术文化思潮之变迁做通盘的诠释，撰成《汉晋文化思潮变迁研究——以尚通意趣为中心》一书，以为“魏晋之学始于汉末”，提出“尚通意趣是汉晋间学风、士风、文风转移之关键”的新说。因为讨论汉晋文化思潮之变迁，注意到扬雄在其中所起到的关键作用，故撰成《扬雄与六朝之学》一书，深化或部分修正了“魏晋之学始于汉末”的观点，提出“六朝之学始于扬雄”的新说。因为研究扬雄与六朝之学的关系，注意到王莽的政治、刘歆的学术、扬雄的思想和文学在两汉之际的重大转折意义，由王莽构建的政治秩序、刘歆构建的知识秩序和扬雄构建的思想秩序共同构成的中国历史上的“两汉之际”，是可与秦汉之际、汉魏之际相提的中国中古史上的重要历史转折点，是可与殷周之际、唐宋之际并论的中国古代史上的重大转折时刻，故而撰成《焕新：两汉之际的变革和转型》一书，力图证成这个学术假说。

三是以贵州地域文化为中心的研究阵地。作为一位贵州本土学者，关注和研究本土地域文化，是责任和担当，亦是情理中事。我用了近三年的时间从贵州古近代地方文献中辑录文学理论资料，进行分类整理和诠释研究，著成《贵州古近代文学理论辑释》一书。因此项工作而涉猎较多的地方文献，在偶然情况下发现一批数量可观且自成体系的民间契约文书，于是又有近两年时间投入到契约文书的整理工作中，著成《道真契约文书汇编》一书。[1] 为了构建黔学学术体系，黔学文献的搜集整理成为我特别关注的问题。因此，我用了近两年的时间点校整理严修《蟫香馆使黔日记》，[2] 还持续主编“中国乌江流域民国档案丛刊”“贵州古近代名人日记丛刊”“中国西南布依抄本文献丛刊”“安顺文库”等大型地域文献。因为辑释贵州古近代文学理论资料，

[1] 《道真契约文书汇编》，中央编译出版社 2014 年版。

[2] 《蟫香馆使黔日记》，贵州人民出版社 2018 年版。

从地域角度思考文学的生产和传播，文学地理学研究进入我的学术视野，于是又有近两年的时间投入到边省地域对文学生产和传播的影响研究中，著成《边省地域与文学生产——文学地理学视野下的黔中古近代文学生产和传播研究》一书。因为力图集贵州文化、贵州精神和贵州形象三位一体构建当代贵州精神文化体系，于是关于贵州地域文化精神的重塑和多彩贵州地域文化形象的构建等课题进入我的学术视野，因此，便有了《贵州地域文化精神研究》和《贵州地域形象史研究》二书。

如果说前两个阵地主要还是基于个人的学术兴趣，那么在贵州地域文化阵地上的耕耘，除了学术兴趣外，还有基于重建乡邦文化的社会责任和学术担当。

以问题意识推动学术创新，以问题研究构建学术生命。追求学术高度与研究深度的统一，偏爱既有高度又有深度的学术研究。认真经营几个学术阵地，以一两个学术问题为中心向周边延展。以上三点，是我近三十年的学术追求，亦是我今后的学术理想。

六

在过去的学术经历中，我养成的一个习惯，就是每隔一段时间要做一次学术总结和研究规划。回顾过去的研究，分析其得与失；检点当下的工作，清理研究的进展和思考的问题；谋划未来的工作，规划读书方向和研究课题。总之，力图使自己的研究工作有目的地进行，有计划地开展。

回顾过去近三十年的学术经历，我的学术研究主要是打阵地战，侧重在前述三个阵地上工作。因为在学术研究上主张打阵地战，未来的学术规划，是接着做还是另起炉灶？我主张接着做。如果另起炉灶，重新开辟一个新阵地，则将面临诸多问题：一是知识储备不足，白手起家，做起来将会捉襟见肘，无法得心应手；二是我依然对前述三个阵地保持着高度的兴趣，以为还有足够的空间可以耕耘；三是人到中年，精力有限，不想阵地过多，战线太长，只想在这三个阵地上持续耕耘下去。

首先，基于“正统论”研究构建起来的学术阵地，其延展之方向和结果，已经大大超出我最初的预料。从注目于中国古代政治权力合法性理论的研究（《正统论——中国古代政治权力合法性理论研究》），延展到探讨传统中国社会的民间秩序和人际伦理（《中国传统人伦关系的现代诠释》）；因不满足于当下人伦关系之研究对两性情爱关系的普遍忽略，而专题探讨传统中国语境中的两性情爱关系（《诗性风月之光华：传统中国语境中的情爱精神研究》）；因对两性情爱关系之诗性特征的重视，而延伸到性别诗学之研究（《中国古代性别与诗学研究》）；因性别诗学研究之延展，而对中国古代诗学之“古典美”与“现代性”发生兴趣，于是又有关于中国古典诗学之理想品格的研究（《温柔敦厚：中国古典诗学理想》）。因对中国诗学“古典美”关注，以为顾随是中国诗学“古典美”的重构者，他的“情操诗学理论”是中国诗学“古典美”的集大成者，于是又有关于顾随诗学的研究（《读顾随札记》）。这是学术理路上的自然延伸和学术兴趣上的自然拓展，但是，从权力合法性理论之研究扩展到中国古典诗学之探讨，这是我最初没有预料到的。

从个人目前的学术兴趣来看，此学术阵地仍将沿着中国古代诗学的方向继续延展，一些相关的新课题，渐次进入我的学术视野，成为我当下特别关注、近期可能开展的研究课题。一是“中国文学古典美的构建、解构和重构”。在对扬雄文学深入研究的过程中，我注意到扬雄在中国文学“古典美”构建上的重要意义，由此而思考中国文学“古典美”之构建、解构与重构问题。因此，我在《温柔敦厚：中国古典诗学理想》一书中提出：中国文学古典美自然呈现于《诗经》时代，自觉构建于扬雄，理论阐释于刘勰，创作解构于韩愈，理论重构于顾随。这是我关于中国文学“古典美”品格流变的大体认识，但尚未有充分详实的论证，这是我近期想做的一件工作。二是“顾随情操诗学理论研究”。顾随是中国文学“古典美”的重构者，这是我在《温柔敦厚：中国古典诗学理想》一书中对顾随诗学的基本定位。顾随诗学，我命名为“情操诗学”。在《读顾随札记》一书中，我以七卷篇幅和一百零七条札记的形式，讨论顾随诗学的本体论、风格论、题材论、作家论、技艺论和批评论，基本架构起顾随的“情操诗学”理论体系。我以为，顾随是晚清民国时期最具系统性和原创性的诗学理论构建者，其“情操诗学”理论就是对沦落了千余年的中国古典诗学理想品格的重构或再造。若要具体客观评价它的价值、地位和影响，既须从纵向上，在整个中国诗学发展史上论定它的特殊意义，亦要从横向上，在与同时代诗学理论家的比较视角中权衡它的特别价值。我的基本观点是：在纵向上，中国诗学古典美构建于扬雄，阐释于刘勰，解构于韩愈，重构于顾随；在横向上，顾随诗学之高度、广度、深度和精度，是静安诗学后的又一座高峰。具体的研究和论证，便是我近期要着手的工作。三是“追忆与想象：传统中国语境中的孤独诗学研究”。关注孤独诗学研究，始于2012年初阅读台湾学者蒋勋先生的《孤独六讲》，比较详细的研究方案在 2012 年 6 月就已经写出来了，基本材料亦在近期搜集完毕。在孤独中想象，因孤独而回忆。孤独中的人，最擅想象，最喜回忆。孤独诗学的研究，实际上包括想象诗学和回忆诗学两个方面。这是一个有趣的学术课题，遗憾的是在很长一段时间都腾不出手来做。四是文学伦理学研究。十多年前我便对文学伦理问题发生兴趣，试图以“传统中国语境中的文学伦理问题研究”为题开展专题研究，研究工作虽然没有实质性地开展起来，但基本构想已大体形成，研究思路亦比较明晰，问题清单已大体列出。基于文学创作者、文学题材、文学风格、文学欣赏、文学功能这五个层面构建一门文学伦理学，并以中国古代文学为例，展开传统中国语境中的文学伦理问题研究，是我当下想做的课题。

其次，在汉晋文化与文学研究阵地上，探讨汉晋文化思潮变迁发展之“内在理路”，提出“魏晋之学始于汉末”，起于汉末魏晋之尚通意趣的观点（《汉晋文化思潮变迁研究——以尚通意趣为中心》）。据此延展开来，进一步探讨在尚通意趣之影响下，扬雄在汉晋文化思潮变迁中的关键作用，提出“六朝之学始于两汉之际，始于扬雄”之观点（《扬雄与六朝之学》）。基于扬雄的研究，进而延展到王莽、刘歆，认识到由王莽构建的政治秩序、刘歆构建的知识秩序和扬雄构建的思想秩序构成的“两汉之际”，在中国历史上的重要转折意义，提出两汉之际是可与秦汉之际、汉魏之际相提，与殷周之际、唐宋之际并论的重大转折时刻的观点（《焕新：两汉之际的变革和转型》），这是学术研究向纵深发展的必然结果。

此学术阵地的拓展，就是我目前正在开展的“汉末党人运动研究”。我在《焕新：两汉之际的变革和转型》中指出：儒家最显著的特点，就是他的强烈的理想主义精神。儒家的理想主义精神包括两个层面：一是政治理想主义精神，二是道德理想主义精神。王莽“新政”的败亡，宣告了儒家政治理想主义的幻灭。政治理想主义幻灭后，东汉儒者普遍走向道德理想主义。汉末党人运动发生的文化背景，就是儒家的这种道德理想主义精神。道德理想主义是党人运动的思想背景，是党人运动的思想武器，随道德理想主义精神派生出来的革命浪漫主义激情是党人的精神力量。汉末党人运动的发生、发展和败亡，皆是因为这种儒家道德理想主义精神。我的“汉末党人运动研究”，就是从这个角度展开的。

第三，在贵州地域文化研究阵地上，从辑释贵州古近代文学理论资料开始（《贵州古近代文学理论辑释》），到逐渐侧重贵州地域文献资料的搜集和整理，于是便有了对契约文书的关注（《道真契约文书汇编》），对日记文献的重视（《蟫香馆使黔日记》），对档案文献的偏爱（《中国乌江流域民国档案丛刊》），对民族文献的珍视（《中国西南布依抄本文献丛刊》），对地域文献的关注（《安顺文库》），等等。因辑释贵州古近代文学理论资料，从地域角度思考文学的生产和传播，文学地理学研究进入我的学术视野，于是便有了对边省地域于文学生产和传播之影响的研究（《边省地域与文学生产——文学地理学视野下的黔中古近代文学生产和传播研究》）。因重视当代贵州精神文化体系的构建，关注贵州地域文化精神的重塑和多彩贵州地域文化形象的构建，于是便有了《贵州地域文化精神研究》和《贵州地域形象史研究》二书。因搜集和整理贵州地域文献资料，研究贵州地域文学和区域文化，构建具有特色的中国地域之学——黔学，就成为我在相当长一段时期特别关注的问题。

地域文化与文学的研究空间相当广阔，在贵州地域文化与地方文学这个学术阵地上要做的事情还很多。目前重点关注以下几项课题：一是地域文献的搜集整理，比如“中国乌江流域民国档案丛刊”“贵州古近代名人日记丛刊”“中国西南布依族抄本文献丛刊”等大型地域文献的搜集、整理和出版，还得持续下去。“安顺民国商会档案丛刊”“屯堡历史文献丛刊”等大型地域文献的搜集和整理，正在筹划中。二是黔学学术体系和学术品牌的营建，尚需进一步努力，一部名为“黔学十论”的著作正在谋划之中，重点解决“黔学”何以成为学，“黔学”能否成为学，“黔学”的学术体系和理论架构等基础性问题。三是有关贵州地域文化的几项专题研究，如“南明王朝与明清之际贵州社会格局和士人心态研究”“苗族的历史记忆与文化心性——基于蚩尤传说的研究”“山地爱情——贵州山地民族的爱情文化解读”“晚清文学大背景下的郑珍诗学研究”等等，亦渐次进入我的学术视野，成为我下步可能开展的研究课题。

如前所说，人到中年，精力有限，不想阵地过多，战线太长，主要还是打算在原先经营的这几个学术阵地上持续耕耘。

汪文学

二〇一八年五月二十日于贵阳花溪

二〇二三年十二月一日补订